제2판

아동생활지도와 상담

이소은 이완정 공저

YANGSEOWON
양서원

머리말

『아동생활지도와 상담』은 영유아들이 가정 및 영유아기관에서 건강한 일상생활을 영위하는 데 필요한 기본생활습관과 행동을 육성하기 위한 생활지도방법을 소개하고, 관련 이론 및 현장에서의 지도 실제를 다루고 있다. 또한 아동들이 성장해가면서 겪는 다양한 문제를 해결하고 적응을 지원하는 데 도움이 되는 상담이론을 소개하고 현장에서 활용되는 대표적인 상담기법을 소개하고 있다. 이 책은 1부 아동생활지도의 기초, 2부 아동생활지도의 기법, 3부 아동생활지도와 아동상담, 4부 아동생활지도의 실제로 구성된다. 각 부에 수록된 내용은 다음과 같다.

(1) 제1부: 아동생활지도의 기초

제1부는 1장 아동생활지도의 개념, 2장 아동생활지도의 이론적 기초, 3장 아동행동의 영향 요인으로 구성하였다. 이 부분에서는 아동생활지도의 개념에 대해 소개하고 생활지도의 기초를 구성하는 다양한 이론에 대해 살펴본다. 또한 영유아의 행동에 영향을 미치는 개인적 · 환경적 요인에 대해 알아본다.

(2) 제2부: 아동생활지도의 기법

제2부는 4장 아동행동의 평가와 방법, 5장 아동생활지도의 원칙과 행동수정방법, 6장 아동생활지도의 실천기법, 7장 영유아기관과 가정에서의 생활지도로 구성하였다. 이 부분에서는 영유아의 행동을 관찰하고 평가, 진단하는 방법, 아동생활지도의 원칙과 행동주의 이론에 입각한 행동수정방법, 현장에서의 실천기법에 대해 살펴본다. 또한 이를 토대로 유치원, 어린이집 등 기관과 가정에서의 생활지도 시 지켜야 할 기본 원리에 대해 알아본다.

(3) 제3부: 아동생활지도와 아동상담

제3부는 8장 아동생활지도와 아동상담, 9장 놀이를 이용한 상담, 10장 음악을 이용한 상담, 11장 미술을 이용한 상담으로 구성하였다. 이 부분에서는 아동들이 성장해가면서 겪는 다양한 문제를 해결하는 데 도움이 되는 아동상담에 관해 알아본다. 또한 아동생활지도와 아동상담의 관련성, 아동상담의 목적 및 주요 원리에 대해 살펴보고, 대표적인 아동상담기법으로 놀이, 미술, 음악을 이용한 상담에 대해 알아본다.

(4) 제4부: 아동생활지도의 실제

제4부는 12장 기본생활습관 지도, 13장 부적응행동의 이해, 14장 부적응행동 지도, 15장 장애 지도로 구성하였다. 이 부분에서는 영유아의 바람직한 기본생활습관 형성을 위한 지도방법에 대해 알아본다. 또한 부적응행동의 정의 및 유형, 관련 이론 등에 대해 살펴보고 부적응행동의 사례별 지도방법을 익힌다. 마지막으로 장애의 개념 및 유형에 대해 살펴보고 장애의 유형별 지도방법에 대해 구체적으로 살펴본다.

모쪼록 이 책에 제시되어 있는 다양한 생활지도와 상담 관련 이론, 그리고 현장에서 적용할 수 있는 실제적 기술에 대한 학습을 통해 아동생활지도에 대한 여러분의 이해의 폭이 넓어지기를 희망한다. 또한 예비 부모와 교사들이 가정, 그리고 보육 · 교육현장에서 영유아들이 건강한 생활습관과 바람직한 행동 습득을 통해 유능하고 행복하게 성장해가는 것을 돕는 생활지도와 상담기법을 익히는 데 이 책이 도움이 되기를 바란다.

2025년 11월

저자 이소은 · 이완정

차례

제 2 부 아동생활지도의 기법

제3부 아동생활지도와 아동상담

제4부 아동생활지도의 실제

제 1 부

아동 생활지도의 기초

제 1 장

아동 생활지도의 개념

| 학습 개요 |

아동생활지도는 영유아가 기본생활습관을 형성하고 사회의 일원으로서 적합한 행동을 배우고 이를 내면화시킬 수 있도록 돕는 것이다. 발달에 적합한 방식으로 생활지도를 받는 영유아는 다른 사람의 감정을 이해하고 받아들일 줄 알며, 필요할 경우 서로 도울 줄 안다. 양육자와 영유아기관의 교사는 아동생활지도를 통해 영유아로 하여금 자기 통제력을 갖추고, 높은 자아 존중감을 갖도록 지원해주어야 한다.

이 장에서는 아동생활지도의 개념을 정의하고, 영유아를 대상으로 한 생활지도의 필요성, 생활지도의 목표 등을 살펴보며, 발달에 적합한 아동생활지도의 방법을 살펴볼 것이다.

| 학습 목표 |

1. 아동생활지도의 의미와 방향에 대해 안다.
2. 아동생활지도의 필요성과 목표에 대해 안다.
3. 아동생활지도의 방법을 이해한다.

| 주요 용어 |

아동생활지도, 발달에 적합한 실제

1.1. 아동생활지도의 정의

1.1.1. 훈육과 지도

아동을 훈육하거나 지도하는 과정은 아동 양육에 있어 가장 기본이 되는 부분이다. 역사적으로 아동의 훈육 및 지도와 관련된 철학과 신념은 그 사회의 사회문화적 배경에 따라 지속적으로 변화하였다. 현대사회에서 아동생활지도는 기존의 '훈육(discipline)'의 의미보다는 새롭게 '지도(guidance)'라는 의미를 강조하고 있다.

훈육은 라틴어인 'discipulus'에서 유래한 단어로 'pupil(학생 혹은 생도)'을 의미한다(American Heritage Dictionary, 1992). 훈육은 품성이나 도덕 따위를 가르쳐 기른다는 의미이다. 훈육은 흔히 사회적 규제나 학교의 규율과 같이 사회적으로 명백하게 요청되는 행위나 습관을 형성시키고 발전시키는 것을 뜻한다. 이때의 훈육이라 함은 단체생활이나 사회생활에 적응하기 위해서 요청되는 여러 가지 바람직한 습관을 형성시키거나, 반대로 규율 위반과 같은 바람직하지 못한 행위는 교정하여 없애는 것을 말한다.

이와 비교하여 지도는 어떤 목적이나 방향으로 남을 가르쳐 이끈다는 의미이다. 지도는 훈육이나 훈련과 달리 영유아를 이끌어주고, 안내하고, 지원한다는 의미를 강조한다. 이것은 교육에 있어 단순히 지식의 전달이나 일방적 훈육이 아니라 지식·이해·기능에 있어 아동 스스로가 참여하고 실천함으로써 비로소 습득하게 되는 과정을 중시하여야 한다는 교육철학적 배경에 기초하고 있다.

훈육이라는 용어는 성인의 지시나 통제를 통한 아동의 훈련에 역점을 두었다면, 지도라는 용어는 아동의 이해와 참여, 실천을 통한 아동 자신의 이해와 변화에 강조점을 두고 있다. 즉 아동생활지도에서의 학습이란 아동 자신의 경험을 재구성하는 것이지 교사의 일방적인 교수에 의해 이루어지는 것이 아니라고 본다.

이때 교사는 아동의 학습을 돕는 역할자라는 점이 강조된다. 교사의 임무는 아동의 흥미를 존중하고 자발적이고 창조적인 학습과정을 펼치는 것이다. 이런 의미에서 아동생활지도는 아동기관 커리큘럼 운영의 중요한 방법 중 하나라 할 수 있다.

1.1.2. 아동생활지도의 의미

아동생활지도는 영유아가 기본생활습관을 형성하고 사회의 일원으로서 타인과 긍정적인 상호작용을 할 수 있는 실제적인 능력을 갖출 수 있도록 지원하는 것이다. 아동은 성장하고 배우면서 성인에게 가르침, 지도, 지원을 받을 필요가 있다. 오늘날에는 이른 연령부터 영유아기관에 다니는 아동이 많기 때문에 아동을 지도하는 사람들이 부모뿐 아니라 교사로 넓혀졌다. 부모와 교사 등 영유아 주변의 성인은 아동의 행동을 긍정적이고, 지원적이며, 연령에 적합한 방식으로 지도하는 데 중요한 역할을 한다. 아동의 행동을 지도하는 가장 적합한 방식은 아동 개인마다 다르며, 아동의 연령, 발달적 특성, 개인적 환경과 이에 따른 요구에 기초해야 한다. 긍정적이고 지원적인 생활지도는 아동으로 하여금 자기조절능력을 키우고, 자신의 감정, 필요, 요구를 보다 적합한 방식으로 표현할 수 있도록 해준다. 아동에 대한 생활지도는 완성되는 목표라기보다는 '계속되는 과정(ongoing process)'이라 보아야 한다.

1.2. 아동생활지도의 필요성

1.2.1. 개인적 필요성

성장과정에서 성인 양육자로부터 적절한 생활지도를 받지 못한 영유아는 사회적으로 요구되는 규준을 배우고 익히는 과정을 충분히 경험하지 못하여 결과적으로 일상생활에 필요한 예의나 타인과의 관계에서 갖추어야 할 긍정적 문제해결 기술을 적절한 시기에 배우지 못하게 된다. 표 1-1 은 양육자로부터 적절한 생활지도를 받지 못하여 버릇이 없게 된 아이의 전형적인 특성과 이를 초래하는 양육자의 행동 특성을 보여준다.

소위 버릇없는 영유아는 부정적인 감정을 스스로 극복하고 타인과의 교류에서 발생하는 크고 작은 사회적 행동문제나 갈등을 원만하게 해결하기 어려워하므로 자기 통제력과 자율성이 부족해지기 쉽다. 이들은 또래와의 관계에서 자연스럽게 발생하는 갈등과 문제를 효과적으로 풀어나가기 어렵기 때문에 또래로부터 소외되고 여기서 발생하는 좌절감을 또 다른 문제행동으로 표현하는 악순환을 겪게 된다.

표 1-1 버릇없는 영유아의 특성과 양육자의 행동

버릇없는 영유아의 특성
• 뭐든지 내 맘대로 할 수 있다는 생각을 갖고 있음 • '안 돼'라는 말을 받아들이지 못함 • 좌절감을 다루는 방법을 알지 못함 • 친절, 공감, 이타성이 부족함 • 양심의 발달이 부족하여, 타인에게 해로운 행동을 해도 죄책감을 느끼지 않음 • 상대가 어떻게 느끼는지에 대해 진지하게 고려해보지 않음 • 자신의 실수나 잘못에 대해 주로 남 탓을 함(이건 내 잘못이 아니야)
영유아의 버릇을 망치는 양육자의 행동
• 아이가 좌절감, 분노, 불행 등의 부정적 감정을 느끼는 것을 지켜보지 못함 • 문제를 먼저 해결해주어 아이가 행동의 결과를 직접 겪어볼 기회를 주지 않음 • 주변 성인이나 가족보다 항상 아이의 욕구만을 최우선으로 중시함 • 아이를 위해 살며, 아이를 행복하게 해주기 위해 모든 것을 기꺼이 희생함 • 아이에게 '안 돼'라는 말을 하지 못함 • 아이의 잘못에 대해 나무라기보다는 아이의 심정을 편하게 해주기 위해 과다하게 설명하고, 협상해주고, 끝없이 합리화를 시켜줌 • 아이가 어쨌든 스스로 해내야 할 일을 하도록 만들기 위해 뇌물(과다한 칭찬, 보상 등)을 줘야 함 • 아이가 끝없이 조르거나 징징대면 결국 '안 돼'를 '돼'로 바꾸어줌 • 아이의 말대답을 적절히 제한하지 않음으로써 아이가 불손하고 되바라진 태도를 갖게 함

출처: Samalin(2002).

대부분의 영유아는 부모와 교사 등 자기에게 의미 있는 주변의 성인을 기쁘게 하고자 한다. 하지만 때때로 영유아는 자신에게 기대되는 바가 무엇인지 혼란스러워 할 때가 많다. 영유아의 연령이 어릴 때에는 주변 성인에 의해 영유아가 지켜야 할 한계가 명확하게 설정되어 안내될 필요가 있다. 한계가 명확하면, 영유아는 자신의 행동방향을 지레짐작하거나 추측하기보다는 자기에게 기대되는 바가 무엇인지 보다 쉽게 인식하여 모호성이 줄어들 수 있게 된다. 그러다가 아동이 점차 자율적으로 행동할 수 있게 되면 성인의 중재나 간섭은 이에 따라 자연스럽게 줄어들게 된다.

생활지도에서의 꾸준한 일관성은 아동과 성인 간 갈등을 줄여주고 영유아의 자율성을 길러주는 것 외에도 영유아에게 다음의 여섯 가지 바람직한 자질을 증진시키는 기회를 제공한다(Klein, 2014).

첫째, 자신의 환경이 안전하다는 느낌을 갖게 해준다. 영유아에게 지나치게 많은 자유를 주는 것은 화분에 너무 많은 물을 주어 뿌리를 썩게 하는 것과 같다. 영유아는 자기를 양육하는 성인이 그들을 끊임없이 주시하고 있다는 것을 알 필요가 있으며, 이는 영유아에게 자신의 환경이 안전하다는 느낌을 준다.

둘째, 신뢰감을 키워줄 수 있다. 영유아는 한계가 명확히 설정되어 있고, 그 결과 자신에게 기대되는 것이 무엇인지 인식하게 되면 주변의 환경과 사람을 신뢰할 수 있게 된다.

셋째, 자기규제능력을 키울 수 있다. 한계가 명확하지 않으면 영유아는 의아해하고 당황스러워 한다. 이러한 느낌은 영유아의 환경 인식과 미래 지향에 부정적인 영향을 미친다. 한계가 명확할 때에야 비로소 영유아는 자기 자신을 스스로 규제하는 행동능력을 기를 수 있다.

넷째, 역량을 기를 수 있다. 영유아는 점차 독립성, 자율성을 키워 가면서 자신의 역량에 대해 자신감을 가질 수 있게 된다.

다섯째, 반성적 사고능력을 키울 수 있다. 올바른 생활지도를 받게 되면 영유아는 자신의 여러 가지 상황에서 보다 현명한 선택을 할 수 있게 된다. 현명한 선택이란 영유아가 원하는 것을 뭐든지 할 수 있는 것이 아니라, 선택에 따른 결과를 미리 반성적으로 생각해봄으로써 보다 나은 선택을 할 수 있다는 것을 의미한다. 가령, 반성적 사고능력이 있는 아동은 미술 영역에서 자기가 모든 크레용을 가져가버리면 옆에서 함께 그림을 그리던 친구가 어떤 느낌을 갖게 될지 미리 생각해볼 수 있다.

여섯째, 양육자에 대한 건전한 존중심을 가질 수 있다. 아동은 한계를 명확하게 설정해주는 성인에 대해 반감을 갖기보다는 존중심을 표현할 수 있게 된다.

1.2.2. 사회적 필요성

근래 사회 변화에 따라 가정뿐만 아니라 영유아기관에서 함께 이루어지는 아동생활지도의 필요성이 대두하였으며, 궁극적으로 아동생활지도는 민주시민의 기초를 형성하는 목표를 가지게 되었다.

1) 가족환경과 사회의 변화

우리 사회는 핵가족화와 여성의 경제활동 참여, 가족 구성의 다양화 등 급격한 변화를 겪어왔다. 농촌 기반의 대가족 사회에서 산업화와 경제 성장에 따라 도시화가 진전되면서 부부와 자녀로 구성되는 핵가족 사회로 바뀌었다. 대가족 중심의 사회에서는 조부모 등 친인척과 여러 명의 사촌, 또래 이웃이 모여 어른들이 어린 아동의 훈육을 서로 나누어 맡고, 아동은 지역사회를 중심으로 장유유서의 질서 하에 자연스럽게 예절과 기본생활습관을 익힐 수 있었다. 하지만 핵가족은 부모가 생활지도의 주체여야 하는데 부모 스스로 첫 부모됨을 겪는 과정에서 자녀 훈육방법을 배울 기회가 적어 아동에게 기본생활습관을 교육할 역량이 부족하게 되었다.

더욱이 여성의 경제활동 참여가 증가하면서 맞벌이 가족이 많아지고 부부는 자녀와 함께 할 시간이 적어지게 되었다. 이에 따라 과거 어머니가 전업주부로서 가정 내에서 주로 담당하던 기본생활습관 지도를 대신할 사람이 마땅치 않게 되었다. 또한 엄부자모(嚴父慈母)로서 엄격한 훈육자 역할을 담당하던 아버지도 시간이나 경험의 부족으로 인해 자신의 역할을 제대로 수행하지 못하는 경우가 많아지면서 가정에서 아동에 대한 생활지도가 원만하게 이루어질 기회가 점차 줄어들게 되었다.

또한 부부의 이혼, 별거, 재혼이 늘어나면서 한부모 가정, 조손 가정이 증가하게 됨에 따라 가정에서 아동에게 적절한 생활지도를 해 줄 전체적인 성인 자원과 역량이 감소하게 되었다. 다문화 가정이 늘어나면서 아동생활지도의 원칙과 방법에 대한 여러 가지 입장이 상충하게 되었고, 이는 아동으로 하여금 자신을 둘러싼 다양한 환경에서 적절하게 행동하고 문제를 해결하는 기술을 원만하게 습득할 기회를 저해하게 되었다.

한편 영유아의 입장에서는 과거보다 이르게 영유아기관에 다니는 경험을 하게 되면서 가정뿐만 아니라 영유아기관에서 여러 사람들과 다양하게 교류하게 되었다. 영유아는 다양한 물리적 공간에서 먹고, 자고, 쉬고 활동하는 하루일과를 보내게 되었고 배고픔, 갈증, 수면, 휴식, 놀이 등 자신의 신체적 · 심리적 기본욕구를 보다 자율적으로 충족시켜야 하는 필요가 생기게 되었다.

뿐만 아니라 영유아는 가정에서 만나던 부모, 형제자매 외에도 어릴 때부터 교사, 또래 등 가족과는 다른 욕구와 관계특성을 가진 사람들과 원만하게 상호작용해야 하는 과제를 갖게 되었으며, 이들 타인과의 관계에서 나타나는 갈등을 해결할 수 있는 능력을 요구받게 되었다.

이에 따라 과거 전통사회에서는 아동을 양육하고 지도해야 하는 책임이 가정과 부모에게만 부여되었으나, 현대사회에서는 아동 양육 및 지도의 실질적 책임이 부모뿐 아니라 영유아기관의 교사 등 여러 사람에게 나뉘어 부과되는 경향이 있다. 그러므로 부모와 교사 등 영유아를 둘러싼 성인은 서로 활발하게 의사소통하면서 일관성 있게 아동생활지도를 해나감으로써 영유아로 하여금 자신의 환경에 대해 안전하게 느끼고 신뢰감을 가지며 자율성을 신장시켜 나갈 수 있도록 지원해줄 필요가 있다.

2) 민주시민으로서의 자질 함양

Gartrell(2000)은 아동생활지도를 통해 궁극적으로 영유아가 민주시민의 자질을 갖추도록 하는 것이 중요하다고 보았다. 즉 다양한 성원을 수용하고 서로를 존중하는 민주시민사회의 기초는 영유아가 경험하는 생활에서부터 갖추어져야 한다는 것이다. 영유아는 생활지도를 통해 다음과 같은 다섯 가지 민주시민으로서의 기본 자질을 갖추어 나가게 된다.

첫째, 집단의 모든 성원을 충분히 가치 있는 개개인으로 포용할 수 있는 태도를 기른다. 이 자질은 영유아가 부모와 교사 등 자신을 양육하고 지원하는 유의미한 성인과 안정된 애착을 형성하는 것과 밀접하게 관련되어 있다. 영유아는 양육자에게 깊은 신뢰감을 가짐으로써 세상에 대해 따뜻한 감정을 나타내게 되고, 이를 바탕으로 가정이나 영유아기관에서 만나는 또래와 다른 성인들에 대한 보다 폭넓은 정서적인 수용성을 가질 수 있게 된다.

둘째, 자신의 여러 가지 감정과 정서를 다른 사람에게 신체적 · 정서적으로 해가 되지 않는 방법으로 표현할 수 있는 자질을 갖춘다. 이것은 영유아가 갖추어야 할 나머지 세 가지 민주시민의 자질을 형성하는 데 있어 매우 중요한 기초가 된다.

셋째, 문제를 독립적으로 혹은 다른 사람과의 협력을 통해 풀어나가며, 창의적인 방식으로 해결하려는 태도를 갖춘다. 아동은 또래와 상호작용하면서 겪게 되는 크고 작은 다툼과 갈등을 미연에 방지하거나 혹은 논의를 통해 긍정적으로 해결하는 데 필요한 여러 가지 사회적 기술을 익히게 된다.

넷째, 다른 사람에게서 그 사람만의 고유하고 독특한 장점을 발견하고 이를 인정하는 태도를 갖춘다. 영유아는 또래와의 갈등을 원만하게 해결하는 경험을 반복적으로 가지면서 나와 다른 사람이 욕구, 정서, 행동양식이 서로 다를 수 있다는 것을 인정하게 된다. 연령이 어릴수록 다른 사람을 보면 나와 같지 않다는 점에 낯설어하지만 연령이 높아질수록 점차 타인의 다른 점을 그 사람의 고유성으로 인식할 수 있게 된다.

다섯째, 보다 지혜롭고 윤리적으로 생각할 수 있는 능력을 기른다. 얼핏 생각하면 영유아의 지적 능력이 부족하고 생활경험이 일천하여 지혜나 윤리적 태도를 갖추기 어렵다고 생각할 수 있다. 하지만 Piaget에 따르면 영유아는 친사회적 행동에 대해 인지적으로 사고하기 어려운 어린 연령에도 친사회적으로 행동할 수 있다. 즉 아동생활지도를 통해 적합한 경험을 하게 되면 영유아도 보다 현명하고 윤리적으로 행동하는 토대를 키울 수 있다.

1.3. 아동생활지도의 목표

1.3.1. 일반적 목표

영유아가 만나는 가정이나 영유아기관은 작은 사회이다. 그 속에서 영유아는 다른 사람과 상호작용하는 기본적인 방법을 익히며 이는 이후 성장하면서 경험하게 되는 학교나 보다 크고 넓은 사회의 성원으로 생활하는 데 가장 기초적인 토대가 된다.

아동생활지도의 일반적 목표는 무력하고 자기중심적인 특성을 가진 어린 영유아가 자율성과 독립성을 길러 이 사회의 명실상부한 성인으로 성장해나가도록 해주는 것이다. 아동생활지도의 일반적 목표를 여러 가지 측면에서 살펴보면 다음과 같다.

첫째, 아동생활지도는 영유아의 생존과 성장을 위한 자조능력을 길러주기 위한 것이다. 영유아는 건강하게 성장하기 위해서 음식을 통해 영양을 섭취하고, 적절하게 배설하며, 더러워진 신체를 깨끗이 하고, 피로할 때 휴식을 취하며, 적절한 의복을 통해 추위와 더위에서 자신을 보호하는 기술을 필요로 한다. 영유아는 연령에 적합한 방식으로 다양한 기본생활습관을 갖추어가며 이를 통해 세상에서 생존할 수 있는 자조능력을 기를 수 있다.

둘째, 아동생활지도는 다른 사람과 소통할 수 있는 능력을 길러주기 위한 것이다.

사회는 혼자서는 살 수 없고 반드시 다른 여러 사람과 교류하면서 서로 도움을 주고 받으며 협력하는 과정을 통해 살아가는 곳이다. 영유아는 다른 사람과의 상호작용을 통해 나와 다른 사람의 요구가 다를 수 있고 서로의 생각이 같지 않음을 인정하고 받아들이는 태도를 갖추어야 한다. 또한 크고 작은 갈등을 원만하게 해결해내는 사회적 기술을 배워야 한다.

셋째, 아동생활지도는 그 사회의 문화와 가치를 받아들이는 자세를 길러주기 위한 것이다. 역사적으로 바람직한 행동 기준과 태도는 변화되어 왔다. 전통사회에서는 성인에 대한 복종과 권위의 강조가 중요했다면 현대사회에서는 민주적인 시민으로서의 자질이 더 중요하게 여겨진다. 또한 성원에게 강조되는 주요 가치는 하위 사회마다 다를 수 있다. 가령 보수적이고 엄격한 태도를 강조하는 문화가 있는가 하면 보다 진취적이고 진보적인 가치를 중시하는 문화도 있을 수 있다. 아동생활지도를 통해 성인은 영유아에게 주요한 사회문화적 가치를 전수하게 되고 영유아는 자연스럽게 이를 수용하게 된다.

1.3.2. 영유아기관에서의 목표

영유아기관에서 이루어지는 아동생활지도의 목표는 궁극적으로 영유아의 전인적 성장을 돕는 것이라 할 수 있다. 이때 '돕는다'라고 한 것은 생활지도의 모든 원리가 영유아의 자율적 성장을 가장 중심에 두고 있기 때문이다. 생활지도의 실제에 있어서는 영유아 개인을 다루는 경우도 있고 영유아의 집단을 대상으로 하는 경우도 있을 수 있으나, 영유아기관의 아동생활지도 목표는 언제나 영유아 개개인의 자율적 성장에 있다.

영유아기관에서는 자율성을 강조하는 방향으로 아동생활지도의 목표를 명확하게 설정하고, 긍정적인 방식의 생활지도를 통해 영유아가 보다 안전하고 건강하게 성장·발달할 수 있도록 지원해주어야 한다. 교사는 영유아가 자신의 실수나 문제를 인식하고 이를 스스로 개선할 수 있는 자율성을 키울 수 있는 방향으로 생활지도를 하여야 한다.

표 1-2 에 제시된 생활지도의 목표 서술을 보면 첫째 항에서 위험 행동을 '하지 않도록 보호한다' 외에 나머지 모든 항에서 '영유아가'라는 것과 '발달시키도록 돕는다'라는 것이 일관되게 강조되어 있는 것을 볼 수 있다. '영유아가'라는 것은 모든 영유아 개인을 뜻하는 것으로 영유아의 연령과 개별적인 특성에 따라 발달 특성이 다르며 고유의 요구를 가지고 있는 존재라는 점을 나타내는 것이다. '발달시키도록 돕는다'라는 것은 생활지도가 모든 영유아의 자율성 신장을 목표로 한다는 것을 나타낸다.

표 1-2 영유아기관에서 수립한 생활지도의 목표 예

첫째, 영유아가 자신이나 타인을 해치거나 위험에 빠뜨리지 않도록 보호한다.
둘째, 영유아가 자기 통제력과 자율적인 자기 규제력을 갖도록 돕는다.
셋째, 영유아가 자신의 문제를 스스로 해결할 수 있는 기술을 발달시키도록 돕는다.
넷째, 영유아가 독립성과 높은 자아 존중감을 발달시키도록 돕는다.
다섯째, 영유아가 다른 사람과 긍정적으로 상호작용하는 기술을 발달시키도록 돕는다.

출처: Canadian Child Care Federation, One-six guidance. http://www.cccf-fcsge.ca

교사는 아동생활지도의 목표가 영유아가 적합한 행동을 배우고 이를 내면화시킬 수 있도록 돕는 방향으로 설정되도록 유념할 필요가 있다. 생활지도의 목표가 구현되면서 영유아의 행동에는 변화가 나타나며, 영유아는 친사회적인 행동을 할 수 있게 된다. 발달에 적합한 방식으로 생활지도를 받는 영유아는 협력과 도움 행동을 할 줄 알고, 말과 행동으로 다른 사람을 위로할 줄 안다. 또한 다른 사람의 감정을 이해하고 받아들일 줄 알며, 필요할 경우 자원을 서로 나누고 함께 사용할 줄 안다. 궁극적으로 바람직한 방식으로 생활지도를 받은 영유아는 자기 통제력을 갖추고 있으며, 높은 자아 존중감을 갖고 있다.

영유아기관에서는 기관의 철학을 기반으로 아동생활지도의 목표에서 어떤 특성을 강조할 것인지 교사들이 함께 논의하여 목표를 설정하도록 한다. 영아가 많은 기관에서는 영아가 위험에 빠지지 않도록 안전하게 보호하는 생활지도의 목표를 보다 강조하고, 이를 토대로 영아가 성인 교사와 안정된 애착을 형성하고 심리적으로 편안한 분위기 속에서 또래 영아와 잦은 다툼을 갖지 않도록 유의할 수 있을 것이다.

이와 비교하여 유아가 많은 기관에서는 유아가 스스로 자신의 일을 해결해낼 수 있는 자율성과 자기 통제력을 갖출 수 있도록 지원하는 것을 강조하는 내용의 생활지도 목표를 설정할 수 있을 것이다. 동일 기관 내에서 영유아의 연령별로 영아반과 유아반 교실마다 생활지도 목표를 달리 설정하는 것도 가능하다.

1.4. 아동생활지도의 방법

1.4.1. 발달에 적합한 아동생활지도의 특성

1980년대부터 영유아를 지원하는 전문가들은 전통적인 훈육방법이 복종을 강요하는 데서 탈피해야 한다고 주장해왔다. 영유아기관에서는 전통적인 훈육방법의 문제점과 근래 지지되고 있는 '발달적으로 적합한 생활지도'의 특성을 이해함으로써 발달적으로 적합한 생활지도와 발달적으로 부적합한 생활지도가 어떠한 차이가 있는지 고민하고 논의해볼 필요가 있다.

전통적인 훈육과 달리 발달적으로 적합한 교수의 실제는 다음과 같이 나타난다. "교사는 아동에게 긍정적인 생활지도 기법을 사용함으로써 영유아에게 사회적 기술, 자기 통제, 자기 조절의 발달을 촉진시킨다. 즉, 교사는 기대되는 행동의 모델이 되고, 기대되는 행동을 하도록 격려해주며, 영유아가 좀 더 수용 가능한 행동을 하도록 방향을 재설정해주고, 행동의 한계를 분명히 해주며, 수용될 수 없고 해를 끼치는 행동의 결과를 강조하기 위해 중재 방법을 적용한다. 교사의 기대는 영유아의 발달하는 능력을 존중하는 데 둔다. 교사는 사소한 위반 행위에 전부 반응할 필요가 없다는 것을 인식하고 있기 때문에 인내심을 갖게 된다(Bredekamp & Copple, 1997, p.129)."

「발달에 적합한 유아생활지도」를 영유아 지도의 원리로 강조하고 있는 미네소타 어린이교육협회에 따르면, 아동생활지도의 목표는 궁극적으로 Piaget가 강조한 영유아의 '자율성'을 키워주는 것이다. 발달에 적합한 생활지도에서는 또래와의 갈등을 처벌의 대상으로 삼기보다는 서로 가르치고 배우는 기회로 삼으며, 유아의 실수를 훈련이나 훈육의 대상으로 삼기보다는 영유아가 자신의 실수로부터 배울 수 있도록 돕는 기회로 삼는다. 또한 영유아가 일으킨 문제에 대하여 처벌하기보다는 자신의 문제를 해결하는 방법을 배울 수 있도록 돕는 기회로 삼는다. 즉 생활지도의 목표를 영유아의 자율성을 신장시키도록 도와주는 발달지원의 차원으로 보는 것이다.

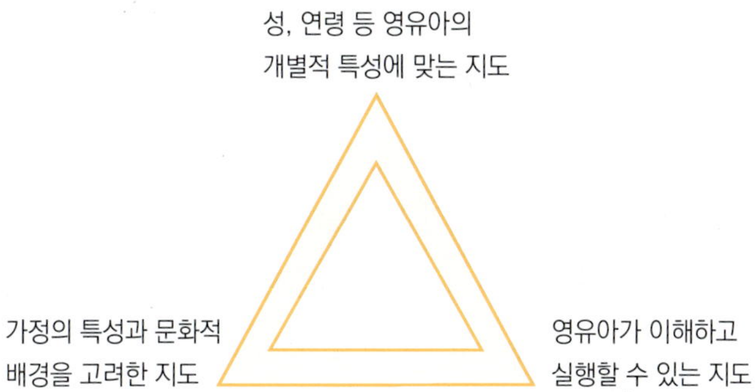

그림 1-1 **발달에 적합한 아동생활지도의 요소**

미네소타 어린이교육협회(Minnesota NAEYC, 2014)에서 제시하고 있는 발달적으로 적합한 생활지도의 원칙은 다음과 같다.

첫째, 영유아기는 적합한 행동이 어떤 것인지에 대하여 배우고 있는 과정이다. 영유아가 다른 사람에게 자신의 강한 감정을 적절하게 나타내고 이를 보다 적합한 행동으로 표현하기 위해서는 오랜 시간이 걸린다. 어린 영유아는 이처럼 어려운 개인적 기술, 사회적 기술을 막 배우기 시작한 참이다.

교사는 영유아가 무수한 반복 경험에 의해 배운다는 것을 인식하고, 영유아를 위해 하루일과를 일관성 있게 운영하고, 영유아에게 명확한 한계를 설정해주며, 영유아가 적합한 행동양식을 내면화시키도록 도울 필요가 있다. 하루일과를 통해 자신에게 기대되는 행동양식을 이해하게 되면 영유아는 자신을 둘러싼 물리적 환경과 인적 환경을 보다 잘 이해하고 신뢰할 수 있게 된다.

둘째, 영유아의 문제행동이 나타나지 않도록 미연에 예방하는 생활지도가 가장 효율적이고 성공적인 것이다. 가장 훌륭한 생활지도는 우수한 커리큘럼을 운영하면 자연스럽게 드러나게 된다(Young Children, 1987). 규칙적인 하루일과, 세심하게 수립되어 조정되는 계획안, 교실의 물리적 환경 조성, 발달적으로 적합한 활동의 진행, 그리고 우수한 교사진은 영유아의 문제행동을 예방해주며 영유아의 활동과 배움의 과정을 즐겁고 유쾌하게 만들어주기 때문에 영유아와 또래, 교사 간에 긍정적이고 존중할 만한 신뢰관계가 나타나게 된다.

셋째, 성인은 영유아가 표현한 행동의 이면에 감춰진 원인을 정확하게 이해하여야 한다. 영유아는 종종 어떤 일이 발생할지 보기 위해서 뭔가를 저질러본다. 영유아는 자신의 행동과 이에 대한 타인의 반응을 통해 많은 것을 배운다. 그러므로 교사는 영유아의 부적절하고 부정적인 행동에 대해 명확하게 짚어주고, 바람직한 대안적 언어표현과 행동방식을 가르쳐 줄 필요가 있다. 이 과정을 반복적으로 경험함으로써 영유아는 점차 보다 적합하고 교사에게 용인되는 방식으로 행동하는 방법을 익히게 된다.

넷째, 효율적인 생활지도가 이루어지기 위해서는 반드시 먼저 교사와 영유아 간에 신뢰로운 관계가 수립되어야 한다. 영유아는 자신이 주변 사람에게 가치 있게 받아들여지고 주변 사람에게 사랑을 받아야 비로소 긍정적인 자아개념을 형성하게 되고 세상에 대항하여 행동할 힘을 얻게 된다.

다섯째, 교사는 영유아가 자신의 내적 통제력을 기르고 다른 사람의 요구에 적합하게 반응하는 방법을 배울 수 있도록 도와주는 방향으로 생활지도를 하여야 한다.

이를 위해 교사가 지켜야 할 기본 원칙은 생활지도를 할 때 명확하고 긍정적인 언어적 상호작용을 하는 것이다. 명확한 의사소통은 영유아가 독립심, 신뢰감, 자신의 능력에 대한 역량을 키워 또래 및 성인과 잘 지내도록 하는 데 큰 도움을 준다. 교사는 이외에 적절한 모델링과 바람직하게 행동할 대안을 제시해줌으로써 영유아가 자신의 감정과 정서를 용인되는 방식으로 표현할 수 있도록 지원해줄 필요가 있다.

1.4.2. 발달에 부적합한 아동생활지도의 특성

부적합한 교수의 실제는 다음과 같이 나타난다. "교사는 수용될 수 없는 행동을 벌하고, 잘못 행동하는 아동을 나무라며, 타임아웃이나 다른 벌을 받을 때 잘못 행동하는 영유아를 반복해서 야단치는 데 많은 시간을 보낸다. 교사는 분명한 한계를 설정하지 않고, 수용 가능한 행동 기준에 대한 책임을 영유아에게 부여하지 않는다. 환경은 무질서하고, 교사는 영유아가 집단행동에서 중요한 규칙과 책임을 정하고 학습하도록 도와주지 않는다(Bredekamp & Copple, 1997, p.129)."

첫째, 처벌(punishment)은 대표적으로 발달에 부적합한 아동생활지도 방법이다. 처벌은 영유아에게 신체적으로 해를 끼치는 행동(때리거나 팔을 거칠게 잡아당기는 등의 행동), 영유아에게 부정적인 감정을 표시하는 신체적 행동(머리카락을 잡아당기거나 깨무는 행위), 아동을 모욕하는 행동(또래 앞에서 비웃거나 웃음거리가 되게 하는 행위), 애정을 철회하는 행동(미소나 칭찬 등을 중지하는 행위) 등을 포함한다.

처벌을 하게 되면 영유아는 자기에게 기대되는 바람직한 행동이 무엇인지 알기 어렵다. 이런 의미에서 처벌은 비현실적이며 해롭기까지 하다. 처벌은 영유아로 하여금 그것을 행한 성인에게 신뢰감을 갖게 하는 것을 방해하며, 영유아의 자기 통제력을 키우는 데 도움이 되지도 않는다.

처벌이 반복되면 영유아의 자아 존중감은 손상되며, 처벌을 하는 성인에 대한 원망이 내재화된다. 뿐만 아니라 성인의 처벌은 영유아에게 공격성의 모델이 되어, 때리고, 소리 지르는 행위가 갈등을 해결하는 주요한 수단이라고 생각하게 만든다. 심한 처벌은 영유아가 주변 사람과 맺는 긍정적인 관계를 저해한다.

둘째, 과도한 칭찬, 스티커의 지나친 사용이나 타임아웃의 일상적 사용 등은 발달에 부적합한 아동생활지도 방법이다. 이 방법들은 많은 사람들이 즉각적으로 생활지도의 기법으로 떠올리는 것이지만, 아동생활지도의 기법으로 부적합하기 때문에 결과적으로 영유아의 권리를 침해할 뿐만 아니라 별로 효율적이지도 못하다.

Kohn(1993)은 이 방법들이 영유아로 하여금 '이것을 해, 그러면 저것을 얻을 수 있어'라는 메커니즘을 습득하게 한다고 지적하였다. 즉 이 방법들은 영유아를 통제하는 데 사용되기 때문에 목적적이라기보다는 수단적인 기법들이라는 것이다.

타임아웃은 미리 충분히 계획한 경우에 한하여 극히 제한적으로 사용되어야 하며, 특히 3세 미만의 영유아에게는 사용하지 않는 것이 바람직하다(Arizona Child Care Association, 2014). 표 1-3 에는 타임아웃이 효과를 발휘하지 못하고 처벌로 변질된 사례들이 제시되어 있다.

Kohn은 영유아에게 규칙을 부과하기보다는 영유아와 함께 그들의 눈높이에서 문제를 함께 해결해 나감으로써 영유아의 문제해결력을 증진시켜주는 것이 보다 효율적이라고 하였다. 성인에 의해 통제되는 영유아는 스스로를 통제할 능력을 신장시켜 나갈 기회가 없기 때문이다.

표 1-3 타임아웃이 처벌로 변질된 경우

- 교사가 영유아에게 만약 이렇게 행동하지 않으면 '타임아웃 방에 보내겠다'고 위협할 때
- 몇몇 영유아가 타임아웃에 처해지는 빈도가 잦으며, 특히 한 번 타임아웃을 받게 되는 시간이 점점 길어질 때
- 교사가 영유아로부터 벗어나 잠시 숨을 돌리기 위한 수단으로 타임아웃을 남발할 때
- 영유아들이 타임아웃에 처한 또래를 비웃거나 놀릴 때
- 타임아웃을 하지 않으려는 영유아에게 교사가 물리적인 힘을 행사해야 할 때
- 교사가 타임아웃에 있는 영유아를 나무라거나 부정적인 피드백을 주고 있을 때

출처: Arizona Child Care Association(azcca.org).

1.4.3. 아동생활지도의 원칙

아동생활지도의 대가인 Gartrell은 영유아기관에서 행동문제를 보이는 아동에게 생활지도를 할 때 교사가 고려해야 할 기본 원칙을 다음과 같이 제시하였다(Gartrell & Gallo, 2015).

첫째, 교실의 모든 영유아가 한 명도 빠짐없이 지원을 받을 수 있도록 한다. 가령, 교실의 80% 이상의 아동이 적합하게 행동한다면 이 교실은 성공적으로 운영되고 있다고 볼 것인가에 대한 질문에 대해, 모든 아동이 적절한 지도를 받고 있지 않다면 이는 모든 아동에게 '발달적으로 적합한 교실'이라고 볼 수 없다는 것이다. 이를 위해서는 교사와 영유아 간 긴밀한 관계 맺음, 안정적인 관계 형성이 가장 중요하다. 교사는 개별 영유아와 심리적으로 굳건한 관계를 맺고 있을 때 비로소 그 영유아가 나타내는 행동문제의 원인과 배경의 파악, 적절한 지원방법에 대한 모색과 실행을 할 수 있다.

둘째, 삼각 파트너십을 형성하여야 한다. 교사와 영유아 간 관계에서 부모는 빠질 수 없는 파트너십 대상자이다. 부모는 영유아의 최초이자 가장 중요한 생활지도자이기 때문이다. 부모의 기질, 성격, 사회경제적 상태, 문화적 가치 등이 개별 영유아의 행동과 밀접한 관계가 있으므로 교사는 영유아의 행동문제를 지도하고자 할 때 가족의 특성을 긴밀히 고려할 필요가 있다.

셋째, 대집단 논의를 활용한다. 영아의 경우에는 어렵지만, 유아의 경우 이야기 나누기 시간 등을 이용하여 유아가 문제 사안에 대해 의견을 나누고, 토의하고, 생각해보고, 궁리하여 해결책을 모색해보는 과정을 거칠 필요가 있다.

넷째, 갈등이나 다툼이 있을 때는 우선 모두 진정시킨다. 전통적인 생활지도에서는 교사가 피해자를 위로하고, 행위자는 응징하는 질서 회복자의 역할을 담당하였다. 긍정적인 생활지도가 이루어지는 교실에서는 신체적 피해가 발생하지 않도록 모두를 진정시키는 데 초기 역점을 둔다. 감정이 고양되어 있을 때는 섣부르게 지도하지 않는다. 이때, 빠른 진정을 위해 타임아웃을 섣부르게 사용하는 대신, 교사의 옆이나 가까운 곳의 의자 등에 아동을 앉혀 두도록 한다.

다섯째, 개별적인 지도 전략을 마련한다. 이는 행동문제를 가진 영유아의 개별적인 특성에 맞추어 주의 깊게 마련된 전략이 필요하다는 것을 말한다.

여섯째, 갈등이나 다툼을 중재시킬 때는 '다섯손가락 원칙(five finger formula)'을 따른다. 이는 진정시키기-문제 규명하기-브레인스토밍 함께 하기-해결방법을 시도해 보기-모니터링하고 격려하기이다.

일곱째, 포괄적인 지도를 할 필요가 있다. 영유아의 행동문제는 행위 양상이 비슷해도 그 원인이나 진전과정은 서로 다를 수 있다. 그러므로 영유아가 나타내는 문제를 전체 맥락을 고려하는 포괄적인 관점에서 바라볼 필요가 있다.

제 2 장

아동생활지도의 이론적 기초

| 학습 개요 |

영유아의 발달과 행동 특성을 이해하고 영유아의 바람직한 행동을 지원하기 위한 방법은 여러 가지 이론적 접근에 기반하여 발전된 것이다. 20세기 이후 심리학은 인간의 외적 행동과 내면의 사고와 정서가 발달되는 방식에 대해 고유한 접근방법으로 설명하고자 하는 여러 이론들을 발달시켜왔다.

이 장에서는 아동생활지도의 주요 이론적 접근으로 정신분석적 접근, 행동주의적 접근, 구성주의적 접근, 인본주의적 접근을 살펴본다. 이를 위하여 구체적으로 이론의 주요 가정, 주요 학자, 이 접근에 기반한 아동생활지도의 방향, 그리고 아동생활지도에 있어서의 교사의 역할을 다룬다.

| 학습 목표 |

1. 정신분석학적 접근의 기본 가정과 아동생활지도의 방향 및 교사의 역할에 대해 안다.
2. 행동주의적 접근의 기본 가정과 아동생활지도의 방향 및 교사의 역할에 대해 안다.
3. 구성주의적 접근의 기본 가정과 아동생활지도의 방향 및 교사의 역할에 대해 안다.
4. 인본주의적 접근의 기본 가정과 아동생활지도의 방향 및 교사의 역할에 대해 안다.

| 주요 용어 |

정신분석학적 접근, 행동주의적 접근, 구성주의적 접근, 인본주의적 접근

2.1. 정신분석학적 접근

2.1.1. 기본 가정

정신분석학적 접근은 인간의 무의식적 정신세계를 이해함으로써 인간 행동의 원인을 보다 본질적으로 규명할 수 있다고 보았다. 정신분석학적 접근의 기본 가정은 다음과 같다.

첫째, 인간의 마음을 움직이는 것은 심적 에너지(psychic energy)로, 이것은 매우 강력하여 파괴될 수는 없고 다만 표현될 수만 있다. 심적 에너지는 계획하고, 사고하고, 느끼고, 기억하는 인간의 모든 심리적 과정에서 작동한다. 정신 에너지는 크게 에로스(eros: 혹은 리비도(libido)로 성적 본능이라 불린다)와 타나토스(tanatos: 죽음의 본능이라 불린다)로 이루어져 있다.

둘째, 인간의 마음속에서 일어나는 모든 것은 심적 에너지에 의해 결정된다. 모든 것은 우연히 일어날 수 없으며 언제나 원인을 갖고 있다. 정신분석학적 접근은 인간의 행동과 마음에서 일어나는 갈등의 원인을 찾는 것이다.

셋째, 인간은 무의식의 상태에서 기본적인 본능을 갖고 있다. Freud의 이론에서 무의식은 행동을 결정하는 데 있어 매우 중요한 요소이다. 인간의 모든 동기, 욕구, 갈등은 의식의 표면 저 밑에서 나오며, 성욕(eros)과 공격욕구(tanatos)로 구성된 기본적인 본능에 의해 촉발된다.

넷째, 인간의 정신세계는 의식(conscious), 전의식(pre-conscious), 무의식(unconscious)으로 이루어져 있다. 무의식은 본능적 욕망, 꿈 등을 통해 나타나는 것으로 개인의 의지에 의해 쉽게 의식될 수 없는 정신작용이다. 이는 우리 마음의 대부분을 차지하고 있으나 결코 의식될 수는 없다. 전의식은 의식의 표면으로 잠깐씩 나타나는, 수면 바로 아래에 있는 것이다. 의식은 지각, 사고, 추리 등과 같이 인간의 마음속에서 파악될 수 있는 정신작용이다.

다섯째, 인간의 마음 혹은 성격구조는 원초아, 자아, 초자아의 세 부분으로 구성되어 있다. 원초아(id)는 배고픔, 목마름, 졸음 등과 같이 생리적 동기로 이루어져 있다. 인간은 이 생물학적 본능이 즉시 충족되기를 원하며 이를 통해 쾌락을 최대로 추구하고자 한다. 이에 비해 자아(ego)는 욕구를 충족시키기 위해 사회적으로 용납되는 방식으로 행동을 조정하도록 해준다. 초자아(super ego)는 양심이라 불리는 것으로 인간으로 하여금 자신의 행위가 옳고 그른지 판단하는 근거로 작용한다.

여섯째, 성장하면서 심리적 갈등이 해결되었던 방식이 그 사람의 성격(personality)을 형성시켜준다. 혹은 인간의 성격은 영유아기 경험에 의해 영향을 받는다. 즉 영유아기의 발달시기마다 충족되고자 하는 본능적 욕구가 있는데 이것이 양육자에 의해 순조롭게 충족되면 갈등이 없지만, 양육자가 영유아의 욕구 충족에 적절하게 부응해주지 못하면 영유아는 무의식의 상태에서 해소되지 않은 본능적 욕구에 고착하게 되고 이는 성격 특성을 왜곡시키는 요소로 작용한다.

일곱째, 인간은 본능적 욕구를 모두 충족시킬 수는 없기 때문에 고통을 느끼게 되고, 그 결과 자신의 정신체계가 삶의 고통으로부터 보호받을 수 있도록 마음속에 무의식적 방패를 치게 된다. 마음속의 갈등의 근원을 찾고자 할 때에는 인간이 자신의 정신체계를 보호하고자 무의식의 수준에 가라앉혀 놓은 곳까지 따져보아야 한다.

여덟째, 무의식에 자리해 있는 갈등은 때로 꿈이나 신경증 등과 같은 정신병리적 증상을 통해 의식의 상태로 표면화되어 나타난다. 그러므로 정신병리학에서의 치료란 무의식에 가라앉은 갈등요소를 의식의 수면 위로 끌어내어 스스로 직면해볼 수 있도록 도와주는 과정이다.

2.1.2. 주요 학자

1) Freud

정신분석학의 창시자인 S. Freud(1856~1939)는 오스트리아의 신경학자 · 정신의

학자이다. 체코의 프라이베르트 지역에서 출생하였고 빈대학 의학부를 졸업한 후 1885년 파리에서 J. M. Charcot(1825~1893)의 지도 하에 히스테리 환자를 관찰하면서 연구하였다. 이후 최면술, 카타르시스 및 자유연상법 등에 관한 연구과정을 거치면서 정신분석이론을 체계화하였다. 주요 저서로는 『꿈의 해석』(1900)과 『정신분석입문』(1917) 등이 있다.

2) Jung

C. G. Jung(1875~1961)은 스위스의 정신의학자로 분석심리학의 개척자라 할 수 있다. 바젤대학교와 취리히대학교에서 의학을 공부하여 정신과 의사가 되었다. 환자를 치료하기 위해 심리학 연구를 시작하면서 자극어에 대한 단어연상을 연구하였는데, 성적 연상이 담긴 내용이 금기시되는 상황에서 무의식 속의 관념 상태를 설명하기 위해 '콤플렉스(complex)'라는 용어를 사용하고 이와 관련된 학설의 기초를 마련하였다. 그는 인간의 내면에는 무의식의 층이 있다고 생각하였고, 개체로 하여금 통일된 전체를 실현하게 하는 자기 원형(archetype)이 있다고 주장하였다. 주요 저서로 『심리유형론』(1920) 등이 있다.

3) Erikson

E. H. Erikson(1902~1994)은 정신분석학의 주요 학자로 특히 자아심리학의 대표적 이론가이다. 그는 유태계 덴마크인의 아들로 프랑크푸르트에서 태어났는데, 빈에서 1933년 도미하여 하버드대, 예일대, 캘리포니아대에서 정신분석학과 자아의 발달을 가르쳤다. 정신분석학적 관점에서 인간의 자아가 발달하는 과정을 여덟 단계

의 심리사회이론으로 구체화시켰으며, 이 이론에서 파생된 주요 용어로 기본적 신뢰감(basic trust), 자아정체감(ego identity), 모라토리움(moratorium) 등의 개념이 유명하다. 주요 저서로는 『유년기와 사회』(1950), 『동일성, 청년과 그 위기』(1968) 등이 있다.

2.1.3. 정신분석학적 접근에서의 아동생활지도

정신분석학적 접근에서는 영유아에게서 나타나는 행동문제를 해소되지 않은 이전의 갈등이 상징적으로 표현된 것이라 본다. 전문가들은 영유아들이 나타내는 행동문제의 근본 원인은 영아기 때의 양육자와 영아 간 애착이나 상호작용의 문제에서 비롯된 경우가 많다고 본다(Goldman, 2014).

정신분석학적 접근의 목표는 개별 아동의 독특성을 바탕으로 이들의 과거 경험과 왜곡되었거나 충족되지 못한 초기 욕구를 이해하여 아동의 정상발달을 저해하는 문제 증상을 제거하는 것이다. 정신분석학적 접근에서는 아동이 문제 상황을 인식하고, 여러 가지 행동 대안을 이해하며, 가장 적합한 문제해결 방안을 선택할 수 있도록 돕는다.

전문가들은, 영유아는 말로 자신의 심정을 표현하는 데 능숙하지 못하기 때문에 놀이를 통해 영유아의 문제가 자연스럽게 표현될 수 있다고 본다. 즉, 영유아가 자신의 무의식에 잠재되어 있는 문제를 놀이를 통해 해소할 수 있다고 간주하는 것이다. 그러므로 영유아를 위해서는 놀이를 통한 상담 및 치료가 보편적인 방법으로 사용된다.

2.1.4. 교사의 역할

교사는 영유아의 개별성과 독특성을 깊이 이해하고자 하는 태도를 가지도록 한다. 이를 위해 교사는 개별 영유아의 가정환경을 파악하고, 이들의 독특한 과거 경험이나 고유성을 그대로 받아들이고자 노력해야 한다. 교사는 모든 영유아의 감정, 사고, 행동을 지배하는 무의식의 요소가 있다는 것을 인식할 필요가 있다.

교사는 정신분석가가 아니기 때문에 비록 그 무의식의 요소가 어떤 것인지 파악하지는 못하더라도, 영유아가 행동문제를 나타낼 때 섣불리 일방적인 훈육을 하기보다는 영유아의 행동 문제가 비롯된 원인이 있을 것이라는 유보적 자세를 견지할 수 있다. 즉 교사는 영유아가 일시적 혹은 잠정적 행동 문제를 나타낼 수 있음을 받아들이고, 부모 등 양육자와 함께 영유아의 행동 문제가 어떤 원인에서 비롯되었는지 이해하고자 노력할 수 있다.

2.2. 행동주의적 접근

2.2.1. 기본 가정

행동주의적 접근은 인간의 행동은 환경에 의한 것이며 행동을 조절하기 위해서는 환경요소를 변화시켜야 한다고 보았다. 행동주의적 접근의 기본 가정은 다음과 같다.

첫째, 심리학은 과학이다. 즉 심리학은 자연과학의 한 분파로 순수과학과 마찬가지로 객관적인 실험을 지향하여야 한다. 이론은 외현적으로 나타나는 행동에 대해 주의 깊게 통제된 관찰과 측정으로 얻은 실증 데이터에 의해서만 구축될 수 있다. 행동주의 이론의 목적은 인간의 행동에 대한 예측과 통제에 있다.

둘째, 행동주의는 외현적으로 나타나는 행동에만 관심을 둔다. 인간의 사고나 정서와 같은 내적 사건은 과학의 영역이라 보지 않는다. 관찰 가능한 행동이란 객관적으로 그리고 과학적으로 측정 가능한 것이어야 한다. 사고와 같은 내적 사건은 외현화된 행동요소를 통해서만 비로소 설명할 수 있다.

셋째, 인간은 태어났을 때 '백지 상태(tabula rasa)'이다. 인간은 자유의지가 없으며, 환경에 의해 자신의 행동을 규정당하는 수동적인 존재이다.

넷째, 인간의 행동은 자극의 결과이다. 반응은 얼마나 복잡한 행동으로 표현되든 반응의 연합일 뿐이며, 본질적으로는 간단한 자극에 따른 결과로 환원시킬 수 있다. 인간행동을 예측하기 위하여, 자극을 주고 반응이 어떻게 일어나는지 살펴보아야 한다. 반응을 관찰하였다면, 그 반응을 이끌어낸 자극이 무엇이었는지 유추해보아야 한다.

다섯째, 모든 행동은 환경으로부터 배운 것이다. 인간의 모든 행동은 고전적 조건화나 혹은 조작적 조건화의 결과이다.

2.2.2. 주요 학자

1) Pavlov

I. P. Pavlov(1849~1936)는 러시아의 생리학자이다. 개가 주인의 발자국 소리만 들어도 침을 분비한다는 조건반사를 발견하여 실험적인 대뇌 생리학의 길을 열었다. 초기 연구는 주로 순환생리, 소화생리에 관한 것으로, 1904년에 소화액 분비의 신경 지배에 관한 연구로 노벨 생리의학상을 받았다. 1902년, 타액이 밖으로 나오도록 수술한 개로부터 타액선을 연구하던 중 사육사의 발소리에 개가 타액을 흘리는 것을 발견하여 조건반사 연구에 착수하였다. 이후에는 수면, 본능, 신경증 연구를 진행하였다. 주요 저서로는 『대뇌양 반구의 작용에 관한 강의』(1927), 『조건 반사학 강

의』(1928), 『조건반사연구의 20년』(1932) 등이 있다.

2) Watson

J. B. Watson(1878~1958)은 미국의 심리학자이며 행동주의 심리학의 창시자이다. 시카고대학, 존스홉킨스대학 교수로 있다가 그 후 실업계에 투신하였다. 자극과 반응의 체계를 대상으로 하는, 심리학에서의 자연과학적 방법을 철저히 강조하였다. 인간행동의 원인은 자극에 의한 것이며, 환경으로부터 주어지는 자극의 결과로 나타나는 반응이 바로 행동이라고 보았다.

본능이나 유전에 대해서 환경의 요인을 강조하여 비교 심리학과 발달 심리학의 연구에 많은 업적을 남겼다. 주요 저서로는 『비교 심리학』(1914), 『인간 심리학』(1919), 『심리학 원리와 인간 개조론』(1925) 등이 있다.

3) Thorndike

E. L. Thorndike(1874~1949)는 미국의 심리학자이며 동물지능에 관한 연구로 박사학위를 받았다. 그는 동물의 학습실험에서 연합과정을 분석하고 시행착오에 의한 우연의 반응이 올바른 결과를 가져온다는 것을 입증하고자 하였다. 환경에서 유기체에게 어떻게 만족을 주는지에 따라 유기체의 반응은 그때의 사태와 연합을 강하게 한다는 '효과의 법칙'과 반응과 사태의 반복에 의해 한층 더 연합이 강해진다는 '연습의 법칙'을 주장했다.

Thorndike의 주장은 그 후의 행동연구와 학습이론에 큰 영향을 주었다. 그는 동물실험뿐 아니라 인간의 학습과 교육 면에도 깊은 관심을 가지고 교육 측정, 어휘

연구 등에 선구적인 업적을 남겼다. 주요 저서로 『동물의 지능』(1898), 『교육심리학』(1913), 『학습의 원리』(1943) 등이 있다.

4) Skinner

B. F. Skinner(1904~1990)는 미국의 심리학자로 오늘날까지 가장 영향력 있는 행동주의 심리학자로 꼽힌다. Skinner 역시 인간행동을 자극과 반응의 관계로 설명하고자 하였다. 조건반사의 원리에 입각해서 학습을 연구하여 독특한 경지로 발전시켰다. 흔히 알려져 있는 '스키너 상자(Skinner Box)'는 바로 그의 창안에 의해서 제작된 것으로, 쥐가 빗장을 누르고 문을 열게 마련한 학습실험 상자이다. 그는 인간을 환경과 상호작용하는 동물로 인식하고 분석해야 한다고 주장함으로써 인간은 단순한 반사기계가 아닌 행동의 결과로 자신의 행동까지도 바꿀 수 있는 대상이라 보았다. 주요 저서로는 『유기체의 행동』(1938), 『과학과 인간의 행동』(1953), 『언어적 행동』(1957), 『자유와 존엄을 넘어서』(1971) 등이 있다.

5) Bandura

A. Bandura(1925~2021)는 캐나다의 심리학자로 사회학습이론의 주창자이며 현대 교육심리학 분야의 대가이다. 학습이론가인 Spencer의 영향을 받아 행동수정이론, 관찰학습, 자기효능에 관해 연구하였다. Bandura의 이론은 사회학습이론(Social Learning Theory: SLT)(Bandura, 1977)에서 사회인지학습이론(Social Cognitive Learning Theory: SCLT)(Bandura, 1986)으로 발전된다. 전통적인 학습이론가들은 인간행동이 습득되고, 유지되며, 수정되는 필수적인 조건으로 강화(reinforcement)를 강조하였는데,

Bandura는 강화의 중요성을 인정하였음에도 불구하고 강화가 행동들이 습득되는 유일한 방식은 아니라고 보았다. 그는 인간은 타인에 대한 관찰만으로도 학습할 수 있으며, 그것을 반복하고 스스로 강화시킬 수 있다고 보는 사회학습이론을 체계화시켰다. 후에 Bandura는 유기체가 직·간접 자극, 타인의 강화과정에 대한 관찰 등 다양한 외부환경의 자극을 받아들이고, 이를 분석·판단하고, 유지하거나 활용하는 인지과정을 보다 자세히 설명하고자 하였고, 이를 포함한 사회인지학습이론을 구체화시켰다(Koutroubas & Galanakis, 2022).

2.2.3. 행동주의적 접근에서의 아동생활지도

행동주의적 접근은 영유아의 행동을 양육환경의 통제와 강화에 의해 바람직한 방향으로 수정할 수 있다고 본다. 행동주의자들은 영유아가 환경의 영향으로 성장하는 존재라 간주하므로 개별 영유아의 본성이나 유전적 특질, 재능, 기타 지적인 측면의 특성은 크게 관심의 대상이 되지 않는다. 행동주의적 접근에서는 영유아의 행동은 외적인 지도에 의해 수정되고 강화되므로 설사 유전적 특성이 다르더라도 환경 조절에 의해 영유아가 특정한 방향으로 행동할 수 있다고 본다.

행동주의적 접근에서 주 양육자나 교사는 영유아가 갖추기를 바라는 행동목록을 규정하고, 영유아가 바람직한 행동을 하는지 아니면 수정되어야 할 행동을 나타내는지 감독한다. 영유아가 바람직한 행동을 할 경우 양육자나 교사는 이 행동이 계속 유지될 수 있도록 강화를 시킨다.

이때 바람직한 행동을 증가시키기 위해 칭찬, 토큰 등 무언가를 부가시키는 방법을 사용하는 것을 정적 강화(positive reinforcement)라 한다. 이와 비교하여 바람직한 행동을 증가시키기 위해 무언가를 없애주는 방법(가령, 병원에서 코 흡입기를 잘 쐬고 있으면 주사를 안 맞게 해주는 등)을 사용하는 것을 부적 강화(negative reinforcement)라 한다. 반대로 영유아가 바람직하지 않은 행동을 했을 경우 이를 줄이고자 하는 것을 처벌

(punishment)이라고 하며, 처벌의 대표적인 예로는 꾸짖음, 벌점 부여 등의 사례를 들 수 있다.

2.2.4. 교사의 역할

행동주의적 접근에서 교사의 역할은 영유아의 바람직한 행동 습득을 동기화시키고 촉진시키는 것이다. 교사는 먼저 영유아가 바람직한 행동을 습득할 수 있도록 활동, 수업, 주제 등의 전개를 통해 적합한 자극을 주어야 한다. 그리고 교사는 영유아의 외현적 행동을 지속적으로 관찰하여 목표한 행동이 습득되어 행동으로 나타나는지, 이것이 유지되는지 파악하여야 한다.

관찰된 영유아의 행동 중 강화시켜야 할 행동은 적절한 정적 강화나 부적 강화의 방식으로 훈련시켜야 한다. 반대로, 영유아의 행동 중 소거시켜야 할 행동은 애정의 철회나 소거, 처벌 등의 방법으로 줄여줄 수 있도록 해야 한다.

행동주의적 접근을 하는 교사의 교실에서 바람직한 영유아의 행동방식은 다음과 같은 특성을 보인다. 영유아는 자극에 반응하는 존재로서, 교사가 제공하는 강화인을 받기 위한 목적으로 행동하여야 한다. 이들의 행동은 내적 기준에 따라 스스로 나타나기보다는 기본적으로 자신을 둘러싼 환경의 조절 특성에 따라 다양하게 분화되어 나타난다.

2.3. 구성주의적 접근

2.3.1. 기본 가정

구성주의적 접근은 유기체가 환경과의 능동적 상호작용을 통해 자신의 지식구조

(knowledge structure)를 구성(construct)해나간다고 보는 입장이다. 이 이론의 기본 가정은 다음과 같다(Cooperstein & Kocevar-Weidinger, 2004).

첫째, 학습자는 스스로의 의미 구성을 통해 지식을 구성한다. 영유아는 수동적인 유기체가 아니기 때문에 수동적인 수용과정을 통해서는 충분히 배우기가 어렵다. 영유아가 습득한 지식이 새로운 상황에 유용하기 위해서는 정보가 그들에게 의미 있게 다가올 수 있도록 노력하여야 한다. 영유아는 정보를 습득하는 과정에서 조절해보고, 탐구하고, 발견하여 새로운 지식이 자신의 기존 시스템에 들어맞도록 하여야 한다.

둘째, 새로운 지식은 이전의 지식체계 위에 쌓여 간다. 영유아가 습득하는 정보가 의미 있게 다가올 수 있도록 노력하는 과정에서 영유아는 기존의 낡은 지식과 새로운 정보 간의 연결고리를 만들 수 있어야 한다. 영유아는 이를 위해 비교하고, 질문해보고, 도전하고, 탐색해보는 과정을 통해 이전 지식을 버릴 것인지 아니면 수정할 것인지 판단하여야 한다.

셋째, 영유아는 세상에 대한 개인만의 아이디어가 있다. 이 아이디어들은 사회적 · 문화적으로 만들어진 것이고 서로 공유되는 것이다. 영유아는 세상을 이해할 때 이 도구들을 사용한다.

넷째, 학습은 사회적 상호작용을 통해 증진된다. 영유아는 자기가 배운 것을 다른 사람과 비교해보고 아이디어를 공유해보는 기회를 갖는다. 영유아는 이 과정을 통해 자신의 지적 갈등을 해소한다.

다섯째, 지식은 개인적인 것이지만, 영유아는 자신의 지식을 물리적 환경과의 상호작용을 통해 만들어낼 뿐만 아니라, 사회적 · 문화적 · 언어적 환경에서 다른 사람과의 공유를 통해 구성해낸다.

2.3.2. 주요 학자

1) Piaget

J. Piaget(1896~1980)는 스위스의 철학자, 자연과학자이며 발달심리학자이다. Piaget는 논리적 사고 발달에 관한 연구를 통하여 인식론의 제반 문제를 추구하였다. 철학 분야에서는 인식론적 관점인 '발생적 인식론'으로 잘 알려져 있고, 심리학 분야에서는 아동의 학습에 대한 인지발달이론의 창시자로 유명하다.

Piaget는 스위스에서 성장 후 파리로 이주하여 비네 지능검사를 만든 Binet가 운영하는 학교에서 아이들을 가르쳤다. 그는 아이들이 특정 질문에 시종일관 틀린 답을 내놓는 것에 주목하여, 아동이 성인과 다른 사고방식을 가지고 있음을 알아냈다. Piaget는 아동의 인지발달이 감각운동기, 전조작기, 구체적 조작기, 형식적 조작기의 발달단계를 거쳐 이루어진다고 이론화하였다. 주요 저서로는 『아동의 언어와 사고』(1926), 『발생적 인식론 서설』(1950) 등이 있다.

2) Vygotsky

L. Vygotsky(1896~1934)는 구 소련의 심리학자이다. 원래 변호사였으나 러시아 혁명 이후 고향에 돌아가 학생들을 가르쳤다. 이후 다시 모스크바 실험심리학 연구소에서 일하였다. 임상심리학을 연구하며 아동을 대상으로 한 교육심리학 연구에 집중하였으며, 생물학적 반응이라는 개념을 심리학에 도입하여 사용하였다.

그는 생물학적인 토대에서 사회적 환경과 적절히 상호작용하는 과정에서 심리적 반응이 작용한다고 생각하였다. 따라서 아동의 교육을 위해서는 학습효과가 증대될 수 있는 환경을 갖추는 것이 중요하며, 아동은 교사의 지도에 따라 능동적으로 교육에 참여한다고 주장하였다.

Vygotsky는 아동을 타인과의 관계에서 영향을 받으면서 성장하는 역사-사회적 존재로 보았다. 그의 이론에 따르면, 인지발달은 사회학습의 결과로서 사회의 보다 성숙한 구성원들과 상호작용하는 동안 자신의 문화에 적합한 인지과정이 아동에게 전이되는 것이다. 따라서 언어발달은 인지발달을 위한 상호작용에 가장 중요한 변인이 된다.

또 아동 혼자서는 해결할 수 없지만 타인의 도움을 받으면 해결할 수 있는 '근접발달영역(zone of proximal development)'이 있다. 이 개념은 아동의 인지발달에 부모나 교사의 도움을 유용하게 활용할 수 있다는 교육 및 학습의 중요성을 역설하고 있다. 주요 저서로는 『사고와 언어』, 『심리학의 위기』 등이 있는데, 모두 그의 사후인 1934년 하반기에 출판되었으며, 1958년 이후에야 서방 세계로 알려졌다.

2.3.3. 구성주의적 접근에서의 아동생활지도

구성주의적 접근에서는 영유아를 자신의 학습에 능동적인 존재라 간주한다. 학습은 단순한 암기나 반복에 의해서가 아니라 통합과 조절에 의해 이루어지는데, 이 과정은 영유아의 호기심과 배우려는 열의를 통해 비로소 이루어진다고 본다.

영유아는 능동적인 학습자로서 선택을 하며, 자신의 발달을 촉진시켜줄 경험을 추구해나간다. 교사는 통합된 커리큘럼을 통해 영유아가 다양한 주제를 탐색하고, 한 주제 내에서는 여러 가지 활동을 통해 이를 심화 반복해볼 수 있도록 지원한다. 영유아는 발달적으로 적합한 활동을 통해 능동적으로 배우게 되며, 소집단 활동을 통해 또래와의 사회문화적 상호작용을 경험한다.

구성주의적 접근에서 아동생활지도를 다루는 원칙은 다음과 같다(Fields & Merritt, 2013).

첫째, 성인과 영유아 사이에 상호 존중 관계가 만들어져야 한다. 상호 존중 관계란 영유아가 성인을 존중하는 것과 똑같이 성인이 영유아를 존중해야 한다는 것이다.

둘째, 구성주의적 접근을 따르는 교사는 영유아가 왜 그 행동이 바람직하며, 혹은 바람직하지 않은지 이해할 수 있도록 도와주어야 한다.

셋째, 영유아의 행동 문제를 직접 해결해주려고 하기보다는 영유아의 연령에 적합한 선택을 제시하고, 영유아가 생각해보고, 이해하고, 스스로 대안을 선택할 수 있도록 도와준다.

넷째, 바람직하지 못한 행동이 발생하면, 교사의 지도는 행동의 결과보다는 원인에 초점을 두는 것이 좋다.

2.3.4. 교사의 역할

교사는 일차적으로 영유아를 지도하고 안내하는 역할을 한다. 교사는 활동을 통해 배움의 기회를 촉진시킴으로써 안내자의 역할을 수행한다. 교사는 커리큘럼을 계획할 때나 주제 관련 활동을 할 때 영유아를 한 전체(whole)로 본다. 교사는 영유아가 자신의 흥미와 관심에 따라 탐색하고 발달해나갈 수 있도록 지원한다.

구성주의적 접근에서 영유아의 호기심은 효율적인 학습을 촉진시키는 발화제이다. 교사는 영유아가 질문을 하고 대답을 스스로 찾아나가는 과정을 함께 한다. 교사는 끊임없이 영유아의 질문에 개방된 답변을 하고, 다양한 결과물이 나올 수 있는 개방 활동을 진행한다.

구성주의적 접근으로 아동생활지도를 할 때 중요한 부분은 영유아가 책임감을 갖도록 해주는 것이다. 이를 위해서는 먼저 발달수준에 적합한 기대수준을 설정하여야 한다. 그다음 영유아와 함께 그들의 행동에 대해서 이야기를 나눈다.

이 과정에서 언제나 교사가 영유아를 신뢰하고 있다는 것을 보여주는 것이 중요하다. 그리고 영유아가 스스로를 통제하거나 규제할 수 있도록 돕는다. 가령, 영유아는 본인이 원할 때 집단에서 벗어나 조용한 곳에 가서 혼자 있을 수 있다. 영유아를 격려하여 다른 사람들을 도와주도록 한다.

또한, 영유아가 규칙과 한계를 이해할 수 있도록 자주 설명해준다. 규칙과 한계에 대한 이야기나 활동은 영유아의 연령이 높을수록 확장될 수 있다. 연령이 높은 유아와는 규칙이나 한계가 있어야 하는 이유에 대해 논의하고, 유아들이 스스로 규칙을 만들어볼 수 있도록 할 수 있다.

2.4. 인본주의적 접근

2.4.1. 기본 가정

인본주의적 접근은 모든 인간은 스스로 긍정적인 방향으로 성장할 수 있으며 자신의 문제를 이해하고 스스로 해결할 수 있는 능력을 가지고 있다고 본다. 인본주의적 접근의 기본 가정은 다음과 같다(McLeod, 2012).

첫째, 인간은 자유의지가 있다. 인간은 자신의 삶에서 선택을 하고, 일련의 선택에 따라 자신의 발달 궤적(path)을 만들어 나가는 존재이다.

둘째, 인간은 기본적으로 선량하고, 자신과 세계를 더 나은 것으로 만들려는 욕구를 가지고 있다. 그러므로 개개인의 가치는 매우 중요하고, 인간은 자신의 내적 역량으로 어려움과 고통, 절망을 극복해나갈 수 있는 성장과 자아실현의 힘이 있다.

셋째, 인본주의 학자들은 인간은 성숙하고자 하는 내적 동인을 가지고 있다고 본다. 개인은 서로 다른 방법으로 심리적으로 성숙해나간다. 심리적 성숙, 충족, 만족을 향해 자신을 가동시켜 나가는 것이다.

넷째, 개개인에게 객관적인 현실은 주관적인 인식과 세상에 대한 개인적 이해보다 중요할 수 없다. 이런 이유로 인본주의 학자들은 인간의 외현적 행동에 관심을 둔 과학적 심리학에 반기를 든다. 심리학은 인간 집단 전체에 대해서보다는 인간 개개인의 특성에 관심을 둘 필요가 있다.

다섯째, 인본주의 심리학자들은 인간이 동물과 다른 근거는 바로 인간이 생각하고, 추론하고, 언어를 사용할 수 있기 때문이라 본다. 그러므로 동물 연구는 인간의 마음과 정신을 이해하는 데 별다른 도움이 되지 못한다.

여섯째, 인간은 자기 조절적, 자기 통제적, 자기 선택적인 존재이므로 인간의 행동은 강요와 통제가 아닌 자발성과 자율성으로 결정된다. 그러므로 인본주의 접근은 인간의 자유의지와 자아실현에 역점을 둔다.

2.4.2. 주요 학자

1) Maslow

A. H. Maslow(1908~1970)는 미국의 심리학자로 인간에 대한 염세적이고 부정적이며 한정된 접근을 부정한 인본주의 심리학의 창설을 주도하였다. Maslow에 따르면, 인간행동은 각자의 필요와 욕구에 바탕을 둔 동기(motive)에 의해 유발되고 이러한 인간의 동기에는 위계가 있다는 것이다.

이때 각 욕구는 하위 단계의 욕구들이 어느 정도 충족되었을 때 비로소 지배적인 욕구로 등장하게 되며 점차 상위 욕구로 나아간다고 보았다. Maslow는 인간의 욕구를 생리적 욕구 · 안전 욕구 · 소속 및 애정 욕구 · 자존 욕구를 포함한 다섯 단계로 구분하였으며, 가장 고차원적인 상위 욕구를 자아실현 욕구로 보았다.

자아실현은 자기가 성취할 수 있는 모든 것을 성취하려는 욕구로서 자신이 잠재적으로 지닌 것을 실현하려는 욕망이다. Maslow는 인간의 잠재력을 실현하려는 충동은 자연스럽고 필요한 것이라고 보았다.

주요 저서로는 『동기와 인성』(1954), 『심리적 존재를 향하여』(1962) 등이 있다.

2) Rogers

C. R. Rogers(1902~1987)는 미국의 심리학자이며, 내담자 중심 치료법의 창시자이다. Rogers가 창시한 인간 중심 치료(Person-centered therapy: PCT)는 기존의 정신병원에서의 명령적 · 지시적 요법이 아닌 비지시적 요법으로서, 환자와 상담을 위주로 하여 정신질환을 치료하는 방법이다. 그의 이론은 크게 비지시적 상담, 내담자 중심 치료, 학생 중심 교육, 인간 중심 접근으로 특징지을 수 있다.

첫째, 비지시적 상담은 상담심리사가 허용적이고 비간섭적인 분위기를 조성하는 것을 중시한다. Rogers는 진단이나 진단절차는 부적절하고 선입견이 작용하여 오용되는 경우가 많다고 보았다. 비지시적 상담은 내담자가 자신의 감정을 인식하도록 하는 데 목표를 두고, 내담자의 구어적 · 비구어적 표현을 반영해주고 명료화하는 데 주안점을 둔다.

둘째, 내담자 중심 상담은 내담자를 중시하는 입장으로, 내담자의 행동을 이해하기 위해 그 사람의 내적 준거체계를 이해하고자 한다. 특히 내담자를 변화하도록 이끄는 기본 동기는 내담자의 실현 경향성이라고 강조하였다.

셋째, 학생 중심 교육은 한 사람이 진정으로 그 자신이 되는 단계에 집중하는 것으로, 이때 자기가 되는 과정이란 경험에의 개방, 자신에 대한 신뢰, 내적 평가, 지속적 성장 의지가 발현되는 과정이다. 이는 내담자 중심의 철학이 교육에 적용된 것이다.

넷째, 인간 중심 접근은 교육, 산업, 갈등해결과 같은 다양한 방면에까지 확대된 것이다. 여기에서는 인간의 공유, 사유화, 타인과 자기 자신에 대해 작용하는 억제력과 같은 인간적 특성에 주안점을 두었고, Rogers의 이론이 인간 중심 접근이라고 불리는 계기가 되었다.

주요 저서로는 『카운슬링의 이론과 실제』(1942), 『내담자 중심 치료』(1951) 등이 있다.

2.4.3. 인본주의적 접근에서의 아동생활지도

인본주의적 접근에서는 아동을 고유 욕구와 스스로의 역량을 가진 존재라 보고 성인과 동등한 존재로서 강조한다. 인본주의적 접근은 민주적 생활지도를 강조한다. 여기서 영유아는 강하고, 자기 주동적이며, 활동적인 개인으로서 도덕적인 결정과 자신의 삶을 이끌어나갈 수 있는 내적 역량을 갖춘 존재로 강조된다.

인본주의적 접근에서는 영유아의 권리를 인정하고 내적 동기와 의사결정능력을 가진 존재로 본다. 인본주의 접근에 기초한 생활지도는 교실의 민주적 분위기를 조성하고 영유아의 자발적이고 능동적인 판단을 이끌어내는 것이다(Millei, 2011).

영유아가 자율적으로 행동할 수 있는 교실에서는 보다 동등하고 공평한 관계가 형성된다. 교실의 규제는 성인 교사와 영유아 간 권력의 공유, 동등화 등을 통해 보다 평등한 것으로 변화한다. 교사는 단순히 영유아의 역량을 강화시키는 것이 아니라 영유아의 도덕적 행동을 이끌어내고, 이들의 공감과 도덕적 추론능력을 지원한다.

아동은 도덕적으로 행동할 것이 강조되며, 이는 외적으로 성인 양육자나 교사에 의해 강요되는 것이 아니라 독립적으로 아동 자신이 스스로에게 부과하는 것이다. 인본주의적 접근의 생활지도는 성인의 권력을 유보하고, 아동의 자율권을 인정하며, 그 결과 아동이 스스로의 권력을 가진 상태를 지향한다. 아동은 자신의 권력을 잘못 구사하지 않도록 생활지도에 의해 끊임없이 안내받을 필요가 있다.

2.4.4. 교사의 역할

인본주의 접근에서 교사는 아동의 권리를 존중하고 지도와 안내에 의해 윤리적 실행을 따르는 훌륭한 전문가이다. 교사는 영유아가 책임감 있는 결정을 내리도록 돕고, 그들이 이 결정의 결과를 생각해볼 수 있도록 돕는다. 교사의 지도는 단순히 특정 사상이라기보다는 명백하고 행동 지향적인 실행 결과물이어야 한다. 교사는 영유아를 협력적 학습자로 간주하고 함께 배우는 공동체를 구성할 필요가 있다. 교사는 교실의 훈육 분위기를 민주적으로 조성하는 사람이 되어야 하고, 하루일과를 관통하는 활동 자체를 민주적으로 운영해야 한다.

교육의 우선순위는 민주적 생활기술을 가르치는 것에 둔다. 이때 민주적 생활기술이라 함은 건강한 개인이 민주주의 사회에서 생산적인 시민이 되기 위해 갖추어야 할 필수적인 요소라 할 수 있다. 과거 훈육의 수단이었던 처벌은 자기 훈육, 자기 규제로 대치되어야 하고, 교사의 권위적 통제는 민주적 지도로 바뀌어야 한다.

제 3 장

아동행동의 영향요인

| 학습 개요 |

아동생활지도를 하기 위해서는 아동이 왜 그러한 행동을 하는지 먼저 파악해볼 필요가 있다. 영유아의 행동에 영향을 미치는 개인적 요인으로는 성별, 기질, 애착 등을 들 수 있고, 환경적 요인으로는 가족의 구조, 형제자매와 또래, 영유아기관, 디지털 환경 등을 들 수 있다.
이 장에서는 영유아의 행동에 영향을 미치는 요인을 개인적 요인과 환경적 요인으로 구분하여 살펴보고자 한다.

| 학습 목표 |

1. 아동행동에 영향을 미치는 개인적 요인을 안다.
2. 아동행동에 영향을 미치는 환경적 요인을 안다.

| 주요 용어 |

기질, 애착, 양육태도, 디지털 환경

3.1. 개인적 요인

3.1.1. 성

남아와 여아는 출생 초기부터 환경에 반응하는 행동양식에 미세한 차이를 보인다. Rao(2010)에 따르면, 남자 영아와 여자 영아는 눈 맞춤, 듣기, 운동 반응에 있어 출생 시부터 차이를 보이며 이러한 차이는 성장하면서 남아와 여아의 행동이 달라지는 데 영향을 미친다.

출생 시 남자 신생아는 여자 신생아보다 얼굴을 자주 쳐다보지 않으며, 눈 맞춤의 빈도가 낮다. 남아는 여아보다 말을 듣는 데 민감하지 않으며 그 결과 여아가 남아보다 더 일찍, 더 능숙하게 언어발달을 하는 경향이 있다. 이와 비교하여 남아는 여아보다 더 많이 움직인다. 남아는 여아보다 신체적 감각이 더 탐색적인 특성을 나타내며, 그 결과 남아는 여아보다 주변의 사물을 더 많이 만진다.

생후 12개월이 되면 남아와 여아는 장난감 선호에서 성별 차이를 보인다. 즉 12개월 이전까지 남아나 여아 모두 장난감 자동차보다는 인형을 선호하지만, 12개월 이후에는 점차 남아는 장난감 자동차를, 여아는 인형을 선호하는 차이를 나타낸다(Jadva, Jines, & Glolmbok, 2010).

2세경이 되면 영아는 자신의 성별을 인식할 수 있고, 남아와 여아 간의 신체적 특징을 구별할 수 있다. 3세가 되면 유아는 문화적으로 남자 혹은 여자에게 기대되는 방식으로 행동할 줄 안다. 영유아기관에 다니면서 영유아는 또래들과 만나게 되고 여러 명의 또래와 접촉하면서 남아와 여아라는 성별 차이를 보다 자주 인식하게 된다.

연구자들에 따르면, 영아기 혹은 유아기 초기까지는 인간의 성별이 동물의 특징처럼 타고난 본질적인 특징이라고 인식한다(SRCD, 2009). 유아는 개와 고양이가 본질적으로 다른 것처럼, 남자아이가 축구를 좋아하고 여자아이는 인형을 좋아하는 행동이 문화적으로 습득된 특성이라기보다는 원래 그런 것, 즉 타고난 특성 혹은 본질적인 특성이라고 생각한다.

성별 차이에 따른 행동의 차이가 타고난 것이라기보다는 문화적 · 사회적으로 배워서 익힌 특성일 수도 있다는 생각은 10세경이 되어야 일반화되는 것으로 보인다. 이 시기가 되면 환경이나 사회문화적 요인이 성과 관련된 행동에 영향을 미칠 수 있다는 것을 점차 인식할 수 있게 되고, 실제로 출생요인과 환경요인이 뒤섞인다.

유아기 놀이행동은 남자 유아와 여자 유아 간에 성별 차이를 나타낸다. 일반적으로 남아는 트럭, 도구, 무기 등과 관련된 장난감을 선호하고, 여아는 인형, 생활도구 등의 장난감을 선호한다. 신생아기 때 여아보다 남아가 듣기에 덜 민감했던 특성은 유아기에도 이어져, 남아들은 놀이 중 여아보다 잘 듣지 못하며 그 결과 서로 크게 말하고, 몸을 건드려 주의를 끄는 행동을 보인다. 남자 유아는 주로 시각 단서에 의존하는 데 비해, 여자 유아는 여러 가지 감각을 모두 사용하는 경향이 있다(Boyd, 2014).

유아의 놀이행동은 가족구조의 특성에 따라 차이를 보인다. Goldberg, Kashy와 Smith(2012)는 일반 가정, 레즈비언 부부의 가정, 게이 부부의 가정에서 낳았거나 입양한 남녀 유아의 놀이행동을 분석하였다. 연구 결과, 일반 가정의 남녀 유아의 놀이행동은 남아와 여아가 성별에 따라 선호하는 전형적인 특성을 보인 데 비해, 레즈비언이나 게이 부부 가정의 남녀 유아는 선호하는 놀이행동에 있어 성별 특성화가 낮은 것으로 나타났다. 또한 레즈비언 부부의 남자 유아는 일반 가정이나 게이 부부의 남자 유아보다 남성성이 낮은 것으로 나타났다.

한편, 부모의 부재가 유아의 행동에 미치는 영향은 유아의 성별에 따라 다른 것으로 보인다. Mott, Kowaleski-Johnes와 Menaghan(1997)이 1980년부터 10년간의 청소년 종단연구(the National Longitudinal Survey of Youth) 데이터를 분석한 결과, 아버지의 단기적 · 장기적 부재가 남아보다는 여아의 외현화 및 내현화 행동문제에 영향을 미치는 것으로 나타났다.

또래를 놀리거나 장난으로 괴롭히는 행동은 성별에 따라 차이가 있다. Gropper와

Froschl(2000)이 5세부터 8세까지의 아동을 대상으로 교실에서 놀리거나 장난을 치고 놀림을 받는 행동들이 성별에 따라 어떠한 차이를 보이는지 관찰하였다. 연구 결과, 친구를 놀리거나 장난을 치는 촉발행동은 남아가 여아보다 3배 더 많이 하는 것으로 나타났다. 놀림을 당하거나 장난의 대상이 되는 아동의 성별은 남아와 여아가 비슷한 것으로 나타났는데, 친구가 놀렸을 경우 남아는 주로 신체적인 반응을 보이는 데 비해 여아는 주로 언어적 대응을 하는 것으로 밝혀졌다.

3.1.2. 기질

모든 영유아는 자기 주변의 환경이나 세상에 접근하는 양식에 있어 개인적인 특성을 가지고 태어나는데, 이를 일컬어 기질이라고 부른다. 영유아의 기질적 특성은 대개 다음의 다섯 가지 특성을 중심으로 구분한다.

첫째, 정서적 강렬함

둘째, 활동 수준

셋째, 좌절을 참는 정도

넷째, 새로운 사람들에 대한 반응성

다섯째, 변화에 대한 반응성

기질은 영유아가 선택할 수 있는 특성도 아니고, 양육자가 조성할 수 있는 특성도 아니다. 영유아의 기질은 타고난 것으로 영유아가 자기 주변의 세상을 경험하는 방식에 영향을 준다. 가령 주의 깊은 성향을 가졌고, 새로운 상황에서 안정감을 찾는 데 다소 시간이 걸리는 영아와 새로운 상황에서 즉시 적응하여 활발하게 돌아다니는 영아는 같은 영유아기관에서 동일한 하루일과를 보내면서도 늘 서로 다르게 행동한다.

양육자나 영유아기관의 교사는 아동의 기질적 특성에 따라 이들이 특정한 상황에서 반응하는 양식이 서로 다르다는 것을 인식하고, 이를 자연스럽게 받아들여주며, 영유아가 기질적 특성 때문에 어려움을 겪는 부분에 주목하여 이에 대해서는 더 세심하게 배려해주는 것이 좋다. 예를 들어, 하원시간이 되면 영유아의 기질에 따라 즉시 부모의 손을 잡고 기관을 떠날 준비가 되는 아이가 있는가 하면, 하던 활동을 마치고 집에 갈 마음의 준비를 하는 데 다소 시간이 걸리기 때문에 부모와 교사가 몇 분 정도 더 기다려주어야 하는 아이가 있을 수 있다.

기질적 특성은 옳고 그르거나, 맞고 틀린 것이 아니라 타고난 개개인의 특성일 뿐이다. 어떤 기질적 특성은 다른 기질적 특성보다 양육자나 교사가 다루기에 좀 더 편한 측면이 있기는 하다. 일반적으로 정서적 강렬함이 크고 반응성이 높은 영유아와 매우 느리고 수줍어하는 영유아에 대해서는 때때로 양육자나 교사가 어려움을 느낄 가능성이 높다.

하지만 부모의 양육이나 교사의 지도 목표가 영유아의 기질적 특성을 바꾸는 것이어서는 안 된다. 그 대신 양육이나 생활지도에 있어 영유아의 고유한 기질적 특성을 인식하고, 그 특성의 장점과 단점을 파악하며, 주변 성인의 도움을 더 필요로 하는 부분을 찾아 이를 보완해주고자 하는 것이 목표가 되어야 한다.

1) 영유아의 기질적 특성과 놀이탐색행동

행동특성은 영유아의 기질에 따라 차이가 있다. 어떤 영유아는 행동 지향적이라기보다는 앉아 있는 것을 더 즐기는 경향이 있다. 이들은 활발하게 돌아다니는 것보다는 앉아서 조용한 놀이에 몰입하는 것을 더 즐긴다. 이들은 자기 주변의 세상을 듣거나 보는 방식으로 인식하고자 하고, 대근육활동을 통해 파악하기보다는 손을 사용한 소근육활동을 통해 탐색하는 것을 더 선호한다. 이들은 보다 긴 시간 동안 주의 집중을 하는 경향이 있고, 퍼즐 조각 맞추기나 버튼을 누르면 사물이 튀어나오는 장난감을 좋아한다.

이와 비교하여 어떤 영유아는 자기 주변의 환경을 자신의 신체를 이용하여 활발하게 돌아다니고 움직이면서 파악하는 것을 즐긴다. 이들은 영아기 때에도 또래보다 더 빨리 뒤집고, 더 빨리 기며, 더 빨리 걷는 경향이 있다. 이들은 팔을 뻗어 만지고, 움켜쥐고, 흔들어보는 방식의 탐색을 즐긴다.

걸음마기가 되면 이들 유형의 영아는 또래에 비해 기어오르고, 달리고, 올라가는 행동을 많이 나타낸다. 그러므로 교사는 교실의 물리적 환경을 크게 구성하여 이들이 신체로 탐색할 공간을 확보해주는 것이 좋다. 그리고 이들 유형의 영유아는 안전사고가 일어날 확률이 높아지기 때문에 철저히 안전관리를 해주어야 한다. 활발한 유형의 영유아는 자칫 문제행동을 하는 것으로 오해를 받기가 쉽다. 하지만 이들은 문제행동을 일으키는 것이 아니라 자기 주변의 세상을 활발한 방식으로 탐색하고 이해하고 배우는 중일 뿐이다.

2) 영유아의 기질적 특성과 생활지도

영유아기관의 교사는 영유아의 기질적 특성을 반영하여 생활지도를 하는 것이 좋다. 가령 조용히 앉아 놀기를 즐기며 덜 활발한 특성을 나타내는 영유아를 위해서는 퍼즐이나 책과 같은 놀잇감과 조용한 공간을 확보해주는 것이 좋다. 신체활동을 할 때는 활발한 영유아를 먼저 하게 하고, 조용한 특성의 영유아는 또래가 하는 것을 먼저 지켜보면서 탐색한 후 스스로 해보도록 격려할 수 있다. 무엇보다 이런 특성의 영유아는 교사가 함께 음악을 듣는 활동을 해주는 것이 좋다. 음악을 듣다 보면 율동으로 연결되기 용이하고 조용한 영유아의 움직임을 자연스럽게 이끌어내기가 쉽기 때문이다.

활발한 탐색을 즐기는 영유아를 위해서는 안전하고 활동적인 탐색공간을 크게 확보해주는 것이 가장 중요하다. 이들 영유아와는 숨바꼭질, 얼음땡과 같은 활동적인 게임활동을 함께 해주는 것이 좋다. 특히 활발한 영유아에게는 너무 오랜 시간 앉아서 주의를 집중하고 있어야 하는 상황을 만들지 않도록 한다. 그리고 하루일과를 통하여 계속 움직임을 시도하고 허용할 수 있는 기회를 제공해준다. 가령 간식시간에 숟가락을 나른다든지, 블록놀이 영역의 블록을 정리하도록 하는 등으로 이들의 움직임을 허용하는 기회를 늘려 준다. 이들은 활발한 활동을 정리하고 전이하는 데 시간이 더 걸리므로 미리 충분히 예고해주어 스스로 마음의 준비를 할 수 있도록 도와준다. 이들 영유아는 낮잠시간이 되기 30분 전이나 때로 한 시간 전부터는 가능한 한 활발한 활동은 자제하도록 함으로써 신체 리듬의 변화에 준비될 수 있도록 지원해준다.

3.1.3. 애착

애착은 주 양육자와의 심리적 유대감을 말한다. Bowlby에 따르면, 영아는 양육자와의 애착 관련 경험을 토대로 타인과의 관계 형성에 대한 내적 작동모델을 구성하게 된다. 이 모델은 의식적이지는 않지만 영유아의 사회 및 정서발달의 기초가 되고, 영유아가 세상과 다른 사람들, 그리고 자기 자신을 어떻게 바라볼지 안내해준다. 또한 이 모델은 영유아가 교사 또래 등과의 관계를 포함한 이후 관계 맺음의 기반으로 작용한다.

Bowlby와 Ainsworth의 이론을 바탕으로 연구자들은 초기 애착과 여기서 비롯된 내적 작동모델이 영유아와 주변 성인 간 관계에 다음과 같이 영향을 미친다고 밝혀왔다(Kaiser & Rasminsky, 2009).

첫째, 안정 애착(secure attachment)을 형성한 아동은 부모나 보호자가 안전하고 예측 가능한 기반을 제공한다고 믿는다. 이들은 자신과 타인을 신뢰하며, 감정을 긍정적으로 표현하고 조절하는 능력이 뛰어나다. 이들은 위기 상황에서도 타인과의 긍정적인 상호작용을 유지할 수 있는 강한 내적 자원을 가지고 있다. 그러므로 스트레스나 불안을 경험할 때 보호자를 향해 위안을 구하며, 보호자의 지지를 바탕으로 탐색과 독립을 시도한다. 이러한 내적 작동모델은 자신과 타인을 신뢰하는 자아 개념과 타인에 대한 긍정적인 견해를 형성하는 데 도움을 준다.

둘째, 회피 애착(avoidant attachment)을 형성한 아동은 보호자로부터 자주 거부나 무시를 경험하기 때문에 그 결과 자신의 필요를 독립적으로 충족시키려 하며, 감정적으로 보호자와 거리를 둔다. 이들의 내적 작동모델은 타인에 대한 불신과 자신의 감정을 억제하는 경향을 갖는다. 즉, 감정적으로 타인과 거리를 두려 하며, 독립성을 중시하고 혼자 하는 것에 집중한다. 이들은 자신의 감정을 내면화하고 타인에 대한 의존을 최소화하는 경향이 있다.

셋째, 저항 애착(resistent/ambivalent attachment)을 형성한 아동은 보호자의 반응이 예측 불가능하거나 일관성이 없다고 느낀다. 이들은 보호자에게 지나치게 의존하며, 종종 분리에 대해 과도하게 반응한다. 이 유형의 내적 작동모델은 타인에 대한 과도한 의존성과 불안정한 자아상을 포함하는 경향이 있다. 즉, 타인에 대한 과도한 의존과 분리불안을 갖는다. 이들은 관계에서 불확실성과 갈등을 자주 겪으며, 타인의 반응과 승인을 과도하게 추구하게 된다.

넷째, 혼란/무질서 애착(disorganized attachment)을 형성한 아동은 보호자가 위안의 원천이자 동시에 두려움의 원인이 되기 때문에 보호자의 행동을 예측할 수 없으며, 세계를 이해하기 어려워한다. 이들의 내적 작동모델은 일관되지 않은 행동 패턴을 보인다.

주 양육자와의 애착에 문제가 있는 아동이 주로 나타낼 수 있는 행동문제는 다음과 같다(Sudsberry and Associates, 2014).

첫째, 낯선 사람과는 피상적으로 쉽게 관계를 맺으면서 가족이나 가까운 사람과는 가깝게 지내려 하지 않는다. 가족에게는 예의 없게 행동하고, 위협적이거나 적대적인 행동을 하며, 거리를 유지한다.

둘째, 부모, 교사, 심지어 또래와 눈 맞춤을 잘 하려 하지 않는다. 가족이나 가까운 양육자, 교사에게는 별로 미소를 보이지 않는다.

셋째, 성인에게 지시를 하거나 오히려 명령을 내린다. 이들은 부모보다 권력이 많기 때문이 아니라 성인 양육자를 신뢰하지 않고 그들이 자신의 삶을 좌지우지하는 것을 참을 수가 없기 때문에 성인에게 지시를 하려 한다. 이러한 태도는 자연스러운 부모-자녀 관계의 기본 원칙에 어긋나기 때문에 성인으로 하여금 아이가 통제권 밖에 있다고 느끼게 하기 쉽다.

넷째, 지속적으로 관련이 없는 질문을 해대거나 잡담을 한다. 상대로부터 거부되었다고 느끼면 아동은 상대를 주의 깊게 듣고 이해하려고 하기보다는 자신의 상처를 감추고 자신이 무시당했다는 느낌을 갖지 않기 위해 끊임없이 이야기를 하려 한다.

다섯째, 과도하게 매달리는 행동을 나타낸다. 애착에 문제가 있는 아동은 자신의 요구가 충족되지 않을 것이라고 생각하기 때문에, 과도하게 매달리며 이를 통해 자신의 요구가 이루어질 것이라는 확신을 얻고자 한다. 결과적으로 아동은 자기 요구의 충족을 위해 성인에게 매달리며 조르는 행위를 끊임없이 강화시키게 된다.

여섯째, 명백한 것에 대해서도 거짓말을 일삼는다. 3~4세의 유아는 현실과 상상을 구별하지 못한다. 애착에 문제가 있는 아동은 상상적 사고처럼 자신의 거짓말이 실제화될 수 있다고 믿는다.

이외에도 양육자와의 애착에 문제가 있는 아동은 훔치기, 충동적 행동으로 자신과 다른 사람을 위험에 처하게 하기, 먹는 것을 거부하거나 음식에 과다하게 집착하는 식이문제, 만족지연능력의 부족 등의 행동문제를 나타낸다.

영유아기관의 교사는 애착이론을 보다 잘 이해함으로써 영유아의 행동문제가 애착문제에서 비롯될 수 있음을 인식할 수 있어야 한다. 주 양육자와 애착 형성에 문제가 있는 영유아는 교사 등 주변 성인들과 보다 긍정적이고 희망적인 관계를 맺을 필요가 있으며, 이를 토대로 또래 등 주변 사람들과 원만하게 상호작용하며 문제해결능력을 길러갈 수 있도록 적절한 지원을 받을 필요가 있다.

3.2. 환경적 요인

3.2.1. 가족구조

가족은 영유아가 속해 있는 최소한의 사회적 단위로, 영유아는 가족관계 내에서 가족원과 지속적으로 상호작용을 하면서 최초의 사회화가 이루어진다. 영유아는 부모로부터 책임 있고 안정적인 돌봄을 받으면서 성장과 발달을 이루어나가는데, 영유아가 주변의 의미 있는 사람들에게 본질적으로 요구하는 사랑과 애정은 가족구조가 가져야 하는 본질적 특성이라고 하겠다. 안정적이고 잘 기능하는 구조를 가진 가족은 효율적인 양육태도를 구사하며 영유아가 경험하는 크고 작은 문제를 해결하는데 적극적이기 때문에 영유아에게 가장 안전하고, 지원적이며, 양육지원적인 환경을 제공해줄 수 있다.

부모의 음주, 폭력 등과 같은 개인적 일탈이나 부모의 별거, 이혼, 재혼 등 가족구조의 변화는 영유아가 믿고 신뢰하며 도움을 구할 수 있는 안정적인 가족자원을 일시적 혹은 중장기적으로 무너뜨릴 수 있기 때문에 아동의 행동과 발달에 영향을 미친다. 부모의 별거와 이혼은 일반적으로 부모의 스트레스와 무력감, 부모역할에서의 소진, 불안 등을 초래하기 때문에 결혼 불안정성은 영유아의 행동에 부정적인 영향을 미친다고 알려져 왔다.

그러므로 가족구조의 변화과정은 성인인 부모뿐만 아니라 영유아기 자녀에게도 심리적으로 매우 힘든 시기가 된다. 종단데이터를 분석한 Ryan과 Claessens의 연구(2000)에서, 생후 첫 3년 안에 발생한 가족구조의 변화는 이후 발생하는 것보다 영유아의 행동 발달에 부정적인 영향을 미치는 것으로 나타났다. 즉 0세부터 12세 사이에 부모의 이혼과정을 경험한 아동을 4년 주기로 나누어 집단별로 이후 행동문제의 정도를 분석한 결과, 첫 3년 이내 부모가 이혼한 가정의 아동이 다른 세 집단에 비해 외현화된 행동문제를 많이 나타내었다.

일반적으로 자녀양육에 있어 어머니는 관계적 역할을 주로 담당하고 아버지는 도구적 역할을 주로 담당하기 때문에, 부모의 이혼으로 영유아가 한쪽 부모와만 살게 되면 다른 쪽 부모의 부재가 이들에게 문제요인으로 작용할 수 있다. 즉 아버지나 어머니 역할을 해주는 한쪽 부모의 부재로 영유아의 조화로운 역할 획득에 문제가 생길 수 있으며, 부모의 부재는 장기적으로 영유아의 문제해결력, 스트레스 대응력, 대처능력에 부정적인 영향을 미칠 수 있다.

Olson(1994)에 의하면, 가족구조가 영유아의 행동 발달에 영향을 미치는 메커니즘은 응집과 유연성의 두 가지 측면에서 작동한다. 응집은 가족구성원 간의 심리적 유대감이 얼마나 강한지의 정도를 말하며, 유연성은 가족구성원이 가족의 구조 변화에 얼마나 잘 적응해내는지의 정도를 의미한다.

가족원 간의 응집과 유연성을 바탕으로 가족 내 부모-자녀 관계에서의 리더십, 역할관계, 규칙관계 등이 이루어진다. 가족의 유연성이 떨어져 가족구조의 변화에 잘 적응하지 못하면 부모-자녀 관계의 규범성에 혼란이 오게 되고, 영유아는 자신의 행동 규범에 있어 올바른 방향성을 갖기 어려워진다. 이에 더하여 가족의 응집력이 떨어져 혼란스러워하는 영유아의 행동문제에 애정과 사랑으로 대처하지 못하면 영유아는 일시적으로 보였던 행동문제를 점차 고착화하게 된다.

3.2.2. 부모의 양육태도

부모의 양육행동은 영유아의 행동 발달에 영향을 미친다. 일반적으로 영유아의 행동문제는 부모의 양육태도와 관련이 있다고 알려져 있다. 부모의 양육태도에 대해서는 많은 학자들이 유형을 분류하여 설명하고 있는데, 어느 학자나 지지와 통제의 두 차원을 기반으로 하는 것은 공통적이다.

지지(suppprt)는 영유아로 하여금 수용감을 느끼고, 편안하며, 인정받는 느낌을 주고, 사랑과 공감이 있는 온정을 느끼게 하는 부모의 반응적인 행동특성을 의미한다.

통제(control)는 영유아가 부모가 원하는 방향으로 행동할 것을 명백하게 요구하는 행동특성을 말하는데, 통제는 흔히 질적으로 매우 다른 두 가지 통제로 구분된다.

즉, 부모가 영유아에게 요구하는 것을 실현하기 위해 체벌, 언어적 위협 등의 압력을 행사하는 방식으로 통제를 하는 강압적 통제(coercive control)가 있고, 부모가 명백한 한계를 설정하고 영유아가 이를 자발적으로 따르도록 행동이 초래할 결과를 함께 생각해보는 설명과 설득의 방식으로 통제하는 민주적 통제(demanding control)가 있다.

지지와 통제의 두 가지 차원을 기반으로 볼 때, 많은 부모 양육태도는 권위주의적 양육태도(authoritarian parenting: 높은 통제와 낮은 지지. 통제는 주로 강압적인 통제로 구사됨), 권위가 있는 양육태도(authoritative parenting: 높은 통제와 높은 지지. 통제는 주로 민주적인 통제로 구사됨), 허용적인 양육태도(permissinve parenting: 낮은 통제와 높은 지지), 방임적인 양육태도(neglective parenting: 낮은 통제와 낮은 지지)로 구분된다. 선행연구들이 반복적으로 밝혀온 결과에 따르면, 부모의 지지와 민주적 통제가 구사되는 양육태도는 긍정적인 행동발달을 초래하고, 반대로 강압적인 통제나 지지가 없는 부모의 양육태도는 영유아의 행동문제를 불러올 수 있다.

영유아의 행동 발달에 가장 바람직한 부모의 양육태도는 권위가 있는 양육태도라고 알려져 왔는데, 여기서 부모가 어떻게 합리적 통제를 구사하느냐의 문제는 영유아의 행동 발달에 있어 매우 중요한 논의점이었다. 양육태도에서 부모는 강압적인 방식이 아니라 민주적이고 합리적인 방식으로 통제를 하는 것이 중요하다. 하지만 근래 많은 비교문화 연구를 통해 중국, 한국 등의 아시아 문화권에서는 부모가 확고한 훈육을 해도, 자녀는 부모의 확고한 태도를 온당하다고 여기는 문화이기 때문에 부모-자녀 관계가 좋고 그 결과 아동의 행동 발달에 긍정적으로 작용한다는 주장이 나타나기도 했다.

Baumrind(1996)에 의하면, 온정적이고 반응적인 부모가 자녀와 긍정적인 관계를 수립하고 있다면 부모의 확고한 통제는 아동의 발달에 긍정적인 영향을 미치는 것으로 보인다. Baumrind는 부모의 확고한 훈육이나 생활지도가 문제되는 것은 확고함 그 자체가 아니라 훈육이나 생활지도의 확고함이 일방적이거나 비일관적으로 구사되는 것이라고 강조하였다.

아동생활지도에 있어 부모의 확고한 훈육은 지속적인 모니터링을 통해 나타난다 (Coi & Dodge, 1998). 부모의 모니터링이란 부모가 자녀의 일상에 깊게 관여하면서 자녀가 언제 어디에 있으며, 무엇을 하고 있는지, 언제 귀가할 것이지 등을 파악하는 것이다. 부모의 모니터링은 아동 중기 및 청소년기 자녀의 생활지도에 매우 중요한 요소라고 알려져 있다.

아동생활지도에 있어 부모의 양육태도는 부모-자녀 간의 언어적·비언어적 의사소통에 영향을 미치기 때문에 중요하다(Walsh, 1995). 부모-자녀 관계가 잘 이루어져 있는 경우 부모-자녀 간에는 분명하고 일관적인 언어적·비언어적 의사소통 체계가 작동한다. 이와 비교하여 부모-자녀 관계가 역기능적일 경우 부모와 자녀가 서로에게 보내는 언어적·비언어적 의사소통은 빈도가 낮거나 혹은 일관되지 못하여 상대에게 분명한 신호를 보내는 데 실패하게 된다.

의사소통이 잘 이루어지는 부모-자녀 간에는 자유롭게 애정이 교류되고, 의견과 주장이 공감과 함께 받아들여지며, 서로의 차이에 대한 관용의 수준이 높다. 반대로 의사소통이 역기능적인 부모-자녀 간에는 불신의 분위기가 있고, 비판, 비난, 희생양 삼기 등의 징후가 나타난다. 이들은 문제를 함께 해결하고자 하기보다는 의사소통을 단절하거나 과잉된 감정만을 부적절한 방식으로 표출시킴으로써 아동으로 하여금 갈등 상황이나 문제 상황에서 어떻게 행동하는 것이 바람직한지 배우기 어렵게 만든다.

영유아는 성장하면서 영유아기관 등 집 밖에서 점차 시간을 보내게 되고, 이에 따라 관계를 맺는 사회적 범위가 확장된다. 부모와 함께 있지 않은 시간에 아동은 또래나 가족 외의 사람들과 사회적 관계를 맺는 기술을 익히고 점차 행동에 있어서 자기 규제와 자기 통제를 길러나가게 된다. 부모는 영유아가 아동 및 청소년기로 성장함에 따라 점차 심리적 · 물리적 거리를 유지하면서 이들이 부모가 함께 하지 않아도 바람직한 방식으로 행동함으로써 건전한 사회관계를 맺을 수 있도록 지원하게 된다.

3.2.3. 영유아기관에서의 경험

부모 맞벌이 등을 이유로 이른 시기부터 영유아기관에 다니기 시작한 영유아는 영유아기관 경험에 따라 행동특성에 어떤 차이를 보이는지가 지난 30년간 연구자들의 관심사였다. 최초 입소 시기가 생후 12개월 이전인지, 영유아기관에서 장시간 있어야 하는지, 영유아기관의 질은 어떠한지 등의 문제는 영유아기관의 경험과 영유아의 발달 및 행동 간 관계를 볼 때 가장 많이 거론되는 변인이다.

연구들에 따라 최초 입소 시기가 이르거나 영유아기관에서 보다 긴 시간 동안 있는 경우 영유아의 사회정서발달과 행동문제가 많아진다는 결과도 있고, 반대로 이들 변인이 영유아의 사회정서발달이나 행동문제와 유의한 관계를 보이지 않는다는 연구도 많다. 아직까지도 영유아기관의 입소 시기 및 하루일과의 시간 길이가 영유아의 행동에 미치는 영향에 대한 연구들은 분명한 결론이 내려지지 않았다(Belsky, 2009).

이에 비해 영유아기관의 질은 영유아의 행동에 명백한 영향을 미친다는 것이 지속적으로 밝혀져 왔다. Howes와 Smith(1995)는 양질의 영유아기관에서는 교사의 긍정적인 사회적 상호작용이 많이 나타나고 이는 영유아와 교사 간 안정된 애착 기반과 영유아의 긍정적 놀이 활동에 영향을 미친다고 하였다. 반대로 Jeon, Buettner와 Snyder의 연구(2014)에서 교사의 우울 성향은 영유아기관의 전반적인 질적 수준을 떨어뜨리고, 결과적으로 영유아의 외현화 및 내현화 행동문제가 높아지는 데 영향을 미치는 것으로 나타났다.

영유아기관의 질이 우수하다는 것은 환경이 안전하고 건강하며, 풍부한 교육경험이 가능한 물리적 환경특성을 갖추었다는 것을 의미한다. 여기에 교사는 영유아와 안정된 애착관계를 맺고, 영유아에게 반응적이고 존중하는 태도를 보인다.

특히 우수한 영유아기관에서는 긍정적인 방식으로 생활지도를 하는 특성이 있다. 영유아가 또래와 서로 돕고 협동하는 태도를 칭찬하고, 규칙을 간단하고 명백하게 설명하는 방식으로 안내하며, 영유아의 행동에 대해 발달수준에 따라 현실적인 기대를 하기 때문에 또래 간 갈등이 생겼을 때 이를 발달에 적합한 방식으로 적절하게 지도할 수 있다.

영유아기관의 질이 낮을 경우 아동의 학습과 행동에 장기적으로 부정적 영향을 미친다. 미국의 종단 데이터를 분석한 연구에서, 생후 1년일 때 다닌 영유아기관의 질적 수준이 청소년이 된 이후의 순응, 학업문제 등을 꾸준히 예측해주는 것으로 나타났다(Stein, 2010).

특히 양질의 영유아기관은 저소득층 영유아의 아동기 이후 적응에 긍정적인 영향을 미친다. 종단 데이터를 분석한 Votruba-Drzal 등의 연구(2010)에서, 영유아기에 양질의 기관 경험을 한 저소득층 아동은 7세 이후 중기 아동기에 외현적 행동문제가 비교집단보다 낮게 나타난 것으로 밝혀졌다. 양질의 영유아기관은 보다 적절하게 구조화된 환경에서 저소득층 영유아가 가정에서 경험하기 어려운 반응적인 성인의 태도, 자극적인 활동경험 등을 가질 수 있도록 해준다.

3.2.4. 또래

또래는 영유아의 발달을 지원하는 강력한 동인이다. 어린 시기부터 영유아는 또래에게 받아들여지기를 원하고 그러기 위해서 이들이 좋아하는 방식으로 행동한다. 즉 영유아가 아주 어릴 때에는 가정의 사회경제적 지위, 부모의 직업 등이 가족이 스스로를 규정하고 자녀를 사회화시켜가는 과정에 보다 큰 영향을 미친다. 하지만 영유아가 가정을 떠나 영유아기관, 학교 등으로 사회적 관계가 확장되면 이들의 자기 인식과 사회화 기술은 또래가 자신을 어떻게 바라보고 규정할 것인지에 따라 보다 중요한 영향을 받게 된다(Barbour, 2010). 영유아를 둘러싼 환경 및 사회와 마찬가지로 또래 집단은 영유아가 문화화되고 학습을 하는 데 있어 중요한 지원기제가 된다. 영유아는 주 양육자, 교사, 또래 등 자기 주변의 중요한 사람이 누군지 인식하는 과정에서 점차 자신에 대한 개념을 형성하게 된다.

2세부터 5세까지의 유아기는 또래 집단 내에서의 상호작용이 극적으로 증가하는 시기이다. 유아들은 주로 관찰을 통해서 배우기 때문에 다른 또래의 행동을 모델링하여 자신의 행동을 배우는데, 이때 또래와 굳이 우정관계를 맺고 있을 필요는 없다. 심지어 영아나 걸음마기 유아도 만지고, 함께 울어주고, 필요한 도움을 간단히 제공하는 행위 등을 통해 다른 영아나 걸음마기 유아와 상호작용을 한다.

3세경이 되면 초기 우정이 형성되기 시작하고 유아의 또래는 보다 지속적인 영향을 미치기 시작한다. 유아들은 또래와의 상호작용을 통해 협상기술을 배우고, 다른 사람과 어떻게 관계를 맺는지 세세히 배우게 된다. 유아는 또래와의 상호작용에서 갈등, 힘겨루기, 소외감, 따돌리기 등과 같은 다양한 사회적 경험을 한다. 또래관계에 영향을 미치는 요인으로는 장난감, 놀이집단의 크기, 연령 구성 및 또래의 친숙성 등을 들 수 있다. 이러한 요인들은 또래 상호작용의 빈도와 질에 중요한 영향을 미친다.

자유로운 놀이환경, 여러 용도로 활용할 수 있는 놀잇감의 제공, 연령이 동일하고 친숙한 또래는 유아에게 긍정적이고 언어적이며, 협동적인 상호작용을 촉진시킨다. 특히 유아의 연령이 높아질수록 또래의 위치나 비중은 더 중요한 위치를 차지하기 때문에 유아가 또래와의 관계를 통해 사회적 역량을 기를 수 있도록 해야 한다.

NICHD 데이터를 분석한 연구(NICHD Early Child Care Research Network, 2001)에서는 영유아기관의 교사가 24개월에서 36개월까지의 영유아와 양질의 관계를 맺고, 바람직한 생활지도를 통해 이들이 또래와 건전한 사회관계를 경험하도록 지도하였을 경우, 이후 영유아가 초등학교에 들어가서도 사회적 역량이 높은 것으로 나타났다. 현대사회에서는 영유아가 보다 이른 시기부터 영유아기관에 다니게 되므로, 교사의 생활지도를 통해 영유아가 기관에서 또래와 바람직한 상호작용을 경험할 수 있도록 지원할 필요가 있다.

3.2.5. 디지털 환경

1) TV와 유튜브

TV와 유튜브는 영유아에게 오락과 교육의 기능이 있다. TV와 유튜브는 영유아에게 새로운 세상을 보여주고, 영유아가 이를 통해 세상을 배울 수 있으며, 다른 문화를 간접 경험하게 하고, 자기 주변에서는 결코 볼 수 없는 많은 것을 알 수 있게 한다는 장점이 있다. 친사회적인 행동모델에 입각한 프로그램의 시청은 영유아가 친사회적으로 행동하는 데 긍정적인 영향을 미친다.

하지만 이와 반대의 경우도 가능하다. 영유아는 TV와 유튜브를 통해 양육자가 결코 원치 않는 것을 배울 수 있다. 일반적으로 TV와 유튜브 시청은 영유아의 건강과 행동, 가족생활에 다음과 같은 부정적인 영향을 미친다고 알려져 왔다.

첫째, TV와 유튜브 시청은 영유아가 TV를 시청하지 않았다면 생활에서 수행했을지도 모르는 여러 가지 활동(친구와 놀기, 신체활동에 참여하기, 신선한 공기 맡기, 읽기, 상상놀이 하기, 과제 하기 등)을 TV 시청으로 대체하게 만든다.

둘째, TV와 유튜브를 장시간 시청하는 영유아는 가족원과 상호작용하는 시간이 줄어든다.

셋째, 대부분의 아동 프로그램은 부모가 자신의 자녀로 하여금 결코 배우기를 원치 않는 많은 것(고정관념, 문제를 폭력적인 방법으로 해결하는 태도, 품행이 방정하지 않은 언행 등)을 가르치는 결과를 초래한다.

넷째, 많은 광고는 유아와 아동을 주 공략층으로 삼고 있다. 건강에 좋지 않은 과자와 음료수 광고가 범람하고 있으며, 심지어 매년 약 2천 회의 맥주 광고에 노출되는 위험도 있다(Rochman, 2013).

전문가들은 2세 미만의 영아는 TV와 유튜브를 보지 말아야 하고, 3~5세 유아는 혼자 TV와 유튜브를 보지 않도록 보호해야 하며, 하루 2시간 이상의 과다 시청을 하지 않도록 지도해야 한다고 권고하고 있다. 또한 전문가들은 부모나 양육자가 자녀를 위한 구체적인 프로그램의 내용을 함께 선정해주고 유아가 건전한 내용의 프로그램만 볼 수 있도록 해주어야 한다고 지적하고 있다. 연구자들은 시청시간 줄이기, 프로그램 내용 관리하기 등 TV와 유튜브 시청 습관의 개선을 통해 유아의 행동문제가 감소하였다고 보고하고 있다(OECD, 2020).

2) 컴퓨터

컴퓨터는 수행할 수 있는 기능이 풍부하고 아동과 양방향 상호작용이 가능하며, 인터넷을 통해 여러 명이 동시에 접속하여 게임 등을 통한 다중 상호작용을 할 수 있다는 점에서 사회적 상호작용의 폭을 현격하게 확장시켜준다. 아동은 컴퓨터 활동을 통해 눈과 손의 협응력과 컴퓨터 문해력 등을 높일 수는 있으나, 장기적으로 볼 때 부모나 교사의 관리감독 없이 장시간 컴퓨터 게임에 매몰된 아동이나 청소년은 점차 공격적 성향이 높아지고, 또래와 다툼이 늘어나며, 학교 성적이 떨어지는 특성을 보인다(Norcia, 2011).

더욱이 우리 사회는 고도로 인터넷이 발달하면서 영유아도 컴퓨터에 접속하면 인터넷을 쉽게 접할 수 있는 세상이 되었다. 인터넷은 정보의 바다라 일컬어질 만큼 풍부한 정보를 갖고 있어 아동은 인터넷을 통해 원하는 교육정보를 쉽게 찾을 수 있다. 하지만 인터넷 정보가 늘 올바르고 바람직한 것은 아니다.

인터넷을 통해 다자간 컴퓨터 게임이 가능해지면서 아동이 인터넷 기반 컴퓨터 게임에 중독될 위험이 높아졌다. 아울러 인터넷을 통해 음란물을 쉽게 접할 수 있게 되어 인터넷이 아동의 성의식 발달에 심각한 위해를 끼치게 되었다. 인터넷을 통해 강력하고 자극적인 정보를 무한정 탐색할 수 있게 되면서 아동이 인터넷에 중독되어 현실의 일상생활에 흥미를 잃고 학업을 소홀히 하며 실제 생활에서의 인간

관계보다는 가상세계에서의 관계나 게임에 몰두하는 문제가 대두되었다. 인터넷 중독자의 경우 인터넷을 통한 게임을 끊으면 불안, 초조 등의 금단현상을 나타내기도 한다.

3) 스마트폰과 태블릿

아이폰이 처음 소개된 2007년 이후 출생한 영유아들은 '이동이 가능한 인터넷(mobile internet device)'을 터치스크린으로 사용한 새로운 세대, 즉 '디지토드(Digitods)'라 불린다(Leathers, Heather, Summers, & Desollar, 2013). 이들은 말을 배우기 전인 영아기부터 디지털 테크놀로지에 접근할 준비가 된 세대로서 10개월부터 14개월 사이에 손가락으로 스크린을 터치하거나 화면을 밀어내는 경험을 한다. 이는 고정된 랩톱 퍼스널 컴퓨터에서 키보드나 마우스를 사용하여 콘텐츠를 보는 방식과 완전히 대조되는 방식이다. 스마트폰(smartphone)은 소프트웨어의 호환성이 높고, 전화가 가능한 휴대전화와 컴퓨팅 기능을 하나로 통합한 모바일 장치다. 그리고 태블릿(tablet computer, tablet)은 인터넷 접속, 비디오 시청, 전자책 읽기뿐 아니라, 카카오톡 등의 상호작용 용도로도 사용할 수 있는 평면의 직사각형 컴퓨팅 장치(computing device)이다. 스마트폰이나 아이패드와 같은 터치스크린 장치는 이동성이 매우 커서 영아나 걸음마기 유아기부터 부엌 테이블이나 침실, 자동차 좌석에서 이를 시청하거나 놀이를 할 수 있다(Holloway, Green, & Stevenson, 2015). 무궁무진한 애플리케이션은 터치와 화면 밀어내기의 방식으로 즉시 접근할 수 있으며, 영유아는 이런 방식으로 자신의 흥미를 끄는 게임, 책, 기타 상호 소통이 되는 경험을 한다.

OECD(2020)는 발간 저서인 『21세기 아동』에서 오늘날의 부모 양육태도의 모순적인 두 특징으로 '집중적이고 과도한 부모역할(intensive, over parenting)'과 '휴대전화를 하면서 자녀를 무시하는 부모(phubbing parents)'를 꼽고 있다. 집중적이고 과도한 부모역할은 자녀 양육과 교육에 온 힘을 기울이는 부모의 양육방식을 의미하며, 'phub'이란 동사는 '휴대전화를 보는 데에 정신이 팔려 같이 있는 사람을 무시하다'

라는 의미를 나타낸다.

Hong 등(2019)은 부모의 과도한 휴대전화 사용과 자녀와의 긴밀한 상호작용을 간과하는 최근의 동향을 비판하면서 이런 행동이 부모-자녀 관계의 질을 저해시킬 뿐만 아니라 자녀의 자아 존중감에도 부정적 영향을 준다고 보고하고 있다. 실제로 패스트푸드점(Radesky et al., 2015)이나 놀이터(Lemish, Elias, & Floegel, 2020; Wolfers et al., 2020)에서 부모-자녀 상호작용을 관찰한 연구들에 의하면, 부모가 스마트폰 사용에 몰입한 경우 자녀와 소통하는 빈도가 감소하고, 자녀의 요구나 부모의 주의를 촉구하는 영유아의 행동에 덜 반응적인 것으로 나타났다. 간혹 어떤 부모들은 자녀가 부모의 주의를 끌려는 시도를 반복해서 하였을 때 성가시다는 태도를 나타내거나(Lemish, Elias, & Floegel, 2020), 심지어 적대적인 태도를 나타내기도(Radesky et al., 2015)하는 것으로 밝혀졌다.

스마트폰의 사용 빈도 외에 사용 시간의 길이도 부모-자녀 관계에 영향을 미치는 것으로 나타났다. Wolfers, Kitzmann, Sauer 그리고 Sommer(2020)의 연구에서, 놀이터에서 스마트폰을 더 오래 사용하는 것으로 관찰된 어머니는 민감성 측정에서 낮은 점수를 보이는 것으로 밝혀졌다. 평소 식사 시간처럼 자녀와 시간을 가져보도록 한 실험실 연구에서 자연스레 스마트폰 사용 행동을 보인 어머니들은 자녀와 언어적 · 비언어적 상호작용을 하는 빈도가 낮게 나타났다(Radesky et al., 2015). 놀이터에서 잡지를 보거나 다른 보호자들과 담소 행동을 하는 부모들도 이에 몰입하여 반응성이 낮아졌으나, 스마트폰을 사용하는 부모들만큼은 아니었다(Abels et al., 2018; Vanden Abeele et al., 2020).

기존의 인터넷 기능을 갖춘 컴퓨터의 오남용과 이에 따른 영유아의 행동문제에서 영유아의 신체활동 저하, 과도하고 무분별한 컴퓨터 사용이 문제시되었다면, 스마트폰과 태블릿의 보급은 영유아 쪽의 문제뿐 아니라 성인인 부모의 부모역할을 방해하는 문제까지 촉발시킨 측면이 있다(권혜림, 이완정, 2022). 스마트폰과 태블릿의 과다한 사용은 부모로 하여금 자녀와의 상호작용이나 의사소통에 몰입하지 못하도록 한다. 어린 자녀를 양육한다는 것은 부모가 매일매일의 일상적인 일과를 통해 영유아와 긴밀한 상호작용을 하면서 서로의 느낌과 감정을 주고받고, 언어적 의사소통을 통해 문제해결의 기술을 가르치고 배우는 누적적 행위라 할 수 있다.

그러므로 부모의 과다한 스마트폰이나 태블릿 사용은 영유아의 발달에 부정적인 영향을 미치게 된다. 즉 영유아가 어휘 획득, 사회적이고 정서적인 대화 기술을 습득하는 데 어려움을 겪을 수 있다. 더욱이 영유아는 스마트폰이나 태블릿을 향한 부모의 집중을 참고 기다려야 하며, 종국에는 부모와의 일상적 교류를 쉽게 포기하는 문제를 겪을 수 있다.

제 2 부

아동 생활지도의 기법

제 4 장

아동행동의 평가와 방법

| 학습 개요 |

아동행동 평가의 기초로 평가의 이유, 대상, 방법, 활용에 대해 알아본다. 평가의 이유가 영유아의 건강한 성장 발달과 배움의 지원, 이를 위한 영유아기관 커리큘럼 운영의 개선과 환류임을 알고, 평가의 대상이 평가 목적에 따라 크게 발달 평가, 배움의 과정과 결과 평가, 행동문제의 원인과 개선과정 평가로 구분될 수 있음을 배운다. 평가의 방법은 면접, 관찰, 포트폴리오 등이 있으며 평가과정에서 과학적 신뢰성과 타당성을 갖출 필요가 있다는 점을 알고, 평가결과를 어떻게 활용하는지에 대해 다루어본다.
이 장에서는 아동행동 평가의 기초로 평가의 이유, 대상, 방법, 활용에 대해 알아본다. 이를 토대로 영유아기관의 교사가 사용하는 아동행동 평가의 적용 실제로 영유아의 배움에 대한 평가, 행동문제의 지도를 위한 기능적 평가에 대해 살펴본다.

| 학습 목표 |

1. 아동행동 평가의 이유, 대상, 방법, 활용에 대해 설명할 수 있다.
2. 영유아의 배움의 과정과 결과를 평가하는 실제를 적용해볼 수 있다.
3. 행동문제의 원인을 파악하고 이를 지원하기 위한 기능적 평가를 적용해볼 수 있다.

| 주요 용어 |

행동 평가, 관찰법, 포트폴리오, 배움 평가, 기능적 평가

4.1. 아동행동 평가의 기초

4.1.1. 왜 평가하는가

아동행동 평가는 영유아에 대한 정보를 모인 모아진 정보를 검토함으로써 영유아를 이해하고, 이들의 발달과 배움을 지원하기 위한 교수 계획과 방법을 조직하는 데 필요한 정보를 얻기 위한 일련의 과정이다. 아동행동의 평가에서 생각해볼 첫 번째 질문은 왜 아동행동을 평가하는가, 즉 평가의 이유에 대한 문제이다. 아동행동 평가는 교사, 부모와 가족에게 아동의 성장과 발달에 대한 주요 정보를 제공하기 위한 것으로, 보다 구체적인 아동행동 평가의 이유는 다음과 같다.

첫째, 아동행동 평가는 신체적 발달, 인지언어발달, 사회정서발달, 배움에 대한 영유아의 전체적인 성장과정에 대한 기록을 제공해준다.

둘째, 아동행동 평가는 추가적인 지원을 필요로 하는 유아를 규명하고, 지원이나 중재 서비스를 할 필요가 있을지의 여부를 결정하는 데 도움을 준다.

셋째, 아동행동 평가는 교사로 하여금 동일한 발달단계에 있는 유아 집단을 위한 교수방법뿐 아니라, 영유아 개인의 특성을 고려한 맞춤형 교수방법을 계획하는 데 도움을 준다.

넷째, 아동행동 평가는 교사가 운영하는 프로그램의 강점과 약점을 규명하고, 프로그램의 목표를 달성하고 영유아의 요구에 좀 더 잘 부응할 수 있도록 검토하는 데 도움을 준다.

다섯째, 아동행동 평가는 교사와 부모 및 가족이 영유아를 협력하여 지원할 수 있는 공통 기반을 제공해준다.

아동행동 평가를 통해 영유아의 배움과 성장을 잘 지원하기 위해서는 평가가 지속적으로 이루어지고, 맥락 내에서 잘 이루어지는 과정이어야 한다. 먼저, 아동행동 평가는 지속적인 과정(ongoing process)으로 이루어짐으로써 프로그램의 계획, 프로그램의 진행과 조정, 프로그램의 평가와 환류를 통한 꾸준한 향상을 이끌어낼 수 있어야 한다. 다음으로, 아동행동 평가는 맥락 내에서 잘 이루어지는 평가(authentic assessment)일 필요가 있다. 잘 진행되는 평가는 교사의 교수와 영유아의 배움을 원활하게 하고, 영유아가 매일의 일과와 과정에 능동적으로 참여하는 데 도움을 준다(NAEYC, 2004).

4.1.2. 무엇을 평가하는가

아동행동의 평가에서 생각해볼 두 번째 질문은 무엇을 평가할 것인가, 즉 평가의 대상에 대한 문제이다. 평가의 대상이 아동행동이라는 데는 변함이 없지만, 평가의 목적에 따라서 평가의 대상을 아동의 발달 상태, 배움의 과정이나 결과, 혹은 행동 문제의 양상과 이를 지원한 결과 나타나는 개선의 과정을 평가하는 것으로 구분할 수 있다.

1) 영유아의 발달 상태

전통적으로 영아나 걸음마기 유아의 신체발달 상태를 측정하거나 평가하는 것은 의학적인 목적이 컸다. 즉, 영아나 걸음마기 유아의 신체발달이 지연되거나 위험 요소가 있는지 규명하고, 현재나 이후의 발달 문제를 진단하여 적절한 중재 전략을 찾기 위해 발달 상태를 평가한 것이다.

현대사회에서는 가정방문 프로그램이나 지역의 육아지원센터 등에서 아동 환경검사나 발달검사를 하기도 한다. 즉 영아나 걸음마기 유아, 취학 전 유아 등이 안전하고 건강한 환경에서 성장하고 있는지, 환경에 위험 요소가 있는 것은 아닌지, 부모 등 주 양육자의 양육방식은 적절한지, 그리고 영유아의 발달 상태는 연령에 적합하게 잘 이루어지고 있는지 등을 평가한다(National Research Council, 2008).

오늘날 우리 사회의 높은 비율의 영유아가 어린이집과 유치원 등 영유아기관에 다니고 있다. 교사는 담당하고 있는 영유아의 신체발달이나 정서 및 사회성 발달의 상태를 평가하여 커리큘럼 운영에 반영한다. 영유아의 발달과정은 개인 간, 개인 내 편차가 크기 때문에 교사는 정상 범주 내에서 담당 영유아가 발달상의 성장, 변화를 어떻게 나타내고 있는지 유의하여 살펴볼 필요가 있다. 간혹 발달이 지연되고 있는 것으로 의심되거나 추가적인 지원이 요구되는 영유아가 있을 경우 교사가 간단한 발달검사를 하고, 영유아가 보다 전문적인 지원을 받을 수 있도록 보호자에게 상담할 수도 있다(강은진 외, 2022).

2) 배움의 과정과 결과

영유아가 어린이집과 유치원에서 운영되는 커리큘럼을 통해 경험하는 배움의 과정을 평가하기도 한다. 사회적인 측면에서는 학교 준비도 등 취학 전 유아의 배움과 발달 결과를 평가할 수도 있다. 영유아가 경험하는 배움의 과정과 결과는 대개 신체 건강과 조작능력 발달, 정서적인 발달과 사회성 발달, 배움에 대한 역량, 언어와 문해력, 인지적 기술 등을 포함한다. 영국(Standards and Tesing Agency, 2021)이나 호주(Education State of the Victoria State Government, 2019)에서는 영유아기관의 교사가 사용할 수 있는 평가 기준과 내용을 별도의 교사지침으로 제공하고 있기도 하다.

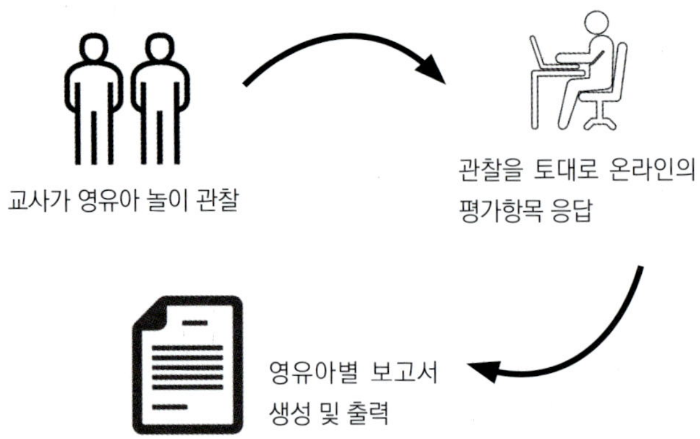

그림 4-1 호주의 The Early Years Assessment and Learning Tool 적용 과정

3) 행동문제의 양상과 개선

근래 어린이집과 유치원 등 영유아기관에서는 행동문제를 나타내는 영유아의 비율이 늘어나고 있다. 이미화 등의 연구(2013)에서 보고된 영유아기관에서의 행동문제 사례를 영아와 유아로 구분하여 살펴보면 다음과 같다.

표 4-1 교사가 다루어야 하는 행동문제 사례

영아	유아
• 소리를 지르거나 때리고 부수는 등 공격적인 행동을 함 • 소심하거나 사회적 기술 부족으로 또래와 어울리기 어려움 • 교사나 친구와 눈을 마주치지 못하고 혼자 있음 • 규칙을 따르지 않음 • 교사를 독점하려고 함 • 집단행동을 방해함 • 놀이에 참여하지 않고 방관함 • 거짓말을 자주 함 • 친구 물건이나 어린이집 물건을 가져감 • 특정 또래를 따돌리거나 놀지 않겠다고 위협함	• 소리를 지르거나 때리고 부수는 등 공격적인 행동을 함 • 특정 또래를 따돌리거나 놀지 않겠다고 위협함 • 소심하거나 사회적 기술 부족으로 또래와 어울리기 어려움 • 집단행동을 방해함 • 교사나 친구와 눈을 마주치지 못하고 혼자 있음 • 거짓말을 자주 함 • 규칙을 따르지 않음 • 친구 물건이나 어린이집 물건을 가져감 • 놀이에 참여하지 않고 방관함 • 교사를 독점하려고 함

출처: 이미화 외(2013). pp.31-32.

교사는 영유아가 나타내는 행동문제의 양상을 면밀히 파악하기 위해 행동평가를 하여 자료를 수집하고, 이를 분석한 후, 지원 전략을 수립하여 영유아를 지원할 필요가 있다. 필요시, 전문가가 교실을 방문하여 이를 돕거나 혹은 전문가가 이를 전담하고 교사가 그 과정을 지원할 수도 있다. 어느 과정을 따르든 교사가 교실에서 나타내는 영유아의 행동문제 양상을 관찰하고, 기록하여 분석해보는 과정은 중재 전략과 변화과정을 살펴보기 위해 반드시 필요한 과정이다.

4.1.3. 어떻게 평가하는가

아동행동의 평가에서 생각해볼 세 번째 질문은 어떻게 평가할 것인가, 즉 평가의 방법에 대한 문제이다. 아동행동의 평가방법은 부모와의 면담, 관찰, 작품 분석 및 포트폴리오, 표준화된 검사 등을 들 수 있으며, 평가의 도구와 절차가 비교적 단순하더라도 평가의 과정과 결과가 과학적인 타당성과 신뢰성을 확보할 수 있도록 유념하여야 한다.

1) 부모와의 면담

일반적으로 부모와의 면담은 교사가 영유아를 단시간에 평가하거나 부모의 요구, 혹은 가정의 특수한 사정을 파악해 영유아를 지도하는 데 도움을 준다. 부모와의 면담은 정기적 또는 특별한 문제가 발생했을 때 수시로 하게 된다.

프로그램 운영 초기에는 영유아를 어린이집이나 유치원에 보내게 된 동기와 영유아 프로그램에서 중요하다고 생각하는 점, 특별한 요구사항, 자녀 양육관 및 가치관 등을 알아보기 위해 '가정환경조사서'를 작성하게 한다. 가정환경조사서에는 영유아의 출생, 수유, 성장 발달 상태, 과거 병력, 식습관에 대한 정보 및 영유아에 대한 가족의 태도 등을 기록하게 한다. 또한 '기본생활습관조사지'를 통해 영유아의 운동발달상황, 치아발육 상태, 예방접종, 병력, 수유 및 이유의 방법과 양, 식사와 간식 습관, 배변 및 수면, 기타 기본생활습관을 조사할 수 있다.

부모와의 면담을 통해 수집된 자료는 프로그램 구성 및 운영의 참고자료로 활용될 수 있으며, 프로그램이 종료된 후에도 부모를 대상으로 프로그램 운영과 유아 및 부모 자신의 변화 정도를 평가하여 프로그램의 효과를 조사할 수 있다.

2) 관찰

급격한 발달적 변화 및 의사소통의 어려움으로 신뢰롭고 타당한 평가를 위한 자료 수집이 어려운 영유아 평가에는 직접적이고 지속적인 관찰평가가 요구된다. 유아를 관찰하기 위해 사용하는 방법으로는 일화기록법, 평정척도법과 행동목록법 등이 있다.

(1) 일화기록법

일화기록법은 영유아기관의 교육현장에서 발생한 직접적으로 관찰된 사건을 요약한 간략한 이야기로, 사건 발생 후에 기록한 것이다. 여러 명의 영유아가 함께 생활하는 영유아기관 교육현장에서 관찰 직후 이를 상세하게 일화로 기록하는 것은 여건이 허락하지 않는 경우가 대부분이다. 그러므로 교사는 기록할 만한 가치가 있는 사건에 대해 주요 단어들을 짧게 기록해두고 낮잠시간이나 일과 후 기록된 주요 단어를 가지고 의미 있는 일화기록으로 완성하게 된다.

일화기록법에서는 여러 가지 행동을 모두 기록하기가 어려우므로 영유아의 한 가지 행동에만 초점을 맞추기도 한다. 이를 위해 피관찰자 영유아의 말과 행동뿐 아니라 이 영유아와 상호작용하는 다른 유아나 교사의 말과 행동도 기록할 수 있다. 어떤 사건에 한 명 이상의 영유아가 참여했고 이들이 모두 주요 인물인 경우에는 관련 영유아의 기록에도 같은 일화를 포함시켜 놓으면 유용하다. 일화기록이 아동생활지도의 자료로 사용되려면 그 영유아에 대한 계속적인 기록이 누적되어 이를 종합했을 경우에만 진단적 가치를 가지므로 동일한 영유아에 대한 기록이 주기적으로 이루어질 수 있도록 하는 것이 좋다.

표 4-2 일화기록법의 양식(예시)

이름:	생년월일:
일시:	장소:
관찰 상황:	
장면기록:	해석:
교수 전략:	

(2) 평정척도법

평정척도법은 어떤 행동의 질적인 특성을 관찰자의 판단에 따라 평정하는 것으로, 영유아의 행동을 모두 관찰한 이후나 혹은 관찰 중 기록하는 방법이다. 이는 전적으로 관찰자의 판단에 의해 이루어지므로 여타의 관찰에 비해 융통성이 있는 방법이지만, 관찰자의 주관적 편견이 개입되지 않도록 주의해야 한다.

표 4-3 평정척도법의 목록(예시)

사회성 평정척도

유아 이름:
평정자:

문항	1 거의 그렇지 않다	2	3	4 매우 그렇다
1. 친구와 교구를 나누어 쓴다.				
2. 친구가 다쳤을 때 위로해준다.				
3. 친구와 이야기를 나눈다.				
4. 친구와 공동 놀이를 한다.				
5. 친구가 필요로 할 때 도와준다.				

(3) 행동목록법

행동목록법은 흔히 체크리스트(checklist)라고 불리기도 하는데, 이는 사전에 만들어진 행동목록을 가지고 관찰하는 행동이 나타나는지 여부를 체크하는 방법이다. 행동목록은 세세한 행동 특징들로 길게 작성되어 있기 때문에 유목 간 상호 배타성과 논리적 배열을 하여 관찰행동을 표시할 때 인지적 부담을 줄이고 오류가 없도록 해 주어야 한다. 행동목록에 포함될 문항은 가능한 한 모호하지 않고 명확하게 관찰 가능한 구체적인 행동으로 정의해야 한다. 가령 '분류 개념을 가지고 있다.'라는 문항은 너무 모호하여 주관적 판단이 이루어져야 하므로 '색깔에 따라 사물을 분류할 수 있다.', '모양에 따라 사물을 분류할 수 있다.', 혹은 '크기에 따라 사물을 분류할 수 있다.' 등으로 분리하여 보다 명확하게 정의해야 한다. 이 방법은 특정 행동의 발생 여부를 빠르고 효과적으로 기록할 수 있지만 행동의 질적 수준에 대한 정보를 제공해주지 못한다는 단점이 있다.

표 4-4 행동목록법의 목록(예시)

기본생활습관

유아 이름:

관찰일:

문항	예	아니오
1. 자신의 옷과 가방을 스스로 정돈한다.		
2. 간식/식사 전에 손을 씻는다.		
3. 먹은 후 칫솔질을 스스로 한다.		
4. 친구와 교사를 만나면 인사를 한다.		
5. 고마워, 괜찮아, 미안해 등의 말을 적절히 쓴다.		
6. 쓰고 난 물건을 제자리에 놓는다.		
(이하 생략)		

3) 작품 분석 및 포트폴리오

포트폴리오 평가는 작품 분석 중 최근에 가장 빈번히 사용되는 방식이다. 포트폴리오라는 명칭이 사용되면서 영유아를 평가하기 위한 교사의 작품 수집의 형식이 보다 구체화되었다. 포트폴리오는 영유아가 무엇을 배웠는지, 어떻게 그 학습을 이루어냈는지, 어떻게 생각하고 질문하고 분석하고 창조해내었는지, 타인과의 지적·정서적·사회적 상호작용은 어떠했는지 등 영유아들의 학습과정 전반에 대한 기록을 말한다. 포트폴리오 수집은 포트폴리오라고 불릴 수 있는 것들을 영유아 개개인의 파일에 모으는 것으로, 영유아의 학습 및 수행력을 향상시키거나 모니터하기 위해 고안된 평가 유형이다(최미현 외, 2000). 수집된 작품에는 날짜와 작품에 대한 설명 및 활동 배경, 영유아의 특정 행동, 동기 유발, 또래들과의 관계 등을 간단하게 적어 놓는다.

영유아의 작품을 분석하는 것은 영유아의 행동특성과 발달수준을 평가할 수 있는 좋은 방법이다. 일부러 평가에 대한 계획을 세우지 않아도 쉽게 수집할 수 있다는 것이 작품 평가의 장점이며, 작품들 간의 시간 간격이 클수록 변화의 증거도 확실해진다. 부모면담 시에 교사는 작품을 이용하여 부모에게 구체적인 증거를 제시하여 영유아의 발달에 관한 이해를 도울 수 있으며, 작품을 가정으로 보내서 부모의 견해나 요구사항을 기록한 후 되돌려 받아 영유아를 지도할 때 참고할 수 있다.

포트폴리오 평가를 할 때에는 다음과 같은 몇 가지 요소에 유의하여야 한다(Shaklee, Barbour, Ambrose, & Hansford, 1997).

첫째, 명백하고 구체적인 평가 기준이 있어야 한다. 이러한 평가 기준은 영유아의 발달 영역에 따라 달라지며, 교사, 부모가 이해할 수 있는 관찰 가능한 구체적인 행동들로 기술되어야 한다.

둘째, 다양한 평가원으로부터 평가 자료가 수집되어야 한다. 보육·교육 기관에서 다양한 평가원이란 보통 담임교사와 같은 반 친구들이며, 그 외에도 영유아를 잘 아는 사람들, 예를 들면 부모, 지역사회 구성원, 다른 교사와 원장, 또래들이 될 수 있다. 이러한 다양한 사람들을 통해 평가 정보를 수집하는 것이 바람직하다.

셋째, 다양한 정보 수집 방법이 동원되어야 한다. 포트폴리오 평가에는 인쇄된 자료뿐 아니라 비디오나 오디오 녹화기록, 관찰기록, 자기평가보고서, 또래들의 평가기록서 등이 포함될 수 있다.

넷째, 지속적으로 자료가 수집되어야 한다. 이를 위해서는 정보가 수집되는 장소 및 시간이 다양해야 하므로, 다양한 상황에서 1년에 걸쳐 지속적 · 규칙적으로 자료가 수집되어야 한다.

4) 표준화된 검사

영유아 평가에서 표준화된 검사를 사용하는 것은 다음과 같은 장점을 갖고 있다 (이연섭, 1995).

첫째, 표준화과정을 거친 검사는 표집된 대집단의 규준이 있기 때문에 이에 비추어 개별 영유아의 행동이나 성취도를 비교하는 것이 가능하다.

둘째, 대부분의 표준화검사는 전문가에 의해서 만들어진 것이기 때문에 주의 깊게 실시하고 정확하게 해석한다면 진단도구로서의 역할을 할 수 있다.

셋째, 표준화된 검사는 이미 그 검사의 신뢰도와 타당도가 검증된 것이므로 이를 통하여 보다 객관적인 자료를 얻을 수 있다.

표준화검사의 종류로는 지능검사, 운동능력검사, 발달검사, 적응행동검사, 기초학습기능검사, 장애평정, 성격검사 등이 있으나, 현재 우리나라 영유아들에게 적합한 표준화된 검사도구는 지능검사를 제외하고는 제한되어 있다. 표 4-5 는 영유아를 대상으로 한 표준화된 검사도구를 소개한 것이다. 영유아에 대한 표준화된 검사도구의 결과는 검사도구가 측정하는 측면, 검사를 실시하는 당일 영유아의 건강 상태나 기분, 검사를 실시하는 사람 등 다양한 요인에 의해 영향을 받을 수 있으므로 교사나 부모는 검사도구에 의해 산출된 결과를 지나치게 과신하지 않도록 주의해야 한다.

한편 공교육 내로 편입되고 있는 특수아의 진단을 위해 사용되는 도구로는 한국 자폐증 진단검사, 학습준비도검사, 그림 자음검사, 한국 표준 어음검사, 취학 전 아동 언어검사, 한국 주의력결핍과잉행동장애 진단검사, 집중력검사와 표준화된 지능검사 등이 있다.

표 4-5 영유아용 표준화검사도구

용도	명칭	대상	특징
인지검사	아동용 웩슬러지능검사 (K-WISC-Ⅲ)	6세 이상	동작성, 언어성으로 지능 측정
	유아용 웩슬러지능검사 (K-WPPSI)	3~ 7세 3개월	동작성, 언어성 소검사로 지능 측정
	고대-비네지능검사 (Kodae-Binet Scale)	4~15세	여러 가지 질문을 통하여 지적 능력을 측정하는 개인용 지능검사로 측정 내용이 연령별로 다양
	아동용 카우프만 진단검사 (K-ABC)	2세 6개월~ 12세 5개월	16개 하위 검사로 구성되어 있으며 아동의 인지 처리능력과 습득도로 지능 측정
운동능력검사	오세레츠키 운동능력검사 (Oseresky Motor Skill Test)	4~16세	운동량 측정과 협응력, 속도, 자발동작, 단일동작, 수행능력 측정
	지각-운동발달 진단검사 (Perceptual-Motor Development Test: PMDT)	3~ 11세 아동	지각검사, 운동검사, 시각-운동통합검사 세 가지 하위 검사로 구성되어 지각검사와 운동검사로 검사 실시
발달검사	사회성숙도검사 (Vineland Social Maturity Scale: VSMS)	0~30세	자조능력(일반적 자조능력, 식사 자조능력, 옷 입기·벗기 및 청결 자조능력), 이동능력, 작업능력, 언어능력, 자기지향성, 사회화 등 6개 항목 측정
	한국판 덴버 발달선별검사 (Korean Denver Developmental Screening Test)	0~6세	발달장애아동 선별 목적으로 사용

용도	명칭	대상	특징
적응행동검사	종합적응능력 진단검사	유치원~ 중학생	생활 속에서 부딪히는 다양한 어려움을 적절히 잘 극복하면서 자신의 목표를 달성하고, 심리적으로 건강한 삶을 유지해나갈 수 있는 적응능력을 측정하는 도구. 유아용, 초등학교 저학년용, 고학년용, 중학생용으로 구분
	한국 아동행동평가척도 K-CBCL	4~17세	아동 및 청소년의 사회적 적응 및 문제행동 평가
기초학습기능검사	기초학습기능검사 (KEDI-Individual Basic Learning Skills Test)	유치원~ 초등학교 6학년	장애아동, 유치원 및 초등학교 일반 아동의 기초학습기능 또는 기초능력을 평가하는 학년규준과 연령규준을 갖춘 개인용 학력검사로 정보 처리, 셈하기, 읽기, 쓰기 등을 평가
	교육진단검사	생활연령: 1~12세 정신연령: 1~5세	학습에 문제를 갖고 있는 아동의 행동과 능력 평가, 발달진단 및 병리진단-지적장애·자폐·발달 장애 평가
장애평정	한국 자폐증 진단검사 (Korean Autism Diagnostic Scale: KADS)	2~21세	자폐아동을 조기판별하고 적절한 중재 방안을 제공하기 위한 표준화 진단검사도구
	한국 주의력결핍과잉행동장애 진단검사 (KADHDDS, Korean Attention Deficit Hyperactivity Disorder Diagnostic Scale)	3~23세	ADHD 아동의 조기발견 진단도구
성격검사	집중력검사(ADS)	5~12세	주의집중력과 주의산만의 원인을 알아보기 위해 전산화된 자료로 시각적 자극과 청각적 자극을 통해 검사
	유아 성격검사	4~7세	카드 형식으로 제작된 검사로 학문성, 사회성, 가족성, 정서성, 타당성을 측정

출처: 이소은, 민하영(2021).

4.1.4. 평가결과는 어떻게 활용하는가

영유아 보육 · 교육 기관에서는 평가결과를 기록, 보관하고, 활용하는 것이 중요하다. 평가결과를 기록, 보관 시 고려할 점은 다음과 같다.

첫째, 각 유아마다 개인별 파일을 준비해서 개별 유아에 대한 모든 평가 자료, 즉 일화기록 등의 관찰기록 및 검사 결과, 포트폴리오, 건강기록부, 생활기록부, 면담자료 등을 개인별로 정리한다.

둘째, 개인별 파일을 정리할 때는 모든 평가자료마다 평가 날짜, 평가자, 평가 시 유아의 태도나 상태 등 관련 상황에 대한 간략한 정보가 포함되어야 한다.

셋째, 학기 초에 1년간의 계획을 세워서 어느 한 시기에 편중되지 않고 1년 동안 체계적이고 정기적인 자료 수집이 이루어지도록 해야 한다.

넷째, 담당 교사 이외에 다른 학급 교사가 관찰한 사항이나 한 상황에서 여러 명의 유아가 관찰된 경우 등에서 파일을 상호 보완할 수 있는 체제를 만든다.

다섯째, 1년에 2~3회에 걸쳐 유아별 평가결과의 요약 및 해석을 정리한다. 이때 평가결과 자료에서 누락 부분의 여부를 확인한다.

여섯째, 유아 개인별 평가결과 요약은 유아의 발달 영역 또는 생활 영역별로 정리하는 것이 효과적이다. 이때 발달이 잘 이루어진 영역과 그렇지 못한 영역을 서술한다.

다음으로, 영유아 보육 · 교육 기관에서 유아와 프로그램에 대한 평가결과를 부모나 관련 행정기관에 알리는 것은 영유아 보육 · 교육에 대한 이해를 높이고 그 효과를 증진시키는 데에 매우 중요한 요인이 된다.

평가결과 보고를 통해 부모와 교사 간에 유아의 발달 정도에 대해 정확한 정보를 기초로 한 의사소통의 기회를 갖게 되어 서로 신뢰감을 형성할 수 있게 된다. 이는 또한 부모나 지역사회로부터의 지원과 협조를 얻는 데에 도움이 된다. 평가결과를 보고하는 형식은 보고의 내용에 따라 다르지만 부모들이 이해하기 쉽도록 간단명료해야 한다.

보고 형식은 일정한 양식 없이 필요한 경우에 간단한 서면이나 구두로 보고할 수도 있고, 유아의 발달 상황을 영역별로 종합하여 간단하게 기술하거나 각 문항별로 체크하거나 평정된 결과를 그대로 보고할 수도 있다. 그러나 평가의 보고는 문장으로 기술하도록 권장되는데, 그 이유는 문장으로 진술함으로써 유아 개개인의 독특한 발달 특징을 자세하게 진술할 수 있어 유아 간의 서열화 평가를 예방할 수 있기 때문이다. 평가결과의 보고는 적어도 학기별 또는 분기별로 연 2회나 4회 이상 하는 것이 적절하다. 또한 결과 내용은 유아의 발달과 교육에 도움이 될 수 있도록 긍정적인 내용이어야 하며, 등위 · 서열이나 점수로 나타내는 것보다 발달의 과정이나 단계로 표시하는 것이 적합하다.

마지막으로, 영유아행동 평가결과의 활용은 영유아의 생활 변화, 즉 전인적인 성장과 발달의 변화수준을 점검하는 질적 평가를 기본 방향으로 해야 한다. 이를 위해 누리과정에서 유아 평가결과는 유아에 대한 이해와 누리과정 운영 개선 및 부모면담 자료로 활용할 수 있다. 유아 평가의 결과는 유아가 행복감을 느끼고 전인적으로 발달하도록 도움을 주는 데 활용한다. 또한 누리과정이 추구하는 인간상과 목적 및 목표 등에 비추어 유아의 특성과 변화 정도를 이해하고 유아의 배움과 성장에 도움이 되도록 지원하는 데 활용한다.

수집된 모든 자료를 바탕으로 개별 유아의 특성과 변화 정도를 종합적으로 이해하여, 이를 부모와의 면담 자료 및 유아의 생활지도 등에 활용할 수 있다(교육과학기술부, 보건복지부, 2019). 유아가 균형 있게 성장 · 발달하려면 상호 신뢰 속에 어린이집 및 유치원과 부모 간에 원활한 의사소통이 이루어져야 한다. 유아 평가결과를 부모면담 자료로 활용하여 유아에 대한 정보를 가정과 공유하고, 가정에서도 이에 기초하여 일관성 있게 지도하여 어린이집과 유치원이 가정과 연계하여 유아의 전인발달을 지원하도록 한다(교육과학기술부, 보건복지부, 2013).

4.2. 아동행동평가의 실제

4.2.1. 아동의 배움을 지원하기 위한 평가

영유아의 배움은 능동적인 참여와 주도적인 탐색을 통해 이루어진다. 교사는 영유아의 배움이 이루어지는 과정과 그 결과를 평가할 필요가 있다. 근래 학습자의 학습, 즉 배움에 대한 평가는 교사가 교수-학습 지원을 위해 커리큘럼을 조정하기 위한 평가, 학습자의 학습결과에 대한 평가 외에 커리큘럼의 운영과정에서 학습자가 학습하는 능력 혹은 역량을 평가하는 것으로 세분할 필요가 있다는 주장이 제기되고 있다. 이는 영유아의 놀이와 배움을 연결지으며 놀이 중심 교육과정을 운영하고자 하는 교사의 교수-학습과 평가에 있어 시사점을 준다.

첫째, 배움 지원을 위한 평가(assessment for learning)로 이는 영유아의 배움이 잘 이루어지도록 하기 위해 교사가 교실환경이나 시간 조절 등 커리큘럼의 운영을 어떻게 개선해야 하는지에 대해 정보를 준다. 교사는 관찰과 기록을 통해 영유아의 놀이흐름을 이해하고, 영유아의 관심과 흥미를 파악하여 놀이 경험이 영유아의 배움으로 이어질 수 있도록 상호작용하거나 혹은 놀이 내용과 관련된 활동을 조직하여 영유아의 경험이 깊어지도록 지원해줄 수 있다.

둘째, 배움 능력의 평가(assessment as learning)로 이는 최근의 교수-학습에서 좀 더 관심을 두는 내용이다. 학습자인 영유아는 놀이와 배움을 통해 초인지능력(metacognition)을 키우게 된다. 이는 학습자로서의 자신에 대한 인식, 탐색이나 탐구과정에서 간단한 계획, 조정, 평가를 해나가는 능력, 이 과정에서 또래나 교사와의 적절한 상호작용과 협력, 갈등 조정 등을 할 수 있는 바탕이 된다.

교사는 영유아가 놀이와 활동, 일상생활에의 능동적인 참여를 통해 초인지능력을 키워 가는 것을 파악할 수 있고, 또한 적절한 상호작용과 교수-학습을 통해 이를 더 키워줄 수도 있다. 교사가 목표 설정, 모니터링, 과정의 파악, 결과 평가와 환류, 다른 사람과의 협력을 안내하고, 모델이 되어 모범을 보이고, 영유아가 이런 과정을 주도하도록 권유하고 때로는 한계를 설정할 수 있으며, 이런 과정이 순조롭게 이루어질 수 있도록 물리적 공간이나 시간 환경을 조정해줄 수도 있다.

이는 총체적으로 볼 때 교사가 영유아의 배움과정을 지원하며, 배우는 능력을 키워주는 과정이라 할 수 있다. 이 평가과정에 집중하게 되면, 교수자인 교사의 입장에서 학습자인 영유아가 어떻게 배우며, 무엇을 배우는지, 영유아는 배움의 과정에서 어떤 장점과 어려움이 있는지 파악하기 쉬우며, 더욱이 학습자인 영유아가 보다 적극적으로 놀이를 통한 배움에 몰입할 수 있도록 하기 위해서 어떻게 지원해야 하는지 반성적으로 살펴보기 쉬워진다.

셋째, 배움 결과의 평가(assessment of learning)로 이는 과거에도 중시되던 평가 요소이다. 전통적으로 교육평가의 주된 목적은 교수와 학습의 결과 학습자가 무엇을 배웠는가에 대한 평가였다. 배움의 과정이 중시된다고 해도 교육의 속성상 배움의 결과가 어떠했는지에 대한 중요성이 희석되기는 어렵다. 영유아기관에서는 통상 학기당 1회 이상 정기 부모면담을 통해 영유아가 기관에서 어떠한 경험을 하고 있으며, 어떤 성장과 변화를 보였는지 보고하고 어떻게 협력적으로 영유아를 지원할 것인지 논의하는 기회를 가진다. 영유아가 지나온 배움의 과정과 결과에 대한 평가는 누적적으로 쌓아 보관해온 기록을 바탕으로 하되 포트폴리오 등의 다면적 평가자료를 사용한다.

4.2.2. 아동의 행동문제 지도를 위한 평가

1) 기능적 평가의 원리

때때로 영유아는 자신이나 타인에게 해가 되는 방식으로 행동한다. 행동문제는 이처럼 영유아가 자신이나 주변인에게 적절하지 못한 행동을 자주, 강도 높게 나타냄으로써 결과적으로 본인이나 주변 사람의 신체적 · 정서적 안전을 위험에 빠뜨리게 하는 행위를 말한다. 지속적이고 반복적인 행동문제는 영유아기관에서 하루일과의 진행을 왜곡시키고, 구성원의 삶의 질을 떨어뜨린다.

행동문제를 지도하기 위해 교사와 가족이 전문가와 함께 집중적으로 노력해야 할 경우 먼저 행동문제의 특성을 정확하게 파악하기 위해 '기능적 평가(functional assessment)'를 할 필요가 있다. 이는 영유아가 어떤 목표를 달성하기 위해 그 문제행동을 하여 대안이 되는 바람직한 행동을 모르기 때문에 이를 지속한다고 전제한다(Martin, 2012). 특히 일부 영유아가 나타내는 행동문제는 매우 복합적이고 도전적이어서 생활지도 방법을 구안하기 전에 행동문제에 대한 정확하고 체계적인 평가를 해볼 필요가 있다.

어떤 영유아가 나타내는 행동문제는 그 시기 가정이나 영유아기관에서 잠깐 나타나는 것일 수도 있고, 또 다른 영유아가 나타내는 행동문제는 시간이 지나면서 점차 증가하거나 강화되는 것일 수도 있다. 생활지도를 하고자 하는 행동문제에 대해 교사는 먼저 그 행동문제를 정확하게 규명할 필요가 있다. 즉, 바람직하지 않은 문제행동에 대한 조작적 정의가 필요하다. 그러면 바람직하지 않은 행동이 나타나는 시간이나 상황에 대해 예측할 수 있고, 바람직하지 않은 행동을 통해 그 영유아가 무엇을 하고 싶은지 규명할 수 있다.

기능적 평가는 영유아의 행동문제가 나타나는 그 맥락에서 직접관찰을 통해 그 행동에 영향을 미치는 환경요소, 행동의 발현적 특성, 행동의 결과들을 살펴보는 것이다. 즉, 집중적으로 지도하고자 관심을 두고 있는 행동문제의 세부 특성에 대한 자료를 수합한다. 행동의 빈도, 지속시간, 강도, 문제시되는 행동이 발생하기 이전과 이후의 상황에 대한 자료 등을 예로 들 수 있다.

즉, 기능적 평가에서는 특정 영유아가 나타내는 행동문제의 주요 특징 외에도 그 아동과 주변인들과의 관계적 특성, 아동의 환경적 특성을 종합적으로 평가하기 위해 자료를 수집할 필요가 있다. 이 종합 정보를 사용하여 전문가들이 그 아동의 행동문제를 수정하는 데 적합한 지도방법과 중재 전략을 설계할 수 있기 때문이다. 그러고 나면 중재 전략을 공식화시키고, 서류화하고 모니터링하는 과정을 통해 긍정적 행동지도 계획의 수립이 완성된다.

일반적으로 기능적 평가는 영유아의 행동문제를 집중 치료할 수 있도록 훈련 받은 전문가에 의해 실시된다. 이때 부모와 교사는 전문가가 받은 훈련의 특징과 전문가가 중시하는 이론적 토대가 어떠한지 파악할 필요가 있다. 왜냐하면 전문가의 이론적 뿌리에 따라 아동의 행동문제를 파악하고 지도하는 세부 방향이 달라질 수 있으며, 그것은 때때로 부모나 가족의 견해와 충돌할 수 있기 때문이다(Martin, 2012). 그러므로 특히 부모나 가족은 아동의 행동문제에 대하여 자신들과 주요 견해를 같이 하는 전문가를 구하거나, 최소한 전문가의 견해에 수긍할 수 있어야 한다.

전문가가 아동의 행동문제를 지도하기 위하여 기능적 평가를 하고자 수집하는 주요 정보들은 다음과 같다.

① 위험 사정
② 신체검사, 정신검사를 포함한 의료 사정
③ 행동문제와 밀접한 관련이 있는 개별 아동의 성장 역사
④ 영유아의 행동문제를 지도하기 위해 이전까지 사용했던 지도 전략들
⑤ 이전까지의 관련 전문가들(상담자, 언어치료사, 의사, 치과의사 등)로부터 얻은 상담기록들

이외에도 영유아에 대한 기능적 평가를 위해 아동 관련 정보를 폭넓게 수집할 필요가 있으며, 그 주요 방법은 다음과 같다.

① 영유아의 주변 환경요소와 환경요소들이 아동에게 적합한 정도에 대한 평가
② 영유아가 주변 양육자나 교사에게 표현하고자 하는 메시지 및 영유아의 요구를 주변 사람들이 얼마나 잘 이해하고 있는지에 대한 의사소통 평가

기능적 평가는 다음과 같은 여러 가지 방법을 통해 목표로 하는 자료를 수집하는 과정을 거친다.

① 영유아의 부모, 가족, 교사 등과 인터뷰를 하거나, 교사의 관찰기록 등을 검토하는 등의 간접적 관찰을 한다.

② 선행변인-행동-결과(A–B–C) 방식의 데이터 기록, 산점도 작성, 타임 샘플링을 통한 기록화, 기타 실험적 조작과 가설 검증 등의 기능적 분석과 같은 직접적 관찰을 한다.

③ 보육일지, 월별 보고기록, 사고보고서, 이전 평가와 중재기록 등 관련 기록을 검토한다.

평가자료의 해석은 영유아에 대해 알고 이해하는 과정의 최종 단계로서, 영유아의 행동을 환경과의 상호작용 내에서 파악하여 영유아 행동에 대한 평가를 하고 자료 수집을 위해 설정했던 가설을 점검하며 향후 생활지도를 위한 의사결정을 하는 과정으로 연결된다. 생활지도를 위한 영유아행동 평가자료의 해석은 영유아의 행동을 이해하는 데 그치지 않고 영유아가 적응해 나갈 수 있도록 지원하는 측면까지 포함한다.

즉, 전문가와 교사는 한 가지 혹은 여러 가지 다면적인 방법으로 수집한 자료를 종합하여 아동행동에 대해 총평을 내리게 된다. 총평은 영유아의 행동에 대한 총체적인 평가의 의미를 가진다. 아동생활지도에서 총평은 영유아가 가진 문제를 규명하고, 이에 대한 의사결정을 위해서 자료를 수집하는 과정이라고 할 수 있다. 의사결정 단계에서는 교수 계획, 행동 개선, 관계 증진, 판별, 의뢰 등 여러 가지 생활지도방법에 대한 결정이 이루어진다.

2) 기능적 평가에 기초한 생활지도의 예

행동문제 사례

영식이는 놀이를 하면서 친구들이 놀고 있는 놀잇감을 양해 없이 빼앗아서 다툼이 일어나는 경우가 잦다. 영식이가 놀잇감을 빼앗겨 항의하는 친구에게 소리를 지르며 윽박지르면, 친구들은 놀잇감을 포기하고 그 영역을 떠난다. 친구들은 이제 영식이와 잘 놀려 하지 않는다. 영식이는 교사에게 자기와 함께 놀아 달라고 조른다.

교사는 영식이의 행동문제를 지도하기 위해 2주간 놀이시간에 영식이를 관찰하였다. 교사가 사용한 행동관찰지와 작성된 기록은 다음과 같다.

표 4-6 기능적 평가 사례 1

이름: 김영식
일시: ○○○○년 6월 7일 10:00-11:00　관찰자: ○○○

일반 상황	오전 놀이시간 블록 영역
사회적 맥락 (누가 함께 놀이하는지 등)	블록 영역에 기명이와 영란이가 놀고 있다. 영식이가 두 사람에게 다가가서 옆에서 놀기 시작한다.
문제행동	기명이가 트럭에 블록 기둥을 여러 개 실으며 농장으로 가는 차라고 말한다. 영식이는 재미있어 하면서 기명이가 적재한 블록 기둥을 가져간다.
사회적 반응	기명이가 항의하자 영식이는 자기 것이라며 소리를 지른다. 기명이가 블록 기둥을 빼앗으려 하자 영식이가 기명이를 밀치며 머리를 움켜쥐고, 기명이는 울음을 터뜨린다. 영란이가 기명이에게 다른 곳에 가서 놀자고 달래면서 둘이 영역을 떠난다.
문제행동의 기능	**영식이는 원하는 블록 기둥을 획득하였다.**

표 4-7 기능적 평가 사례 2

이름: 김영식
일시: ○○○○년 6월 15일 10:00-11:00　관찰자: ○○○

일반 상황	오전 놀이시간 교실 내
사회적 맥락 (누가 함께 놀이하는지 등)	영식이는 친구들의 놀이에 끼지 못하고 여기저기를 배회하며 혼자 놀아 보다가 심심해 한다.
문제행동	영식이는 계속 교사에게 와서, "선생님, 심심해요. 나랑 놀아요.", "친구들이 아무도 나랑 안 놀아요. 집에 가고 싶어요.", "집에 갈래요, 선생님."이라고 조른다.
사회적 반응	교사가 영식이를 달래려고 "뭐하고 놀면 좋을까?"라고 물으니 영식이가 말한다. "선생님이 의사 해요, 내가 간호사 할게요. 인형 친구가 팔이 부러져서 고쳐줘야 해요."라고 하며 놀이를 시작한다.
문제행동의 기능	**영식이는 원하는 대로 선생님과 함께 놀이하게 되었다.**

교사는 아동발달 지원 전문가와 협업을 통해 영식이의 관찰자료를 해석하고, 영식이의 행동문제 경향과 맥락을 논의한 후, 영식이의 행동문제를 개선하기 위한 몇 가지 지원 전략을 수립하였다.

첫째, 블록 영역에 요즘 아이들에게 인기가 있는 블록 기둥 모양이 충분히 있도록 추가해주었다. 그리고 블록을 적재하여 이동시킬 수 있는 커다란 트럭을 한 대 더 놓아서 놀잇감의 부족으로 인한 다툼이 일어나지 않도록 예방해주고자 하였다.

둘째, 놀이규칙을 만들어 유아들과 공유하였다. 놀이규칙으로는 조용히 말하기, 친구에게 요청하기를 넣고, 이야기 나누기, 막대인형극, 게임활동으로 유아들이 놀이규칙에 친숙해지도록 하였다.

셋째, 영식이가 친구와 함께 놀 수 있도록 또래진입기술, 친구와 협력하는 기술을 집중하여 가르치고자 시범을 보이고, 격려하고, 칭찬하였다.

넷째, 영식이가 친구와 싸우려는 기색이 보이면 영식이에게 다가가 어깨를 짚으며, 친구에게 말로 요청하자고 규칙을 환기시켜 주었다.

영식이를 위한 중재 전략의 내용은 10주에 걸쳐 바뀌었으며, 이 과정은 아동발달 전문가와 협업을 통해 이루어졌다. 이 과정에서 영식이의 하루를 관찰한 기록은 표 4-8 과 같다.

표 4-8 행동문제의 변화 모니터링 사례

시간	활동 내용	김영식의 반응
8:40	등원	교실에 들어오며 "친구야 안녕."이라고 인사하고, 기명이와 철민이의 놀이에 합류한다.
9:00	이야기 나누기	놀이규칙을 물을 때 다 같이 대답한다.
9:15	자유놀이	배회하는 때가 많았으나 교사의 격려로 셋이 놀고 있는 게임에 합류한다.
10:30	실외놀이	주로 혼자 논다.
11:00	점심	수저를 나누어 주는 역할을 수행한다. 교사가 도와주어서 고맙다고 칭찬한다.

제 5 장

아동생활지도의 원칙과 행동수정방법

| 학습 개요 |

아동의 권리에 관한 개념은 각 아동에게 최선의 이익이 가능한 의견을 차별 없이 고려하여, 모든 아동이 존엄성을 지닌 인간으로 생존하고 성장하게 하는 데 기여한다. 개별 아동의 다양성과 보편성의 갈등을 이해하고, 상호 수렴 가능성을 모색하기 위해서는 '다름'에 대한 적절한 판단 및 원칙이 필요하다. 따라서 아동교육기관의 교사는 아동의 권리를 존중할 수 있는 생활지도의 원칙을 계획·수행해야 하며, 적절한 생활지도방법을 사용해야 한다. 이 장에서는 아동의 권리 및 이를 옹호하는 아동생활지도의 원칙에 대해 살펴보고, 대표적인 생활지도 방법으로 행동수정에 대해 알아본다.

| 학습 목표 |

1. 아동의 권리를 옹호하는 아동생활지도의 원칙을 안다.
2. 행동수정의 원리 및 기법에 대해 안다.

| 주요 용어 |

아동의 권리, 아동생활지도의 원칙, 행동수정

5.1. 아동권리의 개념과 내용

아동권리의 개념은 근대사회의 발전과 더불어 확립되었다. 1절에서는 아동권리의 개념에 대해 알아보고, 아동권리협약에 입각한 아동권리의 내용 및 그 근거조항에 관해 살펴보기로 한다.

5.1.1. 아동권리의 개념

인권은 사람이 이 세상에 태어나면서 출생과 더불어 존재로서 소유하는 자연법적 권리를 말한다. 성인에게 주어지는 인권은 아동에게도 그대로 적용되어야 하며, 아동은 생존을 스스로 보호할 수 없는 특별한 존재이기에 아동의 권리에는 보호권과 양육보장권 등이 첨가되어야 한다. 아동의 권리란 아동의 욕구와 관심을 인정하고 충족시켜 주는 사회적 표명이다. 따라서 아동의 다양한 요구가 사회에 의해 인식되고 주장될 때 이를 권리라고 표현할 수 있다.

19세기 이전에는 아동을 부모의 소유물로 여겨 아동권리에 대한 개념이 형성되지 않았다. 아동을 독립된 인격체로 인정하기 시작한 20세기 초부터 아동권리 사상이 태동하였으며, 권리선언을 통해 아동권리의 개념이 표명되었다. 1922년 영국의 국제연합기금단체는 세계아동헌장에서 "아동은 신체적, 심리적, 정신적 행복을 위해 필요한 요소를 부여받아야 한다"고 선포했으며, 이것이 아동권리선언의 선구이다. 이에 근거하여 1924년에 국제연맹은 아동의 심신발달의 보장, 아동보호의 접근방법, 아동구제의 최우선원칙, 자립과 착취에서의 보호, 아동육성의 5조항을 내용으로 하는 '제네바 선언(Declaration of Geneva)'을 채택하였다. 이 선언에 이어 다시 UN에서 1959년 아동의 권리선언이 있었으며, 1979년 국제아동의 해를 제정하는 등 아동권리에 대한 관심이 증가했다. 이는 실질적으로 아동권리를 보장하도록 하는 협의로 이어져 1989년 UN에 의해 아동권리협약이 채택되었다. 현재 UN아동권리협약은 전 세계 196개국(2021년 1월 기준)이 참여한 가장 많은 비준국가를 보유한 국제인권법이다.

우리나라도 1991년에 아동권리협약을 비준했으며 1994년에 첫 보고서를 제출했다. 아동권리협약은 모두 54조로 구성되어 있으며, 이 협약에서 표현하는 아동권리에 대한 주요 원칙으로 제2조 '무차별 원칙', 제3조 '아동 이익 최우선 원칙', 그리고 제12조 '표현의 자유와 참여 원칙'을 들 수 있다. 그러나 이 세 원칙 외에 저개발국가에서는 '아동의 생존보장 원칙'(제6조)이 아동권리의 기본이 되어야 하는 등 문화권별로 우선되어야 할 원칙에 차이가 있을 수 있다. 그럼에도 불구하고 근본적으로 아동권리협약에서 제시하고 있는 아동의 기본 권리는 다음 네 가지로 대별할 수 있다.

첫째, 생존할 권리이다. 이는 생명을 유지하기 위해 영양가 있는 음식, 깨끗한 공기와 물을 섭취하며, 안락한 주거지에서 적절한 생활수준을 누리고 최상의 건강을 지키기 위해 의료 혜택을 받을 권리를 말한다. 영양실조, 난민 아동이 생존할 권리 등이 이의 예에 해당한다.

둘째, 보호받을 권리이다. 이는 각종 차별 대우와 착취, 학대와 방임, 가족과의 인위적인 분리, 형법 등의 폐습으로부터 보호받을 권리를 말한다. 경제적 착취, 신체, 정서, 성학대, 방임과 유기, 전쟁, 혹사, 차별 대우로부터 보호받을 권리 등이 이의 예에 해당한다.

셋째, 발달할 권리이다. 이는 신체적 · 정서적 · 도덕적 · 사회적 성장에 필요한 정규교육, 비정규교육 등 모든 종류의 교육을 받을 권리를 말한다.

넷째, 참여할 권리이다. 이는 자신의 의사를 표현할 자유와 자기 생활에 영향을 주는 일에 대하여 말할 수 있는 권리, 책임감 있는 어른이 되기 위해 어린이 자신의 능력에 맞는 적절한 사회활동에 참여할 기회를 가질 권리 등을 말한다.

5.1.2. 아동권리의 내용 및 근거

아동권리는 아동이 인권을 갖는 사람으로서 이 세상에서 성장하고 발달하고 차별 없이 살아갈 권리를 말한다. 앞에서 제시한 아동권리협약의 내용을 보다 구체적으로 살펴보면 아동의 권리는 크게 생존권, 성장발달권, 시민권과 자유권, 양육보장권(가정환경 및 대리보호에 대한 권리), 복지권(기초보건 및 복리권), 교육권 및 문화향유권(교육, 여가 및 문화적 생활을 위한 권리), 그리고 특별보호권으로 분류할 수 있다(이순형 외, 2013). 또한 아동권리협약의 해당 조항에서 각각의 권리에 대한 근거를 찾아볼 수 있다.

1) 생존권

인간은 스스로의 생명이 존중되어야 하고 그 생명활동이 유지되어야 한다. 누구나 세상에 태어날 때 생존권을 가지고 태어난다. 아동을 포함한 모든 사람이 그러하다. 장애와 발달이 지체된 아동도 예외가 아니다.

2) 성장발달권

아동은 성인과 달리 신체적으로 성장하고 정신적으로 발달해야 할 과업이자 권리를 가지고 있다. 식품을 통해서 영양을 섭취하여 신체를 발달하도록 하고 지적 자극을 받아들여서 정신적 발달을 도모해야만 한다. 아동에게 성장발달은 자연스러운 생명활동이자 발달과업이다. 따라서 아동에게 성장발달을 금지시키는 것은 생명에 손상을 입히는 것이나 다를 바 없는 가해행위가 된다.

아동의 생존권 및 성장발달권의 근거는 아동권리협약의 생존권(제6조), 발달권(제6조), 사생활보호권(제16조)의 조항에서 찾아볼 수 있다.

3) 시민권과 자유권

성인이 사회의 시민으로서 자유롭게 의사결정을 할 권리가 있는 것처럼 아동도 사회의 시민으로서 자유롭게 자신의 의견을 제시하고 미래를 결정할 권리가 있다. 때론 아동은 부모의 부당한 친권 행사에 대항하여 자신의 성장과 행복을 추구할 권리를 가진다. 따라서 아동과 관련된 사항은 아동 자신의 행복을 최우선 조건으로 하여 결정되어야 한다.

아동의 시민권과 자유권의 근거는 아동권리협약의 성명권(제7조), 국적취득권(제7조), 신분보존권(제7조), 표현권(제8조), 사상 · 양심 · 종교 자유권(제14조), 결사집회자유권(제15조), 사생활보호권(제16조), 정보접근권(제17조)을 포함하여 고문 및 기타 비인도적 취급을 받지 않을 권리(제37조) 등에서 찾아볼 수 있다.

4) 양육보장권(가정환경 및 대리보호에 대한 권리)

성인과 달리 스스로를 보호할 수 없는 아동은 성장할 때까지 안전하게 양육될 권리를 가진다. 양육보장권은 아동의 발달에 적합한 가정환경을 보장받아야 권리를 말한다. 가정환경이 아동의 발달에 부적합한 경우에 아동은 대리보호자에 의해서 보호될 권리가 있다. 아동의 양육보장권은 부모로부터 방임되고 학대받는 아동들이 건강한 대리환경에서 보호받도록 보장하는 것이다.

아동의 양육보장권(가정환경 및 대리보호에 대한 권리)은 아동권리협약의 부모와 함께 살 권리(제18조), 부모로부터 지도와 감독을 받을 권리(제5조, 제18조), 학대 등의 경우에 부모로부터 분리가 가능한 권리(제9조), 가족재결합 권리(제10조), 아동의 양육비회수 권리(제27조 4항), 각종 폭력과 학대로부터 보호될 권리(제19조, 제39조), 성적 학대로부터 보호될 권리(제34조), 박탈환경으로부터 보상받을 권리(제20조), 입양 시 아동이익 우선 권리(제21조), 불법 해외이송 및 미귀환 방지권(제11조), 부모의 아동양육 일차 책임 부여(제18조 1항) 및 국가의 아동양육 보조시설 설치의무(제18조 2항), 취업부모를 둔 아동의 양육보조시설 이용권(제18조 3항), 사회보장권(제26조), 노동 또는 경제적 착취로부터 보호될 권리(제32조), 아동복지의 어떠한 측면에 대해서도 착취로부터 보호될 권리(제36조) 등에서 찾아볼 수 있다.

5) 복지권(기초보건 및 복리권)

아동이 신체와 정신을 건강하게 발달시키고 타고난 신체와 지적 능력을 개발하고 행복하게 살기 위해서는 타고난 능력이나 상태와 상관없이 기초적인 보건을 유지하고 자신의 복리를 보장받을 복지권이 필요하다. 특히 정상아가 아닌 경우에는 장애를 극복하도록, 그리고 박탈가정에서 태어난 경우에는 결핍된 환경적 문제를 극복하도록 사회가 지원해주어야 한다.

아동의 복지권(기초보건 및 복리권)의 근거는 아동권리협약의 건강보장권(제24조), 신체적 · 정신적 건강의 관리 보호 또는 치료의 목적으로 양육 지정 조치된 아동에게 제공되는 치료 및 양육 지정과 관련된 모든 사정에 대해 심사받을 권리(제25조), 장애아동의 권리(제27조 1항), 1항과 관련해 부모의 책임을 확인하고(2항), 2항과 관련해 영양, 의복, 주거 등 필요한 지원을 국가로부터 받을 권리(3항) 등에서 찾을 수 있다.

특히 제24조 건강보장권의 2항에서는 유아와 아동의 사망률을 감소시키는 조치, 기초건강관리의 발전에 중점을 두면서 모든 아동에게 필요한 의료 지원과 건강관리의 제공 보장, 환경오염의 위험과 손해를 감안하면서 기초건강관리 체계 안에서 무엇보다도 쉽게 이용 가능한 기술의 적용과 충분한 영양식 및 깨끗한 음료수의 제공 등을 통한 질병과 영양실조로부터 방지 권리, 모유 수유와 위생 및 환경 정화와 사고예방에 관한 기초지식의 활용에 대한 정보 제공 및 교육과 지원을 받을 권리, 예방적 건강관리권이 6개 세부항목으로 포함되어 있다.

6) 교육권 및 문화향유권(교육, 여가 및 문화적 생활을 위한 권리)

아동은 잠재되어 있는 능력을 개발하기 위해서 교육받을 권리가 있으며, 특히 사회에 나가서 직업을 가지고 생활을 영위할 수 있는 기본 능력을 준비하는 교육과정이 제공되어야 한다. 이를 이해 초 · 중 · 고등학교 과정의 정기교육이 제공되는데, 이는 어디까지나 국가의 경제 사정에 의존하고 있다. 우리나라는 초등학교 6년, 중학교 3년 총 9년을 의무교육으로 하고 있다. 만 5세아 누리과정 도입으로 가구 소득에 관계없이 전 계층이 교육 · 보육비를 지원받기 때문에 사실상 의무교육은 10년으로 확대되는 것이라 볼 수 있다.

아동의 교육권 및 문화향유권(교육, 여가 및 문화적 생활을 위한 권리)의 근거는 교육권(제28조), 아동의 발달과 이해를 토대로 한 교육목표권(제29조), 인종적 · 종교적으로 소수자의 아동은 소속집단의 교유문화를 향유하고 고유신앙을 실천하며, 고유언어를 사용할 권리(제30조), 여가 오락활동 및 문화활동권(제31조) 등에서 찾아볼 수 있다.

7) 특별보호권

어떤 상황에서든 아동은 특별히 안전하게 보호받아야 할 권리를 갖는다. 천재지변과 같은 재난, 전쟁, 위기 상황에서 아동은 최우선으로 보호되어야 한다. 이러한 특별보호권은 정상아동이나 특수아동에 관계없이 주어지는 동일한 권리이다.

아동의 특별보호권에 대한 근거는 아동권리협약의 소년형사행정에 대한 권리(제40조)와 유죄로 판명된 아동의 권리(제41조)를 보호하며, 난민아동의 권리(제22조), 경제적 착취 및 위험 상황에 처한 아동의 보호(제32조), 자유가 박탈된 아동의 권리(제37조 3항), 아동에 대한 사형 및 종신형 금지에 대한 권리(제37조 1항), 아동의 노동력 착취(제32조), 마약(제33조), 성적 착취와 학대(제34조), 기타 형태의 착취(제36조)에 대한 보호조치에 대한 권리 등에서 찾을 수 있다.

5.2. 아동생활지도의 원칙

Allen(1969)은 생활지도를 행할 때 각 아동의 권리를 옹호하는 동시에 아동을 도울 수 있는 세 가지 원칙으로 정상화의 원칙, 공정의 원칙, 존엄의 원칙을 제안하였다. 이것은 일반 혹은 문제아동을 대상으로 생활지도를 이행할 때 기초가 된다. 2절에서는 이 세 가지 원칙을 구체적으로 살펴본다.

5.2.1. 정상화의 원칙

1980년대 중반부터 우리나라에 점차 보급된 정상화의 원칙은 정신보건사회복지의 대표적인 이념이라고 할 수 있다. 정상화의 원칙은 장애인도 비장애인과 같은 권리와 의무를 가져야 한다는 이론으로서, 이는 1950년대에 덴마크의 정신지체인 부모회, 전문가 등의 운동을 통해서 구체화되었다. 이후 정상화 원리는 국제연합선언에서 주장되었고, 1981년 국제정신장애인의 해의 주제인 '완전참가와 평등'의 기본 사상이 되었다.

정상화의 원칙은 장애 혹은 문제유아를 가능한 한 정상인과 가까운 존재가 되도록 하는 것이다. 이 원칙을 적용하기 위해서 교사는 사회의 다양한 집단의 행동기준과 특정 행동을 판단하는 데 있어서 유사점과 차이점을 이해해야 한다. 교사는 유아의 개인적인 성장과 발달, 욕구와 희망, 장점과 단점에 대한 지식으로 기본적인 결정을 해야 한다. 교사는 실제적으로 유아의 행동을 지도하기 전에 다음과 같은 질문을 고려해야 한다.

- "이 중재 방안은 특정 상황 속에서 정상적으로 기대되는 행동을 유발하는 데 효과적인가?"
- "아동이 타인에게 적대감이나 불편함을 주기 때문에 또래들에게서 아동을 격리시키는 것이 바람직한가?"

많은 유아들은 다양한 문제로 문제행동을 보일 수 있으며 행동지도 프로그램에 참여하게 된다. 자신의 문제로 인해 격리되고 거부당한다면 아동은 현존하는 체계에 도전하고 반항할 수 있다. 이러한 '특별한 격리'는 가능한 한 정상인과 같은 존재'를 이루려는 아동의 기회를 박탈하거나 제한할 수 있음을 명심해야 한다.

5.2.2. 공정의 원칙

공정(평등)의 원칙은 타인의 흥미나 삶, 자유에 영향을 미칠 수 있는 것을 보호하는 법적인 과정으로 근본적인 공평함과 관련된다. 즉 유아의 행동을 변화시키기 위해 선택한 지도방법이 개인적 존재로서의 유아를 위한 공정한 방법인지 고려하는 것이다. 때때로 생활지도방법은 유아가 고쳐야 할 행동이 있다는 구체적인 증거 없이 교사의 일시적인 생각에 기초하여 임의로 이루어지기도 한다. 이러한 중재방법은 유아의 문제행동을 지도하는 데 부정적인 영향을 미친다. 예를 들어, 다른 사람을 고려하지 못하고 차례 지키기에 어려움이 있는 유아를 무조건 타임아웃시키거나 또래와 함께 하는 집단놀이에서 제외한다면 유아는 그런 활동에 참여함으로써 차례 지키는 인내심을 키우는 행동을 성공적으로 학습할 수 없다.

문제유아도 다른 아동들처럼 어떤 상황에서든지 성공적으로 행동하고자 하는 욕구가 있다. 따라서 기대되는 행동을 수행하지 못한다고 해서 유아가 원하는 활동을 하지 못하게 하는 중재방법은 불공정한 것이다. 불공정은 교사의 선입견, 자질 혹은 기타 이유로 유아에게 적절한 지도방법을 적용시키지 못하는 경우를 일컫는다. 예를 들어, 유아들이 물리적 보상에 민감하게 반응하기 때문에 유아의 행동을 지도할 때 물리적 보상의 교육적 가치를 인정하지 않고 이것을 사용하지 않으려는 교사가 있다. 그러나 때때로 유아는 물리적 보상을 통해 사회적으로 기대되는 행동을 배울 수 있기 때문에 이를 사용하는 것이 유용할 수 있다.

아동생활지도에서 불공정의 사례는 다음과 같은 경우에 발생한다.

- 체계적인 행동 및 생활지도를 수행하지 못하는 경우
- 먼저 교실환경을 변화시켜 보는 등의 대안적 중재를 우선적으로 시도하지 않고 교수 프로그램이나 특별처치를 통해 유아를 임의적으로 지도하는 경우
- 도움을 구하는 것은 무능력의 표현으로 믿기 때문에 필요로 하는 서비스나 도움을 제공하는 데 있어 소극적인 교사의 태도

공정의 원칙을 이행하고자 한다면 '유아가 필요로 하는 것은 무엇인가?'라는 질문으로부터 시작하고 유아의 복지와 안녕의 차원에 입각하여 생활지도에 관한 모든 결정을 해야 한다.

5.2.3. 존엄의 원칙

개개인의 가치와 위엄을 위한 존엄의 원칙은 아동이 동물이나 식물이 아닌 인간으로서 취급받는 권리와 관련된다(Allen, 1969). 아동을 위한 생활지도는 '인간으로서 아동을 존중하는가?'라는 질문을 기초로 수행되어야 한다.

생활지도에서 '존엄의 원칙'을 위반하는 사례는 다음과 같다.

- 신체적 벌(손바닥으로 엉덩이나 뺨 등 때리기)
- 정신적 벌(비꼬기, 당황시키기, 별명 부르기)
- 박탈(기대되는 행동을 성공적으로 할 수 있는 기회를 제한)
- 고립(비일관적, 장기간의 타임아웃 사용)
- 약물(증상 통제 투약의 비규칙적인 사용)
- 비인간적인 벌(구속 혹은 회초리 사용)

이러한 지도방법은 과거에 빈번히 사용되었고 오늘날까지 존재한다. 일반적으로 아동의 행동을 지도하기 위해서는 어떤 방법이든지 사용해야 한다고 정당화하는 사람들이 이러한 중재방법을 채택해서 사용한다. 특히 이러한 기법은 편리하고 실용적이고 효과적인 것처럼 보이기 때문에 자주 사용될 수 있다. 일시적이긴 하나 맞은 아이는 순종하고 회초리는 아동의 주의를 집중시키며 격리와 고립은 충돌을 감소시킨다.

벌이란 일반적으로 규칙을 위반한 사람에게 의도적으로 고통 또는 모종의 불쾌감을 주는 것이다. 즉, 벌은 규칙을 위반한 사람에게 권위를 가진 사람이 의도적으로 고통을 주는 것을 말한다. 어떤 행동이 폭력이 아닌 벌이라고 불리기 위해서는 부모나 교사 등과 같이 특정 아동에게 고통을 가할 수 있는 권한이 사회적으로 주어져 있는 사람에 의하여 행해져야만 한다. 불가피하게 벌을 사용하는 경우에 교사들은 유아에게 적용될 수 있는 중재방법의 사용을 '존엄의 원칙' 하에서 결정해야 한다. 다시 말해서 중재방법이 유아에게 정신적 · 신체적 고통을 줄 것인가, 또는 인간 이하로 유아를 다루는 것은 아닌가를 신중하게 고려해야 한다.

이상에서 살펴본 바와 같이 모든 생활지도 및 상담은 유아의 가치와 존엄을 위해 정상화, 공정, 존엄의 원칙을 통합시키는 윤리적 가치에 기반해 계획되고 수행되어야 한다. 이러한 윤리적 가치체계는 '희망하는 목표를 달성하기 위해 모든 수단'을 정당화하는 함정을 피하게 할 뿐 아니라 유아에게 적합하고 효과적이며 가치 있는 생활지도방법을 수행할 수 있는 지표가 될 수 있다. 특히 교사가 개인 자질과 행동수정에 대한 전문성과 윤리성이 부족하다면 바람직하지 않은 지도방법을 남용할 수 있으므로 더욱 주의해야 한다. 따라서 교사는 바람직하고 적절한 지도방안에 대해 배워야 하며 이러한 지식을 통해 교사는 모든 유아의 정상적인 발달을 효과적으로 도모할 수 있게 된다.

5.3. 행동수정방법

3절에서는 실생활에서 적용할 수 있는 대표적인 아동생활지도의 방법으로 다양한 행동수정기법 및 모델링에 대해 살펴본다.

5.3.1. 행동수정의 기본 원리

행동수정은 인간행동을 분석하고 수정하는 응용 심리학의 분야로서 광의로는 행동의 변화, 그리고 협의로는 행동주의 학습이론 중 고전적 조건화와 조작적 조건화에 근거한 행동의 재교육이라고 할 수 있다. 상담과 심리치료 영역에서 행동수정이란 행동주의 심리학 개념과 원리를 적용하여 부적응행동을 변화시키는 것을 의미한다. 행동수정 접근에서는 문제행동을 학습의 결과로 간주하므로 행동수정 절차를 통해 문제행동을 수정할 수 있다고 본다. 따라서 적절한 행동을 학습하도록 촉진하면서 부적절한 행동을 하지 못하도록 환경을 마련하여 문제행동을 지도한다. 행동수정 접근은 문제행동 그 자체에 관심을 두며 학습이론에 따라 모든 행동을 설명한다.

1) 고전적 조건화

Pavlov(1927)는 조건화라는 과정을 통해 행동의 수정이 이루어질 수 있다고 보았다. 조건화란 평소 특정한 반응을 이끌어내지 못했던 자극(중성자극, Neutral Stimulus: NS)이 무조건적인 반응(무조건반응, UnConditioned Response: UCR)을 이끌어내는 자극(무조건자극, UnConditioned Stimulus: UCS)과 연합하는 과정을 말한다. 조건화가 이루어지면 중성자극은 조건자극(Conditioned Stimulus: CS)이 되어 조건반응(Conditioned Response: CR)을 이끌어낸다.

Pavlov의 고전적 조건화는 개의 타액 분비 실험에서 관찰된 것으로 개에게 종소리(중성자극)와 먹이(무조건자극)를 연합시키게 되면 개는 종소리(조건자극)만 듣고도 침을 흘리듯(조건반사), 사람도 특정 자극과 선천적으로 반응을 일으키는 자극을 연합시키면 특정 자극만 주어져도 반응을 나타내게 된다는 것이다. 이런 고전적 조건화가 일어나는 이유는 어떤 유기체가 조건자극(CS)을 제공받으면 곧이어 무조건자극(UCS)도 함께 제공받을 것이라고 믿기 때문이다. 즉, 조건자극을 무조건자극이 제공된다는 신호로 파악한다는 것이다.

고전적 조건화의 또 다른 예는 Watson의 실험에서 찾아볼 수 있다. 이들은 알버트라는 아이가 흰쥐에게 공포를 느끼도록 하였는데, 본래 흰쥐에게 공포를 느끼지 않던 알버트에게 흰쥐한테 다가가거나 만질 때마다 갑작스런 큰 소리를 들려주었고,

결국 알버트는 흰쥐를 무서워하게 되었다. 이 실험에서 큰 소리는 무조건자극이 되고 놀라는 반응은 무조건반응이다. 처음에는 무서움을 느끼지 않았던 흰쥐(중성자극)와 큰 소리(무조건자극)를 지속적으로 연합하면 흰쥐(조건자극)만 보아도 놀라는 반응(조건반응)을 보이며, 이는 고전적 조건화의 전형적인 예가 된다.

2) 조작적 조건화

조작적 조건화(operant conditioning)는 어떤 반응에 대해 선택적으로 보상함으로써 그 반응이 일어날 확률을 증가시키거나 감소시키는 방법을 말한다. 조작행동은 어떤 유기체가 능동적으로 환경에 작용을 가하는 행동을 말하는데, 유기체가 행하는 조작행동은 그 결과에 따라 증가하기도 하고 감소하기도 한다. 이렇게 결과의 유불리에 따라 어떤 반응을 증가시키거나 감소시키는 것이 조작적 조건화이다.

Skinner가 제시한 조작적 조건형성은 '스키너 상자'를 통해 실험되고 증명되었다. 스키너 상자는 내부에 설치된 지렛대가 먹이통과 연결되어 있어 지렛대를 누르면 먹이가 나오도록 되어 있다. 이 상자에 배고픈 흰쥐를 넣어 조작적 조건형성을 실험했는데 상자 안을 돌아다니다가 우연히 지렛대를 누른 흰쥐는 먹이가 나오는 것을 보고 지렛대를 누르는 행동을 자주 하게 되며, 이러한 과정이 반복되면서 흰쥐는 지렛대를 누르면 먹이가 나온다는 사실을 학습하게 된다. 이 실험에서 흰쥐가 지렛대를 누르는 행동은 먹이에 의해 강화되었다. 만약 지렛대를 눌렀을 때 먹이가 나오지 않았다면 지렛대를 누르는 행동을 학습하지 못했을 것이다. 이렇게 어떤 행동을 한 뒤에 유기체가 원하는 것을 제공하는 것을 강화(reinforcement)라고 한다. 조작적 조건화가 이루어지기 위해서는 강화가 중요한 역할을 한다. Skinner는 조작적 조건화를 통해 인간의 행동에는 반드시 어떤 결과가 뒤따르며 이 결과의 속성이 앞으로 그 행동을 하는 횟수를 증가시키거나 감소시키게 된다고 주장하였다. 이러한 조작적 조건화의 예는 집에 손님이 오기만 하면 돈을 달라고 하는 철수의 경우에서 볼 수 있다. 평소에 아이스크림을 살 돈을 안 주시는 어머니는 옆집 아주머니가 집에 놀러오

셨을 때 돈을 달라고 조르면 얼른 주셨다. 이런 일이 몇 번 반복되면 철수는 집에 손님이 오셨을 때 돈을 달라고 하면 쉽게 얻을 수 있음을 학습하게 되는 것이다.

5.3.2. 행동수정기법

강화는 어떤 행동을 한 뒤에 유기체가 원하는 자극을 제공하여 행동의 빈도수를 높이는 것을 말한다. 하지만 쾌자극의 제공뿐 아니라 혐오자극의 제거로도 유기체를 강화시킬 수 있는데, 쾌자극의 제공으로 행동의 빈도수를 높이는 강화를 정적 강화라고 하고 혐오자극의 제거로 행동의 빈도수를 높이는 강화를 부적 강화라고 한다. 강화를 비롯해 유아교육 현장에서 적용할 수 있는 대표적인 행동수정기법은 다음과 같다.

1) 바람직한 행동의 증가를 위한 기법

(1) 정적 강화

바람직한 행동을 유지하거나 증가시키기 위해 가장 많이 사용되는 방법은 보상으로 정적 강화를 제공하는 것이다. 정적 강화는 쾌자극의 제공으로 유기체의 바람직한 행동을 강화시키는 방법으로, 아동의 특정 행동에 뒤따라 주어져 앞으로 그 행동이 일어날 확률이나 지속시간, 빈도 등을 증가시키는 것이다. 즉, 아동이 발표를 할 때마다 교사가 사탕을 하나씩 주는 것은 발표라는 행동의 빈도수를 높이기 위해 사탕이라는 쾌자극을 제공함으로써 아동을 정적으로 강화시키는 예가 된다. 정적 강화의 효과를 높이기 위해서는 아동의 바람직한 행동이 발생한 즉시 강화가 주어져야 한다. 흔히 사용되는 정적 강화 자극으로는 음식이나 특혜, 토큰, 칭찬 등이 있다.

정적 강화인

- **일차적 강화인:** 유기체의 행동을 직접적으로 증가시킬 수 있는 강화인이다. 예를 들면 음식, 과자, 장난감 등 아동이 갖고 싶어 하거나 좋아하는 물건, 활동 등을 통해 만족을 주는 것으로 배고픔, 목마름, 쾌락 욕구 등과 같이 생리적이거나 기본적인 욕구를 만족시키는 강화물을 말한다.
- **이차적 강화인:** 유기체의 행동을 바로 증가시키지 못하지만 일차적 강화인과 연합하여 행동을 증가시킬 수 있는 강화인으로, 쿠폰이나 토큰 등이 이에 해당한다. 이 방법을 사용할 경우에는 바람직한 행동에 대한 보상으로 토큰(예: 스티커 등)과 같은 조건강화 자극을 제공하여, 일정한 수량에 도달하면 아동이 원하는 것이나 하고 싶은 일 등과 같은 구체적인 보상물과 교환하도록 한다. 쿠폰이나 토큰으로도 유기체를 강화할 수 있지만 이는 일차적 강화인과 교환할 수 있기 때문에 강화가 가능한 것이다. 돈은 대표적인 이차적 강화물이다.
- **사회적 강화인:** 물질적 강화인은 쉽게 포화가 이루어져 강화의 기능을 하지 못하는 경우가 종종 발생한다. 예를 들어, 배고픈 아동에게 음식은 강력한 강화물이지만 배가 부른 아동에게는 그다지 매력적인지 않은 보상이다. 물질적 강화인은 반복 사용하면 포화 상태에 이르러 유인 효과를 상실할 수 있는 반면, 교사나 부모님의 칭찬, 미소, 인정, 포옹, 또래들의 관심 등의 사회적 강화인은 포화 상태가 되는 일이 드물기 때문에 강화물로서 좀 더 오래 지속될 수 있다.

(2) 부적 강화

부적 강화는 혐오자극의 제거로 유기체의 바람직한 행동을 강화시키는 방법이다. 부적 강화도 정적 강화처럼 결과적으로는 유기체가 유리하다고 느끼게끔 하는 것이지만, 쾌자극을 제공하지 않고 혐오자극을 제거하는 것으로 강화한다는 점에서 차이가 있다. 예를 들어, 화장실 청소를 해야 하는 아동에게 '오늘 수업에 열심히 참여하면 화장실 청소를 하지 않아도 좋다'라고 해서 그 아이가 수업에 열심히 참여하였다면, 화장실 청소라는 혐오자극을 제거함으로써 수업에 열심히 참여하는 바람직한 행동을 증가시킨 것이 된다.

2) 바람직하지 않은 행동을 감소시키는 기법

(1) 벌

벌은 유기체가 바람직하지 않은 행동을 할 때 혐오스럽거나 고통스러운 자극을 제공하거나 쾌자극을 제거함으로써 행동의 빈도수를 감소시키는 방법이다. 벌은 특정 행동의 빈도를 감소시킬 필요가 있을 때 사용된다는 점에서 행동의 빈도를 증가시키는 방법인 강화와 구별된다.

벌의 유형

- **수여성 벌:** 혐오자극을 제공하는 것을 수여성 벌이라고 하는데, 대표적인 예로 체벌을 들 수 있다. 아동이 바람직하지 않은 행동을 했을 때 교사가 체벌을 가함으로써 그 행동을 더 이상 하지 않게 만드는 방법이다.
- **박탈성 벌:** 쾌자극을 제거하는 벌은 박탈성 벌이라고 한다. 즉, 박탈성 벌은 그동안 받아오던 강화인을 제거하는 것으로, 대표적인 예로는 '타임아웃(time out)'이 있다. 이는 바람직하지 못한 행동을 감소시키기 위해 긍정적 보상을 박탈하는 방법으로 아동이 즐기고 있는 상황이나 장소로부터 다른 곳으로 격리시키는 방법이다. 예를 들면, 수업시간에 교실 뒤에서 벌을 서거나 다른 공간으로 내보내는 것 등이 대표적이다. 타임아웃 시에 격리된 아동은 다른 행동을 못하도록 해야 하며 정적 강화가 없는 별도의 장소에서 타임아웃을 실시하는 것이 효과적이다. 또한 바람직하지 않은 행동이 일어나는 즉시 적대감을 보이지 않으면서 담담하게 시행하며 타임아웃 종료 후에는 아동에게 타임아웃의 이유를 말해보도록 하면서 대화로 마무리하는 것이 좋다.

벌은 사실상 교사가 일상적으로 사용하는 행동수정 전략인데도 불구하고 아동에게 고통만 주고 문제행동을 소멸시키지 못하며 정적 강화보다 지속력이 떨어진다. 또한 벌을 받은 아동은 다른 아동에게 공격적인 행동을 자주 보이며(Chance,1999), 부정적인 정서반응과 거짓말, 변명 등의 회피반응을 보이기도 한다(Sternberg & Williams, 2002). 따라서 벌은 주의해서 사용해야 하며 불가피한 상황이라면 다음을 고려해야 한다(김영채, 2001).

- 벌은 가능한 한 아동이 바람직하지 못한 행동을 한 뒤에 즉각적으로 뒤따라야 한다.
- 문제행동이 일어날 때마다 벌을 주어야 한다(주어지던 벌이 없으면 부적 강화로 여길 가능성이 있다).
- 벌의 강도는 처음부터 강한 강도로 주고 그것이 계속 유지되어야 한다(벌에 대한 면역 현상이 생길 수 있다).
- 바람직하지 못한 행동은 벌을 주되 대안적 행동을 확실히 알려주고 제대로 강화해야 한다.

(2) 소멸법

소멸법이란 바람직하지 않은 행동에 대한 강화를 차단해 문제행동을 감소시키는 방법이다. 즉, 소멸법은 강화 받지 않는 행동은 저절로 도태된다는 원리에 근거해 아동이 바람직하지 않은 행동을 보이면 강화를 주지 않는 방법이다. 따라서 소멸 절차를 적용하기 전에 문제행동에 대한 강화원을 파악해야 하는데, 대부분의 경우에 있어 강화원은 주변 사람들로부터 받는 관심이다. 교사나 부모, 또래 아동이 신경을 쓰고 관심을 보이면 아동은 문제행동을 더 자주 하게 되므로 바람직하지 않은 행동이 나타나면 이를 무시해야 한다. 소멸법 사용 후 처음에는 바람직하지 않은 행동이 감소하지만 갑자기 문제행동이 폭발적으로 증가하는 경우가 생기기도 하는데, 이는 그동안 받았던 문제행동에 대한 관심을 한꺼번에 잃어버린 데 대한 반동 현상이므로 중단하지 말고 문제행동이 소멸될 때까지 이를 일관성 있게 지속해야 한다.

5.3.3. 모델링: 본보기를 통한 학습

1) 모델링의 기본 원리

아동은 반드시 누군가의 직접적인 가르침을 받아 학습하는 것은 아니며 주변 사람의 행동이나 그 결과를 관찰하고 모방함으로써 많은 것을 배운다. Bandura(1977)의 주장에 따르면, 아동의 행동 변화는 이처럼 다른 사람의 행동을 관찰함으로써 시작된다. 아동은 타인의 행동을 관찰하고 모방하는 과정을 통해 자기보상을 경험하게 되면 스스로 자신의 행위를 통제하게 된다. 타인이 본보기를 제공하고 아동이 이를 관찰해 모방하는 과정이 바로 모델링이다. 모델링의 대상은 아동이 중요하게 여기고 애정을 느끼는 사람인 경우 가장 효과가 크므로 교사, 부모, 그리고 또래 친구가 효과적인 모델이 된다.

2) 본보기를 통한 학습

Bandura는 아동의 행동은 다른 사람의 행동을 관찰하고 주의를 기울이며 기억하고 인지적으로 재현하고 모방함으로써 발달한다고 본다. 앞에서 살펴본 것처럼 학습은 직접적인 강화와 처벌을 받는 경험을 통해 이루어지기도 하지만 그처럼 직접적인 경험이 항상 일어나는 것은 아니다. 다른 사람의 행동을 관찰함으로써 새로운 행동을 학습하고 억제하기도 한다. 예를 들면, 유아는 엄마가 자신에게 하는 행동을 보고 인형놀이에서 엄마의 행동을 그대로 흉내 낸다. 또한, 가정에서 공격적인 행동을 하는 아버지의 모습과 다른 사람에 대한 적개심을 관찰한 아동은 친구에게 아버지와 똑같은 공격적 행동과 적개심을 보일 수도 있다. 사회학습 이론가들은 이처럼 다른 사람의 행동을 관찰함으로써 그들의 행동, 사고, 감정을 습득한다고 믿으며,

이러한 학습을 관찰학습, 모방학습, 대리학습이라고도 부른다. 따라서 부모, 가족, 교사 등 아동에게 의미 있는 주변인들은 아동에게 바람직한 행동 학습을 위한 좋은 본보기가 되어 주어야 한다.

3) 모델링 기법

(1) 좋은 본보기 되기

모방은 다른 사람이 행동하는 것을 보고 들으면서 그 행동을 따라 하는 것이다. 이타적 행동뿐 아니라 공격적인 행동과 불쾌감을 주는 행동도 관찰을 통해 쉽게 학습되므로 주의해야 한다.

아동은 위대하다고 생각하는 사람의 행동을 위대하다고 생각하지 않는 사람의 행동보다 더 잘 모방하며, 자기와 동성인 모델의 행동을 이성 모델의 행동보다 더 잘 모방한다. 돈, 명성, 높은 사회경제적 지위 등을 지닌 모델을 더 잘 모방하고, 벌을 받은 모델을 거의 모방하지 않으며, 연령이나 지위에서 자기와 비슷한 모델을 상이한 모델보다 더 잘 모방한다(Bandura, 1977).

모델링 기법은 가정, 어린이집이나 유치원에서 영유아의 모방의 대상이 되는 성인, 교사의 모델로서의 역할이 중요함을 시사한다. 부모나 교사들은 상호작용하는 방식이나 정리하기, 인사, 말하기 등의 일상적 행동에서 좋은 본보기가 될 수 있도록 해야 한다.

(2) 성인과의 긍정적 상호작용

아동이 경험하는 성인과의 긍정적인 상호작용은 또래와의 상호작용 방식에 영향을 미친다. 예를 들어, 부모나 교사가 아동의 욕구와 감정 상태를 고려해 공감적이고 수용적인 태도로 대하면 아동은 자신이 경험한 민감한 상호작용 방식을 또래와의 관계에 적용함으로써 원만한 또래관계를 형성할 수 있게 된다. 책이나 영화 등을 통해 긍정적 상호작용 방식을 접하는 것도 상호작용 방식 익히기의 간접경험이 될 수 있다.

(3) 감정 다루기

감정을 표현하지 않고 억제하기만 하는 것은 정신건강에 부정적인 영향을 준다. 부모가 감정을 잘 표현하지 않을 경우 자녀는 내면화된 불안이나 고통을 나타낼 수 있다. 아동은 다음을 통해 자신의 감정을 적절하게 표현하고 다루는 방법을 배울 필요가 있다.

첫째, '감정표현 및 조절하기'로 부모나 교사는 자신이 다양한 감정을 적절하게 표현하고 조절하는 방법을 아동이 직접 볼 수 있도록 한다. 성인의 적절한 감정표현은 아동의 정서적 안정을 유도하여 행동을 통제하고 감정을 조절하는 것을 가능케 한다. 예를 들어, 부모나 교사가 아동의 부적절한 행동에 대해 참을 수 없을 정도의 한계에 도달하여 분노를 표출하기 직전에 심호흡을 하거나 숫자를 세면서 감정을 추스르는 시간을 갖는 모습을 보여준다면, 아동은 자신이 그런 상황에 처했을 때 감정을 조절하는 방법을 학습할 수 있다.

둘째, '사과하기'는 부모나 교사도 충분히 실수를 할 수 있는 존재임을 인정하고 잘못에 대해 아동에게 사과하고 잘못의 이유와 감정에 대해 설명하고 문제를 같이 해결하는 것이다. 예를 들어, 부모가 선물하기 위해 준비한 음식을 식탁 위에 놓았는데 잠시 자리를 비운 사이 아이가 음식을 먹었을 때, 부모는 자녀에게 화를 낼 수 있다. 이때 부모는 선물을 식탁에 놓아서 자녀가 선물인 줄 모르고 먹었을 수도 있었을 것이라 이해해주고 화를 낸 것에 대해 사과하고 앞으로는 자녀에게 미리 이야기하기로 정하면서 문제를 해결할 수 있다. 이런 경험을 통해 아동은 자신이 감정표현을 잘못했을 때 해결할 수 있는 방법을 배우게 된다.

셋째, '감정 수용하기'는 성인이 아동의 부정적 감정을 수용해주는 것이다. 성인은 아동이 부정적인 정서를 표현할 때 아동이 좋아하는 것을 해주거나 사줌으로써 이를 회피하려 한다. 이러한 성인의 반응은 아동이 자신의 감정을 잘못된 것으로 느끼게 해 죄책감으로 자신의 감정을 숨기게 함으로써 바람직하지 못한 행동을 야기할 수 있다. 아동이 부정적 감정을 표현할 때는 이야기를 잘 들어주고 감정을 이해해주는 것만으로도 아동의 감정이 해소될 수 있다.

한편 자신의 감정을 표현하는 언어기술이 부족한 아동의 경우 적절한 언어 사용을 도와줌으로써 아동이 자신의 감정을 이해하는 것을 도와줄 수 있다. 예를 들어, 게임에서 이기고 싶었던 아동은 게임에서 졌을 때 친구에게 "난 너 싫어!"라고 화를 낼 수 있다. 이때 부모나 교사는 "네가 이기고 싶었는데 져서 속상했구나."라고 말해준 후 "난 너 싫어!"보다는 "나는 게임에서 이기고 싶었어."라고 말하는 것이 더 적절한 표현임을 알려줌으로써 아동이 스스로의 감정을 이해하도록 돕는다.

(4) 배려하기

배려는 자신의 입장보다 타인의 입장을 우선시하고 타인의 어려움이나 필요에 반응해주는 것을 의미한다. 배려를 통해 아동은 타인과의 관계에서 질적인 수준을 고양하고 건강하고 행복한 존재로 성장할 수 있다. 타인을 배려하는 모습을 보이는 것은 아동의 공감 능력 및 친사회적 행동 증진에 효과가 있다. 부모는 생활 속에서 어려운 이웃을 도와주는 모습을 보여주고, 교사는 교실에서 신체적 또는 정서적으로 어려움이 있는 아동에게 친절하게 대해주는 모습을 보여준다면 아동에게 훌륭한 모델이 될 수 있다.

제 6 장

아동생활지도의 실천기법

| 학습 개요 |

부모에게 자녀를 지도하는 책임이 부과되었던 전통사회와 달리 가정과 사회의 공동책임이 부각되면서 부모뿐 아니라 양육·교육을 담당하는 모든 사람에게 아동지도의 실질적 책임이 부여되고 있다. 따라서 아동교육기관의 교사는 아동에게 바람직한 환경을 제공하고 아동이 바르고 건강하게 자랄 수 있도록 아동의 생활을 지도하는 역할을 수행해야 한다.

이 장에서는 아동생활지도의 실천기법으로 아동생활지도를 위한 교사-아동 간 관계 및 교사의 역할에 대해 살펴본다. 또한 올바른 대화기법을 통한 생활지도 접근방법에 대해 살펴보고, 가족과 지역사회와의 연계를 통한 아동생활지도의 실천방법에 대해 알아본다.

| 학습 목표 |

1. 교사의 자질, 전문성과 역할에 대해 안다.
2. 아동의 권리를 옹호하는 아동생활지도의 원칙에 대해 안다.
3. 올바른 대화기법을 통한 아동생활지도의 접근방법에 대해 안다.
4. 아동생활지도를 위한 가족 및 지역사회와의 연계방안에 대해 안다.

| 주요 용어 |

아동생활지도, 자기통제력, 활동중지, 대화기법

6.1. 아동생활지도의 기본지침 및 교사의 역할

효율적인 아동생활지도를 위해서는 교사와 아동의 사이가 인간적 친밀감과 유대감을 느낄 수 있는 관계로 발전되어야 한다. 1절에서는 생활지도접근의 기본지침 및 교사-아동 간 관계, 그리고 교사의 전문성과 역할에 대해 알아본다.

6.1.1. 생활지도접근의 기본지침

유아 및 아동의 발달특성은 아동생활지도에 있어 기본적인 근거가 되므로 교사는 연령에 따른 발달특성에 대해 숙지하고 있어야 한다. 예를 들어 유아기에는 의도적으로 물건을 파괴하거나 타인을 해치기보다는 우발적으로 고통스런 혼란을 야기할 수 있다. 이와 같은 행동은 대부분 호기심에 의해 동기화되므로 생활지도를 담당하는 교사는 이러한 호기심을 억제하기보다는 인정하고, 스트레스를 주지 않는 범위 내에서 어떤 행동이 부적절한지 가르쳐줘야 한다. 즉, 교사는 아동의 발달특성과 개인차를 고려하여 융통성 있는 생활지도를 수행해야 한다.

아동생활지도 접근은 다음에 제시된 네 가지 기본지침을 염두에 두고 이루어져야 한다.

① 개별 아동과 성인의 안전을 보장하는 것이어야 한다.
② 유아 및 아동교육기관 설비나 도구 등의 자산 파손을 금지하는 것이어야 한다.
③ 자신의 행동에 대한 책임을 스스로 확실하게 인정하고 수용할 수 있도록 하는 것이어야 한다.
④ 모든 아동을 동등하게 대우하여 존엄성을 인정할 수 있도록 하는 것이어야 한다.

이러한 지침은 즉각적인 위험과 관련되지 않으면 각각의 상황과 유아의 개별적인 요구에 맞춰 융통성 있게 적용되어야 한다. 생활지도의 궁극적인 목표는 아동이 '특정 행동은 다른 사람에게 받아들여지지 않음을 이해하고 자신의 행동을 변화시켜야 할 책임을 스스로 깨닫도록 돕는 것'이다. 또래와 교사에게 수용되는 행동을 학습하게 함으로써 아동은 자아 존중감을 발달시킬 수 있다. 생활지도는 교사와 아동 간의 신뢰를 기초로 수행되는 것으로, 교사는 아동에게 "너의 행동은 수용될 수 없단다. 선생님은 네가 행동을 변화시킬 수 있으리라 믿는다."라고 말할 수 있어야 한다. 이처럼 생활지도에 있어 교사의 역할은 비난이나 처벌이 아니라 생활지도의 기본 지침을 긍정적인 방법으로 전달하고 전개해가는 것이다.

6.1.2. 아동생활지도와 교사-아동의 관계

교사와 아동 사이는 단순히 가르치고 배우는 차원을 넘어 인간적 친밀감과 유대감을 느낄 수 있는 관계로 발전되어야 효율적인 아동생활지도가 가능하다. 교사들은 대개 아동들의 인간적 속성을 수용하지 않고 아동로서의, 그리고 배우는 사람으로서의 역할을 지나치게 강조할 때가 많다. 부정적 평가에 대한 아동의 좌절이나 분노를 고려하지 않고 아동의 행동이나 성취를 평가하기도 하고, 아동의 자율적 욕구를 무시하고 규율과 규범을 앞세워 복종과 순응을 주입시키기도 한다. 이와 같이 인간의 기본적 속성을 억압하는 것은 아동의 솔직한 자기표현을 방해하므로, 아동은 자기의 감정이나 주관적 생각보다는 교사와 부모가 원하는 것을 거짓으로 표현하는데 익숙해지며 점점 자기 억압적인 경향을 띤다. 이렇게 되면 자연히 아동과 교사의 관계는 피상적인 수준에 머물게 되고 아동은 배우는 자로서의 역할만을 수행하게 된다. 이런 점들을 생각해볼 때 효율적인 생활지도를 가능케 하는 교사와 아동의 인간적 관계는 다음과 같이 형성되어야 한다.

첫째, 교사와 아동이 서로 간에 개방성과 솔직함을 보이도록 노력한다. 개방성과 솔직함이란 각자 자기의 감정, 욕구, 생각을 자유롭게 표현하는 것을 말한다. 아동의 표현에 대하여 진정한 관심을 갖고 귀를 기울임과 동시에 교사 자신도 기쁨, 분노, 실망, 희망, 만족, 불만 등을 아동에게 있는 그대로 표현할 수 있어야 한다.

둘째, 교사와 아동은 서로 의존적인 관계임을 이해한다. 즉, 교사와 아동은 서로 도움을 주고받는 관계라는 사실을 이해하여야 한다. 우리는 일반적으로 교사는 돕는 사람, 아동은 도움 받는 사람이라는 관념을 갖기 쉽지만 반드시 그렇지는 않다.

셋째, 개인의 특수성과 고유성을 인정한다. 따라서 각자의 개성, 욕구, 희망을 존중해야 한다. 사람은 누구나 독특한 면을 갖고 있다. 교복이 아닌 다른 옷을 입고 싶어 하는 아동도 있고, 낮잠 시간에 자기 싫어하는 아동도 있을 수 있다. "다른 사람은 모두 이렇게 하는데 왜 너만 다르게 행동하니"라는 말은 개인의 특수성을 인정하지 않는 태도에서 나오는 말이다.

넷째, 교사와 아동은 서로의 욕구를 상호 존중해야 한다. 서로의 욕구를 존중한다는 것은 교사의 욕구와 아동의 욕구가 상반되는 경우라 하더라도 가능한 한 서로의 욕구를 최대한 만족시킬 수 있도록 노력하는 것이다. 보통 두 사람의 욕구가 상반될 때 어느 한 사람의 욕구만 만족되고 다른 사람의 욕구는 좌절되는 경우를 자주 경험한다. 예컨대, 교사가 너무나 피로하여 수업시간 이후에 아동들과 놀이를 할 수 없는데도 아동들이 선생님과 함께 놀이를 하자고 조르는 상황이 바로 그런 결과를 낳기 쉽다. 이와 같이 서로의 욕구와 희망이 상반될 때라도 우리는 어느 한쪽만의 만족이 아닌 둘 모두의 만족을 위해서 서로를 존중하여야 한다(장선철, 1995).

6.1.3. 교사의 전문성과 역할

1) 교사의 전문성

교사의 행동지도방법이 복종적인 경우, 교사는 종종 미리 규칙을 정하고 이 규칙을 따르도록 비융통적인 방법으로 지도한다. 이런 교사는 전문적인 교사로서보다는 기술적인 교사로서 자신을 규정하는 것이다. 복종적인 생활지도방법은 교사와 유아 모두에게 비효과적이다. 발달에 적합한 효과적인 생활지도를 수행하기 위해서는 무엇보다도 '전문성 있는 교사'가 되어야 한다. 다음은 기술적인 교사와 전문성 있는 교사의 차이점을 대비하여 제시하고 있다.

첫째, 전문적인 교사는 상황을 평가하고 이를 참조하여 아동의 문제행동을 지도한다. 기술적인 교사는 규칙을 어겼는지 혹은 지켰는지에 집중하는 반면, 전문적인 교사는 매 상황을 고려하여 실제로 일어난 상황을 심도 있게 이해하려는 시도를 먼저 한다.

둘째, 전문적인 교사는 일어난 상황을 판단한 다음 이에 관한 가설을 설정하고 가설을 기초로 지도방안을 채택한다. 즉, 전문적인 교사는 문제해결을 위한 다양한 접근 방법을 시도하며 갈등을 해결하고 문제행동을 대신할 수 있는 대안행동을 수행하도록 유도하기도 한다. 반면 기술적인 교사는 유아의 특별한 문제행동에 대해 언제나 똑같은 체벌을 주는 것과 같이 비융통적인 방법으로 반응한다. 다시 말해 기술적인 교사는 유아의 문제행동에 대해 체벌을 제공하는 반면에 전문적인 교사는 유아에게 스스로 문제를 해결할 수 있도록 도와준다.

셋째, 전문적인 교사는 유아들로 하여금 경험을 통해 학습할 수 있도록 격려한다. 기술적인 면에 치중하는 교사는 문제 상황을 빨리 종결짓는 데 초점을 두는 반면에 전문적인 교사는 문제 상황을 통해 유아가 무엇을 학습하도록 도울 것인지에 집중한다.

경력이 많은 교사일지라도 자신의 지도방법이 유아의 문제행동을 해결하는 데 비효과적임을 인식할 때가 많다. 교사의 전문성이란 교사가 항상 효율적이고 바람직한 지도방안을 모색하지 못하더라도 유아들과 개별적으로 상호작용하는 질을 개선하기 위해 많은 것을 배우고 노력하는 열린 자세를 의미하는 것이다.

효율적인 생활지도는 유아들에게 기대되고 가치가 있다고 판단되는 행동을 학습할 수 있도록 지지하는 것이다. 유아들로 하여금 스스로 생각해보게 하고, 시도하게 하며, 이런 과정을 통해 학습할 수 있도록 지도하는 생활지도방법을 채택해야 한다.

이러한 방법은 전문적인 교사의 지도방법을 통해서 이루어질 수 있으며, 이러한 지도를 통해 교사의 전문성도 더욱 정교화된다.

2) 교사의 역할

교사의 역할에 대한 강조점은 조금씩 변화되고 있다. 기본적으로 아동을 위한 교사의 역할은 보호자로서의 역할과 교수자로서의 역할 두 가지가 있으나, 오늘날에는 유아교사의 다양한 역할이 강조되면서 의사결정자의 역할 및 연구자로서의 역할, 상담자로서의 역할 또한 중시되고 있다. 아동의 정서적 문제나 사회적 문제와 같은 인성적 적응 문제를 해결하도록 도와주기 위해서는 교사가 자신의 역할에 대하여 바르게 인식하는 것이 필요하다. 교사는 아동의 학습을 지도할 뿐 아니라 아동의 부적응행동을 지도하고 정신건강을 촉진하는 역할을 맡아야 한다. 이러한 관점에서 올바른 아동생활지도를 수행하기 위한 교사의 역할은 다음과 같다.

(1) 지지적 역할

행동을 제한하고 통제하고 강요하는 역할보다는 지지하고 격려하는 역할을 담당해야 한다. 아동이 열등감이나 불안정함을 느끼면 어떤 행동을 시도하는 데 불안해하며 겁을 먹고 위축되기 쉽다. 따라서 교사는 아동이 자신감 있게 행동하도록 지지해주는 역할을 해야 한다.

(2) 수용적 역할

수용적 역할이란 지지적 역할과 마찬가지로 대상 아동을 받아들이고 따뜻하게 대하는 것이다. 교사는 아동을 거부하고 책망하기보다는 아동의 감정을 이해하고 받아들이는 입장에 서야 한다.

(3) 치료적 역할

교사는 아동의 문제를 분석하고 진단하여 그 원인을 발견하고 지도방안을 모색하는 일에 힘써야 한다. 교사는 문제행동이 일어난 원인을 규명하기보다는 행동 결과에만 관심을 두고 이를 방지하는 데 힘쓰는 경향이 있다. 즉, 아동이 저지른 잘못에만 주목하여 그 원인이 무엇인가에 대해서 고려하지 않기 쉽다. 이것은 치료자의 역할이 아니다. 치료자는 원인을 진단하고 치료하기 위해서 노력해야 한다.

(4) 긍정적 역할

교사는 대상 아동의 문제행동으로 인해 이들을 부정적으로 대할 것이 아니라 하나의 인간으로서 성장, 발달할 수 있는 존재로 보아야 한다. 인간은 누구나 자기를 개선하고 성장하려는 특성을 지니고 있으므로 개개인의 발달과 성장의 가능성을 긍정적이고 발전적인 입장에서 대하는 역할을 수행해야 한다.

6.2. 효과적인 대화기법

효율적인 생활지도를 위해 교사는 개별 아동의 발달특성과 개인차를 고려해야 하며, 효과적인 대화기법을 구사해야 한다. 2절에서는 효과적인 대화를 위한 다양한 기법에 대해 알아본다.

효과적으로 생활지도를 하려면 교사나 부모는 적절한 대화기법을 채택하여 아동과 신뢰관계를 형성해야 한다. 교사나 부모는 아동이 편안한 마음으로 자신의 이야기를 할 수 있도록 수용적인 분위기를 형성해주는 것이 중요하다. 이러한 편안한 믿음의 관계를 '라포'라고 한다.

아동이 교사나 부모와 말하기 어려워하거나, '이런 말을 하면 선생님은 나를 나쁜 아이로 생각할 거야', '이 말을 하면 선생님이 화내고 야단치실 거야' 등의 생각이나 느낌을 가지게 된다면 아동은 자신의 생각을 말하려 하지 않을 것이다. 반면 아동이 '선생님은 내 말을 잘 들어 주신다'고 생각하거나 '이런 말을 해도 선생님은 야단치시지 않을 거야', '선생님은 내가 무슨 말을 해도 잘 받아주시고 이해해주셔'라고 생각하면 교사에게 쉽게 이야기를 할 수 있을 것이다. 신뢰관계가 형성되면 아동은 자신의 행동이나 문제를 부담 없이 교사에게 말할 수 있으며, 이러한 과정에서 교사는 아동의 성장을 위한 촉진자 역할을 담당하게 된다.

효과적이고 신뢰할 만한 관계를 형성하기 위해서 교사나 부모는 아동과의 바람직한 대화방법을 알아야 한다. 때로는 교사나 부모가 아동을 도와주기 위해 한 말도 상처를 주거나 아동이 대화를 포기하도록 유도할 수 있다. 아동들과의 대화를 효율적으로 이끌어 내어 효과적인 생활지도를 진행할 수 있는 대화기법에 대해 구체적으로 살펴보면 다음과 같다.

6.2.1. 확인하기

'확인하기'란 상대방이 한 말을 바르게 듣고 이해했는지 알아보는 것이다. 이 기법은 의사소통의 정확도를 높여주고 의사소통을 활성화하는 데 도움이 된다. 자신이 상대방의 말을 정확히 이해하고 있는지 여부를 확인함으로써, 상대방의 말을 제대로 이해하려고 노력하고 있다는 사실을 전달할 뿐 아니라 열심히 듣고 있음을 알려주는 것이다. 확인하기 기술에는 반복하기, 바꾸어 말하기, 요약하기가 포함된다.

① 반복하기

아동과의 대화에서 교사나 부모가 아동의 말을 그대로 반복해줌으로써 아동이 자신이 한 말을 그대로 다시 듣게 하여 자기가 한 말의 의미를 더 깊이 생각하고 느끼도록 한다. 이러한 재진술 기법을 사용하면 아동은 부모나 교사가 자기가 한 이야기를 열심히 듣고 있다는 것을 알게 되어 더욱 적극적으로 이야기를 하게 된다.

② 바꾸어 말하기

바꾸어 말하기란 아동이 말한 것을 같은 의미를 가진 다른 말로 전환하여 표현하는 방법으로, 보통 아동이 표현한 말의 수보다 간결하게 표현한다. 이 기법은 교사나 부모가 아동이 말한 전체적인 내용을 확인할 때 주로 사용된다. 즉, 교사나 부모가 아동이 말하고자 하는 요점을 명확하게 이해하고 그 이해한 바를 쉬운 말로 표현하는 것인데, 이때 교사나 부모의 의견이나 판단이 포함되지 않도록 주의해야 한다.

③ 요약하기

요약하기는 아동의 장황한 말이나 많은 내용의 핵심과 말의 요지를 파악하는 데 활용되는 방법이다. 이 방법은 아동이 자신이 한 말의 요지를 파악하도록 하여 대화의 진행을 보다 원활하게 하는 효과가 있다.

6.2.2. 공감하기

공감(empathy)하기란 상대방의 경험, 감정, 사고, 신념 등을 상대방의 관점과 입장에서 듣고 이해하는 것을 말하는데, 특히 감정과 기분에 초점을 두어 이해하고 있다는 사실을 상대방에게 말로 표현하는 것이다. 따라서 공감은 상대방의 말에서 겉으로 드러나는 감정이나 말 속에 들어 있는 심정을 이해하여 나타내는 것이다. 또한 상대방의 감정뿐만 아니라 상대가 말하려는 의미, 그리고 말하지는 않지만 내면에서 생각하고 느끼고 있는 바를 알아차리고 표현하는 보다 깊은 수준의 공감도 있다. 상대방의 이야기를 듣고 상대의 말 속에 담겨 있는 기분이나 감정을 이해하고 받아들이는 일은 신뢰관계의 형성과 대화의 촉진을 위해서 특히 중요하다.

아동과의 관계에서 공감 표현을 잘하기 위해서는 먼저 아동이 당면한 상황에서 그 아동이 어떻게 생각하고 느끼고 있는지 주의 깊게 듣고 이해해야 한다. 그런 다음에 느끼는 감정을 적절한 말로 표현하여 상대 아동에게 전달해주어야 한다.

교사나 부모는 아동의 감정에 대하여 감정이입적 반응을 해주거나 동감하는 태도를 보여줌으로써 아동의 감정을 수용해야 한다. 아동이 자신의 감정을 조절하는 것을 돕기 위하여 교사나 부모는 아동의 말을 주의 깊게 들어주어야 한다. "음, 그래?", "알았어", "그랬구나" 등과 같은 몇 마디 말을 함으로써 아동의 감정을 알고 있다는 것을 표현해줄 수도 있다. 또한 "정말 마음이 아프겠구나"와 같은 말을 사용함으로써 아동의 감정이 상한 것을 마음속으로 이해하고 있다는 것을 표현할 수도 있다. 이처럼 교사나 부모는 공감을 통해 아동이 스스로 자신의 감정을 통제할 수 있도록 도움을 줄 수 있다.

아동이 감정을 표현할 때 공감하지 않고 부정하는 것은 아동으로 하여금 화가 나게 만들어 감정을 솔직히 표현하는 것을 방해한다. 아동의 감정표현을 방해하는 대화기술의 예는 다음과 같다.

표 6-1 아동의 감정표현을 방해하는 대화기술

① 자녀의 생각을 거부하는 반응
예) "엄마 배고파요."
"배고플 리 없어. 금방 간식 먹었잖아."
② 철학적 반응
예) "엄마, 민희가 나랑 안 논대."
"세상일이란 것이 다 그래. 받아들이는 것을 배워야지."
③ 반대편을 드는 반응
예) "엄마, 선생님이 나만 미워해."
"네가 그럴 일을 했겠지. 잘 생각해봐."

6.2.3. 효과적으로 질문하기

아동과의 대화 도중 교사나 부모는 질문을 하게 되는 경우가 많은데, 질문을 하는 방법에 따라 대화가 촉진될 수도 있으며 끊길 수도 있다. 대화를 이어가고 정보를 수집하기 위한 효과적인 질문방법은 다음과 같다.

① 폐쇄적 질문보다는 개방적 질문 사용

폐쇄적 질문은 "예" 또는 "아니오"라는 대답을 요구하는 질문으로 대답의 범위가 좁고 한정된 대답을 요구한다. 따라서 아동의 여러 가지 생각이나 감정, 의견 등 다양한 반응을 끌어내기가 어렵다. 아동과 더욱 풍성한 대화를 하고 아동의 생각을 더 깊이 알거나 이해하기 위해서는 개방적 질문을 하는 것이 좋다.

② '왜'라는 질문보다 '무엇을', '어떻게'라는 질문 사용

'왜'라는 질문은 아동에게 훈계하는 인상을 주게 되어 아동이 꾸중이나 질책으로 받아들이기 쉽기 때문에 '왜'라는 질문 대신에 '무엇을', '어떻게'라는 질문을 사용하는 것이 효과적이다.

③ 직접적인 질문보다 간접적인 질문 사용

직접적인 질문이란 직접 의문문으로 질문하는 것이고, 간접적인 질문이란 상대방이 간접적으로 대답할 수 있도록 우회적으로 질문하는 것이다. 직접적인 질문은 물음표의 형태로 나타나고 상대방에게 특정 대답을 강요하는 느낌을 준다. 반면, 간접적인 질문은 질문이 마침표의 형태로 나타나므로 상대방으로 하여금 여러 가지 자기가 생각하고 느끼는 것을 부담 없이 자유롭게 대답할 수 있게 해준다.

④ 이중질문 사용 금지

이중질문이란 동시에 두 가지의 질문을 하는 것이다. 아동에게 두 가지 질문을 하게 되면 질문의 내용을 완전하게 이해하지 못하는 경우가 많을 뿐만 아니라 질문의 내용을 이해하였더라도 두 가지 질문 중에서 어느 것을 먼저 대답해야 할지 몰라 대답을 하지 못하는 경우가 많으므로 질문은 한 번에 하나씩 하는 것이 좋다. 또한 부모나 교사가 아동에게 대답할 시간을 주지 않고 계속해서 질문 공세를 하는 경우가 있는데, 이는 조급한 마음에서 아동을 다그칠 때 나타난다. 부모나 교사의 일방적인 질문 공세는 의사소통에 전혀 도움이 되지 못하며, 대화를 회피하게 하는 원인이 되므로 삼가야 한다. 질문은 한 가지씩 하고, 생각해서 대답할 충분한 시간을 주어 아동의 생각이나 감정, 그리고 특정 행동의 원인이 무엇인지를 찾아내는 대화기술이 필요하다.

6.2.4. 직면하기

직면하기(confrontation)란 아동의 잘못을 지적하여 직접 대면하게 하는 것을 말한다. 일상생활에서 대화를 할 때는 주로 아동의 말을 듣고 이해해주는 데 초점이 맞추어지나, 문제의 근원이나 책임이 아동에게 있는 경우에는 그 문제를 이해하는 것만으로는 충분하지 않다. 즉 문제를 해결하기 위해서는 문제점을 적절히 지적하여 변화하도록 도울 필요가 있다. 문제를 직면하게 함으로써 아동 자신의 잘못을 이해하고 인식시키는 것이다. 직면하기 기술을 사용할 때는 아동에게 심리적으로 상처를 주거나 반발을 초래할 수 있으므로 깊은 애정관계가 기반이 되어야 한다. 직면하기 기술을 사용할 때 유의할 사항은 다음과 같다.

① 구체적인 증거를 들어서 문제를 직시하게 한다.
② 변화를 강요해서는 안 된다.
③ 사전에 충분한 신뢰관계를 형성하여 상대방이 지적을 감수할 수 있도록 분위기를 조성해야 한다.
④ 일단 시작했으면 가능한 한 끝까지 하도록 한다. 상대가 처음부터, 또는 순간적으로 다소 반발을 보이더라도 소신껏 마무리 지어야 한다.
⑤ 가능하면 부정적 평가를 내리지 않는 범위 내에서 해야 한다.

교사나 부모가 아동의 문제행동을 직면하게 할 때 흔히 사용하는 부적절한 방법의 예는 다음과 같다.

표 6-2 부적절한 직면하기 방법

① 자녀의 잘못을 비난한다.
  예) "엄마가 깨끗이 청소해 놓았는데 이렇게 또 어질러 놓았구나.
    너는 엄마가 얼마나 힘든지는 전혀 생각도 하지 않는구나."
② 자녀를 규정 짓는다.
  예) "너는 세상에서 제일 게으른 아이야. 네 방 좀 봐라."
③ 협박한다.
  예) "네가 제 할 일을 다하지 않는다면 이번 주부터 용돈은 줄 수 없어."
④ 명령한다.
  예) "빨리 방을 치워라. 엄마한테 말대꾸 하지 마."
⑤ 강연하거나 도덕적 훈계를 한다.
  예) "네 친구에 대해서 그렇게 말해도 괜찮은 거니?
    네 친구가 네게 해주었으면 하는 대로 너도 네 친구에게 해주렴. 그러면 아무 문제가 없을 거야."
⑥ 경고한다.
  예) "찻길로 걷지 마. 차에 치이고 싶니?"
⑦ 비교한다.
  예) "너는 왜 오빠만큼 뭐든지 열심히 하지 못하니?"
⑧ 빈정댄다.
  예) "내일 아침에 일찍 일어나야 된다는 것을 알고 있지? 하도 생각을 잘해서 오밤중까지 안 자고 있는 거니?"

6.2.5. 피드백

피드백(feedback)이란 상대방의 행동이 나에게 어떻게 비쳐지는지를 상대방에게 솔직하게 알려주거나 지적해주는 것을 말한다. 즉, 상대방의 언행이 나에게 또한 다른 사람에게 어떤 모습으로 비쳐지는가, 또는 다른 사람에게 어떤 영향을 주는가에 대하여 말해주는 것이다. 그러므로 피드백은 자신은 잘 자각하지 못하는 개인적 행동특성이나 대인관계에서의 언행에 대해서 알게 함으로써 자신에 대한 이해의 폭을 증진시킨다.

피드백은 긍정적인 것일 수도 있지만 부정적일 수도 있는데, 특히 부정적인 피드백은 상대방의 연령, 성격, 상대의 현재 심리의 안정 정도, 분위기 등 상황을 고려하여 신중하게 사용하는 것이 좋다. 피드백 사용은 다음과 같은 몇 가지 점에서 유의하여야 한다.

① 평가적인 말은 피하고 서술식으로 표현하는 것이 바람직하다.

② 처음에는 긍정적인 피드백을 사용하는 것이 좋다.

③ 주관적인 판단이나 심증만의 표현은 피하고 객관적인 근거를 바탕으로 이루어져야 한다.

④ 행동 변화를 강요하는 피드백은 하지 않는다.

⑤ 주관적인 판단의 피드백인 경우에는 그 근거를 제시하고, 그것을 절대시하지 않고 가능성을 이야기하는 것임을 표현해야 한다. 그래서 최종적인 판단은 상대방이 내릴 수 있도록 유보해야 한다.

6.2.6. 긍정화

긍정화란 상대방의 말이나 행동, 태도 등 상대방의 언어적 · 비언어적 메시지에서 긍정적인 면을 찾아내어 그 점을 부각시키는 기법이다. 인간의 행동을 변화시키는 데에는 두 가지 방법이 있다. 하나는 상대방의 바람직하지 않은 행동을 지적하여 그것을 제거하는 방법이고, 다른 하나는 상대방의 긍정적인 면을 찾아서 그 점을 부각시키는 방법이다. 긍정화 방법은 좋은 측면을 계속 증진시킴으로써 상대적으로 부정적인 면을 사라지게 하는 교정방법이다. 즉, 아동의 부정적인 면을 꾸중하지 않고 다른 긍정적인 행동을 찾아서 그 점을 칭찬하여 강화시키는 방법이다. 이와 같은 긍정화 기법을 사용하려면 교사나 부모는 아동의 행동에서 긍정적인 면을 쉽게 찾을 수 있는 시각을 발달시켜야 한다.

6.2.7. 나-전달법

'나-전달법(I-Message)'이란 자신의 생각이나 감정을 표현할 때 주어를 '나'로 나타내어 생각과 느낌을 가지게 된 책임을 상대방에게 돌리지 않고 자신에게 있음을 나타내는 표현방식이다. 이와는 달리 생각과 느낌의 책임을 상대방에게 전가하는 표현방식이 '너-전달법(You-Message)'이다. 나-전달법을 통한 자기 개방은 상호 간의 관계를 악화시키지 않고, 상대방의 행동이나 태도 변화를 유도하는 매우 유익한 의사소통 방식이다.

표 6-3 '나-전달법'과 '너-전달법'

구분	나-전달법	너-전달법
표현방식	상황+결과(예상결과)+느낌	지시, 평가, 비꼬기, 비난, 경고의 표현
책임소재	느낌의 책임을 자신에게 돌린다.	느낌의 책임을 상대방에게 전가한다.
전달해석	• 걱정하는 마음이 그대로 전달된다. • 행동변화에 대한 결정권이 상대방에게 있다.	• 걱정, 염려하는 마음을 미워함, 비난, 비판, 질책으로 받아들인다. • 죄의식을 갖게 하거나 자존심을 상하게 한다.
효과	• 상대방에 대하여 부정적인 평가를 하지 않으므로 방어심리나 거부감이 일어나지 않는다. • 관계를 저해하지 않는다. • 청자로 하여금 자성적 태도와 변화하려는 의지를 높일 가능성이 크다.	• 청자는 배려받지 못하고 무시당하고 있다는 생각을 하기 쉽다. • 반항심, 거부감, 공격성, 방어를 야기하여 자성적인 태도가 형성되기 어렵고 행동변화를 거부하려는 심리가 일어난다.
관계구조	수평적인 만남	수직적인 만남

6.3. 가정 및 지역사회와의 연계

아동생활지도는 보육기관이나 학교뿐만 아니라 가정, 그리고 아동이 속해 있는 지역사회와 연계되어 이루어질 때 보다 효과적이다. 3절에서는 효율적인 생활지도를 위한 가정 및 지역사회와의 연계방안에 대해 살펴본다.

6.3.1. 가정과의 연계

아동이 일상생활에서의 기본적인 자세를 습관화하기 위해서는 아동을 보육·교육하는 기관과 부모가 함께 일관성 있는 지도방법을 사용하는 것이 필요하다. 가정과 연계하여 생활지도를 공유하는 방법으로는 가족상담, 부모교육, 가정통신문 등이 있다.

1) 가족상담

아동상담을 통해 문제행동이 개선되었다 해도 가정의 기능이나 역할에서 달라진 것이 없다면 아동의 문제행동은 근본적으로 고쳐질 수 없다. 따라서 가족상담은 가족 간의 심리적인 갈등요인을 제거해주고 의사소통을 원만하게 해줌으로써 아동의 문제를 본질적으로 수정해가기 위해 필요하다. 가족상담은 전통적인 개별상담과는 뚜렷한 차이점이 있다. 아동을 따로 놓고 관찰하고 개입하는 대신 문제가 있는 아동을 가족의 관계 안에서 그리고 더 나아가 그 가족을 지역사회의 관계 속에서 보는 것이 가족상담의 핵심이다.

그림 6-1 가족상담

가족상담은 아동이 문제를 지녔을 때 그 문제를 제거하기 위해서 활용되지만, 특별한 문제가 없어도 아동의 성장과 발달을 돕는 목적으로 가족과 의견을 나누거나 정보를 교환하는 경우도 있다. 아동의 문제가 교사의 능력 범위를 벗어나는 경우에는 교사 자신보다 더 적절한 전문가에게 문제를 의뢰하여 해결해나가는 것이 현명하다. 아동 개개인이 지니고 있는 문제점과 생활지도 방법 등에 대하여 부모들을 개별적으로 면담하여 상담과 협의가 이루어질 수 있다.

2) 부모교육

생활습관지도는 아동교육기관에서의 일방적인 지도만으로는 충분한 성과를 거두기가 어렵다. 교사의 교육적인 지도는 물론 부모가 아동교육기관과 연계하여 가정에서도 지속적으로 지도하여야 한다. 가정과의 연계성 있는 지도를 위하여 부모교육을 실시함으로써 부모들이 아동교육기관에서의 생활지도 원리와 방향을 이해하고 가정에서도 아동교육기관과 연계성 있는 생활지도가 이루어질 수 있다.

그림 6-2 부모교육

3) 가정통신문

가정통신문을 통하여 부모와 자녀가 함께 할 수 있는 활동을 제공하거나, 부모에게 도움을 주는 생활지도에 관한 조언, 아동교육기관에서 이루어지는 활동에 대한 안내를 하고, 협조를 부탁할 수 있다.

6.3.2. 지역사회와의 연계

아동의 올바른 생활습관을 형성하기 위해 자원인사를 초빙하거나 공공시설 등으로의 견학을 가는 등 지역사회의 인적 · 물적 자원을 이용할 수 있다.

1) 자원인사 초빙

유 · 아동기의 생활습관과 관련된 이야기나 경험을 들려줄 수 있는 사람을 초대하여 아동들과 함께 할 수 있는 시간을 가진다. 예를 들어 초등학교에서의 생활에 적응하기 위한 준비로 초등학교 선생님을 초빙하거나, 예절 지도에 관한 전문가 초빙 등을 통해 아동들이 이야기를 듣고 의견을 함께 나누는 시간을 갖는다. 이를 통해 아동은 자신의 생활습관을 돌아보거나 올바른 생활태도에 대한 인식을 새롭게 할 수 있다.

그림 6-3 자원인사 초빙

2) 견학

기본생활습관의 덕목을 학습하는 데 자극이 되는 장면을 직접 볼 수 있는 장소를 견학한다. 교사는 견학계획을 수립해서 끝내는 전 과정에 걸쳐 생활습관 덕목의 개념을 지도할 수 있다. 예를 들어 허가를 요청하는 방법, 방문할 때의 예의, 공공시설에서의 자기 조절 행동, 설명 듣기, 질문하기, 관찰한 내용 발표하고 토론하기, 바르게 말하기, 공공기관에 대하여 감사하기 등을 익힐 수 있다. 특별히 교통질서, 물자 절약, 공공시설 바르게 사용하기 등은 견학을 통해서 효율적인 학습이 가능하다.

그림 6-4 견학

제 7 장

영유아기관과 가정에서의 생활지도

| 학습 개요 |

영유아기관에서 이루어지는 생활지도의 기본 원리를 배우고, 각 원리의 특성을 이해한다. 가장 기본적으로 교사와 영유아 간 긍정적 관계의 수립이 왜 중요한지 다룬다. 유아의 문제행동을 예방하기 위해 환경을 조정하는 방법을 이해한다. 영유아에게 예방 전략 및 중재 전략을 사용하는 원리에 대해 살펴보고, 영유아의 문제행동에 대처하는 방법을 알아본다. 가정에서의 생활지도에 대해 걸음마기 유아와 취학 전 유아의 자기통제력이 생기도록 지원하는 기본 원리를 살펴본다.

이 장에서는 영유아기관 및 가정에서 이루어지는 생활지도의 기본 원리를 살펴보고, 영유아에게 예방 전략 및 중재 전략을 사용하는 원리, 영유아의 문제행동에 대처하는 방법을 알아본다.

| 학습 목표 |

1. 생활지도의 원리를 말할 수 있다.
2. 영유아기관에서의 생활지도 전략을 설명할 수 있다.
3. 가정에서의 생활지도 원리를 적용할 수 있다.

| 주요 용어 |

긍정적인 생활지도, 영유아기관에서의 생활지도, 가정에서의 생활지도, 예방 전략, 중재 전략, 문제행동 지도, 자기 통제력

7.1. 긍정적인 생활지도

7.1.1. 긍정적인 생활지도의 필요성

긍정적인 생활지도는 인본주의 심리학을 기반으로 형성된 흐름이다. 1920년대 인본주의 심리학자 Adler는 부모교육을 통해 아동을 존중하는 방식으로 대해야 한다고 강조하였다. 동시에 아동을 버릇없는 아이로 자라도록 하면 아동이 사회적 · 행동적 문제를 갖게 되기 때문에 경계해야 한다고 역설하였다. 1930년대 Dreikurs는 비엔나에서 도입된 교실 지도전략을 미국에 소개하기도 하였다. 두 학자는 이런 방식의 지도나 훈육방식을 '민주적(democratic)'인 방식이라고 불렀다.

1980년대 Lott와 Nelson 박사는 인본주의 심리학에서 주장하는 원리를 기반으로 교사를 위한 긍정적인 생활지도, 부모를 위한 긍정적인 훈육의 방법을 안내하는 책을 저술하였고, 교사와 부모 집단을 대상으로 연이은 워크숍을 개최하여 성황을 이루었다. 일련의 책과 강연에 '긍정지도' 혹은 '긍정훈육(positive discipline)[1]'이라는 표현이 사용되었다.

전통적인 생활지도 혹은 훈육이 꾸짖음, 징계, 보상을 기반으로 하였다면, 긍정적인 생활지도는 부모와 교사가 아동 문제행동의 원인을 모색하고 대안 행동을 강화시킴으로써 바람직하지 않은 행동이 점차 사라지게 하는 방식의 지도를 해야 한다고 본다.

가령, 한 유아가 저녁 식탁에서 자기 자리에 앉아 밥을 끝까지 먹지 않고 자꾸 일어나려고 한다. 전통적인 훈육방법을 사용하는 부모는 당장의 단기 목표, 즉 아이가 자리에 앉아 식사를 마치도록 하는 목적을 달성하기 위해 보상과 처벌의 방법을 사용하기 쉽다. 즉, 돌아다니지 않고 식사를 마치면 30분간 아이패드를 볼 수 있다고

1 본 교재에서는 positive discipline을 교사가 영유아기관에서 사용할 경우 '긍정적인 생활지도', 부모가 가정에서 사용할 때는 '긍정훈육'이라고 번역하였다.

하거나, 식사를 마치지 않으면 맛있는 후식은 줄 수 없다고 하는 것이다.

긍정적인 훈육방법을 사용하는 부모는 당장은 아이가 제자리에서 식사를 마치는 단기 목표에는 실패할 수도 있지만, 이보다는 장기적인 목표를 향해 노력한다. 즉, 아이가 자리에 앉아 있지 못하고 돌아다니는 이유가 무엇인지, 식사를 마치지 않으려는 이유가 무엇인지 다각도로 고민하고 궁리한다. 아이가 오후에 단 음식을 많이 먹어서 배가 고프지 않은 건지, 저녁 식사 전에 매번 하는 반려동물 산책시키기를 하지 않았기 때문인지, 단순히 자기 의자가 불편해서인지 등등 아이의 필요와 요구를 여러 가지로 생각해본다. 이 과정은 즉답이 나오는 것이 아니므로 일반 부모에게는 결코 쉬운 과정이 아니다.

그리고, 무엇보다 중요한 것은 이 과정에서 부모는 화가 날 수 있는데 화가 난 상태에서는 아이를 훈육하지 않는 것이다. 부모는 자신의 좌절감을 스스로 통제하며 관리해야 하고, 이를 소리를 지르거나 아이를 윽박지르는 방식으로 해소함으로써 아이에게 심리적인 상처를 주거나 아이와의 심리적 연결을 약하게 하는 결과로 이어지지 않도록 유의해야 한다. 부모는 이 과정에서 심리적으로 잠시 뒤로 물러나 자신의 감정을 다룰 방법을 찾고, 아이의 욕구와 부모의 희망 사이에서 최적의 해결방식을 찾아 나가야 한다.

긍정훈육은 명확한 기대를 잘 설정하여 아이를 이해시키는 데서 출발한다. 그리고 아이를 이해시킨다는 것은 단순한 설명이 아니라, 평소 아이와 건강한 애착관계, 심리적 유대를 맺는 관계를 토대로 아이에게 부모의 기대, 가치, 도덕 기준 등을 전이시키는 과정과 함께 이루어진다. 결국, 긍정훈육은 평소 쌓아온 부모와 아동 간의 심리적 유대관계를 기반으로 해야 비로소 성립되는 것이라 할 수 있다. 아동은 부모와의 긴밀한 관계를 바탕으로 부모가 안내하는 기대를 인식하고 이를 자율적으로 실행하는 단계에 이른다. 부모가 아이를 존중하며 긍정적으로 대하는 방식은 아이에게 장기적인 긍정 효과를 가져올 수 있다.

요약하면, 긍정훈육의 과정은 부모가 단순히 아이의 요구나 희망을 무조건 수용해주어 아이의 버릇을 망치거나, 반대로 무조건 아이를 통제하여 부모가 원하는 행동만을 하게 만드는 것과는 다르다. 부모와 교사는 긍정적 생활지도를 통해 아동을 다음과 같이 돕는다.

첫째, 아동이 부모나 교사와 긴밀하게 연결되어 있다는 소속감을 느끼도록 돕는다.

둘째, 아동에게 중요한 사회적 기술과 생활 태도(존중, 타인에 대한 관심, 문제해결, 의사소통, 협동, 가정 · 기관 · 지역사회에의 기여 등)를 가르친다.

셋째, 아동이 자신의 역량(자율성, 자기조절 등)을 키워가도록 지원한다.

넷째, 성인은 아동과 서로 존중하고, 아동을 격려한다.

다섯째, 성인은 장기적인 효과가 나타나도록 노력한다.

7.1.2. 발달에 대한 적절한 기대

긍정적 생활지도의 가장 중요한 원리 중 하나는 명백한 기대를 설정하는 것이다. 이는 그 기대에 부응해야 하는 영유아의 역량이 있을 때 비로소 실현될 수 있다. 영유아기에 일반적인 역량이 성숙되는 과정은 다음과 같다.

첫째, 0~2세의 영아와 걸음마기 유아는 따뜻한 접촉, 지지, 애정이 있는 상호작용을 필요로 한다. 주 양육자가 없으면 영아는 그들이 돌아오지 않을지도 모른다는 두려움을 느낀다. 이 단계에서 영아는 주 양육자와 애착관계를 형성한다. 영아는 도움을 필요로 할 때 성인이 그들 곁에 있을 것이라는 믿음을 배운다. 이 시기에 영아는 감각과 신체활동을 통해 환경과 세상에 대해 배운다.

둘째, 3~5세의 유아는 언어와 사회적 기술을 풍부하게 배우는 시기이다. 이들은 또한 주 양육자로부터의 독립성을 확보하기 위해 다툼과 노력을 시작한다. 이런 시도와 노력들이 잘 이해받고 격려되면 유아는 좀 더 주도성을 키울 수 있게 된다. 이 시기 동안 유아는 주변의 사물을 탐색하고, 고심하고, 만져보고, 섞어보고, 움직여보고, 던져보면서 많은 질문들을 갖기 시작한다.

그러므로 교사나 부모 등 성인이 영유아의 발달특성을 이해하고, 영유아와 아동에게 적절한 기대를 하는 것은 긍정적 생활지도의 원리에서 매우 중요하다고 할 수 있다.

7.1.3. 긍정적 생활지도의 일반원리

일반적으로 부모나 교사 등 성인은 영유아의 부적절한 행동을 예방하기 위해 평소에 다음과 같은 지도, 훈육 원칙을 따를 필요가 있다(Fletcher, 2016).

- 명백하고 일관된 규칙을 세워놓는다.
- 환경이 안전하고 장애가 없도록 조정해놓는다.
- 적절한 놀잇감을 준비해준다.
- 영유아가 선택할 수 있는 기회를 제공하여 자기통제력을 키우도록 돕는다.
- 하지 말아야 할 행동보다는 했으면 좋겠는 행동에 초점을 맞춘다.
- 영유아가 신뢰롭고, 책임감 있고, 협력하는 이미지를 추구하도록 한다.
- 영유아가 최선의 것을 하기를 기대한다.
- 지시할 때에는 한 번에 하나씩 명확하게 한다.
- 영유아가 바람직한 행동을 할 때마다 '잘했어'라고 말한다.
- 영유아가 하지 말아야 할 행동을 하는지 감시하기보다는 영유아가 적절하게 행동하는지에 초점을 맞춰 관심을 기울이고 주목한다.
- 영유아가 화가 나 친구를 때리는 등 상황이 통제범위를 넘기 전에 중재한다.
- 영유아를 격려한다.
- 영유아에게 모범이 된다.
- 영유아가 자신의 행동이 다른 사람에게 어떤 영향을 미치는지 볼 수 있도록 돕는다.

영유아의 부적절한 행동은 완벽히 예방되기 어렵다. 영유아는 대개 호기심이 많고 끝없는 상상을 즐기는 존재이므로 부모나 교사가 예상하지 못한 행동을 하기도 한다. 부모나 교사가 영유아가 부적절한 행동을 하는 이유를 이해할 수 있다면, 행동 문제를 좀 더 성공적으로 예방할 수 있다. 영유아가 적절하지 못한 행동을 하는 몇 가지 이유는 다음과 같다.

- 부모나 교사 등이 이 상황에서도 규칙 준수를 요구하는지 확인하기 위해
- 영유아기관과 가정에서 요구하는 규칙이 서로 달라서
- 규칙을 제대로 이해하지 못해서, 혹은 규칙의 수준이나 성인의 기대가 자신의 발달 수준을 넘는 것이어서
- 자신을 내세우고, 독립성을 확인하고자
- 아프거나 지루하거나 배고프거나 졸리거나 피곤해서
- 적절한 정보나 선행 경험이 부족해서
- 전에 이 행동을 했더니 보상이 와서
- 주변 또래나 성인의 행동을 모방하여

영유아가 부적절한 행동을 하는 경우, 부모나 교사가 긍정적인 생활지도나 훈육을 하는 환경에서 영유아는 대개 다음과 같은 결과를 경험한다.

- **자연적인 결과(natural consequences):** 이는 영유아가 자신의 행동 결과를 힘들게 겪어내 보도록 하는 것이다. 가령, 영유아가 아끼는 장난감을 놀고 나서 제자리에 갖다 놓지 않아 잃어버렸다면 영유아는 장난감을 정리하지 않은 자연스러운 결과를 맞게 되는 것이고 그에 따른 상실감을 겪어내야 한다.
- **논리적인 결과(logical consequences):** 이는 영유아가 몇 가지 특정한 잘못된 행동을 했을 경우 이와 관련된 직접적인 결과를 겪어내 보도록 하는 것이다. 가령, 유아가 식당에서 얌전하게 밥을 먹기로 약속했지만 실제로는 식당에서 떼를 쓰며 소리를 질렀을 경우, 부모는 아이를 데리고 나오고, 유아가 그 식당에서 밥을 먹지 못하는 결과를 경험하는 것이다. 유아가 집에 와서 식사를 하면서 다음 번에 식당을 갈 때는 얌전하게 행동하기로 다짐할 수 있다.

- **고쳐놓기(fix-up):** 유아가 뭔가를 망가뜨렸을 경우 고치는 것을 돕게 하거나, 누군가에게 스트레스를 주었다면 직접 그를 위로하게 하는 것이다. 가령, 유아가 동생을 울렸다면, 영유아로 하여금 동생에게 사과하고 동생을 달래주도록 하는 것이다.
- **타임아웃(time out):** 이는 유아가 특정한 장소에서 보상이 되지 않는 방식으로 혼자 있게 하는 것이다. 이 방법은 유아로 하여금 조용히 자신의 행동을 되돌아보도록 하는 것이다. 따라서 타임아웃은 조용하고 확고한 방식으로 실시한다. 유아 연령당 1분을 넘지 않는 것이 적절하다.
- **조정하기(redirection):** 이는 영유아가 규칙을 따르지 않거나 비협조적으로 되는 때를 인식하여 재빨리 영유아에게 대안 활동을 제시하는 것이다. 가령, '○○아 이제 자전거를 오래 탔으니 이제 **이가 타라고 하고, 너는 선생님이 꽃밭에 물 주는 걸 도와주렴'이라고 할 수 있다.

이상의 방법에도 불구하고 영유아가 부적절한 행동을 지속할 때, 부모나 교사는 이에 대응하기 전에 훈육이나 지도의 세 가지 포인트를 고려해볼 필요가 있다.

- 영유아의 행동이 정말 잘못된 것일까? 영유아의 행동을 고칠 필요가 있는 것인가? 아니면 단순히 성인인 내가 인내심이 부족해서일까? 만약 문제가 없다면, 성인인 본인의 스트레스와 부적 정서를 다룰 필요가 있다. 만약 영유아의 행동에 문제가 있다고 생각된다면 다음 단계로 넘어간다.
- 부모나 교사가 영유아에게 기대하는 행동을 영유아가 실제로 해낼 발달수준이거나 해낼 능력이 있을까? 만약 성인의 기대가 발달적으로 적합하지 못하다면 성인의 기대를 고쳐야 한다. 만약 영유아가 기대하는 대로 행동할 수 있는 능력이 있다고 생각된다면 다음 단계로 넘어간다.
- 영유아는 언제 어느 상황에서 부적절한 행동을 하는지 스스로 인식하고 있는가? 만약 영유아가 이를 스스로 인식하지 못한다면, 부모나 교사가 기대하는 바에 대해 영유아가 인식할 수 있도록 도와주어야 한다. 만약 영유아가 스스로 인식하고 있음에도 불구하고 부적절하게 행동한다면, 그 영유아는 추가적인 지도나 훈육을 받을 필요가 있다.

7.2. 영유아기관에서의 생활지도

7.2.1. 발달의 이해와 관계 수립

영유아의 행동은 연령과 발달수준, 환경 특성에 따라 다르게 나타난다. 교사는 영유아가 시도해보고, 실수를 하는 것이 정상적인 발달의 과정이라는 점을 이해할 필요가 있다. 교사는 영유아의 연령, 발달단계, 능력에 적합한 기대를 갖는 것이 중요하다. 교사는 시간과 노력을 들여 영유아를 발달적으로 적합하게 지도하여 영유아가 신뢰감, 자신감, 문제해결 기술을 갖추어 갈 수 있도록 도와야 한다. 교사가 자신이 지도하는 영유아의 발달단계와 능력에 대해 더 잘 이해하고 있으면, 보다 효율적으로 영유아를 지도할 수 있다.

영유아의 가족 특성, 문화적 특성도 이들의 행동에 영향을 미친다. 영유아의 가족과 문화적 배경에 대한 지식, 서로 다른 가치 체계를 갖고 있다는 점에 대한 존중을 통해 교사는 영유아를 키우는 다양한 접근방식에 보다 감수성 있게 반응할 수 있다. 교사는 영유아의 발달수준, 가족과 문화적 배경을 이해함으로써 영유아의 행동에 대해 보다 현실적인 기대를 가질 수 있게 된다.

한편, 교사는 영유아와 긍정적인 관계를 수립하는 것이 영유아생활지도의 가장 근본적이고 기초적인 요소임을 알고 있어야 한다. 즉 교사는 영유아가 사랑, 안전, 돌봄, 반응적인 상호작용이 자주 나타나는 밀접하고 의존적인 관계를 통해 자신의 성장과 발달을 이루어가는 존재라는 것을 인식하고 있어야 한다. 교사와 영유아 간의 긍정적인 관계는 신뢰감, 이해, 돌봄을 기초로 하여 구축되는 것이며 이는 다시 영유아의 긍정적 동기, 다른 또래와 바람직한 관계 형성 등으로 이어진다. 교사와 영유아 간의 긍정적인 관계는 특히 발달과정에서 위험 요소에 많이 노출된 영유아에게 보호요인으로 작용을 한다.

교사가 영유아와 긍정적인 관계를 수립하는 방법은 저금통에 차곡차곡 저금을 하는 것과 같다. 교사는 영유아와 긍정적인 관계를 수립하고자 그 영유아에게 자신의 시간과 관심을 꾸준히 쏟아 부을 수 있어야 한다. 교사가 개별 영유아에게 관심을 갖다 보면 그 영유아의 관심과 흥미와 특별한 요구 등을 파악할 수 있게 된다. 이 정보를 토대로 교사는 영유아와의 상호작용을 보다 더 신뢰롭고 흥미로운 것으로 만들 수 있다. 발달적으로 적합한 생활지도를 하는 교사의 경우 하루일과 중 영유아에게 수십 번의 칭찬, 긍정적인 대화, 격려하는 말투를 사용한다(Joseph & Strain, 2010).

표 7-1 교사가 자주 사용하는 격려와 칭찬의 말투들

- "네가 ....하는 것을 배웠구나."
- "훌륭한 생각이네."
- "..........한 것은 정말 잘 한 일이야."
- "○○이가 ......해서 ....발전된 것을 봐."
- "넌 정말 ....에서 열심히 만들었어."
- "와, ○○이가 해놓은 걸 봐봐."
- "........하다니 그거 괜찮은 방법인데."
- "○○이가 ....해줘서 고맙다."
- "네가 ....하니 선생님이 정말 고마워."
- "네가 ....하니 선생님이 정말 기쁘구나."
- "..........하다니 넌 정말 유능한 해결사야."
- "여러분, 선생님이 발표할 게 있어요. 오늘 ○○이가 ....해서 ......했어요. 정말 훌륭하지요?"

7.2.2. 환경의 조정

교사는 영유아생활지도를 위해 먼저 교실 환경의 조정을 통해 생활지도의 목표 내용을 일부 달성하여야 한다. 이때 환경의 조정이란 영유아가 또래와 보다 긍정적인 사회관계를 경험하도록 지원해주는 방식으로, 물리적 환경, 또래와의 사회적 환경, 하루일과, 활동, 교재-교구 등과 같은 영유아의 환경을 변화시키거나 조정하는 것을 의미한다(Center on the Social and Emotional Foundations for Early Learning, 2008).

1) 물리적 환경

교사는 교실의 물리적 환경이 영유아의 연령별 특성에 적합한 영역으로 구성되어 있는지, 각 영역에 비치된 교재-교구의 내용과 수준은 영유아의 발달특성과 요구에 적합한 것인지 점검하고, 조정이 필요한 부분은 적합하게 바뀔 수 있도록 한다. 교사는 교실별 영역의 수가 보육실의 크기나 영유아의 요구에 적합한 수준으로 열려 있도록 한다. 영역이 지나치게 많이 열려 있으면 공간이 비좁아지기 때문에 영유아 간의 불필요한 신체 접촉이 많아질 수 있으며, 이는 상대에 대한 부정적인 행동표현으로 이어질 수 있다. 반대로 영역이 지나치게 조금 열려 있으면 한 영역에서 놀이하고자 하는 영유아의 수가 너무 많아져 개별 영유아가 충분히 놀이에 몰입하기가 어려울 수 있다.

교실 바닥에 선으로 둘러진 구획은 영유아의 행동을 안내해주는 기능을 한다. 가령 음률 영역 앞 바닥에 발자국 모양을 커다란 타원형으로 붙여 놓았을 경우, 유아는 또래와 함께 리듬악기를 두드리면서 발자국 모양을 따라 움직이는 놀이를 할 수 있다. 놀이가 활성화됨으로써 유아는 서로 리듬악기를 차지하여 연주해보고자 경쟁을 하는 대신, 또래들과의 음률 및 동작 놀이로 자연스럽게 놀이를 활성화시킴으로써 문제행동을 미연에 방지할 수 있게 된다.

2) 집단 구성

교사는 하루일과를 운영하면서 필요에 따라 영유아의 집단 구성을 적절히 조절해줌으로써 다툼과 같은 문제행동을 예방할 수 있다. 유아끼리 소집단을 구성할 때는 사회적으로 유능한 유아와 사회적 유능성이 떨어지는 유아를 한 집단에 배치하는 것이 바람직하다. 혹은 수줍어하는 유아와 활동적이며 적극적인 유아를 같은 집단으로 모아주는 것도 좋다. 사회적 유능성이 부족한 영유아일수록 사회적 유능성이 높은 또래와 상호작용하는 경험을 가지는 것이 중요하다. 또한 영유아가 서로 이질적인 또래와 상호작용함으로써 바람직한 행동방식을 배울 수 있는 기회를 줄 필요도 있다.

또한 교사는 개별 영유아가 할 수 있는 활동, 소집단이 함께 진행하기에 적합한 활동, 짧은 시간 동안 대집단으로 할 수 있는 활동을 다양하게 제시할 필요가 있다. 교사는 한 영역에서 동시에 놀이하거나 활동하기에 적합한 영유아의 명 수를 미세하게 조정해봄으로써 해당 교실의 상황에 적합한 집단 구성 방법을 모색하는 등 영유아가 또래와 경험하는 사회적 환경을 조정해줄 수 있다.

3) 하루일과

교사는 교실의 하루일과를 규칙적이고 일관성이 있되, 간혹 영유아의 요구나 상황에 따라 바꾸어 운영할 수 있다. 규칙적인 일과는 영유아로 하여금 시간 환경에 대한 예측이 가능하도록 해주고 영유아가 심리적으로 편안하게 일과에 적응할 수 있도록 해준다. 다음에 진행되는 일과가 무엇인지, 언제쯤 무엇이 시작될 것인지 예측할 수 있게 되면 영유아는 신체적 · 심리적으로도 규칙성을 갖게 되고 무료해 하지 않고 놀이나 활동에 몰입할 수 있다. 오후 일과에 진행되는 낮잠 시간은 영유아에게 휴식을 통해 피로를 풀고 원기를 회복할 수 있도록 도와준다. 교사는 교실의 하루 일과를 일관성 있게 진행할 수 있도록 지원함으로써 하루일과의 흐름이 영유아의 생활지도를 위한 바람직한 환경으로 작용할 수 있도록 하여야 한다.

4) 놀이, 활동 및 교재-교구

교사는 자신이 담당한 교실 영유아의 발달수준과 개별 특성에 맞도록 풍부한 놀이를 허용하고, 때로는 이를 지원할 수 있는 활동을 준비하여 이를 적합한 교재-교구와 함께 제시한다. 교사가 준비하는 활동은 영유아의 관심과 흥미를 바탕으로 영유아가 즐겁고 진지하게 놀이에 몰두할 수 있도록 지원하고 있는지 살펴보아야 한다. 또한 교사가 지원해준 영역별 교재-교구가 영유아의 다툼을 방지하도록 충분히 비치되어 교재-교구의 수보다 많은 수의 영유아가 이를 원하여 다툼이 일어나지 않도록 예방해줄 수 있는 상태인지 주기적으로 살펴보아야 한다.

교사는 자신이 담당한 교실의 교재-교구나 놀잇감을 주기적으로 바꾸어줌으로써 영유아가 그 새로움에 적절한 흥미를 가지고 이것이 놀이로 연결될 수 있도록 지원하여야 한다. 또한 교사는 영유아에게 제시하는 교재-교구의 배치방법이나 지원방법이 적절한지 살펴보아야 한다. 가령, 교사는 누워서 자기 몸 그려보기 놀이와 같이 유아 간에 협력과 공유가 일어날 수 있는 교재-교구(누워 있는 유아의 몸 둘레를 그릴 수 있는 큰 종이 등)를 배치하는 것이 바람직하다.

교사는 놀이, 활동의 내용이나 진행방법을 약간 조정해줌으로써 영유아 간의 사회적 상호작용을 증진시킬 수도 있다. 가령 혼자서 책을 읽기보다는 둘이 짝을 지어 한 유아가 책을 읽으며 다른 유아는 주의 깊게 들어보고 서로의 느낌을 공유해보는 놀이를 제안해 줄 수 있다. 교사는 교수-학습방법이나 상호작용을 주기적으로 점검함으로써 자신의 교수방식이 영유아의 놀이를 지원하고 이들의 문제행동을 충분히 예방하고 있는지 관리할 필요가 있다.

7.2.3. 지도 전략: 예방과 중재

교사가 영유아기관에서 사용할 수 있는 긍정적인 생활지도 전략은 예방(prevention)과 중재(intervention) 전략으로 구분된다.

1) 예방 전략

먼저 예방 전략(prevention strategies)을 살펴보면 다음과 같다.

① 명백하고, 일관된, 간단한 규칙을 설정하기(Set Clear, Consistent, & Simple Limits): 규칙은 적절한 행동이 무엇인지를 진술한 것으로 영유아로 하여금 어떤 행동이 기대되고 있는지 이해할 수 있도록 해준다. 규칙은 간단하고 적은 수로만 만들되, 일관되게 시행되고 영유아가 쉽게 이해할 수 있어야 한다. 예를 들면,

'교실 안에서는 뛰는 대신 걸어다녀요', '먹을 때는 먼저 손을 씻어요' 같은 것이다.

② 규칙을 이해하기 쉽게 설명하기(Give Easy to Understand Explanations for Limits): 영유아가 규칙의 이유나 필요성을 이해할 수 있으면, 이를 따르기가 더 쉽다. 영유아에게 규칙의 '이유(why)'를 가르쳐서 영유아가 이를 내면화시킬 수 있도록 돕는다. 가령, '모래는 바닥에서만 가지고 놀자. 그러면 친구들 눈에 들어가지 않을 수 있어', '놀잇감을 다 놀고 선반의 이 그림 위에 올려놓으면 다른 친구들도 쉽게 찾을 수 있겠지?'와 같은 것이다.

③ 규칙은 부정적인 방식보다는 긍정적인 방식으로 정하기(Say Limits in a Positive Way, Rather Than in a Negative Way): 영유아가 하지 말아야 할 행동보다는 해야 할 행동에 교사가 더 집중을 하면 영유아가 이를 모델로 삼아 따르기가 쉽고, 영유아가 방어적이거나 저항하는 방식으로 대응할 가능성이 줄어든다. 가령, '바닥에 블록을 남겨두지 말자'보다는 '이제 블록을 치울 시간이네'라고 말하는 게 낫다. 또는, '책을 함부로 다루지 말자'보다는 '책을 소중히 다루자'라고 안내하는 게 낫다.

④ 영유아의 인격 전체보다는 행동에만 초점을 맞추기(Focus on the Behaviour, Rather Than on the Child): 영유아의 행동에만 초점을 맞추고, 대안 행동을 배우도록 하기 위해 긍정적으로 안내한다. 자칫 영유아의 성격이나 기질에 대해 비판적이거나 공격적인 표현을 하지 않도록 유의한다. 이는 영유아에게 죄책감과 수치감을 주고, 자아 존중감을 낮추게 하기 때문이다. 가령, '너 정말 버릇이 없구나'보다는 '트럭을 갖고 싶어 움켜쥐고 뺏어오면, ○○이가 화가 난단다'라고 한다. '넌 멋대로 행동하는 아이구나. 당장 테이블에서 내려와!'라고 하기보다는 '테이블에 기어올라가면 위험해. 다칠 수가 있어'라고 한다.

⑤ 뭘 해야 할지 묻기보다는 기대하는 바를 알려주기(Say What is Expected, Rather Than Ask): 한계를 설정하거나 기대되는 행동을 가르치고 싶을 때는 영유아에게

묻기보다는 간략하게 직접 말해주는 게 낫다. 가령, '충분히 놀았으니 이제 밥 먹기 전에 뭘 해야 할까?'라기보다는 '이제 정리할 시간이다'라고 하는 게 낫다. '이제 집에 가고 싶니?'라고 묻기보다는 '엄마 오셨네. 이제 집에 갈 시간이다'라고 하는 게 낫다.

⑥ 선택할 수 있게 해주기(Provide Choices): 영유아에게 선택할 기회를 주면 불필요한 파워 게임을 줄일 수 있다. 대신, 선택의 기회는 적절한 방식으로 제공한다. 가령, '이제 옷 입자'보다는 '바지 먼저 입을래? 아니면 셔츠 먼저 입을래?'라고 한다. '채소 좀 더 먹자'보다는 '샌드위치랑 오이를 함께 줄까? 아니면 당근을 함께 줄까?'라고 한다.

⑦ 영유아가 교사의 안내에 반응할 수 있는 충분한 시간을 주기(Give Children Enough Time to Respond to Expectations): 영유아는 무슨 일이 어떻게 일어나는 것인지 알면 더 잘 반응할 수 있다. 그들은 행동을 바꾸기 전에 단서나 안내를 받으면 더 쉽게 행동을 한다. 성인이 말하는 즉시 영유아가 행동으로 답하기를 기대하는 대신 영유아를 잠시 기다려줄 필요가 있다. 가령, '이제 치우자'보다는 '5분 있다가 치우기 시작하자'라고 한다. '앉지 않으면 이야기 들려주기는 안 한다'보다는 '우리 모두 조용히 앉으면, 선생님이 이야기 들려주기를 시작할 거야'라고 한다.

⑧ 작은 실수는 무시하기(Ignore Minor Incidents): 영유아와 함께 있는 성인들은 어느 정도의 소음, 어수선함, 주의를 끄는 행동들이 있고 이를 참아주어야 한다는 점을 배울 필요가 있다. 영유아의 행동이 안전하고, 타인을 해치는 것이 아닌 한, 그걸 일일이 고치라고 요구하기보다는 '서로에게 잠시 쉼을 주는 것'이 최선이다.

⑨ 적절한 행동을 하면 말과 제스처로 칭찬하여 강화시켜 주기(Reinforce Appropriate Behaviour, With Both Words and Gestures): 영유아가 적절하게 행동할 때는 이를 알아차려 주고 말과 행동으로 칭찬을 해주는 것이 중요하다. 긍정적 강화는 영유

아의 자신감을 키워주고 적절한 행동을 다시 하도록 격려해준다. 성인은 영유아의 버릇을 고치려고 하기보다는 적절한 행동에 세심하게 집중할 필요가 있다. 가령, '넌 착한 아이야'라고 하기보다는 '○○이와 차례를 바꿔줘서 고마워, 친절한 행동이네'라고 한다. '○○이는 선생님을 잘 도와주지'라고 하기보다는 '여길 치우고 정리하니까 이제 안전하게 놀 수 있겠네'라고 한다.

⑩ 영유아가 교사를 지원자원으로 이용할 수 있도록 격려하기(Encourage Children to Use You as a Resource): 영유아는 성인이 자신을 보호하고, 안내하고, 도와주려고 있는 사람이라는 것을 알 필요가 있다. 영유아는 성인이 공정하게 반응하고, 자신들이 안전하다고 느낄 수 있는 태도로 지원해주면, 안락감을 느끼고 성인을 모델로 따라 한다. 가령, '그건 네가 하긴 어려워. 내가 해줄게'라고 하기보다는 '어떻게 해야 할지 헷갈리면 나에게 말해줘. 내가 도와줄게'라고 한다. '바보같이 굴지 말고 네가 ○○이에게 직접 말해'라고 하기보다는 '네가 ○○이에게 너도 같이 끼워달라고 말해보는 동안 선생님이 옆에 함께 서 있어 줄게'라고 한다.

⑪ 영유아를 늘 주시하고 살펴보기(Be Alert): 성인이 영유아와 함께 적극적으로 상호작용하거나 영유아의 놀이나 행동을 관찰하면 발생할 수 있는 문제를 더 잘 예측할 수 있고, 문제들을 미리 예방할 수 있다.

⑫ 근접성을 유지하기(Proximity/Nearness): 영아나 걸음마기 유아와 같이 연령이 더 어린 아동들은 함께 놀이하는 방법을 배우는 중이므로 교사가 더 밀접하게 함께 있을 필요가 있다.

2) 중재 전략

지금까지 살펴본 바와 같이 교사가 미리 환경을 조정하고, 부적절한 행동을 최소화하기 위해 노력해도 때로는 영유아가 문제가 되는 행동을 할 수 있으며, 교사는 이를 중재할 필요가 있다. 중재 방법도 부적절한 행동에 집중하여 이를 없애려 노력하는 부정적인 방법을 사용하기보다는, 긍정적이고 지원적인 방법으로 이루어질 필요가 있다. 교사가 사용할 수 있는 중재 전략(intervention strategies)을 살펴보면 다음과 같다.

① 존중하는 방식으로 영유아의 주의를 끌기(Get a Child's Attention in a Respectful Way): 영유아가 신체적으로 위험한 경우가 아니라면, 교사가 개인적으로 영유아에게 다가가 이름을 부르고, 아이 눈높이로 키를 낮춘다. 영유아에게 말을 할 때는 목소리의 톤에 유의하여 부드럽고 친절한 톤을 유지하여 영유아로 하여금 안전하고, 돌봄을 받고 있다는 느낌을 가질 수 있도록 한다. 성인이 큰 목소리로 위협적인 톤을 사용해 말하면 영유아는 위협감을 느끼고 불안해한다. 얼굴 표정, 몸짓도 어투에 맞게 부드럽게 유지하도록 노력한다.

② 가까이 다가가서 말하고 부드럽게 만지기(Use Proximity and Touch): 영유아에게 가까이 다가서거나, 두 아이 가운데 서거나, 영유아게 팔을 둘러주는 등의 몸짓이 영유아를 안정시키고, 보다 효율적으로 지도나 중재를 할 수 있는 분위기를 만든다. 이는 영유아가 깨물고, 발로 차고, 꼬집는 상황에서도 도움이 된다.

③ 생각날 수 있도록 팁을 주기(Reminders): 한계를 상기시키기 위해 간단하고 긍정적인 팁을 준다. 걸음마기 유아나 취학전 유아는 주의집중시간이 짧고 놀이나 활동을 하고 있을 때는 쉽게 주의가 산만해진다. 성인은 팁을 자주 사용하는 것이 좋다. 가령, '자전거는 자전거 주차선 안에 두자', '모래는 땅바닥 가까이에서만 만지자'라고 환기시킨다.

④ 규칙을 제시하기 전에 감정을 어루만져주기(Acknowledge Feelings Before Setting Limits): 영유아가 교사의 안내를 지원적이라고 느끼게 하려면 영유아의 감정을 먼저 인식하고 이해해줄 필요가 있다. 한계를 설정하거나 제시하기 전에 영유아의 감정에 먼저 공감해주면, 영유아가 부정적인 방식으로 반응하는 정도가 낮아진다. 가령, '○○이는 화가 난 것 같은데? 하지만 △△이를 발로 차는 건 위험해', '네 차례를 기다리기 힘들지? 하지만 미끄럼틀을 탈 때는 줄을 서서 기다리기로 했지?'라고 한다.

⑤ 조정해주기(Redirection): 조정해준다는 것은 부적절한 행동이 발생하는 상황을 조정해주는 것이다. 이는 특히 걸음마기 유아나 취학전 유아에게 필요한 방법이다. 일반적으로 많은 경우에 대안이 되는 놀잇감을 제시해주거나 다른 놀이나 활동을 하도록 제안해주는 것이 때로는 문제나 갈등을 쉽게 해결해준다. 가령, '오늘은 너희들이 에너지가 넘치는 것 같구나. 코트 입고 밖에 나가서 놀자'라고 한다.

⑥ 적절한 선택권을 제시하기(Offer Appropriate Choices): 교사는 기대를 명확하게 하거나 한계 설정을 확인시킬 때 간단한 선택권을 줄 수 있다. 선택권을 줄 때는 긍정적이고 지원적인 방식으로 한다. 가령, '원 안에 앉아서 함께 이야기 나누기를 하든지, 아니면 퍼즐놀이같이 조용한 놀이를 할 수 있어. 네가 선택해', '여기 줄을 서서 네 차례를 기다릴래? 아니면 다른 것을 하면서 놀래?'

⑦ 자연적인 결과와 논리적인 결과를 이용하기(Use Natural and Logical Consequences): 자연적인 결과는 행동에 따른 불가피하거나 피하기 어려운 결과를 명확히 해주는 것이다. 가령, '네가 만든 작품을 저쪽에 보관하는 걸 잊었구나. 이따 집에 갈 때 네 작품을 찾으려면 힘들겠다'라고 한다. 이에 비해 논리적인 결과는 유아가 문제와 해결책을 이해하는 것이다. 가령, '물감을 엎질렀네. 여기 이 스펀지로 닦으면 되겠다'라고 한다.

⑧ 놀잇감의 사용을 제한하기(Limit the Use of Toys/Equipment): 때로는, 한계를 더 명확하게 설정하거나 놀이 기회를 제한할 필요가 있다. 이 전략은 다른 전략(생각날 수 있도록 팁을 주기, 가까이 다가가기, 선택권을 주기 등)이 효과가 없을 때 사용해볼 수 있다. 이 전략은 자주 사용하지는 않도록 한다. 가령, '○○이가 키보드를 부드럽게 사용하는 데 여전히 어려움이 많네. 점심 먹을 때까지 키보드를 닫아둘 거야. 다음에는 쾅쾅 때리지 말고 부드럽게 사용해보자', '우리 친구들이 암벽타기를 안전하게 사용하지 못하니까 이번 시간에는 암벽타기를 가려놓을거야'라고 한다.

⑨ 문제해결 기술의 모범을 보이기(Model Problem-Solving Skills): 영유아는 좌절되거나 막막한 상황을 마주치면 쉽게 흥분하거나 화를 낼 수 있다. 교사는 긍정적이고 지원적인 환경에서 문제를 해결하는 모범을 보인다. 대처 전략을 가르치는 출발점은 문제를 인식하는 것이다. '○○이가 자전거 타는 걸 보니까 너도 타고 싶구나'와 같이 문제를 진술한 다음에는, 해결책을 찾아보도록 질문을 한다. '○○이에게 가서 자전거 다 타면 말해달라고 해봤니?'와 같은 식이다. 필요하다면, 유아가 해야 할 말을 더 구체적으로 가르쳐준다. '○○이에게 자전거 다 타면 네가 딜거라고 말헤봐'와 같은 식이다. 문제가 해결되면, 문제해결 방법을 다시 정리해준다. '다음부터는, 자전거를 타고 싶으면 친구에게 가서 네가 다 타면 그 다음에는 내가 탈 거라고 말하자'와 같은 식이다. 놀잇감을 함께 가지고 놀거나, 또래들이 상호작용하면서 놀이하는 데 끼는 방법 등을 가르칠 때에는 그에 맞는 적절한 방법들을 유아에게 가르쳐준다. 유아가 점차 경험을 쌓게 되면 자신만의 해결책을 갖게 될 수 있다.

⑩ 유아가 수정할 기회를 주기(Provide Opportunities for Children to Make Amends): 친구를 때렸거나 실수로 다치게 했을 때 유아에게 피상적인 사과를 하라고 요구하기보다는 유아가 관계를 회복할 수 있는 진짜 기회를 가지도록 안내해줄 필요가 있다. 대개 유아는 이런 것에 즉시 응하기가 쉽지 않지만, 그래도 이렇게 해보도록 안내한다. 궁극적으로 이 전략의 목표는 유아로 하여금 즉각적인 복수보다는 상황을 바꾸는 데 힘을 보태는 것이 시간과 선의를 필요로 한다는 점을 배우게 하는 것이다. 가령, '선생님이 밴드를 감을 동안 너는 ○○이를 위해 휴지를 가져다줄래? 싫어? 그러면 ○○이가 울음을 그칠 때까지 옆에 조용히 앉아 있어주렴' '○○이는 아직 화가 안 풀려서, 놀 마음이 안 나나 봐. ○○이가 마음을 가라앉히도록 혼자 있을 시간을 좀 주자'라고 한다.

7.2.4. 행동 문제의 지도 시 유의할 점

1) 시간 보내기

'시간 보내기(time away)'는 지나치게 자극적인 활동이나 환경에서 영유아의 주의를 좀 더 차분한 쪽으로 돌려주는 조정 전략이다. 영유아가 성숙해지면서 이 전략을 통해 영유아는 자신의 감정과 행동을 인식할 수 있게 된다. 영유아는 부적절한 행동이 일어나거나 혹은 그 행동이 더 커지기 전에 환경이나 활동으로부터 벗어나 자신을 조정하는 법을 배운다. 시간 보내기 방법은 성인의 보호하에서 영유아가 다시 '편안하게 느끼고, 차분해지고, 통제력을 되찾을 수 있는' 환경이라면 어디서나 시작할 수 있다. 가령, 담요, 베개, 책, 부드러운 장난감이나 스트레스 완화 공 같은 것들이 있는 영역, 차분해지는 감각 교구들(가령, 코튼 볼이 가득 찬 용기, 서로 다른 느낌의 섬유류들)이 있는 영역, 부드러운 소리(가령, 바람 소리, 고래 소리, 새 소리 등)가 나는 음악 영역 등과 같은 곳을 예로 들 수 있다.

시간 보내기를 할 때 격리된 장소에서 하도록 강요하지 않아야 한다. 시간 보내기는 처벌이 아니라 영유아가 자기 조절감을 키우고 자신의 정서 상태와 신체 상태를 통제하는 힘을 다시 가질 수 있게 하는 것이다. 이 전략은 영유아로 하여금 자신이 충분히 준비가 됐다고 생각되면 이전 활동으로 다시 돌아갈 수 있도록 해주는 것이다. 영유아는 격려받을 때, 소속감을 느끼고 존중받는다고 느낄 때, 자신의 삶을 통제할 수 있다고 느낄 때 자기 조절감을 키울 수 있다.

2) 붙잡고 있기/제한하기

붙잡고 있기/제한하기(Holding/restraint) 전략은 영유아를 강제로 붙잡고 있거나 못 움직이도록 제한하는 것이다. 그러므로 신중하게 사용해야 하며, 최후의 방법으로만 사용되어야 한다. 즉, 모든 다른 전략들과 방법들을 사용해보았으나 어느 것도 통하지 않을 때 사용해야 한다. 이는 영유아가 자기 통제감을 잃고 본인이나 또래를 심각하게 신체적으로 해칠 수 있는 상황을 즉각적으로 막고자 할 때에만 사용해야 한다. 비상상황에만 사용하는 것이라 할 수 있다. 불가피하게 이 방법을 사용했을 때에는 관리자에게 서면으로 보고하는 것이 좋다.

7.3. 가정에서의 생활지도

7.3.1. 걸음마기 유아의 자기 통제력을 기르는 원리

걸음마기 유아는 부모 등 주 양육자와 분리개별화가 이루어지면서 점차 스스로 해보고자 하는 욕구가 생긴다. 하지만 아직 신체발달이나 대·소근육 발달이 충분히 이루어지지 못했기 때문에 자신이 해보고자 하는 바대로 잘 되지 않는 경우가 많아서 감정의 기복이 심하다. 걸음마기 유아의 정서적 특성을 이해하고 공감과 존중을 통해 걸음마기 유아가 자기 통제력을 갖추어나갈 수 있도록 지도해야 한다.

1) 걸음마기 유아기의 정서 특성 이해

부모는 만 2~3세 사이의 걸음마기 유아가 역동적인 시기라는 점을 이해하여야 한다. 걸음마기 유아는 자신들이 어머니와 분리된 존재라는 것을 깨닫기 시작하는데, 이는 곧 이들이 세상에 대하여 자신의 욕구를 스스로 표현하고, 자신이 선호하는 것과 싫어하는 것을 알리고, 혼자서 행동할 수 있다는 것을 나타내고 싶어 하는 시기가 도래한다는 것과 같다. 이 시기의 유아는 자기가 하고 싶다고 생각할 때 이를 즉시 시행하고자 하는데, 이는 매우 자연스러운 성향이다. '안 해', '내가 할 거예요'와 같은 말로 자신의 호, 불호의 욕구를 나타낸다.

그러므로 부모는 이 시기의 걸음마기 유아에게 나타나는 정서의 변화가 마치 청소년과 비슷하다는 점을 받아들여야 한다. 걸음마기 유아는 영아기에 비해 훨씬 분화된 다양한 종류의 정서를 경험하며 대부분의 정서는 매우 강력하고 걸음마기 유아의 마음을 온통 그곳에 쏠리도록 휘몰아친다. 그러므로 화가 나면 물건을 던지거나 상대를 때리는 행동으로 자신의 강력한 감정을 표현하고자 한다(zerotothree, 2012).

2) 걸음마기 유아의 정서에 공감해주기

부모는 걸음마기 유아가 경험하는 정서를 정확히 파악하고 이 정서에 공감해주어야 한다. 부모는 걸음마기 유아가 자신이 놀고 있는 트럭 장난감을 일방적으로 가져가버린 형이나 누나에게 화가 난 상황을 보았다는 것을 알려주고 어떤 감정을 느끼고 있을지 공감해준다. 그리고 걸음마기 유아가 느끼고 있는 정서에 적합한 이름을 지어줌으로써 걸음마기 유아가 자신이 느끼는 이상한 감정에 이름이 있다는 것을 알도록 해준다. 또한 걸음마기 유아가 이런 감정을 느꼈을 때는 형이나 누나를 때리는 대신, '그 장난감을 가져가서 내가 화가 나. 그 장난감 돌려줘'라고 말로 표현하도록 가르쳐주고 이렇게 한 행동에 대해 치하를 해주도록 한다.

이러한 기법은 한 번 사용한다고 걸음마기 유아가 쉽게 습득하여 내면화시킬 수 있는 것은 아니다. 그러므로 부모가 유아와 함께 이런 내용을 다룬 여러 가지 책을 함께 읽어본다거나 자주 이야기해줌으로써 반복학습의 효과를 노릴 수 있어야 한다. 즉, 화가 나면 때리는 대신, '그러면 내가 화가 나니까 그러지 마'라고 말할 수 있다는 것을 이야기해주고, 함께 깊은 호흡을 쉬고 나서 말해보는 연습을 해보며, 실제의 문제 상황에서 걸음마기 유아가 그렇게 행동했을 때 이를 짚어서 칭찬해주는 등의 기법을 사용하도록 한다.

3) 걸음마기 유아의 선택 가능성 허용

걸음마기 유아는 독립성의 욕구가 급증하는 때이므로 하고 싶어 하거나 하기 싫어하는 선호가 강하게 나타난다. 부모는 걸음마기 유아에게 한 가지를 하거나 하지 말도록 일방적으로 지시하기보다는 두세 가지의 선택사항을 제시함으로써 자신이 능동적으로 선택하였다는 만족감을 주도록 하는 것이 좋다.

가령, 자기보다 더 어린 동생에게 트럭 장남감을 빼앗긴 걸음마기 유아에게 부모는 "트럭 장난감과 동생의 블록을 바꾸어 놀래, 아니면 트럭을 조금만 갖고 놀다가 동생에게 순서를 넘길래"라고 물어볼 수 있다. 이 경우 대부분의 걸음마기 유아는 동생의 블록과 바꾸기보다는 순서 지켜 놀기의 대안을 선택하고, 트럭 장난감을 가지고 논 후 곧 이를 기다리고 있는 동생에게 넘겨주어야 한다는 것을 인식할 수 있다.

7.3.2. 유아의 주도성과 자기 통제력을 기르는 원리

부모는 유아의 발달특성을 이해하고 있어야 한다. 유아기는 자신을 둘러싼 세상에 대해 능동적으로 배우고자 하는 시기이다. 유아는 호기심이 많고 질문이 잦으며, 성인을 즐겨 모방한다. 유아는 놀잇감을 함께 사용하기나 순서 지키기 등의 행동에 대해 보다 익숙해지는 때이지만 여전히 때로는 이렇게 하기를 싫어하기도 하는 시기이다. 유아는 어떤 때에는 동생을 데리고 놀아주고 싶어 하지만, 또 어떤 때에는 혼자 놀고 싶어 하기도 한다. 유아는 상당히 독립적이며, 새로운 것을 시도해보고 이에 따르는 실패의 위험도 잘 감수해낸다. 유아는 때로 쓰지 말아야 할 어휘나 표현을 배워 뱉어내기도 한다. 유아에게도 관심을 받는 것은 기분 좋은 일이나 무시당하는 것은 재미없는 일이 된다(Moiser, 2009).

1) 긍정어의 사용

유아는 스스로 결정 내리기를 좋아하며, 이렇게 하면 자기가 매우 중요하다고 느끼게 된다. 유아는 에너지가 넘쳐 어른보다 더 활동적이다. 열심히 놀고, 빠르고, 감정이 여전히 격렬하다. 놀이에 몰두해 있다가 갑자기 피곤해져 자신의 감정을 잘 통제하지 못하기도 한다. 유아기는 다른 사람과 어떻게 지내야 하는지 배워야 하는 시기이다. 우정관계가 지속되지는 않으나 친한 친구를 만들어 함께 놀기를 즐긴다.

부모는 부정어나 통제어보다는 긍정어를 사용하도록 노력해야 한다(표 7-2 참조). 유아기에도 여전히 자신이 관심 있어 하는 것에 대해 몰입하는 정도가 커서 자신의 관심을 중지하고 주의를 다른 곳으로 돌리기가 어렵다. 하지 말라는 지시나 통제를 받으면 유아는 그 행동을 중지하고 대신 무엇을 할지 자동적으로 연속되게 생각해 내기가 힘들다. 가령, 깨지기 쉬운 것을 만지고 있는 유아에게 '만지지 마라'라고 얘기하면 유아는 호기심을 느끼는 그 행동을 중단하고 무엇을 해야 할지 빨리 판단하기가 어렵다.

대신 유아에게 '눈으로만 보자'라고 말하면 유아는 만지는 행동 대신 눈으로 봄으로써 자신의 관심과 흥미는 계속 유지할 수 있게 되므로, 하던 행동을 중단하고 새로운 행동을 선택해야 한다는 인지적 부담이 훨씬 줄어들게 된다. 부모는 유아의 행동을 중단시키거나 통제하고자 하는 언어표현 방식을 개선할 수 있도록 노력하여야 한다.

표 7-2 부모가 부정어 대신 긍정어를 사용해보기

부정어	긍정어
• 공을 던지지 말자 • 동생을 때리지 말자 • 깨물지 말자 • 거실에서는 뛰지 말자	• 공을 바닥으로 굴려 보내자 • 동생하고 있을 때는 '예쁜 손' 하자 • 사람은 먹는 것만 깨문단다 • 거실에서는 걸어 다니자. 뛰면 아래층에서 시끄럽단다

2) 적절한 칭찬의 사용

부모는 칭찬의 효과와 적절한 칭찬 사용 방법을 이해하고 이를 적절히 사용할 수 있어야 한다. 효율적인 칭찬은 유아가 독립성을 키우고 강한 자아 존중감을 갖도록 하는 데 매우 효과적이다. 부모는 효율적인 칭찬을 유아의 기분을 북돋워주는 데 치중하여 사용하기보다는 칭찬이 유아의 행동을 안내해주는 역할을 하는 데 사용되도록 하여야 한다. 가령, 유아가 자기 놀잇감을 잘 정리하였을 때 부모는 '거실에 있는 네 장난감을 잘 정리했구나, 고맙다'라고 칭찬해줄 수 있다. 이는 '훌륭해', '잘 했어', '대단해'라고 일반적인 칭찬 어휘를 사용하는 것보다 구체적이어서, 유아가 어떤 행동을 강화시켜야 하는지 안내해주고 있다.

3) 능동적 경청의 사용

부모는 유아의 이야기를 열심히 들어주고 유아의 감정에 공감해줄 필요가 있다. 능동적 경청을 통해 유아가 하는 이야기를 부모가 열심히 듣고 있다는 메시지를 전하면 유아는 바람직한 행동 대안에 대해 생각해보게 되고 이를 실제 상황에 적용해보고자 하는 의욕이 생긴다. 부모는 적극적 경청, 능동적 경청을 많이 사용하여 유아와의 의사소통을 원활히 할 수 있어야 한다.

표 7-3 능동적 경청의 사례

철수: 아빠, 누나가 저 끌차를 못 하게 해요.
아빠: 그래서 기분이 나쁘겠구나.
철수: 누나는 나빠요. 맨날 자기만 해요.
영희: 내가 이 끌차 먼저 한 거야.
아빠: 철수가 끌차 끌려고 하기 전에 영희가 먼저 시작했구나?
영희: 네, 근데 철수가 뺏으려고 한 거예요.
아빠: 흠... 왜 그랬을까?
영희: 몰라요. 아마 내가 자기랑 함께 안 할려고 해서 화가 났을 거예요.
아빠: 둘이서 끌차를 함께 놀려면 어떻게 하면 좋을까?
영희: 음..... 그럼 내가 앞에서 끌차를 끌고, 철수는 뒤에서 밀면 어떨까요.

제 3 부

아동 생활지도와 아동상담

제 8 장

아동생활지도와 아동상담

| 학습 개요 |

아동생활지도는 유아기관에서 교사가 유아의 건강한 발달을 지원하고, 문제행동을 예방하며, 유아가 바람직한 행동을 할 수 있는 능력을 기를 수 있도록 지원하는 것이다. 이에 비해 아동상담은 전문상담사가 내담자의 문제를 중심으로 내담자 스스로 이를 해결할 수 있도록 행동방식을 바꾸도록 하는 일련의 전문적 과정이라 할 수 있다.

이 장에서는 먼저 생활지도와 상담을 비교하여 알아본 후, 아동생활지도의 특성과 아동상담의 기본 원리에 대해 알아본다. 이 장에서는 유아기관에서 교사들이 긍정적인 생활지도만으로는 충분한 지원이 되기 어려우므로 이에 따라 이 장에서는 아동상담을 필요로 하는 경우는 어떤 때인지 살펴본다. 마지막으로 아동상담의 특성과 아동상담사의 자질, 아동상담의 과정을 알아본다.

| 학습 목표 |

1. 생활지도와 상담을 비교하여 설명할 수 있다.
2. 아동생활지도의 특성과 기본 원리에 대해 말할 수 있다.
3. 아동상담의 특성과 아동상담사의 자질에 대해 말할 수 있다

| 주요 용어 |

생활지도, 상담, 긍정적 아동생활지도, 아동상담

8.1. 아동에 대한 전문적인 지원의 필요성

8.1.1. 아동생활지도와 아동상담의 비교

가족 구조의 다변화, 실업과 빈곤, 빈부의 격차, 가치관의 급변, 인터넷을 통한 정보의 무분별한 흡수 등 현대사회의 복잡성은 아동의 생활에 큰 영향을 미친다. 아동은 성장하면서 자신을 둘러싼 여러 가지 문제를 다루어야 할 부담이 더욱 커지게 되었다. 20세기 초 도움을 필요로 하는 아동 개인이 불필요한 어려움을 겪거나 자신을 낭비하지 않도록 이들을 지원하기 위한 서비스가 확대되었다. 아동상담과 아동생활지도 분야에 정신의학전문가와 심리전문가들이 합세하면서 이 영역이 보다 전문화되기 시작하였다.

두 분야 모두 지원을 필요로 하는 아동 개인을 다루며, 문제를 개선하고 상태를 진전시키기 위한 여건을 수정하는 것을 도와준다. Prayitno와 Amti(2004)에 따르면, 생활지도는 아동전문가, 청소년전문가 혹은 성인대상 교육전문가들에 의해 이루어지는 일련의 과정으로, 사람들은 생활지도를 통해 보편적인 기준에 맞추어 자신의 어려움(harness)을 다루는 능력을 개발시키게 된다. Winkel(2005)은 생활지도를 다음의 네 가지 차원으로 설명하고 있다.

첫째, 생활지도는 개인으로 하여금 자신과 관련된 지식, 경험, 정보를 갖추도록 해준다.

둘째, 개인의 자신의 발달과정에서 만나게 될 여러 가지 기회를 효율적으로 이용하여 자신을 발전시킬 수 있도록 역량을 갖추도록 해준다.

셋째, 여러 가지 서비스를 통해 개인이 주어진 생활환경 속에서 만족스럽게 적응할 수 있도록 해주고, 적절하고 현실적인 목표를 설정하며, 자신을 위한 의사결정을 할 수 있도록 해준다.

넷째, 개인이 자신을 이해하고, 환경의 요구에 부응하여 필요한 선택을 하고, 의사결정을 함으로써 자신과 환경을 발전적인 방식으로 연결해갈 수 있게 해준다.

이와 비교하여 Prayitno와 Amti(2004)는 상담이란 전문가(상담사)가 문제를 겪고 있는 개인(내담자)에게 일련의 상담과정을 통해 전문적인 지원을 하는 과정이라고 강조하였다. Winkel(2005)에 따르면, 상담은 상담자와 내담자가 일대일 대면과정을 통해 내담자로 하여금 특별한 문제나 여러 가지 이슈에 대해 스스로 책임을 질 수 있도록 도움을 주는 것을 강조한다. Hahn과 Maclean(2013)의 정의에서는, 상담을 문제가 있으나 혼자서는 이에 대처할 수 없는 한 개인과, 전문적인 훈련을 받고 내담자가 자신의 개인적인 어려움에 대해 스스로 해결책을 찾아나갈 수 있도록 돕는 전문가 사이의 일대일 관계가 이루어지는 과정이라 본다. Blocker(2004)는 상담을 내담자가 자신에 대해 인식하고, 자신의 환경에 행동적인 영향력을 미칠 수 있는 방법을 깨달을 수 있도록 도와주는 것이라고 하였으며, 더 나아가 상담은 내담자가 이 행동에 대해 개인적 의미를 부여하고 미래의 행동 목표와 그 가치를 규명할 수 있게 해주는 것이라고 하였다.

상담은 20세기 들어 더욱 발전된 전문 직종 중 하나라 할 수 있다. 상담은 내담자가 자신감을 가지게 하여 긍정적인 생각을 할 수 있도록 돕는 독특하고 역동적인 과정이다. 상담자는 전문 훈련을 받았으며 문제를 가진 인간을 돕는 고유의 직업 특성을 갖는다(Gibson & Mitchell, 2009).

표 8-1 아동생활지도와 아동상담

아동생활지도	아동상담
'길을 안내하는' '지시하는'	아동상담사에 의한 전문적인 조언
예방적	치료적
포괄적이고 외향적인	깊이 있으며 내향적인
아동이 최선의 선택을 하도록 돕는	아동이 스스로 문제를 해결할 힘이 생기도록 돕거나 관점을 바꿔주는

아동생활지도	아동상담
준비된 다양한 답을 제시하는	해결책에 대한 정보를 주는
당면한 이슈를 건드리는 외현적인 접근법을 사용하는	문제 원인의 근원을 찾아가는 심층적인 접근법을 사용하는
교육·보육 과정에서 나타나는 일반적인 문제를 해결하는 최상의 방식	사회심리적인 혹은 그 외의 개인적인 문제를 해결하는 최상의 방식
특정 분야의 전문가라면 누구나 할 수 있는	전문적인 아동상담 훈련을 받은 자격있는 사람만 할 수 있는
개인정보 보호가 덜 될 수 있는	개인정보가 극히 보호되는
일대일, 집단으로	일대일로, 간혹 소집단으로
집, 기관, 학교 등 어디서나	특정한 세팅이 있는 상담실에서
주 목적은 기관이나 학교에서 개별 아동의 최적의 발달을 이끌어내는 것	주 목적은 개인이 자신감을 키우고 자신의 문제를 다루는 역량을 키우도록 돕는 것

출처: Hoque(2023).

8.1.2. 아동생활지도의 역사

1906년 미국 시카고에서 신경과의사인 Healy에 의해 아동생활지도 운동(child guidance movement)이 시작되었다. 이 시기는 국제적으로 정신위생 운동(mental hygiene movement)이 유행하던 때였고, 일단의 변호사, 의사, 사회서비스전문가, 자선사업가 등이 청소년비행(juvenile delinquency)을 예방하기 위해 노력하던 시기였다(Levy, 1968b). 아동생활지도 운동은 비행청소년을 다루는 청소년사법체계에서 초점을 전환하여 가족, 학교, 이웃의 아동, 청소년에게로 주안점을 바꾸고자 하였다. 이 운동의 기본적인 전제는 가장 정상적으로(normal) 보이는 아동이라도 정서적 · 심리적 발달의 과정에서 한 번쯤은 부적응(maladjustment) 상태에 처할 수 있다는 것이다. 이러한 전제에 따라 아동생활지도는 아동인구 중 심각한 비행(severely delinquent)이나 정신적 결핍(mentally defective)을 가진 아동을 제외한 전체, 즉 대부분의 아동 집단을 대상으로 삼고자 하였다(Stewart, 2012).

아동생활지도 클리닉(child guidance clinics)은 매우 다학제적이고, 심리분석적 풍조가 강하였다. 이들의 접근법은 이전의 개인대상 처치모델로부터 보다 혁신적인 중재방식으로 바뀌었다. 이에 따라 최초로 아동의 정신건강을 그 자체로 처치하는 것을 중시하게 되었으며, 아동생활지도는 아동의 정신적 복지(mental well-being)를 증진시켜주는 예방적 치료라고 간주하게 되었는데, 이러한 접근법은 당시에는 상당히 선구적인 생각이었다(Stewart, 2012).

아동생활지도 모델은 곧 이어 다른 나라들에도 파급되었다. 1927년 영국 최초로 런던동부 아동지도 클리닉(East London Child Guidance Clinic)이 설립되었고, 스코틀랜드와 오스트레일리아에 교육단체가 만들어졌다. 스칸디나비아 국가들도 아동생활지도 모델을 채택한 서비스기관을 설립하기 시작하였다. 인도에서는 1937년에 첫 아동생활지도 클리닉이 설립되었고, 2003년에 이르러서는 인도 전역에 164개의 아동생활지도 클리닉이 개소되어 400백만 명 이상의 18세 이하 아동을 대상으로 서비스를 하게 되었다. 아일랜드에서는 이보다 좀 늦은 1950년대 중반에 주립 아동생활지도 클리닉이 설립되었다.

영국에서는 아동생활지도 운동이 1950년에 이르러서야 상당한 추진력을 갖게 되었는데, 이는 2차대전 때 마을 전체가 다른 곳으로 이동해야 하는 와중에 부모와 분리된 아동에 대한 관심이 커진 사회적 배경 때문이다. 가령, 2차대전 때 스웨덴으로 집단이주를 해야 했던 핀란드 아동에 대한 장기종단연구 결과가 나왔는데, 이 경험이 성인뿐 아니라 아동에게도 매우 좋지 않았던 것으로 밝혀진 것이다(Santavirta et al, 2015).

1944년에 시행되기 시작한 영국 교육법(UK Education Act)에서는 부적응(maladjusted) 아동을 신체적 장애를 가진 아동과 동일한 범주에 포함시켜 학교의료 서비스를 받을 수 있도록 하였다. 이에 따라 지방교육청에서도 아동생활지도 클리닉을 세울 수 있게 되었다. 1920년대 후반에 영국과 웨일즈에 2개의 아동지도 클리닉이 있었는데,

1955년에 이르러서는 300개소로 증가하였다(Stewart, 2012). 로스앤젤레스 아동생활지도 클리닉은 2014년에 100주년을 맞이하였다.

초기에 아동생활지도 클리닉은 시설화에서 벗어나 예방 중심의 협력적 지역사회 서비스로 전환하였다는 점에서 사회서비스 제공 체제에 있어 매우 발전적인 모델로 꼽혔다. 하지만 아동생활지도 클리닉 운동에 문제점들이 나타나기 시작하였다. 아동지도 클리닉은 대개 자선단체나 지방정부나 의회 등 비의료재단으로부터 기금을 받아 운영하였는데, 그 결과 주류의 의료기관, 학문기관, 연구 시설로부터 고립되는 경향이 있었다. 처치는 주로 심리분석적 방법을 취하였는데, 회기의 길이가 길었으며, 언제 모든 처치가 끝날지 예측하기가 어려웠다. 아동생활지도 클리닉에서 일하는 심리전문가와 사회복지사들은 정신의학자와 협력하는 것을 꺼리는 경향도 나타났다.

세세한 진단이나 개별 처치에 관심을 두지 못하였고, 다양한 문제를 가진 아동들을 한 덩어리로 묶어 '부적응(maladjusted)' 상태로만 간주하였기 때문에 처치가 전문화되지 못하였다. 심지어 아동의 문제에 대해 부모를 비난하는 경향도 있었기 때문에 이는 클리닉을 이용하는 소비자에게 심리적 부담을 주었으며, 이들이 클리닉을 꺼리는 결과를 초래하였다. 특히 1950년대에는 정신병이나 자폐를 가진 아동의 발병원인(aetiology)을 찾는 과정에서 '정신병유발 어머니(schizophrenogenic mother)' 혹은 '냉장고 어머니(refrigerator mother)'라는 단어가 유행할 만큼 모든 원인을 어머니의 잘못된 양육방식으로 과하게 몰아붙이는 경향도 나타났다. 근래에는 아동지도 모델이 바뀌어 증거 기반 중재(evidence-based interventions)와 부모훈련(parent training)과 같은 예방 중심 접근을 사용하게 되었으며, 지역사회 정신센터(community health centres)의 중요한 요소가 되었다.

8.1.3. 아동상담의 역사

아동을 대상으로 한 정신의학의 고전적 사례는 1909년 Freud에 의해 행해진 '어린

한스(Little Hans)' 사례일 것이다. 이는 아동기 부적응을 심리적으로 설명하고 다룬 최초의 보고된 사례라 할 수 있다. 한스의 공포증을 다루면서 Freud는 그의 문제를 심리분석적 설명으로 해석하려 하였고, 한스를 다루는 아버지의 훈육방식을 고치고자 하였다. Freud의 딸 Anna는 1926년 비엔나 심리분석연구소에서 '아동을 위한 심리분석적 기법 소개'라는 강연을 하였는데 이는 선풍적인 관심과 인기를 끌었고, 그녀는 곧 아동 심리분석치료 분야의 개척자가 되었다. Klein은 1932년 심리분석에서 아동의 자유놀이에서 나타나는 상징적 중요성을 강조하면서 놀이치료를 창안하였다. 비록 Anna Freud와 Klein은 서로 입장이 다른 부분도 많았지만 아동심리분석 분야에서 독보적인 두 주류가 되었다(Prout & Fedewa, 2015).

비슷한 시기인 1905년 Binet는 프랑스에서 지능검사를 위한 초기 작업을 시작하였고 이는 아동심리연구 분야의 초석이 되었다, 이 시기는 다학제적 접근을 강조하는 아동생활지도 운동이 강조되는 시기이도 하다. 1924년 미국 정통 정신의학협회(American Orthopsychiatric Association)가 결성되면서 심리학자, 사회복지전문가, 정신의학자들이 아동의 정신건강문제에 보다 전문적인 관심을 갖기 시작하였다.

1940년대와 1950년대에는 아동에게 심리분석을 기본으로 하는 심리치료가 배타적으로 이루어졌다. 1947년 Axline은 『놀이치료(Play Therapy)』를 발간하고 놀이를 활성화시키는 비지시적인 방법을 강조하였다. 비지시적인 놀이치료는 Rogers의 인본주의 심리치료와 결을 같이한 것이다. 비지시적인 놀이치료나 인본주의 심리치료 모두 심리분석에서 출발하고 있으나, 치료의 과정을 개념화하는 것이나 심리치료사의 역할에 대해 앞의 접근법들과 다른 점이 있었다. 이후 1960년대에 이르기까지 행동주의가 팽배하면서 행동수정이 아동상담에서 강조되었다(Clarizio & McCoy, 1983).

1963년 아동과 청소년의 정신건강을 지원해야 한다는 연방프로그램이 개발되었고, 아동과 청소년의 부적응이 일어나는 지역사회에서 정신건강중재를 시행할 때 보다 효과적이라는 철학이 부각되었다. 이에 따라 행동장애 등 부적응 아동과 청소년을 지원하기 위한 각종 법률과 정책이 교육 분야를 중심으로 확장되었다. 아동과 청소년의 정신건강을 다루는 근래의 흐름에서는 증거 기반 실제(evidence-based practice)를 강조한다. 즉, 처치의 정도와 내용의 효과를 검증하는 결과를 토대로 매뉴얼과 안내서가 발간되고, 상담 처치의 과정은 반복 가능할 수 있도록 구체화되어야 한다고 보았다.

1970년대에 이르면, 미국의 경우 학생의 10%(전형적인 학급에서 최소 3명의 학생)이 만성적인 정신건강문제를 가지고 있다는 자료분석 결과가 나타났다. 가령, 1968년 Nuffield는 심리치료가 필요한 14세 이하 아동이 2.5백만 명에서 4.5백만 명인데, 이 중 30만 명만이 실제 심리치료 서비스를 받고 있다고 하였다. 1973년 Cowen은 즉각적인 심리치료지원이 필요한 1.5백만 아동 중 단지 30% 미만의 아동이 이런 도움을 받을 수 있을 뿐이라고 계산하였다. 이에 관한 비교적 최근의 연구들(Huang et al., 2005; Tolan & Dodge, 2005)에서는 미국 아동의 10명 중 1명은 가정, 학교, 지역사회에서 지내는 데 문제가 있고, 5명 중 1명이 진단 가능한 심리문제가 있다고 보았다. 그럼에도 불구하고, 여전히 많은 아동과 청소년은 적절한 정신건강서비스에 접근하기가 어렵다는 것이다.

한편, 아동발달이론이 발전하면서 아동상담에서 발달이론이 중요해졌다. 아동상담사들은 아동, 청소년의 정상발달을 설명하는 이론을 잘 알고 있으며, 이에 따라 아동의 문제 중 다수는 정상발달에서 벗어나 있는 것으로 해석되어 아동이 심리적 문제를 해결하고 다시 정상발달의 궤도로 돌아오기를 목표로 한다. 연령대별 정상발달과 이상발달에 대한 이해를 통해 아동상담사는 무엇이 가벼운 발달적 문제이고 무엇이 병리적 행동인지에 대한 가늠이 가능하다. 또한 아동상담의 목표를 세울 때 발달적 토대(developmental framework)를 기반으로 이 연령대에 기대할 수 있는 행동과 특징이 무엇인지를 정한다. 가령 상담과정에서 8세 아동에게 10세 아동이 할 수 있는 도덕적 판단이나 인지 능력을 기대하지는 않는다.

발달에 대한 이해는 아동상담사로 하여금 상담과정, 상호작용과정에서 적절한 지원의 방향과 정도를 결정하는 데 도움을 준다. 또한 아동상담사는 연령별 발달기대에 대해 잘 알고 있기 때문에 발달이 지연되고 있는 것에 대해서도 감수성을 가지고 파악해낼 수 있다. 발달이론과 병행하여 성격발달(personality development)이 아동상담에서 중요하게 되었다. Clarizio와 McCoy(1983)는 의존성, 불안, 불안정 애착, 공격성, 성취동기 등이 아동·청소년기 문제와 많이 관련된다고 보았다. 아동상담사들은 아동발달이론과 성격발달에 대한 이해를 토대로, 아동의 발달 패턴, 행동적 징후, 문제 행동에 영향을 미치는 요소를 폭넓게 살펴볼 수 있게 되었다.

8.2. 아동생활지도의 기초

8.2.1. 아동생활지도의 개념과 특성

Crow와 Crow(2007)에 따르면, 생활지도(guidance)란 어느 연령대의 개인이든 자신의 삶을 직시하고, 삶에 대한 자신의 관점을 발달시키며, 스스로 결정을 내리고, 자신의 문제를 해결해낼 수 있도록 역량 있는 상담자들이 도와주는 모든 조력(assistance)을 의미한다. Hawrin과 Erickson(2001)은 생활지도(guidance)를 학생이 자신의 현재 상황에 적응하도록 돕고 자신의 관심과 능력, 사회적 요구에 부응하여 미래를 계획할 수 있도록 돕는 교육적 프로그램의 측면이라고 보았다.

여러 가지 정의들이 공통으로 가지고 있는 특징은, 생활지도(guidance)는 결국 각 개인이 자신의 능력과 관심, 흥미를 이해하고, 긍정적인 태도를 개발시키며, 사회질서를 지지하는 바람직한 구성원으로서의 완전하고 성숙한 자기 지도(self-guidance)의 상태에 도달하도록 해주는 지원(help)이라고 할 수 있다. 즉, 생활지도(guidance)는 개인이 누군가로부터 도움(help)을 받는 것이며, 이 도움은 그 개인을 지원할 수 있도록 특별히 설계된 것이어야 한다. 또한 이 도움은 그 개인이 지향하고자 하는 것을 결정하고 이를 실행할 수 있도록 해주며, 결국 개인이 자신의 인생에서 발생하는 여러 가지 문제를 스스로 해결해낼 수 있는 역량을 갖추도록 그 기반을 마련해주는 것이어야 한다.

Chand(1995)에 의하면, 생활지도의 철학은 모든 국가에서 약간씩 다르기는 하지만 전반적으로 다음의 여덟 가지 원칙을 기반으로 하고 있다는 점에서 보편적이다.

- 개인의 존엄(dignity)을 가장 중요시한다.
- 모든 개개인은 고유한(unique) 존재이다.
- 개인이 처한 사회적 맥락(social setting)을 가장 우선적으로 고려한다.
- 개인은 자신의 태도와 개인적 인식에 따라 행동하는 존재이다.
- 개인이 인식하고 있는 자아(his perceived self)를 증진시키도록 한다.
- 선택할 수 있는 내적 능력(Innate ability to make choices)이 사회적 환경에 맞추어 살아가는 자기 지향성(self-direction)을 이끌어낸다.
- 생활지도는 유아부터 노년에 이르기까지 언제든 진행될 수 있는 연속적인 과정(continuous process)이다.
- 역량 있는 전문가로부터 필요한 정보와 개인적으로 맞춤화된 지원을 받는다.

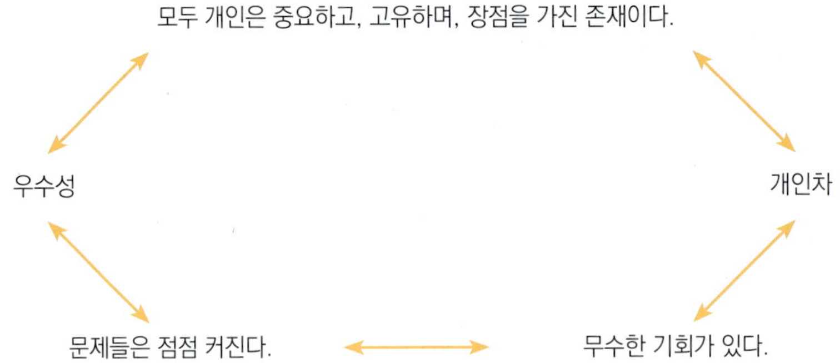

그림 8-1 생활지도의 기본 가정

생활지도의 기본 가정을 토대로 그 특성을 살펴보면 다음과 같다.

① 생활지도는 과정(process)이다. 즉 모든 개인이 자신을 스스로 돕도록 지원하고,

자신의 내적 자원을 인식하고 사용하도록 도우며, 발달상의 여러 가지 문제들을 해결하기 위한 계획을 세우고 이를 실행하도록 지원하는 '과정'이라 할 수 있다.

② 생활지도는 계속되는 과정(continuous process)이다. 즉, 생활지도는 유아기, 청소년기, 성인기, 심지어는 노년기에도 시작될 수 있다.

③ 생활지도는 문제의 초점(problem points)과 선택(choice)에 가장 우선적인 관심을 둔다. 문제들이란 개인의 생애 맥락에서 그 사람의 고유한 세계관이 일련의 외부사건들과 부딪치면서 생겨나는 것이기 때문이다.

④ 생활지도는 개인의 발달 방향(direction of development)보다는 개인의 발달과정(process of development)에서 그 사람을 지원하는 데 중점을 둔다. 생활지도는 자기 지향성(self-direction), 자기 지도(self-guidance), 자신의 문제에 대한 이해 증진, 문제를 해결하기 위한 자원과 한계에 대한 인식을 개발시키는 것을 목적으로 한다.

⑤ 생활지도는 모든 사람을 위한 서비스이다. 특별한 상황이나 비정상적인 아동, 학생, 성인을 위한 것이 아니라 모든 발달시기의 누구에게나 필요할 수 있는 규칙적인 서비스이다. 생활지도는 모든 사람의 요구에 부응하기 위해 작동하는 긍정적인 프로그램이라 할 수 있다.

⑥ 생활지도는 일반화된(generalized) 서비스이자 전문화된(specialized) 서비스이다. 일반화된 서비스란 의미는 부모, 친인척, 가족의 친구, 교사, 어드바이저, 친구, 미디어, 종교 등 모두가 프로그램의 한 부분이 될 수 있다는 측면을 강조하고 있으며, 전문화된 서비스란 의미는 상담가, 정신의학자, 심리전문가 등의 전문가가 개인의 문제를 돕기 위해 함께 참여한다는 측면을 나타내고 있다.

8.2.2. 예방적 생활지도

효율적인 아동생활지도는 문제가 발생하기 훨씬 이전부터 시작되어야 한다. 교사는 스스로의 태도와 행동, 프로그램의 환경, 매일의 일과, 유아들이 따르기를 바라는 규칙들을 점검해야 한다. 교사는 아동의 성장과 발달에 대한 지식이 있어야 하고, 유아에게 가르치고 싶은 사회적 기술들이 어떤 것인지 명백하게 알고 있어야 하며, 아동이 함께 쓰고 협력하는 기술을 배울 수 있도록 돕기 위해 교실과 실외놀이터의 환경(전이 포함)을 이용할 수 있어야 한다. 또한 유아에게 보다 반응적이어야 하며, 유아에게 기대하는 것이 현실적인지 살펴보아야 한다.

통합적인 예방적 접근법을 시행하기 위해서 교사는 문제가 되는 상황에 대처할 수 있어야 한다. 즉, 유아가 자신이나 서로를 해치거나 주변을 망가뜨리지 않도록 신체적으로 중재할 수 있어야 한다. 교사는 유아들이 서로 싸우거나 물건을 던지거나 뭔가를 고의로 망가뜨리도록 허용하지 않아야 한다.

아동생활지도의 원칙은 개별 아동의 요구를 이해한 상태에서 일관되고, 합리적이며, 적합한 방식으로 유지되어야 한다. 유아들은 여러 가지 이유로 파괴적인 방식으로 행동할 수 있으며, 이 중 다수는 발달적으로 적합한 것이 사실이다. 유아기 전문가들은 특정 아동이나 특정한 상황에서의 파괴적인 행동에 대처해야 하며, 아동생활지도의 원칙은 늘 한결같아야 한다. 아동생활지도의 목표는 아동에게 지원감을 주고, 아동이 자아통제감(self-control)을 키울 수 있도록 돕고, 유아기관에서 모든 아동이 안전하게 지낼 수 있도록 하는 것이다.

유아기관에서 교사들이 시행하는 아동생활지도의 기본적인 원칙과 기법들은 다음과 같다.

- 아동의 성장과 발달의 원칙들에 대해 잘 이해하고 있어야 한다.
- 자극이 되고 교육적인 환경을 구성하여 연령에 적합한 교재-교구를 충분히 준비하고, 커리큘럼의 변화를 꾀하여야 한다.
- 하루일과는 일관성이 있도록 하고, 전이과정이 순조롭게 이루어지게 하며, 유아들이 기다리는 시간을 보다 생산적으로 보낼 수 있도록 지원하여야 한다.

- 적절한 행동과 긍정적인 태도를 시범으로 보여주어야 한다.
- 유아와 가족의 배경과 역사에 대해 파악하고 있어야 한다.
- 개별 아동이 서로 다른 단서에 반응하는 방식을 이해하고, 한 가지 기법이 만사형통이라는 기대를 하지 않아야 한다.
- 규칙은 명백하게 수립하고 이를 일관되게 적용하여야 한다.
- 유아들이 수용적인 행동을 배울 수 있도록 충분한 기회를 제공하여야 한다.
- 문제가 발생하였을 때 이를 해결하여야 하며, 문제가 터졌을 때 유아들이 규칙을 생각해보도록 격려하여야 한다.
- 유아가 바람직하지 않은 행동을 했을 때, 이에 대해 이야기를 나눌 때 유아의 감정을 공감하여야 한다.
- 아동이 잠재적인 문제 성향을 보일 때 이를 적합하게 다루어줌으로써 문제행동이 나타날 기회를 줄이도록 해야 한다.
- 아동이 행위의 자연스러운 결과(natural consequences)를 알 수 있도록 도와주어야 한다. "내가 이걸 하면, 이런 일이 생기는구나."
- 유아에게 "잠깐 쉬자", "다른 활동을 해보자" 등과 같은 식으로 대처 전략을 가르쳐야 한다.
- 유아가 문제를 해결하기 위해 해결책을 모색해보도록(brainstorm) 도와서 유아의 자긍심(self-esteem)이 증진되도록 해주어야 한다.
- 부적절한 행동에 반응해야 할 때와 적절한 행동을 칭찬해야 할 때를 잘 알고 있어야 한다.
- 유아의 문제행동이 자꾸 생기면 개인적인 행동전략계획을 수립하고, 유아의 부모, 동료교사들과 함께 어떻게 유아를 도울 수 있을지 모색해야 한다.

유아기관의 교사들이 아동생활지도를 위해 주로 사용하는 효율적인 방법은 다음과 같다.

- 유아를 환경으로부터 분리시키되, 유아가 자기 통제력을 되찾고 집단에 합류할 때까지 직접적인 보호는 유지한다.
- 유아를 환경으로부터 분리시키기 어려울 때에는, 교사가 유아 옆에 밀착되어 있음으로써 유아가 자기 통제력을 되찾을 때까지 문제행동이 더 커지지 않도록 보호하여야 한다. 이 경우 교사는 유아의 손에 닿아 다른 유아에게 던질 수 있는 물건이 없도록 치우도록 한다.
- 필요할 경우 교사는 유아가 자기 통제력을 되찾을 때까지 보조교사나 다른 성인에게 도움을 받도록 한다.
- 유아에게 말할 때는 조용하게 이야기한다. 차분하게 이야기하는 것은 언제나 적절한 태도이다.

8.2.3. 아동생활지도에서 상담이 필요할 때

긍정적 생활지도와 처벌(punishment) 간에는 커다란 차이가 있다. 긍정적 생활지도는 어떤 경우에도 신체적 처벌이나 감정적 처벌을 사용하지 않는다. 이런 예로는 손으로 때리기, 도구를 사용하여 때리기, 유아를 모욕하거나 언어적인 욕을 하기, 무시하거나 방임하기, 유아에게 식사나 간식을 주지 않기, 강제로 먹이기, 유아에게 흙이 묻거나 옷이 젖은 채로 두거나, 화장실을 못 가게 하기, 유아가 변기에 앉아 있도록 강요하기, 기타 유아로 하여금 교사의 권위와 요구(authority and demands)에 부응하도록 하기 위해 과도한 행위를 하는 것이다. 유아를 향한 행동 통제(behavioral control)는 논리적이지도 않고, 적합하지도 않은 방식이다. 유아기관에서의 어떠한 처벌적 지도이든 훈육(discipline)이라는 이름으로 행해지지 않도록 유의하여야 한다.

파괴적인 방식으로 행동하는 유아는 자신이나 타인을 위험에 처하게 할 수 있기 때문에 이들을 지도하는 것은 매우 어려우며 많은 전문기법을 필요로 한다. 교사는 모든 유아가 항상 안전하도록 보호해야 하므로, 어떤 유아가 다른 유아를 때리거나 위협할 때 그 유아만 붙잡고 있기도 어렵다.

유아를 만지는 것은 유아의 건강한 발달을 위해 매우 필요한 행위이므로 유아기관에서 아동학대 예방을 위해 '유아를 만지지 않는 원칙(no-touch policy)'을 고수하는 것은 바람직하지 않다. 유아가 위험하거나 파괴적인 방식으로 행동할 경우, 교사는 단호하고 조용한 태도로 신체적인 중재를 하되 유아가 상황을 이해하고 자기 조절력을 키울 수 있도록 지원해주어야 한다. 이런 신체적 중재의 예로는 껴안기, 손으로 잡고 있기, 무릎에 앉히기 등이 있다. 교사는 간혹 아동학대 경험이 있거나 성적 학대를 받은 경험이 있는 유아의 경우 교사와의 신체적 접촉을 극도록 꺼리는 경우도 있다는 점을 인식하고 있어야 한다.

교사가 유아로 하여금 주변을 망가뜨리거나 자신이나 또래를 위협하지 않도록 하려면, 평소에 존중하는 태도, 자기 통제력, 타인의 배려하기 등을 끊임없이 모델로 보여주어야 한다. 교사는 유아의 부정적인 행동에 대해 지나치게 좌절하거나 분노감을 표시하지 않도록 해야 한다. 교사가 유아의 폭력적인 행동에 화난 상태로 반응하게 되면 유아는 보다 건전하게 행동하는 방법을 배우기 어려우며, 상황을 해석하고 대응하는 지적 역량을 키우기도 어렵다. 결국 유아를 중재하기 위해 신체적으로 만지는 것은 유아에게 부정적이며 처벌적인 메시지를 전달하기 쉽다. 그러므로 신체적 접촉이나 중재는 유아가 자신의 통제력을 되찾을 수 있도록 안심시키는 방식으로 조심스럽게 사용되어야 한다.

때로 어떤 유아들은 교사가 최선의 노력을 다해도 자신의 행동에 대한 통제력을 갖지 못하는 경우가 있다. 교사가 부모와 의논하여 아동상담이나 치료전문가의 도움을 구하도록 지원해야 하는 경우는 다음과 같다.

- 유아의 행동이 너무 격렬하여 유아가 결국 다른 또래들로부터 배척당하고, 고립될 위험이 있으며 이런 상황이 지속될 것 같을 때
- 유아가 자신, 다른 유아 혹은 교사 등에게 해를 입할 가능성이 심각하게 높다고 인식될 때. 이런 유아가 유아기관의 정규 프로그램을 통해 행동수정에 대해

배우기 어려울 때

- 유아의 행동으로 인해 교사의 시간과 에너지가 너무 많이 쓰이고, 그 결과 부모에게 의논하여 유아를 프로그램에서 내보내야 할 때

8.3. 아동상담의 기초

8.3.1. 아동상담의 개념과 특성

상담은 사회가 생긴 이래 가장 오랜 역사를 가지고 있다. 일상생활에서 상담은 여러 가지 차원에서 이루어진다. 가족 내에서 부모는 자녀에게 상담을 해주고, 사회에서 의사는 환자를 상담해주며, 변호사는 의뢰인을 상담하고, 교사는 학생을 상담한다. 역사적으로 학습부진아는 교사의 주된 상담 대상이었다. 별거하거나 이혼한 커플이 상담을 받고 자신들의 문제를 이해한 후 다시 결합할 수도 있다.

사전적 의미에서 상담은 '문제를 해결하거나 궁금증을 풀기 위하여 서로 의논하는 것'이다. 부모와 자녀 간에 언제 과자를 먹고 먹지 말아야 할지에 대해 서로 의견 차이가 있다면 대화와 의견 교환을 통해 해결책을 찾을 수 있다. 결국, 상담은 문제를 해결하고자 하는 두 사람이 상호작용을 하다가 종국에는 문제가 더 많은 사람이 자신의 문제를 해결하기로 스스로 결정을 내리는 역동적이고 목적적인 관계라 할 수 있다. 저녁 식사 전에 과자를 먹으면 식욕이 저하되기 때문에 식사 2시간 전부터는 과자를 먹지 않겠다고 자녀가 결정을 내릴 수도 있고, 자녀가 과자를 먹거나 먹지 말아야 한다는 것을 매번 지나치게 일방적으로 지시했던 부모는 과자를 먹고 싶다는 자녀의 마음을 온전히 들여다 봐주고 적절한 한계를 설정함으로써 자녀의 자율성을 지원하게 될 수도 있다.

상담은 내담자가 의사결정을 하고 행동하고, 느끼며, 사고하는 새로운 방법을 형

성하도록 돕는 과정이다. 상담자는 내담자가 달성하고자 하는 목표를 완수할 수 있도록 하는 데 초점을 둔다. 내담자는 현재의 기능수준을 드러내고 개인적인 목표를 달성하기 위해 자신의 행동양식을 변화시키도록 노력하게 된다. 그러므로 상담은 선택과 변화에 대한 것이며, 탐색, 목표 설정, 실행과 같은 명백한 단계를 통해 전개되는 과정이다(Brammer, 1993; Egan, 1990; Samuel, 1995). 상담은 대개 내담자의 개인적 · 사회적 · 직업적 · 교육적 관심사를 다룬다. 상담 영역은 학교, 친구, 개인적 적응, 정신건강, 교육, 결혼과 가족 문제, 고용 및 재적응과 같은 개인 간 문제를 다루기도 한다.

상담학(Science of counselling)은 상담과정에 대해 객관적인 측면을 부각시킴으로써 상담기술(Art of counseling)과 균형을 이룬다. 상담학은 전문적인 상담자들(심리전문가, 훈련받은 상담자)을 비전문적인 조력자들(부모, 보호자, 기관의 관리자나 감독자 등)과 차별화시킴으로써 상담자의 정체감에 대해 중요한 시각을 제시하고 있다. Lee와 Pattan(2007)의 정의에 따르면, 상담은 두 사람의 관계이다. 이 관계에서 한 사람은 다른 사람을 지원하는데, 그 방향은 다른 사람이 자신을 조직하고, 인생 상황에 대해 적응해가며, 이를 통해 특별한 방식의 행복감을 느끼도록 해준다. 상담은 결국 언제나 상담자와 내담자 간의 일대일 관계를 이룬다.

Pepinsky와 Pepinsky(2009)는 상담에서의 관계는 상호작용이 특징이라고 보았다. 이 상호작용은 첫째, 상담자와 내담자라는 두 명의 관계에서 이루어지고, 둘째, 전문적인 세팅(장소)에서 이루어지며, 셋째, 내담자의 행동에서의 변화를 촉발시키고 이를 유지하도록 하는 방향으로 이루어진다. 상담관계는 상담자와 문제를 갖고 상담서비스를 찾은 내담자라는 두 사람의 개인 간 관계로부터 발전되기 시작한다.

상담은 상담자가 고유한 존재인 내담자가 자신의 문제를 나타내는 데 대해 부응하는 유연하고(flexible), 창조적인(creative) 과정(process)이라 할 수 있다. 상담이 유연하고 창조적인 과정이라는 것은 다음의 사례에서 잘 나타난다. 가령, 5세 유아가 부모에게 거부당하고 학대당하다가 버림을 받고 시설에 오게 되었다. 아동은 밤새 울었으며 토를 하였다. 시설에서는 아동을 병원으로 보냈고 소아과 의사는 아동이 신체적으로 아무 문제가 없다고 판단하고 심리전문가에게 보냈다. 심리전문가가 유아를 소개받고 첫 면담에서 아동에게 기분이 어떤지 물었을 때 아동은 무릎에 머리를 박고 크게 울기만 하였다. 심리전문가는 아동에게 네가 어떻게 느끼는지 알 수 있으며 네 기분이 나아지도록 돕고 싶다고 하였다. 그리고 그 아동이 얼마나 아름답고 훌륭한 사람인지 말해주었다. 아동은 고개를 끄덕였다. 이후 몇 주간의 상담을 거쳐 아동은 점차 시설에 적응하고 다른 아동들과 즐겁게 놀기 시작하였다.

8.3.2. 아동상담에서 목표 설정의 중요성

아동상담은 아동에게 어떤 이점이 있을까? 아동상담은 아동으로 하여금 자신의 삶에 대해 긍정적인 태도를 가지고, 자신의 정서를 표현하거나 이를 다루는 데 자신이 힘을 가지고 있음을 인식하도록 도와준다. 아동상담은 아동을 위해 의사결정을 해주는 것이 아니라 아동 스스로 상황을 바꿀 수 있다고 믿도록 하고 이를 실행해보도록 지원해준다. 아동상담은 때로 가족상담의 일부로 시행될 수도 있고, 반대로 아동상담을 하다가 가족상담이 이루어질 수도 있다.

아동상담에서 주로 다루는 이슈는 다음과 같다.

- 가족 관계, 재구성가족의 관계
- 또래 괴롭힘
- 정서문제
- 행동문제
- 과도한 몰입 혹은 중독(infatuation)
- 학교문제
- 학습문제

아동상담은 아동의 마음과 정신을 다루지만, 성인상담과 동일한 방법으로 접근하기는 어렵다. 성인상담에서는 상담자가 내담자 곁에 앉아 대화를 나누는 방식으로 진행되지만, 아동상담에서 상담자가 대화를 나누고자 하면 아동이 상담자의 질문에 단답형 대답을 하고 말거나, 대화가 끝나서 침묵만이 남거나, 혹은 아동이 상담자에게 이야기를 하더라도 영유아가 중요한 이슈를 짚어서 말하기 어려울 수 있기 때문이다.

아동상담에서 어떤 방법을 사용하든 상담자는 어려움을 겪는 이슈에 대해 아동이 자유롭게 표현하기를 원하지만, 이것이 언어적 의사소통의 방법으로는 달성되기가 어렵다. 그렇기 때문에 아동상담에서는 아동을 상담하고자 하는 목표를 분명히 하고 상담자가 이를 어떻게 달성해나갈 것인지 좁혀나가는 것이 중요하다. Geldard, Geldard 그리고 Foo(2018)는 아동상담의 목표를 네 가지 수준에서 설정하고 상담과정에서 이 네 가지 수준의 목표를 공히 다룰 필요가 있다고 보았다.

1) 근본적인 목표

이는 모든 아동상담에 적용될 수 있다.

- 아동이 고통스러워하는 정서적 이슈들을 다룰 수 있는 역량을 키운다.
- 아동의 사고, 정서, 행동의 조화가 이루어지도록 한다.
- 아동이 자기 자신에 대해 긍정적으로 느낄 수 있도록 한다.
- 아동이 자신의 장점과 한계를 받아들이고 이에 대해 편안하게 느끼도록 한다.
- 아동이 부정적인 결과를 초래하는 행동을 수정할 수 있도록 한다.
- 아동이 외부환경(가정, 학교 등)에서 자연스럽고 적응적인 방식으로 행동할 수 있도록 한다.
- 아동이 발달적으로 중요한 달성을 이루어갈 수 있는 기회를 극대화시킨다.
- 아동이 탄력성(resilience)을 키우고 일반적인 복지감이 높아질 수 있도록 지원한다.

2) 부모의 목표

아이를 아동상담에 데려온 부모가 가진 것이다. 이는 대개 아동의 현재 행동 상태를 기반으로 정해지는 편이다. 가령, 어떤 유아가 벽에다 얼굴을 반복적으로 부딪히는 행동을 한다면 부모의 목표는 이 행동이 나타나지 않도록 하는 것이다.

3) 아동상담사의 목표

아동이 왜 특정한 행동을 하는지 혹은 어떤 심리적 어려움을 갖고 있는지에 대해 다각도로 조사하고, 평가한 자료를 기반으로 가설에 입각해 도출하게 되는 목표이다. 아동상담사는 유아가 벽에 얼굴을 박는 행동이 아동의 정서문제 때문이라고 가설을 세울 수 있다. 이에 따라 아동상담의 목표는 아동의 정서적 문제를 해결하여 얼굴을 부딪히는 행동이 사라지게 하는 것이 된다. 아동상담사가 아동의 문제에 대해 자료를 수집하는 방법, 가설을 세우는 과정은 이론과 실제에 대한 아동상담사의 전문적 역량을 기반으로 한다.

4) 아동의 목표

상담과정이 진행되면서 수립되며, 아동이 이를 언어로 표현하지는 않아도 자신의 마음속에 갖게 되는 것이다. 아동의 목표는 아동상담사의 목표와 같을 수도 있지만, 때로 서로 다를 수도 있다. 가령, 아동상담사는 아동에게 특정 역량을 강화시키려는 목표를 설정할 수 있지만, 아동은 아직 자신의 정서적 어려움을 충분히 표현하지 못했기 때문에 역량강화 세션에 준비되어 있지 않을 수 있다. 가정폭력에 노출된 아동을 상담하면서 아동상담사의 주요 목표는 아동이 폭력상황에서 안전하게 지낼 수 있도록 하는 데 역점이 있을 수 있지만, 아동은 폭력상황에서 자신이 느끼는 두려움을 아동상담사가 더 깊이 있게 공감해주기를 바랄 수 있다. 결국, 아동상담의 세션이 적절하게 진행되어 간다면, 아동의 목표는 자연스럽게 나타나게 되고, 아동상담사는 이를 인식할 수 있게 된다. 아동상담사는 아동상담 세션을 진행하면서 아동내담자의 목표에 주목하여 목표를 조정해나갈 필요가 있으며, 세션이 길어지며 부모의 경제적 부담이 커지는 딜레마에 대해서도 상담윤리를 해치지 않는 선에서 고려할 필요가 있다.

8.3.3. 아동상담사와 아동의 관계

상담에서 상담자와 내담자 간의 관계는 상담의 성공적인 결과 도출에 중요한 요소가 된다. 성인상담의 역사에서 1950년대에 C. Rogers는 상담사와 성인내담자 간 관계의 핵심 요소로 합치(congruence), 공감(empathy), 무조건적인 긍정적 태도(unconditional positive regard)를 들었다(Geldard, Geldard, & Foo, 2018). 아동상담에 있어 아동상담사와 아동 간 관계는 보다 더 중요하다고 할 수 있다. 아동상담사가 아동과 순조롭게 관계를 맺기 위해서는 다음과 같은 자질을 갖추어야 한다(이소은, 이완정, 2019).

① 인내심(Patience): 아동상담사는 아동내담자와 대화를 전개할 수 있는 인내심을 가지고 있어야 한다. 아동이 특정한 것들을 인식하고 긍정적인 행동 변화를 나타내는 데에는 오래 시간이 걸릴 수 있기 때문이다. 때로 사람들은 특정한 방향으로 가려고 결정하기 전에 같은 사안에 대해 여러 번의 논의를 거칠 수 있다. 마찬가지로 아동 개인도 단기간에 큰 변화를 보이지 않을지도 모른다. 유능한 아동상담사는 아동이 나타낸 작은 변화에도 기뻐하고 이것들이 모여 아동의 삶을 획기적으로 바꾸게 될 것이라는 점을 기대할 수 있어야 한다.

② 잘 듣는 사람(Good Listener): 아동상담사가 된다는 것은 대부분의 시간을 아동내담자가 하려는 말을 듣는 데 보낸다는 것을 의미한다. 왜냐하면 아동내담자는 여러 가지 방식으로 자신의 문제를 드러낼 것이며, 아동상담자는 아동에게 뭔가 이야기하기보다는 아동의 생각과 느낌을 듣는 데 집중해야 하기 때문이다. 아동상담자는 시간을 들여 아동내담자가 자신의 느낌, 정서를 나타내고, 이야

기를 전하고자 하는 데 집중하도록 해야 한다.

③ 동정심 혹은 온정(Compassionate): 모든 내담자는 상담자가 자신의 문제에 대해 동정심 혹은 온정의 마음을 가지고 있다고 느낄 수 있어야 하며, 이를 통해 상담자가 진심으로 자신을 염려하고 있다는 느낌을 가질 수 있어야 한다. 아동상담자는 내담자와 모든 이슈를 공유할 수는 없지만 아동내담자가 자신의 문제에 대해 어떻게 느끼는지에 대해서는 관심을 가지고 있어야 한다. 정직한 관심을 보일 때에만 비로소 이것이 긍정적인 결과로 이어진다.

④ 판단하지 않기(Nonjudgmental): 아동상담자는 내담자로부터 사적인 것부터 일반적인 것에 이르기까지 모든 유형의 정보를 듣게 된다. 아동상담자는 내담자의 문제에 대해 보다 나은 해결책을 제시할 수 있어야 하며 이에 대해 긍정적으로 의사소통할 수 있어야 한다. 상담자는 특정 문제나 행동에 대해 쉽게 판단을 내리지 말아야 하며, 내담자로 하여금 상대가 자신에 대해 판단을 내리고 있다고 느끼지 않도록 해야 한다. 아동내담자는 서로 다른 문제, 문화, 전통, 종교를 가지고 있으므로, 상담자는 특정한 문화적 관점이나 종교적 시각을 드러내지 않도록 해야 한다. 상담자에게 있어 비교문화적 역량(multicultural competency)은 매우 본질적인 자질이라 할 수 있다. 상담 환경은 아동내담자에게 자신의 궁극적인 관심을 모두 드러낼 수 있도록 해주는 안전한 장소(secure place)여야 한다.

⑤ 연구 지향성(Research-Oriented): 아동상담사가 된다는 것은 상당한 시간을 연구에 투자해야 한다는 것을 의미한다. 아동상담사는 아동내담자를 돕기 위해 현재의 이론과 연구동향을 파악해야 하고, 이를 통해 자신의 상담지식을 꾸준히 확장시켜야 한다. 즉 내담자를 상담한 후 개인 연구를 진행함으로써 자신의 상담지식이 증진될 수 있도록 노력해야 한다.

⑥ 공감(Empathetic): 공감은 타인의 감정을 인식하고 그 감정을 공유하는 능력이다. 아동상담사는 상황이나 문제 사안에 대해 상담자의 시각으로 이해하고자 노력해야 한다. 상담자가 내담자의 시각이나 관점에 동의하지 않더라도 여전히 이

것이 내담자에게 어떻게 느껴지는지 이해할 능력은 있어야 하며, 이는 상담자로 하여금 내담자의 문제를 성공적으로 다룰 수 있도록 해준다. 다른 한편으로, 상담자는 지나치게 공감적이어서는 안 된다. 간혹 어떤 상담자들은 객관성을 유지하지 못하여 어려움을 겪으며, 직무 관련 정서적 스트레스가 집으로까지 이어지기도 한다.

⑦ 정보 보호(Discrete): 비밀 유지는 아동상담사가 갖추어야 할 가장 중요한 자질 중 하나이다. 상담자는 내담자에 대한 정보를 보호하고 관련 비밀을 엄수함으로써 내담자가 개인적 이슈를 다루는 데 있어 상담자를 신뢰할 수 있도록 해주어야 한다.

⑧ 격려하기(Encouraging): 내담자를 격려해주는 자질은 아동상담사에게 매우 필요한 특성이다. 대부분의 내담자는 자신의 상황에서 신뢰할 만한 무언가를 찾기 위해 고군분투하고 있다. 아동상담사의 주요 역할은 용기를 잃은 내담자나 의기소침한 내담자가 다시 희망을 가질 수 있도록 격려해주는 것이다.

⑨ 자기인식(Self-Aware): 아동상담사가 느끼는 모든 감정은 회기 중에 드러나지 않도록 해야 하며, 자기 감정을 스스로 인식하는 상태에서만 이를 다루도록 해야 한다. 자기인식은 아동상담사로 하여금 자신의 공포, 불안, 약점을 인식할 수 있도록 해주고, 치료적 관계를 유지하는 데 도움을 준다. 이러한 자질은 아동상담사가 치료와 관련된 자신의 문제들을 해결하는 데 도움이 될 뿐만 아니라, 내담자가 어려운 상황을 해결하도록 돕는 기술로 사용되기도 한다.

⑩ 진실성(Authenticity): 진실성은 성실성(Genuineness)이라고도 불리는 것으로 내담자와 함께 관계할 때 매우 중요한 자질이 되는데, 이는 내담자가 막연히 상담자가 진짜인지 혹은 가짜인지 판단하려는 경향이 있기 때문이다. 내담자들은 상담자의 조언이 진짜라고 믿을 때까지 자신을 노출하지 않는다. 이는 특히 십대 청소년들을 상담할 때 매우 두드러지는 특성이다.

한편, 아동상담사와 아동 간 관계에서는 성인상담에서와 마찬가지로 '감정전이(transference)'가 나타날 수 있다. 이는 심리분석이론에서 나온 용어로, 아동상담에서 감정전이란 아동이 아동상담사를 어머니, 아버지 혹은 다른 유의미한 성인으로 여기는 것이다. 이러한 행동은 아동이 자신에게 중요한 사람에 대한 기대나 믿음을 아동상담사에 투사하여 아동상담사가 그 사람이라고 여기게 되어, 아동이 아동상담사를 긍정적인 부모로 여기거나(긍정적 감정전이), 부정적인 부모로 탓하는(부정적 감정전이) 과정에서 나타난다. 반대로 아동상담사가 아동에게 감정전이를 할 수도 있는데, 이는 아동상담사가 자신을 아동의 부모나 유의미한 성인으로 여기는 것이다. 이것이 적절하게 다루어질 때는 문제가 되지 않지만, 아동상담사의 감정전이가 어떤 경우에는 상담과정에 영향을 미칠 수 있다. 그러므로 아동에게서든 아동상담사에게서든 감정전이가 일어나는지 살피고 이를 신중하게 다루는 것이 중요하다.

8.3.4. 아동상담의 절차

효율적인 아동상담은 잘 계획되어 있고, 허용적인 관계를 통해 내담자가 자신을 인식하고, 새로운 방향으로 긍정적인 단계를 내딛도록 해주는 과정으로 구성되어 있다. 아동상담의 목적은 특정한 문제를 해결하는 것이 아니라 현재 문제뿐 아니라 이후에 나타날지도 모를 문제에 대해서도 보다 바람직한 방식으로 이에 대처할 수 있는 능력을 갖출 수 있게 해주는 것이다. 즉 아동상담은 아동에게 무언가를 처치하는 것이 아니라 아동내담자가 무언가를 할 수 있도록 제안하는 것이다. 그리하여 아동내담자가 정상적인 성장과 발달을 할 수 있도록 돕고 아동이 향후 만나게 될 수 있는 문제나 장애물을 해결할 수 있도록 해주는 것이다.

아동상담의 과정은 성인상담과는 다른 고유성을 가진다. 아동은 상담장면에 임하는 기본 태도가 성인과 다르다. 성인은 대개 자신에게 문제가 있다는 것을 알고 있지만, 아동은 문제가 있다는 것을 인식하지 못하거나 동의하지 않는다. 성인내담자에게 상담사가 어떤 전문적 처치나 과정을 거칠 것이라고 이야기하면 성인내담자는 치료과정을 시작할 것인지 그 여부를 결정할 수 있다. 이에 비해 아동은 자발적으로 기꺼이 치료과정을 시작하려고 하지는 않으며, 이는 대개 아동의 보호자인 부모나 성인이 결정한다. 아동은 이에 대해 수긍하거나, 주저하거나, 저항하는 등 다양한 태도를 보일 수 있다. 아동내담자의 비자발적인 특성은 아동으로 하여금 상담자와 쉽게 관계를 맺게 하거나 상담과정에 적극적으로 임하도록 하는 것을 방해하기 쉽다(Prout & Fedewa, 2015).

이에 따라 많은 아동상담과정에서 첫 단계 목표는 아동과 아동상담사 간 관계맺기, 라포형성이기 쉽다. 내담자의 동기를 강화시키지 않고는 상담과정의 효과를 얻기가 어렵기 때문이다. 성인내담자는 상담과정의 목표를 알고, 치료를 통해 무엇인가 얻어내는 것을 목표로 하여 내담자 행동(이야기, 반영, 숙고, 질문에 대답하기 등)에 적극적인 데 비해, 아동내담자는 상담과정에 대해 모호한 편이고, 대개는 타인에 의해 끌려왔기 때문에 아동상담사가 상담의 목표에 대해 이해시키기가 쉽지 않다. 많은 경우, 아동내담자는 놀이상담 과정 자체를 놀이로 여기며 여기에 목표 지향성을 부여하지 않기 때문에 상담이 매주 반복되는 방문 놀이라 여겨지기 쉽다. 아동내담자는 성인내담자만큼 자기 주변의 환경을 바꾸기가 쉽지도 않다. 가령, 성인내담자는 이혼하거나 별거를 택할 수 있지만 아동내담자가 부모를 바꿀 수는 없기 때문이다. 그러므로 아동상담사는 아동상담의 절차를 진행하면서 성인상담과는 다른 아동상담의 고유성이 적절하게 다루어질 수 있도록 유의할 필요가 있다.

제 9 장

놀이를 이용한 상담

| 학습 개요 |

놀이는 아동으로 하여금 자신의 감정과 문제를 상징적으로 표현하고 정서적으로 해소할 수 있도록 해주고, 문제해결을 위한 대처방식을 갖출 수 있도록 해준다. 놀이치료의 장점으로 인해 아동 개인을 대상으로 한 놀이치료 외에 가족놀이치료, 집단놀이치료, 생태학적 놀이치료 등 다양한 유형의 놀이치료가 활성화되었다. 놀이치료는 아동을 대상으로 한 상담 중 가장 강력하고 유효한 방식으로 자리 잡았으며, 놀이치료를 기반으로 모래놀이, 음악놀이, 미술놀이 등 복합적인 형태로 발전하고 있다.

이 장에서는 아동상담과 놀이의 관계를 살펴본 후 놀이치료의 정의와 배경을 알아본다. 또한 놀이치료의 유형과 방법 및 과정을 살펴보고, 놀이치료실의 구성, 놀잇감의 특징, 놀이치료사의 역할에 대해 알아본다.

| 학습 목표 |

1. 아동상담에서 놀이가 갖는 의미와 장점을 안다.
2. 놀이치료의 역사적 배경과 개념 정의를 설명할 수 있다.
3. 놀이치료의 유형과 과정에 대해 특징을 말할 수 있다.
4. 놀이치료실, 놀잇감의 특징과 놀이치료사의 역할에 대해 말할 수 있다.

| 주요 용어 |

놀이치료, 비지시적인 놀이치료, 아동 중심 놀이치료

9.1. 아동상담에서의 놀이

아동상담에서 놀이는 매우 핵심적인 역할을 한다. 성인상담에서 성인내담자가 말로 자신의 마음을 표현하는 데 비해, 아동상담에서 아동은 놀이를 통해 자신의 마음을 표현하기 때문이다. 상담과 심리치료는 대개 호환적으로 쓰이는 용어이지만 굳이 구분하자면 약간의 차이가 있다. 일반적으로 성인의 경우, 상담(counseling)이 대개 특정 문제에 집중해서 단기간에 이루어지는 것이라면 심리치료(psychotheray)는 좀 더 넓은 범위의 복합적인 문제를 보다 장기간에 걸쳐 다룬다는 차이가 있다(Lammers, 2022). 오늘날 아동상담에서 놀이는 필수불가결한 요소가 되었고, 이에 따라 놀이를 이용한 상담은 놀이치료라는 용어로 폭넓게 쓰이고 있다.

때로 아동의 어떤 문제들은 치료라는 집중적인 교정과정(intensive correction procedure)을 거칠 필요가 있다. 치료는 내담자와 보호자의 기대와 목표가 무엇인지에 대한 탐색으로 시작된다. 아동내담자는 대개 치료를 통해 무엇을 기대하는지 명확하지 않은 경향이 있다. 어떤 아동은 문제에 대한 해결책을 찾기도 하고, 상처받는 것을 중단시키고 싶어 하기도 하며, 다른 사람을 변화시키고 싶어 하기도 한다. 이렇게 함으로써 이들은 불안감을 줄이고, 자신의 인생에서 유의미한 사람들(significant persons)에게 받아들여지고 싶어 하기도 한다.

어떤 경우에 아동내담자들은 목표 자체가 없기도 하다. 이들은 부모, 교사가 보냈다는 이유만으로 치료자의 상담실에 오기도 한다. 치료적 과정(therapeutic process)은 상호 존중을 바탕으로 관계를 형성하고, 통합적인 심리적 탐구를 하며, 생활양식을 평가하기도 하고, 개인의 삶의 방식에서 잘못된 목표와 거짓된 가정들은 드러내 주기도 한다. 이후 내담자가 삶의 보다 유용한 측면을 향해 재교육을 받는 과정을 거치기도 한다. 치료의 주요 목적은 내담자가 소속감을 발달시키도록 돕고, 소속감과 사회적 관심을 가지고 자신의 행동을 변화시키는 것을 돕는 것이다. 이것은 내담자의 자기인식을 증진시키고, 내담자로 하여금 이전까지의 삶의 목적, 인생의 기본 가정, 삶에 대한 주요 태도와 개념 등을 수정하도록 함으로써 달성될 수 있다.

놀이치료는 상담사가 아동이 문제에 따른 자신의 마음을 드러내고 문제를 해결해갈 수 있도록 도와준다는 점에서 아동의 일반 놀이와는 다르다(Landreth, 2022). 놀이치료는 놀이를 통해 아동의 자연스러운 표현을 활성화시켜 아동이 자신의 감정을 보다 쉽게 표현하도록 도와주는 상담과 심리치료 기법을 통칭하여 사용된다. Rothman(2017)은 놀이치료의 뚜렷한 장점을 다음의 다섯 가지로 제시하고 있다.

첫째, 놀이치료를 통해 아동은 다른 방법으로는 결코 표현할 수 없을 여러 가지 감정을 잘 나타낼 수 있다. 아동은 특히 어린 연령에 충격적인 정신적 외상을 초래하는 경험을 하였을 경우 자신의 감정을 말로 전달해낼 언어 기술이 충분하지 않다. 이런 이유로 아동은 자신의 심리적 고통을 사회적 위축, 자주 울고 보채기, 분노발작, 만성적 우울, 등교 거부 등과 같은 바람직하지 않은 방식이나 부적응적인 방식으로 나타내게 된다. 놀이치료에서 상담자는 놀이의 언어로 아동이 보다 적응적인 방법으로 자신을 표현해내도록 지원한다. 이런 의미에서 놀이상담자는 아동의 놀이 의사소통을 이해하고, 해석하고, 반응하도록 특별히 훈련받게 되며, 부모가 놀이를 통해 자신의 자녀와 '이야기할 수 있도록(talk)' 지원하게 된다.

둘째, 아동이 바람직하지 않은 행동을 줄이고, 자신의 행동을 조절할 수 있는 능력을 증진시켜준다. 아동이 놀이를 통해 자신의 감정을 표현하고 나면 바람직하지 않은 행동이 줄어들게 된다. 이에 더하여 놀이치료를 통해 아동은 자신의 행동을 조절할 수 있는 기술과 역량을 개발시키게 된다. 놀이치료과정에서 아동은 안전한 환경에서 제한을 시험해볼 기회를 갖게 되고, 자기 행동의 결과가 어떠할지 인식할 수 있는 기회가 늘어나게 된다. 가령, 놀이치료과정에서 아동이 자신이 찰흙으로 만든 완성품을 뭉개버렸을 경우, 아동은 자기가 만든 것을 스스로 망가뜨렸고 더 이상 그것을 가지게 될 수 없다는 것을 인식하게 된다. 이 교훈을 통해 아동은 자연스럽게 보다 신중한 의사결정을 하는 법을 배우게 된다.

셋째, 아동이 독립성과 창의적 사고를 증진시킬 수 있다. 아동은 하루의 대부분을 양육자나 주변 성인으로부터 무엇을 하라는 지시를 받는 데 익숙하다. 물론 이것은 아동이 아직 스스로 많은 결정을 할 수는 없다는 점에서 필요한 부분이기는 하지만, 다른 한편으로 아동이 스스로 생각하는 법을 배우는 것이 중요하다는 점을 간과할 수는 없다. 특히, 충격적인 정신적 외상이 되는 경험을 하였거나 인생을 바꾸는 심각한 사건사고를 당했을 경우 아동은 자신의 인생을 통제할 수 없다는 극심한 무력감을 예리하게 느낄 수 있다. 놀이치료에서 아동은 리더가 된다. 놀이치료실에서 아동은 대부분 자신이 참여할 활동을 스스로 선택함으로써 어떤 일이 일어날지 통제할 수 있다. 놀이치료는 아동으로 하여금 지원적인 환경 속에서 스스로 선택을 해볼 수 있는 풍부한 기회를 제공해준다. 놀이치료실은 아동이 자신을 표현하고 자유롭게 나타내는 데 판단을 내리지 않는 자유공간으로 작동한다.

넷째, 아동이 사회적 기술을 키우고 다른 사람들은 존중하는 방법을 배울 수 있다. 놀이치료는 아동을 중심에 두고 있기 때문에, 아동에 관한 과정이지만 이와 동시에 아동이 놀이상담자와 관계를 맺는 것에 관한 과정이기도 하다. 아동은 놀이상담자를 신뢰하는 관계를 개발해 감으로써 타인과의 사회적 관계를 영원히 손상시킬지도 모른다는 두려움 없이 다른 사람과의 사회적 상호작용에 대한 여러 가지 측면을 시험해볼 수 있다. 가령, 아동은 보드게임을 하면서 놀이상담자가 어떻게 반응하는지 탐색하기 위해 속임수를 사용할지 여부를 선택하는데, 이 경우 놀이상담자는 아동과 함께 그 선택의 동기와 결과에 대해 탐구할 수 있다. 놀이상담과정에서 사용되는 놀잇감 중에는 돌봄 아기 인형(nurturing baby dolls)이나 경찰관처럼 차려입기 등과 같이 여러 가지 사회적 역할을 탐색해볼 수 있도록 고안된 것들이 있다. 놀이치료과정을 통해 아동은 다른 사람의 생각과 감정을 이해하고, 그 결과 가족이나 친구들과의 관계로 이 인식을 전이시킬 수 있게 된다.

다섯째, 아동은 가족구성원과 보다 굳건한 관계를 맺을 수 있다. 비록 놀이상담자가 훈련받은 전문가이기는 하지만 아동의 치료에서 가장 중요한 사람이 될 수는 없다. 아동의 치료뿐 아니라 아동의 인생에서 가장 중요한 사람은 가족, 특히 부모이다. 놀이치료가 진행되는 동안 부모가 늘 함께 치료실에 있는 것은 아니지만, 부모는 아동을 놀이상담실로 데려오고, 필요할 경우 상담자와 상담하며, 아동이 놀이치료에서 배운 사회적 기술들은 가정에서 구사해보는 것을 지원하는 등 부모는 아동의 놀이상담에 능동적인 참여자의 역할을 수행하는 사람이라 할 수 있다. 놀이치료의 가장 중요한 목표 중 하나는 부모와 아동의 관계가 잘 구축되도록 하는 것이다. 아동이 위축되거나 어려움을 겪고 있을 때 자녀와의 관계는 부모에게 매우 어려운 것이며 스트레스가 된다. 놀이치료를 통해 부모가 아동과 즐겁게 시간을 보낼 기회를 더 많이 제공해줌으로써 부모나 자녀가 겪는 심리적 어려움을 완화시켜 줄 수 있다.

9.2. 놀이치료의 역사적 배경과 정의

9.2.1. 놀이치료의 역사적 배경

역사적으로 놀이치료는 정신분석 심리학, 인본주의 심리학, 심리치료 및 아동발달 분야를 기초로 그 개념적 이해가 구성되기 시작하였다. 1900년대 초반 유럽에서 Klein과 Anna Freud가 아동을 위한 심리분석 처치에 놀이형태를 사용하기 시작하였다(Cattanach, 2008; Donaldson, 2002; Landreth, 2012). 1935년에 Lowenfeld가 처음으로 『아동기의 놀이(Play in Childhood)』라는 책을 출판하여 런던의 클리닉에서 신경증적 문제를 가진 아동을 심층 관찰한 자료를 보고하였다(Urwin & Hood-Williams, 1988).

미국에서는 Axline이 자신의 스승이자 동료인 Rogers의 인본주의 심리학과 관계중심 시각을 바탕으로 수립한 비지시적인 놀이치료(Non Directive Play Therapy: NDPT)의 이론화에 박차를 가하고 있었다(Axline, 1969). 당시 Rogers는 내담자의 심리적 성장을 위한 필요충분조건을 갖추도록 심리치료의 처치 계획을 수립할 것을 강조하였는데,

여기에는 치료적 합의, 무조건적인 긍정적 지원, 공감적 이해와 수용 등이 포함되어 있다(Rogers, 1951). Axline은 Rogers의 이론을 바탕으로 아동에 초점을 맞추어 비지시적인 놀이치료의 여덟 가지 원칙을 수립하였는데, 이는 오늘날까지 아동대상 놀이치료의 근간을 이루고 있다.

표 9-1 Axline의 비지시적 놀이치료의 8원칙

첫째, 아동과 따뜻하고 친근한 관계를 수립하여야 한다.
둘째, 아동을 그 자체의 모습대로 수용하여야 한다.
셋째, 관계에서 허용감을 느낄 수 있도록 함으로써 아동이 자신의 감정을 완전하게 표현할 수 있는 자유로움을 갖도록 해야 한다.
넷째, 아동이 표현하는 감정을 인식하고 이 감정에 대해 아동이 자신의 행동에 대한 통찰력을 가질 수 있는 방식으로 반응해주어야 한다.
다섯째, 아동이 자신의 문제를 스스로 해결할 수 있는 능력을 가지고 있다는데 대한 깊은 신뢰를 보여주어야 하며, 아동이 그렇게 할 수 있는 기회를 주어야 한다. 아동은 판단하고 선택할 수 있는 역량을 부여받아야 한다.
여섯째, 아동의 행동이나 대화를 어떤 방식으로든 지시하지 않도록 해야 한다. 아동이 이를 이끌고, 치료자는 거기에 따라가는 방식을 견지해야 한다.
일곱째, 치료를 서두르지 말아야 한다.
여덟째, 치료는 실생활에 닻을 내리는 역할만 하며 아동이 결국은 모든 관계에 대한 책임이 있음을 인식하도록 제한을 명백히 설정하여야 한다. 이를 통해 아동이 스스로의 문제해결 역량을 키워낼 수 있도록 할 수 있다.

출처: Pidgeon et al. (2005).

이후 놀이치료의 여러 가지 이론적 모델들이 나타나게 되었다. Axline의 원칙을 기반으로 한 모델 중 가장 널리 알려진 것은 비지시적(Non-Directive) 혹은 아동 중심 놀이치료(Child-Centred Play Therapy: CCPT)라 할 수 있는데, 이는 Axline의 놀이치료 모델을 Landreth와 그의 동료들이 계속 발전시킨 것이다(Landreth, 2012; Landreth & Bratton, 1998). 이 모델은 이후 CCPT에 기반 한 부모 및 양육자 교육을 위한 부모-자녀 관계 치료로 발전되기도 하였다(Guerney, 2000; Smith & Landreth, 2003; VanFleet, 2005; VanFleet, Ryan, & Smith, 2005). 1964년 Guerney는 부모놀이치료(Filial Play Therapy)라는 용어를 처음 사용하였다. 또한 Brody는 놀이치료에서 아동과의 신체적 접촉을 허용하고 구조화된 세션을 강조한 발달놀이치료기법을 발전시켰다. 이들은 부모를 참여시키고, 치료자와 아동의 상호작용을 지지하는 발달 지향적 놀이치료인 치료놀이(theraplay)를 발전시키게 된다.

9.2.2. 놀이치료의 정의

놀이치료협회(Association for Play Therapy)의 정의에 따르면, 놀이치료는 전문적인 훈련을 받은 놀이상담자가 놀이의 치료적 힘을 사용하여 아동이 심리적 어려움을 예방하거나 극복하고 최적의 성정과 발달을 이룰 수 있도록 하는 데 필요한 상호작용 과정을 구축하기 위하여 이론적 모델을 체계적으로 구사하는 것이라 할 수 있다. 놀이치료는 간혹 성인에게도 적용할 수 있으나 대개는 3세부터 12세의 아동을 대상으로 이들이 놀이를 통해 자신의 생각과 감정을 자유롭게 표현하고 자신의 삶을 탐색할 수 있도록 도와주기 위한 것이다. 치료적 놀이는 일반적으로 안전하고 편안한 놀이상담실에서 이루어지는데, 여기에는 규칙이나 제한이 거의 없어 아동이 자신을 자유롭게 표현하도록 격려받으며, 상담자는 아동의 선택, 의사결정, 놀이 양식을 관찰한다. 놀이상담의 목표는 아동이 자신을 보다 건강한 방식으로 표현하고, 타인을 존중하는 공감능력이 있으며, 자신의 심리적 문제를 보다 긍정적인 방식으로 해결하는 방법을 찾을 수 있도록 하는 것이다.

부모나 양육자는 아동을 위한 놀이치료에서 중요한 역할을 담당한다. 상담자는 부모와 최초의 면담을 시행하면서 아동에 관한 정보를 수집하게 되며, 대개는 이를 위해 아동과 분리된 면담을 함으로써 처치를 시작하기에 앞서 사정(assessment)을 할 수 있다. 상담자는 사정을 통해 아동에게 가장 적합한 처치나 접근방법이 무엇인지 결정할 수 있다. 놀이치료실에서는 아동이 특정한 유형의 놀잇감을 가지고 놀도록 격려함으로써 아동이 자신을 표현하고 긍정적인 행동방식을 배우도록 촉진하게 된다. 미술, 공작, 음악, 동작, 이야기 나누기, 기타 도구들이 놀이치료과정에 포함될 수 있다.

놀이치료는 아동이 언어적 의사소통보다는 놀이 활동을 통해 자신을 표현하도록 지원함으로써 아동의 독특한 발달적 요구에 부응해주는 장점을 가진다. 상담자는 아동과 의사소통하기 위해 놀이와 다른 창의적인 활동을 하게 되며, 아동이 이들 활동을 통해 결코 말로는 표현하지 않는 자신의 생각과 감정을 어떻게 나타나는지 관찰하게 된다. 놀이치료의 유형을 세분하면 여러 가지가 있으나 가장 크게는 지시적 놀이치료와 비지시적 놀이치료로 대변한다. 놀이상담자는 상황에 따라 두 가지 방법을 모두 사용할 수 있다.

첫째, 지시적 놀이치료(directive play therapy)는 상담자가 추가 활동을 자극하고, 정보를 수집하여 해석해주고, 제한을 둠으로써 의도한 결과가 도출되도록 목표한다. 상담자는 지시적이며 놀이치료과정의 계획에서 능동적인 역할을 수행한다. 상담자는 안정감과 지원감을 주고자 노력하며, 정신적 외상을 초래한 사건을 재구성하는데 필요한 놀잇감들을 제공함으로써 아동이 그 사건과 관련된 부정적인 생각과 감정을 완화시킬 수 있도록 도와준다. 결국 상담자의 가장 기본적인 역할은 구조화된 놀이장면을 준비하고 지시함으로써 정서적인 카타르시스를 경험할 수 있도록 해주는 것이다. 따라서 놀이치료과정에서 불안을 불러일으키는 장면들이 상담자에 의해 도입되기도 한다. 상담자는 의도적으로 놀이 활동을 계획함으로써 아동이 강한 정서적 반응을 나타낼 수 있도록 지원한다.

둘째, 비지시적 놀이치료(nondirective play therapy)는 상담자의 지시나 감독을 크게 제한함으로써 아동이 자유놀이를 통해 자신의 문제를 드러내고 스스로 해결하는 힘을 기르도록 하는 것을 원칙으로 한다. 놀이치료에서는 상담자의 진정성, 무조건적인 긍정적 수용, 공감적 이해가 포함된 촉진적 역할(facilitative role)을 강조한다. 상담자는 아동이 문제를 다루도록 서두르거나 놀이실에서의 경험에 대해 지시를 하지 않는다. 상담자는 아동이 자신의 속도로 진보를 이루어내기를 기다려준다. 아동은 이해받는 느낌을 통해 자기 지시적이고 자발적인 역량을 키워나갈 수 있다.

9.3. 놀이치료의 방법과 과정

Charnigo(2015)는 놀이치료의 유형을 아동 개인을 대상으로 한 놀이치료, 가족 놀이치료, 집단 놀이치료로 구분하고 있으며, 이에 더하여 O'Coner와 Ammen(2009)은 아동을 둘러싼 체계들을 기반으로 한 생태학적 놀이치료를 제시하였다.

9.3.1. 아동 개인을 대상으로 한 놀이치료

1) 아동 놀이치료의 특징

아동 개인을 대상으로 한 놀이치료에서는 놀이실에서의 상담과정에 오로지 아동과 상담자만 있게 된다. 상담자는 아동이 가지고 놀 수 있는 다양한 놀잇감을 제공하며, 아동이 놀잇감을 가지고 자신을 표현해낼 수 있도록 돕는다. 즉, 치료적인 의미에서 보자면 인형(puppets)을 가지고 인형놀이(puppet show)를 하도록 함으로써 아동이 자신을 언어적으로 보다 원활하게 표현할 수 있도록 해주는 것이다. 인형과 인형놀이는 아동이 자신의 감정과 행동을 점진적으로 이해할 수 있도록 도와준다. 놀이치료에서 인형을 사용하는 방법은 두 가지로 구분된다(Hartwig, 2014).

첫째, 지시적 놀이치료방법으로 인형을 사용하는 것이다. 상담자는 아동이 참여할 적합한 활동(appropriate activity)을 선택한다. 선택되는 활동은 아동의 문제를 드러내는 것이어야 하며 아동이 목표를 향해 작업을 할 수 있는 방식이어야 한다. 상담자는 이러한 접근법으로 아동이 구조화된 놀이를 하도록 함으로써 정보를 얻고, 참여를 촉진하며, 제한을 설정하고, 행동을 해석한다. 아동은 어떤 놀잇감이 자신을 잘 나타내는지 결정하고 이를 어떻게 사용할지 판단하게 된다. 상담자는 이 과정에서 뒤에 앉아 아동이 반응하는 방식을 관찰한다.

둘째, 아동 중심적인 비지시적 놀이치료의 방법으로 인형을 사용하는 것이다. 아동 중심적인 방법은 위기를 겪고 있거나 파괴적인 행동을 나타내는 아동, 우울증을 보이는 아동 등에게 사용된다. Swank과 Shin(2015)의 연구에서 아동 중심적 놀이치료는 정서적이고 행동적인 관심을 이끌어내며 아동의 학업성취를 증진시키는 것으로 나타났다. 뿐만 아니라 놀이치료에 참여한 후 파괴적인 행동이 줄어드는 것으로 나타났다. 이들의 연구에서 아동은 놀이치료에 참여함으로써 여러 가지를 배우게 되었다. 가령, 아동은 자신을 존중하는 법을 배웠으며 점차 자신을 고유한 개인으로 받아들일 수 있게 되었다. 또한 아동들은 자신의 감정이 수용될 수 있다는 것을 인식하고 자신의 감정을 적절하게 표현할 수 있게 되었다. 이는 아동의 자기통제(self-control)와 자기 지시(self-direction)로 이어지게 되었다. 아동 중심적인 놀이치료는 아동이 독립적으로 선택할 수 있고 이러한 선택이 존중받는다는 것을 알려준다. Ray, Stulmaker, Lee와 Silverman(2013)의 연구에서는 위축, 우울, 공격성, 빈약한 사회적 기술을 가진 아동들이 비지시적인 놀이치료를 통해 자신의 무능력을 개선하게 된 것으로 나타났다.

2) 아동 놀이치료의 과정

놀이치료는 1회에 한 시간 정도의 기간으로 보통 주 1~2회 정도 이루어진다. 초기에는 비교적 짧다가 익숙해짐에 따라 시간을 연장하게 된다. 놀이치료의 횟수는 아동의 문제에 따라 다르나 전체 과정은 크게 도입기, 중간기, 종결기로 구분된다(유효순, 이소은, 2009).

첫째, 도입기는 아동이 놀이치료실을 소개받는 단계이다. 아동은 놀이치료실에 들어오면서 어머니와 분리되는데, 아동은 대개 낯선 환경에 혼자 있어야 하는 데서 오는 불안과 공포를 나타내므로, 놀이치료 시작 전에 어머니와 함께 치료실을 둘러보거나 어머니가 밖에서 기다리고 있다는 것을 확신할 수 있도록 중재해준다. 놀이실에 들어오면 아동은 불안함 속에 탐색을 시작하는데, 상담자는 이때 수용적인 태도와 이해하려는 노력을 보이면서 아동과 라포를 형성할 수 있도록 한다.

둘째, 중간기는 아동이 놀이치료실의 특성을 이해하고 상담자와의 관계를 수립하며 행동이 활발해지는 시기이다. 이 시기에는 제한의 적용, 아동의 감정표출 촉진 및 수용이 주요 과제가 된다. 놀이치료에서 아동의 행동에 대해 가하는 제한의 범위는 이론에 따라 다소 차이가 있지만 상담자에 대한 신체적 공격, 놀이시설·설비에 대한 공격, 안전과 건강에 대한 보호, 놀이치료실 자체의 규율(시간이 끝날 때까지 치료실 밖으로 나가지 않는 것 등)과 같은 제한은 거의 공통적인 것이라 할 수 있다.

상담자는 아동의 감정표출을 촉진시키고 이를 수용하며, 아동이 자신의 욕구를 적합한 행동으로 표현할 수 있도록 지원해준다. 아동이 표출한 감정이나 행동이 사회적으로 용인되지 않은 종류의 것이라 할지라도 상담자가 이를 공감하고 이해하고 수용해줄 수 있어야 한다. 아동과의 신뢰관계를 수립하여 욕구가 좌절될 때 이를 대신하여 해소할 수 있는 방법을 알려주거나 공격적 표현 대신 보다 적합한 방식으로 자신을 표현할 수 있도록 지원한다.

셋째, 종결기는 아동이 현실생활에의 적응력이 높아지고 문제행동이 사라지기 시작하면서 이루어진다. 상담자는 아동에게 놀이치료실과 현실 세계와의 거리를 좁혀줌으로써 아동이 일상생활에 필요한 적응기술이나 문제해결력을 갖도록 학습시킨다. 상담자는 종결 여러 회기 전에 아동에게 종결을 예고해줌으로써 아동이 이에 대비할 수 있도록 해야 한다.

9.3.2. 가족 놀이치료

1) 가족 놀이치료의 특징

가족 놀이치료는 상담 세션에 아동, 부모, 아동의 형제자매가 상담자와 함께 한다. Willis, Halters와 Crane(2014)에 따르면 가족 놀이치료는 가족과 함께하는 치료로서의 놀이로 확장되고, 가족원 모두가 자신을 열고 세션에 참여하도록 함으로써 함께 동화될 수 있도록 돕는 것이다. 뿐만 아니라 아동 외의 모든 성원이 자신을 개방하게 되면 아동이 놀이치료의 각 세션에 참여하는 정도가 증진될 수 있다. 가족 인형

놀이 인터뷰 모델(Family Puppet Interview model)에서 상담자는 아동으로 하여금 인형들에게 이름을 지어주고 시작부터 끝까지 이야기를 만들도록 한다. 그리고 나서 각 세션의 마지막에 상담자는 부모의 질문에 대답해준다.

가족치료는 가족 사건을 겪고 정신적 외상이 생겼거나 스트레스에 고통 받고 있는 가족에게도 사용된다. Kiser, Backer, Winkles와 Medoff(2015)는 가족치료를 병행한 놀이치료를 통해 효과적인 결과물을 나타내었다고 보고하였는데, 이들의 연구에서 정신적 외상을 나타내는 가족은 여러 가지 감정과 생각을 나타내거나 혹은 감추고 있었다. Diamond, Reis, Diamond, Siqueland와 Isaacs(2002)의 연구에서는 우울증을 나타내는 청소년에게 가족치료와 놀이치료를 병행하여 긍정적인 효과를 보았다. 이들의 연구에서 청소년들은 애착 기제가 약화되어 있었으며 위축되어 있었다. 청소년들은 높은 수준의 비난, 적대감을 나타냈으며, 이들의 부모는 병리적 증상을 가지고 있었고 부모역할 수행이 부적절하였다. 연구자들은 먼저 가족치료를 하였고 이후에 청소년이 나타내는 주요 우울 증상을 집중하여 다루었다.

Waldman-Levi와 Weintraub(2015)의 연구에서는 어머니로부터의 가정폭력을 겪고 있는 아동을 위한 놀이치료를 하였는데, 이들 가족은 의사소통에 심각한 문제를 겪고 있었다. 부모와 자녀 간에 폭력이 발생하면 이는 아동의 감각, 동작, 인지, 정서 및 사회성 발달에 부정적인 영향을 미친다. 이 연구에서는 놀이치료를 통해 아동이 자신의 감정을 드러내고 점차 감각, 동작, 인지, 정서 및 사회성 기술을 배우도록 하였다. 그리고 가족치료에서 가정폭력의 피해자인 아동들에게 놀이 세션을 제공함으로써 성공적인 결과를 얻을 수 있었다.

2) 가족 놀이치료의 과정

Bowers(2015)에 따르면, 가족 놀이치료에는 가설 세우기, 계획하기, 대화하기, 피드백하기의 네 가지 요소가 있다.

첫째, 가설 세우기는 가족이 제공한 정보와 생각들을 기반으로 가족이 주는 피드백을 정리하여 가족과 함께 만들어간다. 가설 세우기는 상담자가 가족과 함께 작업하면서 가족이 갖고 있는 일련의 제약과 가족이 적응적인 해결을 하지 못하도록 하는 가족 관계의 특성들을 확인하는 과정이라 할 수 있다. 이는 드러나 있는 문제들의 현상을 밝혀주고, 문제에서 가장 확실하고 접근이 쉬우며 궁극적으로 쉽게 바뀔 수 있는 측면을 알려준다.

둘째, 계획하기는 중재, 지시, 기술을 사용하여 가족과 협동적으로 전략을 짜는 과정을 통해 드러나 있는 문제를 해결하고자 하는 것이다. 계획하기에는 가족과 함께 작업하고 연관을 짓는 작업, 이벤트 준비, 전략 조정이 포함된다. 이벤트는 상담자가 모델을 선택하고 가족에게 개입하기 위한 모든 중재와 기술들을 의미한다. 상담자는 가족이 자기조직화를 하고 드러나 있는 문제에 대한 해결책을 찾아낼 수 있다고 신뢰하여야 한다. 상담자는 가족이 참여과정에서 어려움을 극복할 수 있도록 협동적인 리더의 역할을 수행한다.

셋째, 대화하기는 치료자가 순간순간 가족에게 무엇을 말할지를 결정하는 것이며, 가족문제와 관련된 제약들을 찾고 없애는 것과 관련하여 가족구성원 간 대화에 참여하여 가족구성원 모두가 건강한 성장을 향한 움직임을 키울 수 있도록 지원하는 것이다.

넷째, 피드백하기는 상담자가 자신의 아이디어와 가족의 공유 정보를 연결시켜주는 기제라 할 수 있다. 상담자는 가설 세우기, 이와 관련된 피드백, 피드백을 읽는 과정을 통해 매 순간, 그리고 치료과정 전체에서 어떤 일이 일어나고 있는지 인도하는 역할을 한다. 가족과 가족구성원들로부터 나타나는 피드백을 읽는 것은 비단 가족의 현실을 인식하는 것뿐만 아니라 가족원들이 서로에 대해 나타낸 반응들에 대해 치료자가 의미를 부여하고 이를 이해하는 것이라 할 수 있다. 그 의미가 가족과 공감되고 확인될 때 비로소 피드백은 계획과 가설 세우기의 한 부분이 된다.

9.3.3. 집단 놀이치료

1) 집단 놀이치료의 특징

집단 놀이치료는 아동 개인을 대상으로 한 놀이치료를 확장하여 여러 명의 아동이 놀이세션에 참여하는 방법이며, 아동이 다른 사람들에 대한 애착과 타인과의 관계 수립 능력을 증진시키는 것을 목적으로 한다. 집단 놀이치료는 집단을 기반으로 한 놀이치료(group-based play therapy) 혹은 집단치료(theraplay)라고 불린다. 집단 놀이치료는 발달적 어려움을 겪고 있는 아동에게 특히 적합한 것으로 알려져 있는데(Siu, 2014), 이는 집단치료를 통해 아동의 사회적 기술을 증진시켜 줄 수 있기 때문이다. 이외에 집단 놀이치료는 또래놀이와 비슷한 경험을 통해 아동들이 또래놀이에서 나타나는 것과 유사한 도전들을 마주치게 함으로써 아동이 다른 또래들과 어떻게 상호작용해야 하는지 배울 수 있도록 해준다. 이런 이유로 집단 놀이치료는 학교 세팅에서 가장 보편적으로 이루어진다. Siu(2014)의 연구에서는 교실에서 부정적인 행동 문제를 나타내는 아동이 집단 놀이치료 세션에 참여함으로써 긍정적인 결과를 보인 것으로 나타났다.

Allen과 Barber(2015)의 연구에서 집단 놀이치료에 참여한 아동들은 더 나은 선택을 하게 되었고, 불안이 감소되었으며, 부정적인 행동을 고치게 되었다. 뿐만 아니라 아동들은 자신에 대한 가치감(sense of self-worth), 타인에 대한 공감능력을 높이게 되었다. 상담자는 여러 가지 이유로 서로 다른 치료 기법들을 사용하였다. 즉 학교에서 집단 놀이치료를 사용하여 아동들에게 보다 적절한 사회적 기술을 가르치고 자신을 보다 적합한 방식으로 드러내도록 안내하였으며, 이때 상담의 효과를 높이고 경험적인 자료를 수집하기 위한 목적으로 놀이치료를 병행하였다. 집단 놀이치료와 아동 개인을 대상을 한 놀이치료를 병행한 결과, 이 연구에서는 아동들의 학교 적응이 높아졌고 학업성취가 증가한 것으로 나타났다.

Perryman, Moss와 Cochran(2015)의 연구에서는 위험행동을 보이는 청소년들을 대상으로 이들이 자신을 긍정적으로 인식하고 또래에게 민감성을 보이도록 하는 목적을 가지고 집단 놀이치료를 실시하였다. 참여 청소년들은 미술치료, 악기를 이용한 음악치료, 그리고 놀이치료를 받았다. 이외에 집단 놀이치료를 통해 사회적 기술과 행동기술을 배우도록 하였다. 치료를 통해 청소년들의 적응행동이 증가하였으며 학업성취도도 높아진 것으로 나타났다.

2) 집단 놀이치료의 과정

Sweeney와 Homeyer(2009)는 집단 놀이치료의 과정에 대해 다음과 같이 밝히고 있다. 집단 놀이치료를 위해서는 먼저 아동이 집단 놀이치료에 적합한지 여부를 판단할 필요가 있다. 집단 참여가 어려운 경우로는 심하게 공격적인 아동, 성적으로 부적합한 행동을 표출하는 아동, 취약한 모자애착으로 인한 어려움을 겪고 있는 아동, 자기상이 심하게 취약한 아동, 타인에게 복수를 하는 등의 사회병리적인 특성을 가진 아동, 심각한 경쟁관계의 문제를 가진 아동 등을 들 수 있다.

집단 놀이치료의 성공은 집단의 크기나 집단 구성원의 특성에 따라 상당한 영향을 받는다. 일반적으로 아동의 연령이 어릴수록 집단의 크기가 작아진다. 때로는 두 명의 아동으로 구성된 작은 집단이 아주 유용할 수도 있다. 특정한 주제를 가진 구성원으로 집단을 구성하는 방식이 흔히 사용되는 편이지만, 동일한 정신적 외상을 겪은 아동들로만 집단을 구성할 경우 이 문제와 관련된 행동이나 정서가 상승되는 어려움이 나타날 수도 있으므로 집단을 구성할 때 민감하게 살펴볼 필요가 있다. 또한, 한 집단에 위축된 아동이 두 명 있다면 사교성이 풍부하거나 자기주장이 강한 두 명의 아동을 포함시켜 집단 내 균형을 이루게 하는 것도 도움이 될 수 있다. 집단 놀이치료에서 아동의 연령범위는 대개 12개월 이상 차이나지 않도록 한다.

집단 놀이치료에서 상담자는 개별 놀이치료와 유사한 역할을 수행하지만 어지러움과 소음을 잘 견딜 수 있어야 하고 자주 나타나는 혼란을 다룰 수 있어야 한다. 상담자는 집단구성원 간에 균형을 유지시키는 반응을 하도록 해야 하고, 보다 적극적이거나 요구적인 아동에게 초점을 두지 않도록 유의해야 한다. 상담자는 제한을 설정할 때 분명하고 전체적인 제한을 줌으로써 집단 전체를 이끌어갈 수 있도록 해야 하며, 집단 놀이치료에 참여한 아동들이 치료자에 의해서가 아니라 다른 집단구성원들에 의해 제한 설정을 경험하도록 해야 한다. 이를 통해 아동은 보다 적합한 관계를 형성하고 추구해내는 능력을 기를 수 있다.

아동 중심적(Child-centered) 집단 놀이치료를 할 경우, 상담자는 첫 회기에서 성장을 지향하는 아동 고유의 경향을 그대로 수용하는 분위기를 조성하는 데 초점을 둔다. 상담자는 각 아동의 감정과 인식에 민감하게 반응하고, 각 아동이 안전감을 느끼도록 도우며, 아동과의 정서적 접촉을 통해 아동이 자기에 대한 책임을 인식할 수 있도록 지원해야 한다. 개별 아동의 태도, 감정, 생각을 수용하는 과정을 통해 상담자는 아동들의 세계에 들어갈 수 있다. 아동 중심적 집단 놀이치료 과정에서 각 아동은 따뜻하고 수용적이며, 안전과 성장을 발전시켜주는 환경을 경험하게 된다. 이런 환경은 아동으로 하여금 또래들도 어려울 수 있다는 것을 발견할 수 있는 기회를 제공해준다. 이를 통해 아동들은 자기 혼자만 고통을 느끼는 것이 아니라는 점을 인식하고 점차 놀이실 내부와 외부에서 적절하게 행동하는 방식을 배우게 된다.

발달놀이치료(Developmental play therapy: DPT)를 위해 집단치료를 할 경우, 아동은 상담자와 일대일로 한 시간 동안 놀이치료 세션을 한 후 아동들과 1시간 정도의 집단 놀이치료를 받게 된다. 집단 놀이치료는 발달적 놀이치료에 특히 적합하다고 알려져 있다. 이때 집단 놀이치료가 목표하는 것은 아동이 집단의 구성원으로서 경험해야 할 것을 제공해주는 것이다. 집단구성원으로서 아동은 참여자가 되어야만 한다. 아동은 서로를 향해 움직여보고, 서로를 바라보며, 자신들의 언어로 경험을 공유한다. 집단놀이는 아동의 경험에 형식을 만드는 매개체로서 서로의 상호작용에 의미를 부여하도록 해주며, 아동이 내적 자아를 가지도록 하는 변화를 이끌어낸다.

9.3.4. 생태학적 놀이치료

1) 생태학적 놀이치료의 특징

생태학적 놀이치료는 아동의 생태체계 혹은 아동 세계의 맥락 내에서 아동의 기능이 최적화되는 것에 중점을 둔다(O'Coner & Ammen, 2009). 아동의 생태체계는 지지자원으로, 혹은 아동이 보다 최적의 기능수준을 향해 나아가는 데 있어 잠재적인 방해요인으로 작용할 수 있다. 생태학적 놀이치료는 생태학적 맥락에서 아동이 어떻게 기능하는가를 강조하는데, 아동이 자신을 둘러싼 환경이나 세상에 대해 경험하고 이해하는 방식은 상당히 주관적이라는 것을 전제하고 있다. 이는 O'Connor의 현상학적 철학의 관점을 기반으로 하고 있다. 현상학적 관점은 객관적 현실이 무조건 외부현상에 의해 결정되지 않으며 관찰자의 내적 과정에 의해 독단적으로 결정되지도 않는다고 가정한다. 그보다는 현실이란 관찰자와 관찰당하는 사람들 간의 상호작용의 결과라 본다. 결국 아동뿐 아니라 상담자도 자신의 내적 모델, 내담자-상담자 체계에서 상담자의 참여가 현재 이루어지고 있는 치료에 영향을 미친다는 점을 인식할 필요가 있다.

생태학적 놀이치료는 체계를 강조한다는 점에서 체계이론으로 간주되기도 하는데 체계이론에서는 기본 체계단위가 가족인 데 비해, 생태학적 놀이치료에서는 아동 개인을 기본 체계단위로 간주한다. 가족구성원들은 관계 체계를 만들고 이것이 다시 가족구성원 개개인에게 강력한 영향을 미치는 것이 사실이기는 하지만 각 구성원의 자발성은 여전히 유지된다. 이러한 자발성을 유지하는 자생적 조직체의 특성 때문에 각 개인은 항상 주관적 관점에 의해 움직인다. 이는 아동이 늘 세상에 외부의 정보를 직접적으로 받아들이지는 않는다는 것을 의미한다. 이보다는 세상과 상호작용을 경험하고 이 상호작용의 결과로 내적인 의미를 창조해낸다. 결국 주관적 이해란 아동 자신의 독자적 관점이 아닌, 상호작용의 역사와 맥락, 상호작용의 결과로서 아동이 세상을 이해하는 중간지대를 말한다.

상담자는 작업할 모델을 개발하기 위해 아동을 둘러싼 생태학적 체계의 일정 부분을 선택하여야 한다. 체계의 복잡성이 일정 수준 이상이 되면 이를 효율적으로 다루어내거나 혹은 완전히 이해하기가 어렵기 때문이다. 결국 생태학적 놀이치료에서 상담자가 효과적인 놀이치료를 계획할 때 가장 중시하는 부분은 아동의 문제와 가장 관련이 깊은 것으로 보이는 생태체계의 측면을 확인해내는 것이라 할 수 있다. 생태학적 놀이치료는 아동의 상호작용적 · 경험적 세계와 내적이고 상징적인 체계를 모두 강조한다는 점에서 다른 놀이치료 및 체계적 치료모델과 구별된다.

2) 생태학적 놀이치료의 과정

생태학적 놀이치료의 목표는 우선적으로 아동의 정신병리를 해결하는 것이며, 다음으로는 아동이 최적의 발달기능 및 성장에 대한 가설을 수립해내도록 돕는 것이다. 생태학적 놀이치료의 계획은 네 가지 단계로 진행된다(O'Coner & Ammen, 2009).

첫째, 상담자는 사례개념화에 적용했던 이론적 모델과 일치하는 정확하고 포괄적인 치료목표를 수립하여야 한다. 상담자는 이를 위해 효과적이고 적절하게 자신의 욕구를 충족시키는 아동의 능력을 증진시키는 데 도움이 되는 목표를 모두 나열한다. 목표를 작성할 때 상담자는 놀이치료에서 다루어야 할 것들을 가능하든 가능하지 않든 간에 빠짐없이 목표에 모두 포함시키는 것이 중요하다. 여기서 중요한 점은 아동의 기능을 극대화시키기 위해 변화되어야 할 요인이나 체계를 생태학적 관점에서 이해하는 것이다. 가령, 아동이 장기간 위탁시설에서 자란 경우 아동의 친부모와 관련된 목표를 제외시키고 현재 아동이 머물고 있는 곳에 잘 적응할 수 있도록 돕는 데에만 중점을 두어서는 안 된다. 치료목표에 대한 전반적인 목록을 만든 후 상담자는 이 목표들을 관련성에 따라 묶는다. 이를 통해 각기 다른 목표들의 우선순위, 목표 간 관계, 다루어져야 할 순서를 정할 수 있다.

둘째, 상담자는 내담 아동과 양육자 모두가 치료과정에 적극적으로 개입할 수 있도록 양쪽의 요구를 반영한 치료 계약을 위해 내담 아동 및 양육자와 적절하게 작업할 수 있는 방법을 찾아야 한다. 정보 수집 단계에서 상담자는 각자의 관점에서 현재 문제를 정의하기 위해 내담 아동 및 양육자와 작업을 한다. 상담자는 생태학적 놀이치료 관점에서 아동 및 양육자의 욕구를 정의한다. 독자적인 과정을 통해 도출된 목표들은 서로 조화로울 수도 있고 그렇지 않을 수도 있다. 놀이치료가 효과적으로 진행되기 위해서는 두 사람이 갖고 있는 각기 다른 관점을 함께 고려하여 아동과 양육자 모두가 상황을 개선시킬 수 있다고 믿을 수 있어야 한다.

셋째, 상담자는 치료목표와 치료계획을 현실적이고 연속적인 치료계획으로 체계화시켜야 한다. 상담자는 사례 정보를 모아 체계화하고 종합화하여 생태학적 놀이치료 이론과 일관된 치료목표를 수립하여야 한다. 사례의 개념화와 목표의 개발과정은 아동의 외부 변인들에 초점을 맞춘다는 점을 제외하고는 다른 놀이치료 이론모델에서 사용되는 방법과 크게 다르지 않다. 놀이치료 계획의 대부분은 아동 개인, 2인 체계(아동과 양육자), 형제, 가족이나 또래 놀이치료의 형태로 구성된다. 생태학적 놀이치료에서 특히 다른 점은, 아동의 현재 기능수준으로부터 발달적으로 최적의 기능수준에 이르게 하기 위해 일련의 연속된 단계로 치료계획을 세우는 데 초점을 두는 것이라 할 수 있다.

넷째, 상담자는 내담자를 치료목표로 다가가게 할 경험적 중재 및 인지적 · 언어적 중재를 마련하여야 한다. 놀이치료를 성공적으로 만드는 데에는 두 가지 핵심요소가 있다. 하나는 내담 아동과 상담자 사이의 관계가 발전하는 것이며, 다른 하나는 아동이 자신의 욕구를 좀 더 효과적이고 적절하게 충족시킬 수 있도록 문제해결에 개입하는 아동과 상담자의 능력이라 할 수 있다. 생태학적 놀이치료의 총체적 목표는 아동이 자신의 발달적 잠재능력과 환경 맥락에서 자신의 욕구를 일관되고 적절하게 충족시키는 능력을 극대화시킬 수 있는 방법을 배우도록 하는 것이다.

9.4. 놀이치료의 실제

아동을 대상으로 놀이치료를 실시하기 위해서는 치료의 매체가 되는 다양한 재료와 치료가 이루어지는 공간인 놀이치료실이 필요하다. 놀이치료를 시행하기 위해서는 전문적인 훈련을 통해 자질을 갖춘 놀이상담사가 무엇보다 중요하다. 놀이치료사는 아동의 심리치료에 요구되는 놀이치료의 계획과 전개 및 종결을 적절하게 구성하여 진행하는 역할을 수행한다.

9.4.1. 치료의 매체

아동 중심 놀이치료의 대가인 Landreth(2018)는 위축되고 정신적 외상이 있는 아동을 위해서는 세심하게 계획되고 조직된 공간으로 치료 환경을 구성해내는 것이 매우 중요하다고 하였다. 즉, 놀이치료실의 환경이 가져야 할 요건은 두 가지인데 이는 첫째, 질서가 있고 예측 가능하며, 둘째, 어지르기가 가능하고 쉽게 치우고 정리할 수 있어야 한다는 것이다. 놀이치료실의 놀잇감은 수집하여 모아놓는 것이 아니라 상담자에 의해 주의 깊게 선별되어야 한다. 놀이치료실의 놀잇감은 견고하고, 간단하며, 작동하기 쉬운 특성을 가지고 있어야 하며, 아동이 성취감과 재미를 느낄 수 있어야 한다. Landreth(2018)의 놀이치료센터에서 제시하고 있는 놀잇감의 유형은 표 9-2와 같이 구별된다.

표 9-2 놀이치료실의 놀잇감 유형

놀잇감의 유형	예
일상과 관련된 놀잇감	다양한 가족인형, 인형집, 우유병, 아기인형, 음식류, 부엌놀이, 병원놀이 세트, 전화기 등
감정을 표현하는 놀잇감	장난감 병정, 총(색칠된 플라스틱), 펀치백, 고무칼, 수갑 등
창의적 표현이나 감정적 해소가 가능한 놀잇감	모래, 물, 페인트, 만들기 재료, 악기류 등

출처: Landreth(2018).

놀이치료실의 놀잇감과 매체는 다음과 같은 특성을 가지고 있어야 한다.

첫째, 실생활에서의 경험을 나타낼 수 있어야 하며, 이를 위해 문화적 가치와 전통, 역할 등을 나타낼 수 있는 기능이 포함된 놀잇감이 있어야 한다. 가령, 가족인형은 상담자가 아동과 그의 가족을 이해할 수 있는 장면을 창출하도록 해주는 것이라 할 수 있다.

둘째, 아동의 관심과 흥미를 끌어 아동이 가지고 놀이를 함으로써 아동과의 접촉을 촉진시킬 수 있어야 한다. 가령, 놀이치료실의 놀잇감들은 상담자에 의해 엄선된 것으로 아동이 접근하게 쉽도록 진열하게 되는데, 놀잇감의 선택이나 배열 시 아동의 연령, 발달수준, 생활환경뿐 아니라 놀잇감의 형태나 색상, 기능 등에 있어 아동이 충분히 매력을 느낄 만한 것인지 검토하여야 한다. 아동들에게 유명한 캐릭터 놀잇감을 한두 가지 배치하는 것도 가능하다.

셋째, 상담자와의 관계에서 한계점이 어디인지 발견하도록 해줄 수 있어야 한다. 가령, 우레탄 칼이나 다트 등은 아동의 공격성을 표출하거나 허용하는 한계를 검증하게 해주는 놀잇감이다. 상담자는 제한 설정을 통해 아동이 한계선을 어디에 두어야 하는지를 인식하도록 지원해준다.

넷째, 아동이 자기통제력(self-control)을 발달시킬 기회가 있어야 한다. 상담자는 놀이치료실에서 아동이 스스로 놀잇감을 선택하고 자율적으로 놀이하도록 허용하되 적절한 한계를 설정함으로써 아동이 점차 수용될 수 있는 행동과 수용될 수 없는 행동을 배우고, 자기 행동을 수용 가능한 방식으로 표현할 수 있도록 지원한다. 가령, 아동은 게임 놀잇감을 선택하여 치료자와 놀이하면서 게임에 졌을 때 자기의 좌절감을 어떻게 표현할 수 있는지 알게 된다. 모래놀이는 제한을 지키면서 감정을 표출하고 자기통제력을 기를 수 있는 기회를 제공하는 놀잇감으로 꼽힌다.

다섯째, 자신과 타인에 대한 탐색을 촉진시켜 줄 수 있어야 한다. 가령, 가족과 양육 등 실생활과 밀접한 관련이 있는 놀잇감은 아동이 자신의 역할이나 다른 사람의 역할, 문제, 대처방법 등을 자연스럽게 경험하는 것이며, 아동은 이를 통해 자신의 내적 상태뿐만 아니라 타인의 입장이나 타인에게 수용 받는 방식 등에 대해 생각해 볼 수 있게 된다.

여섯째, 아동이 자신의 욕구를 말로 나타낼 필요 없이 상징적으로 나타낼 수 있어야 한다. 가령, 만들고 부수기, 새롭게 만들어내기 등을 통해 아동은 자신의 다양한 감정을 자유롭게 표현해볼 수 있어야 한다. 가령, 건축물, 다양한 사람이나 실생활 도구 모형, 동화의 주인공, 동물인형 등은 아동의 요구와 감정이 상징적으로 표현되는 매개체로 쓰인다.

일곱째, 아동이 폭넓게 자신의 감정을 표현할 수 있어야 한다. 아동이 자신의 내부에서 느껴지는 여러 가지 감정을 제대로 표현할 수 없다면 놀이치료실에서 자신의 감정을 해소하거나 치료자와 교류하기 어렵다. 아동이 공격성, 분노, 억압된 감정을 분출할 수 있는 놀잇감이 필요하며, 가령, 손 인형과 같이 아동이 두려움 없이 자신의 감정을 표현하는 안전한 수단이 되는 놀잇감도 필요하다.

여덟째, 자신에 대한 이해와 통찰력을 가질 수 있어야 한다. 아동은 상담자와의 상호작용을 통해 허용적 관계를 경험하며 이를 기반으로 점차 자기 이해를 경험하게 된다.

아홉째, 창의적인 표현이 가능하여야 한다. 아동은 놀이치료실에서 놀잇감을 가지고 놀이를 통해 자신의 여러 가지 문제나 어려움에 대해 새롭게 생각해보고 문제해결을 찾을 수 있다. 또한 새로운 활동에 도전함으로써 이를 현실 세계에 적응할 수 있는 기반을 구축한다. 찰흙, 모래, 종이, 크레파스, 물감 등의 놀잇감을 통해 아동은 자신의 감정, 문제를 표현할 뿐만 아니라 상담자와의 교류를 통해 문제해결 방법을 찾을 수 있게 된다.

9.4.2. 놀이치료실

놀이치료가 이루어지는 공간인 놀이치료실은 적당히 넓고 편안하고 조용한 분위기여야 한다. 놀이치료실은 보통 6~10평의 크기가 적절하다. 놀이치료실이 너무 크면 산만하여 치료자가 아동의 행동을 파악하거나 교류하기에 어려움이 있고, 반면에 너무 작으면 아동과 상담자가 답답함이나 압박감을 느낄 수 있다. 놀이치료실의 시설과 설비는 아동의 안전을 최우선으로 고려하여야 한다. 물리적으로 위험한 설비가 노출되어 있거나 전선이나 콘센트가 노출되어 있는 등 아동이 탐색과정에서 안전사고를 당하지 않도록 하여야 한다. 또한 내부는 부드럽고 단순한 색조로 구성하고 외부의 소음으로부터 적절히 차단되어 있어 아동이 심리적으로 편안하게 느끼며 놀이에 집중할 수 있어야 한다.

그림 9-1 모래놀이 상자와 피규어가 구비된 놀이치료실의 예

9.4.3. 놀이치료 세션의 구성

O'Connor(2018)는 놀이치료의 과정을 크게 접수상담 단계, 사정 단계, 도입 단계, 일시적인 수용 단계, 부정적인 반응 단계, 성장 단계, 종결 단계의 일곱 단계로 구분하였다. 아동과 상담자뿐만 아니라 부모도 각 단계별로 중요한 역할을 한다.

첫째, 접수상담 단계(intake interview)는 부모가 아동과 함께 처음 상담자를 만나는 단계이다. 이 과정에서 부모는 자녀에 이전 발달과정, 현재 상태, 당면한 문제가 무엇인지에 대한 질문을 받는다. 부모는 이 단계에서 가능한 한 솔직하고 개방적으로 정보를 제공함으로써 상담자가 아동의 문제를 이해하고 주의 깊게 치료계획을 수립할 수 있도록 하여야 한다. 대부분의 상담자는 초기부터 아동과 별도로 미팅을 하여 아동이 자신의 상태나 문제를 자기 방식으로 표현할 기회를 주고, 아동이 초기부터 심리적으로 유대감을 가질 수 있도록 하게 된다.

둘째, 사정 단계(pre-treatment assessment)는 놀이치료가 본격적으로 시작되기 전에 사전검사를 하는 것으로, 상담자는 아동이 나타내는 문제에 따라 사전검사를 할 것인가의 여부를 결정한다. 검사는 부모가 설문지에 응답하는 간단한 형식부터 아동이 일련의 질문에 응답하기, 그림 그리기, 혹은 보다 형식적인 검사를 받는 것에 이르기까지 다양하게 나타난다. 때로 상담자는 아동을 놀이실에 혼자 두거나 부모와 함께 두고 놀이를 관찰하기도 한다. 사전검사가 완료되면, 상담자는 아동의 문제가 무엇인지 보다 구체적으로 파악할 수 있고, 치료과정에서 이를 어떻게 다루어야 할지 계획을 세울 수 있다. 사전검사를 실시하면 상담자는 치료과정에서 아동이 어떤 진전을 보이는지 체계적으로 파악할 수 있다.

셋째, 도입 단계(introduction phase)에서는 접수상담 및 사전검사의 초기 사정 단계를 마치고 나면 아동의 놀이치료가 시작된다. 초기 몇 회기(sessions)는 도입 단계로 불린다. 이 시기는 아동이 상담자, 놀이치료실, 그리고 놀이치료의 과정에 친숙해지는 때이다. 수줍어하거나 불안해하는 아동일수록 이 시기를 지나는 것이 어려울 수 있다. 이 경우 부모가 아동과 함께 놀이치료실에 있다가 나가거나 놀이치료실의 문을 열어놓고 부모가 밖에 있음으로써 아동을 안심시키기도 한다.

넷째, 일시적인 수용 단계(tentative acceptance phase)는 첫 회기 혹은 초기 몇 번의 회기를 거치고 난 후 아동이 일시적으로 놀이치료과정을 통해 진전을 보이며, 놀이치료실에 쉽게 들어가고 상담자와 상호작용하는 것을 잘 받아들이는 단계이다. 부모에게는 긍정적인 느낌이 드는 단계이다.

다섯째, 부정적인 반응 단계(negative reaction phase)는 아동이 불안정한 심리를 나타내는 단계이다. 아동은 놀이치료를 시작하면서 변화를 경험하는데, 변화란 누구에게나 편안한 경험이 아니다. 아동은 익숙하지 않은 것에 대한 저항감이 생기고, 새로운 행동을 시도해야 하는 데 불안감을 느낀다. 어떤 아동은 이 시기를 지나면서 겉으로는 거의 어려움을 나타내지 않는다. 이에 비해 어떤 아동은 이 시기를 지나면서 문제가 더 악화되기도 하고 실제로 놀이치료 회기를 거부하는 반응을 나타내기도 한다. 아동이 이 시기를 잘 지날 수 있으려면 아동이 치료과정과 자신의 능력에 신뢰감을 가지고 종국에는 더욱 나아질 수 있다는 인식을 할 수 있도록 상담자와 부모가 충분히 지원해주어야 한다.

여섯째, 성장 단계(growing phase)는 아동이 앞서의 초기 단계를 지나 성장의 과정을 거치는 단계이다. 이전 단계들은 비교적 빠르게 전개되어 어떤 경우에는 3~4회기 만에 성장 단계로 접어들기도 하고, 또 어떤 경우에는 초기 단계를 지나는 데에만 수개월이 걸리기도 한다. 성장 단계는 놀이치료의 가장 중요한 단계이며 놀이치료 과정 중 가장 긴 시간 동안 진행되는 단계이다. 아동은 자신의 어려움을 더 잘 이해하게 되고, 이를 해결하기 위해 어떻게 해야 하는지, 보다 행복하고 즐겁게 삶을 살아가려면 어떻게 하는 것이 좋을지에 대해 이해하기 시작한다. 놀랍게도 부모가 이 단계에서 어려움을 느낄 수 있다. 왜냐하면 아동이 뚜렷한 진전을 보이다가 일시적으로 다시 퇴행하는 과정을 보이기 때문인데, 이때에는 아동과 부모 모두 좌절감을 느낄 수 있다. 그러므로 아동, 부모, 상담자 모두 이 과정을 신뢰하고 지속할 필요가 있으며, 간혹 어려움이 나타나더라도 지나치게 걱정하지 않는 것이 필요하다.

일곱째, 종결 단계(termination phase)는 아동의 행동 및 정서 기능화가 안정적으로 자리 잡으면서 시작된다. 아동은 이 시기에도 역시 어려움을 느낄 수 있다. 성인의 경우 심리치료가 종결 단계에 이르면 자신의 변화를 인식하고 기뻐하며 자신이 일상으로 돌아가도 이러한 진전을 유지할 수 있다고 믿기 때문에 치료의 종결이 성공이라고 간주한다. 이에 비해 아동은 대개 마지못해 놀이치료를 시작할뿐더러 일부 아동은 놀이치료가 끝나 감을 인식하면서 놀이치료를 종결하는 것이 성공이라기보다는 박탈이나 처벌이라고까지 느끼기도 한다. 그러므로 심리치료가 종결 단계로 다가가면 아동이 놀이치료를 종결하게 되어도 잘 지낼 수 있을 것이라는 점을 신뢰할 수 있도록 충분히 지지해줄 필요가 있다. 놀이치료의 종결은 아동의 긍정적인 변화를 진정으로 축하해주면서 이루어지게 된다.

9.4.4. 놀이치료사

영국놀이치료사협회(2018)에 따르면, 놀이치료사는 전문적인 훈련을 받은 사람으로 아동이 자신의 문제나 경험을 이해하고 통찰력을 가질 수 있도록 도와주고, 아동의 정서적 회복력을 키워주며, 아동이 문제행동을 줄이고 대처전략을 발달시켜갈 수 있도록 지원한다. 놀이치료사는 놀이치료과정 내내 아동의 부모 및 보호자와 함께 밀접하게 교류하며 부모-자녀 관계가 개선되도록 지원하기도 한다. 놀이치료사는 아동과 부모(혹은 보호자)를 중심으로 치료적 중재를 하며 자신들이 행하는 놀이치료과정에 대해 체계적으로 점검을 한다. 이들은 아동 개인에 대한 놀이치료뿐 아니라, 아동과 부모, 아동과 부모 및 형제자매와 함께 가족 놀이치료를 하거나 혹은 복수의 아동을 대상으로 집단 놀이치료를 시행하기도 한다.

놀이치료사는 깊이 있는 치료적 관계를 수립하기 위해 내담자와 상징적 상호작용을 발전시켜 가는 데 전문적 능력을 갖추고 있어야 한다. 이러한 의사소통능력과 관계 맺기 기술은 아동이 정서적 어려움을 가지고 변화를 이루어내는 과정을 촉진해내고 아동의 성장을 이끌어낸다. 놀이치료사가 꾸준히 발전시켜야 하는 역량은 치료관계에서의 진정성, 공감능력, 무조건적인 수용능력이라 할 수 있다. 놀이치료사의 업무 범위와 특성은 다음과 같다.

첫째, 아동에게 개인적 혹은 집단으로 놀이치료를 한다. 치료는 일주일에 한두 번 이루어지며, 한 회기는 대개 50분을 기준으로 이루어진다.

둘째, 놀이치료가 이루어질 수 있는 규칙적이고 지속적인 장소와 시간을 제공한다.

셋째, 학교, 병원, 전문센터, 복지서비스, 법원 등의 전문가들이 직무수행과정에서 만나는 아동이 어떤 정서적 요구를 가지고 있는지 평가한다.

넷째, 다른 전문가들과 다학제적 협력팀(multi-disciplinary team)을 이루어 일하기도 한다.

다섯째, 다른 놀이치료사에게 전문적 지원(supervise)을 한다.

여섯째, 지역사회의 전문가들에게 전문적 상담과 조언을 제공한다.

제 10 장

음악을 이용한 상담

| 학습 개요 |

음악은 인간의 마음속 깊은 곳에 존재하는 여러 가지 감정을 불러일으키고 이를 자연스럽게 표출하도록 한다. 음악은 신체적인 활동을 유도하고, 정서적인 반응을 야기하며, 언어적이거나 비언어적인 의사소통을 이끌어낸다. 음악치료는 이러한 음악활동을 체계적으로 사용하여 사람의 신체와 정신기능을 향상시켜 삶의 질 향상을 추구하고 보다 나은 행동의 변화를 가져오게 하는 음악의 전문 분야이다.

이 장에서는 아동상담과 음악의 관계를 살펴본 후 음악치료의 정의와 배경에 대해서 알아본다. 또한 음악치료의 대표적인 접근방법과 과정을 알아본 후 그 실제를 살펴본다.

| 학습 목표 |

1. 음악을 활용한 아동상담의 특징에 대해 안다.
2. 음악치료의 배경을 설명한다.
3. 음악치료의 여러 방법을 구별한다.
4. 아동음악치료의 실제에 대해 안다.

| 주요 용어 |

음악치료, 즉흥연주, 관련적 음악치료, 경험적 음악치료

10.1. 아동상담과 음악

태내에서부터 인간은 소리와 밀접한 관계를 맺는다. 태내에서는 어머니의 주기적인 맥박 소리에 안정감을 느끼고, 태어나서는 어머니의 자장가 소리에 안정을 찾는다. 입으로 내는 소리는 빠는 행동으로부터 시작되어 언어 획득을 위한 주춧돌이 되며, 감각운동기능이 발달해가면서 자신의 신체를 사용하여 여러 가지 소리를 만든다.

음악은 인간의 마음속 깊은 곳에 존재하는 여러 가지 감정을 불러일으키며, 다양한 소리를 통해 이를 자연스럽게 표출하도록 한다. 음악은 신체적인 활동을 유도하고, 정서적인 반응을 야기하며, 언어적이거나 비언어적인 의사소통을 이끌어낸다. 음악이 갖는 비언어적인 특성은 자연스러운 자기표현과 의사소통의 수단이 되어 치료적 관계형성에서 유용한 도구로 사용될 수 있다(Boxil, 1985). 이러한 음악을 치료에 이용하면 다른 사람과의 관계를 개선하는 데 도움이 되며, 자기 성찰을 통해 자부심을 향상시키고, 기분을 전환시켜 일을 지속하고 집중하는 능력이 고취될 수 있다. 또한 사회적응을 위한 기술이 증진되며, 동기 부여를 통해 적극적인 역할을 할 수 있게 하여 정신적 스트레스를 완화시키는 효과를 가질 수 있다(김군자, 1998).

음악을 치료에 활용함에 있어 음악이 가지는 치료적 기능을 구체적으로 살펴보면 다음과 같다(임은희, 1999).

첫째, 음악은 사회치료적 기능을 갖는다. 음악은 감정을 발산하고 기분을 안정시키는 장점을 가져서 다른 사람과의 상호작용을 촉진한다. 그 결과 다른 사람을 이해하고, 공통적 체험이 가능해져 다른 사회의 구성원들과 정서적인 공감을 이루고 감정적인 공동체를 형성할 수 있게 된다. Merriam(1964)은 음악의 가장 큰 기능 중 하나가 사회의 통합에 기여하는 것이라고 했고, Gaston(1968)은 집단 속에서의 개인의 역할과 상호 역동성이 강화되기 때문에 개인보다 집단에서 음악의 힘이 더욱 강화된다고 하였다(정계숙, 이지연, 2005).

둘째, 음악은 창의성 개발의 기능을 갖는다. 음악을 들으면서 인간은 주의를 집중하고 상상력을 동원하며 신체적으로 반응하는 적극적인 수용자가 된다. 이러한 과정 속에서 자신의 에너지를 창조과정에 쏟아 부을 수 있다. 적극적으로 음악을 들으면서 창조적인 에너지가 자극되고, 특히 친숙한 멜로디는 창조를 위한 인간의 욕구를 보다 자극할 수 있다.

셋째, 음악은 자아 존중감 증진의 기능을 갖는다. 음악을 들으면 기분이 좋아지는 것을 느끼면서 자신과 타인에 대해 긍정적인 태도를 형성할 수 있다. 음악을 들으면서 자신의 감정을 자각할 수 있고, 이 과정에서 자신의 개성과 강점을 느끼며 긍정적인 자아개념을 형성할 수 있다. 적극적으로 음악을 듣는 것은 자신이 선호하는 리듬에 대한 욕구를 인식하게 도와주고, 자신의 리듬적 욕구들이 만족되는 상황을 추구하여 결과적으로 자아 존중감이 증진되는 환경이 조성될 수 있다.

넷째, 음악은 신뢰감을 제공하는 기능을 갖는다. 반복적으로 음악을 들으면서 우리는 음악에서 더 많은 것을 경험하고 음악에 대해 더 알게 되어 음악에 대한 신뢰감이 증가된다. 음악을 통해 얻게 되는 친밀감, 일관성, 지속성, 동일성의 경험은 신뢰감의 배경이 된다. 또한 음악의 하모니, 멜로디, 리듬에 대한 자신만의 반응을 인식하게 되면 매일의 일상생활에서 주변 환경에 잘 적응할 수 있도록 도움을 받게 되고, 그 결과 다른 사람들과 상호작용이 용이해진다.

다섯째, 음악은 의사소통의 기능을 갖는다. 신생아의 울음소리나 친구와 함께 부르는 노래와 같이 우리는 소리와 음악을 통해 현재의 자신의 욕구, 소망, 기쁨, 슬픔을 표현하고 관계를 결속시킨다. 또한 음악은 과거의 의미 있는 경험과 감정을 기억하고 재현할 수 있게 함으로써 의사소통을 도와준다. 인간은 자신의 감정을 이해하고 표현하고 다른 사람들과 의사소통하기 위해 음악을 만든다. 말로 설명하기 어려운 인간의 정서 상태는 음악을 통해 잘 나타난다.

여섯째, 음악은 자극이면서 동시에 반응의 기능을 가진다. 음악은 그 자체로 자극이 될 수 있고 또한 반응이 될 수 있다. 치료적인 상황에서 음악은 아동에게 영향을 주는 자극으로 작용하며 동시에 치료적인 변화과정이 일어나는 반응 매개물이 된다. 즉, 음악은 치료의 맥락에서 자극이면서 동시에 반응으로 사용될 수 있다.

일곱째, 음악은 변형적 경험(transformative experiences)의 도구로서의 기능을 갖는다. 변형적 경험이란 '말로 형용할 수 없는 강력한 긍정적 정서를 일으키는 시간과 공간에 대한 변화된 인식'으로, 음악은 변형적 경험의 도구로서 새로운 영역을 안전하게 탐색하게 해주면서 새로운 경험으로 이끌어준다. 리듬, 멜로디, 음색, 하모니의 4가지 음악적 요소들의 효과는 안전하고 효과적으로 긴장을 풀어 아동을 수용적 상태로 만들고 한정된 세계 속에서 안정적으로 새로운 탐색을 할 수 있게끔 이끌어준다.

부모나 교사는 이러한 치료적 기능을 가진 음악을 아동의 일상생활에서 여러 가지 목적을 위해 사용하고 있다. 아동을 잠재우기 위해서, 아동이 놀이할 때 즐거운 분위기를 제공해주기 위해서, 생일이나 명절을 축하하기 위해서, 아동이 감정을 표현하고 에너지를 방출하게 하기 위해서, 학습을 보다 재미있고 흥미롭게 하기 위해서, 언어발달을 향상시키기 위해서 등 다양한 목적을 위해 부모와 교사는 음악을 사용한다.

이와 같이 출생 직후부터 아동에게 주어지는 음악적 경험은 다음과 같은 교육적 효과를 가진다(강문희, 2000). 첫째, 아동은 음악적 경험을 통해 다양하고 새로운 생각들을 탐색하고 실험하며 표현하도록 자극 받아 창의력 증진에 도움을 받을 수 있다. 둘째, 음악은 자기 감정 표현을 유도하고 타인의 감정에 민감해지도록 도와 정서적 발달에 도움이 된다. 셋째, 음악적 경험을 통해 아동의 사고가 자극되어 문제해결에 도움을 받는 등 지적 발달을 촉진시킬 수 있다. 넷째, 음악적 경험을 묘사하기 위해 언어를 사용하도록 자극받을 수 있고, 노래하기와 듣기를 통해 어휘, 운율, 억양, 리듬 등을 학습하게 되어 언어발달에 도움을 받을 수 있다. 다섯째, 노래하기, 악기 연주, 율동 등의 음악적 활동은 대근육과 소근육 발달을 도모하고 신체조절능력을 발달시켜 신체 발달에도 도움이 된다. 마지막으로 음악적 경험을 통해 얻는 자신감은 아동의 긍정적 자아개념 형성에 도움을 주고, 다른 사람과 협조하는 것을 즐길 수 있게 만들어 사회성을 증진시킨다.

10.2. 음악치료의 정의와 배경

음악치료는 아동의 행동을 바람직한 방향으로 변화시키기 위해 음악을 활용하는 것을 의미한다. 고대 이집트인도 음악을 치료에 이용하는 것의 이점에 대해 인식하고 있었을 만큼 음악치료의 역사는 매우 길다.

2절에서는 음악치료의 정의와 배경을 살펴본 후 음악치료의 방법과 실제에 대해 구체적으로 알아본다.

10.2.1. 음악치료의 정의

음악치료는 음악을 도구로 사용하여 아동의 문제행동을 치료하고 아동이 최대의 기능수준을 달성하고 유지하도록 도와주는 음악의 전문 분야이다(허순희, 2003; Bruscia, 1989). 미국음악치료협회(American Music Therapy Association)에서 정의하는 음악치료는 정신과 신체 건강을 복원 · 유지 · 향상시키려는 치료적 목적으로 음악을 사용하는 것이다. 한국음악치료학회(Korean Music Therapy Association)에서는 음악활동을 체계적으로 사용하여 사람의 신체와 정신기능을 향상시켜 개인의 삶의 질을 추구하고 보다 나은 행동의 변화를 가져오게 하는 음악의 전문분야로 음악치료를 정의한다. 즉, 음악치료는 치료가 이루어지는 환경 속에서 아동의 행동을 바람직한 방향으로 변화시키기 위해 음악치료사가 음악을 단계적으로 사용하는 것으로 정의할 수 있다. 이러한 변화를 통해 치료를 받는 아동은 자신과 주변 세계를 깊이 있게 이해하여 사회에 보다 잘 적응할 수 있게 된다.

결국 음악치료는 음악이라는 도구를 사용하여 아동이 가지고 있는 불안정한 심리

상태나 바람직하지 못한 행동을 바람직한 상태와 행동으로 바꾸어주는 것이다. 이는 음악치료가 인간행동을 수정하는 행동과학(behavior science)임을 의미한다. 따라서 음악치료는 주관적인 느낌이 아니라 반드시 객관적이고 과학적인 방법에 의해 이루어져야 한다. 음악치료는 예술로서의 음악과 성격이 다르며, 음악 그 자체가 아니라 인간이 목적이고 음악은 수단이 된다는 점에서 기능적 음악개념에 속한다.

음악치료는 하나의 과정이다. Bruscia(1989)에 의하면, 음악치료란 '음악치료사가 아동의 심리적 · 신체적 건강을 회복시키기 위해 음악적인 경험이나 그 경험 속에서 맺게 되는 관계들을 통해서 역동적인 변화를 가져오는 체계적인 치료과정'이다. 음악치료는 아동과 치료사에게 음악적인 영역과 비음악적인 영역에서 시간의 흐름에 따라 발생하는 연속적인 사건들이다. 이는 아동에게는 바람직한 상태로 나아가는 점증적인 변화의 과정이고, 치료사에게는 아동의 변화를 목표로 이루어지는 체계적이고 연속적인 개입이다.

음악치료의 대상 영역은 매우 다양하다. 정신분열증, 조울증, 학습장애, 자폐증, 노화에 따른 신경장애 등의 정신질환에서부터 사춘기에 생기는 비행과 등교거부 등의 심리적 행동문제를 포함한다. 또한 건강한 사람들도 음악치료의 혜택을 받아서 심리적 문제를 예방하고 삶의 질을 높일 수 있다. 대상으로 하는 내담자의 연령층도 유아들로부터 아동, 청소년, 성인, 노인에 이르기까지 광범위하다. 이 외에도 음악치료는 수술 후의 재활을 돕거나 외과, 산부인과, 구강외과, 내과 등에서 환자의 고통을 경감시키기 위해 치료와 검사의 보조제로서 널리 활용되고 있다.

10.2.2. 음악치료의 배경

음악치료는 매우 긴 역사를 가진다. 4,000년 전 이집트 사람들은 음악을 '영혼의 약'으로 부르며 치료 목적으로 이용했다. 히브리인도 음악을 심신의 병을 고치는 데 이용했는데, 다윗이 사울왕의 우울증을 달래기 위해 하프를 연주했다는 성경 기록이 이를 말해준다. 아리스토텔레스와 피타고라스도 음악이 정서를 정화(catharsis)시키고 심신의 건강을 치료하는 역할을 한다고 말했다. 고대로부터 축제나 크고 작은 행사를 진행하는 데 음악이 빠지지 않았으며, 전쟁에서 전사들을 고무하고 긴장시키기 위해 나팔이나 북을 울림으로써 전쟁의 승리를 이끄는 수단으로 사용되기도 했다. 이처럼 고대에서부터 인간들은 조용한 음악은 마음을 가라앉히는 진정 효과가 있고 활기 있는 음악은 마음을 흥분시키는 작용을 한다고 인식해왔다.

체계적인 음악치료의 효과는 1890년 Wimmer에 의해 보고되었다. 그는 1,400명의 정신병원 여성 환자들에게 하루에 반시간 동안 피아노 연주를 들려주고 정신적 반응이 좋아지는 효과를 발견했다. 1945년에 Altshuler는 음악을 정서생활과 관련시켜 신경학적으로 고찰했다. 그에 따르면 모든 감정과 정서를 지각하는 중요한 중계소 역할을 하는 시상신경(thamalus)에서 음악이 지각된다. 시상신경을 음악으로 자극하면 대뇌피질에 흥분이 일어나고 그 결과 정서를 일으키게 된다. 음악은 혈압, 호흡, 맥박, 피부, 내분비에 변화를 가져와 감각을 더 예민하게 만들고 근육을 이완시키거나 긴장시키는 효과 있음이 발견되었다.

1968년에 Gaston은 『음악요법』이라는 책에서 음악치료를 "음악과 내담자를 관계짓는 것이며, 집단참여를 통해서 내담자가 생활에 적응하도록 돕는 것"이라고 정의했다. 그는 음악치료는 단순히 음악과 아동 개인의 관계를 넘어서며, 음악을 매개체로 이루어지는 사회적 경험, 감정의 표현, 집단에서의 경험, 집단에의 소속감 등 아동 상호 간의 협동과 사회적 승인과 이해 등이 중요하다고 강조했다. 1970년대에 이르러 Nordoff와 Robbins가 복합장애아들을 위한 즉흥연주 방법을 개발하면서 음악치료가 보조적인 치료 수단이 아니라 전문적이고 적극적인 치료방법으로 활용되기 시작했다. 현재 음악치료는 미국을 비롯해서 일본 등 각국에서 임상적으로 널리 사용되고 있으며, 특히 자폐아동, 정신지체아, 지체부자유아동 등에 대해 효과적이라는 연구들이 많이 이루어지고 있다. 미국에서는 1919년 콜롬비아대학에 음악치료과정이 생기면서 현재 대부분의 주립종합대학에 음악치료학과가 개설되어 있다.

우리나라 음악치료의 기원은 무속신앙에서 찾을 수 있다. 무당은 굿을 하며 병마를 쫓고 공동체의 안녕을 비는 축원을 하고 가족이나 개인의 안녕을 해치는 요소를 제거하고 죽은 자를 고이 저승으로 보내는 역할을 한다. 우리나라의 전통 굿의 기본인 재수굿은 12거리로 구성된다. 무당은 재수굿의 12거리 동안 각 거리에서 무신을 초청하고 받아 신의 역할을 대행한다. 이러한 굿의 구조에서 현대 집단 음악치료의 원칙을 발견할 수 있고, 적절한 양식을 사용하는 치료적 분위기 속에서 심리 문제를 표현함으로써 얻는 치료 성과와 동일한 현상을 엿볼 수 있다.

근대적 음악치료는 1960년대 초에 베드로 신경정신과와 국립정신병원에서 시작되었다. 1973년에는 카톨릭 성모병원, 1974에는 여의도 성모병원에서도 음악치료가 실시되었다. 1992년 9월에 한국음악치료협회(KAMT)가 조직된 후 1996년 11월에 한국음악치료학회가 발족되었으며, 동일한 시기에 대한음악치료학회도 발족되었다. 1999년 9월에는 한국음악치료사협회(KMTA)가 발족되어 음악치료사의 자질양성 교육과 공인자격제도를 마련하였다. 현재 한국에는 숙명여자대학교, 이화여자대학교 등 여러 대학에 음악치료 대학원과정이 개설되어 있다.

10.3. 음악치료의 이론과 방법

음악치료의 대표적 이론에는 관련적 음악치료, 경험적 음악치료, 행동주의적 음악치료, 분석적 음악치료, 그리고 인본주의적 음악치료가 있다. 음악치료의 접근방법은 내담자 중심의 치료, 치료사 중심의 치료, 역할 무제한 치료로 구분되며, 음악치료 경험을 위해 자주 쓰이는 모델로는 G.I.M. 치료, 자유 즉흥연주치료 및 창조적 음악치료 등이 있다. 또한 음악치료는 개인치료와 집단치료의 형태를 띠며, 진단적 측면과 치료적 측면으로 구성된다.

3절에서는 음악치료의 이론, 접근 방법, 모델, 형태 및 구성에 대해 살펴본다.

10.3.1. 음악치료의 이론

1) 관련적 음악치료

Gaston은 인간행동에 영향을 미치는 음악과 음악적 환경에 대한 반응에 주목하였으며, 사회적인 관점에서 음악을 통한 치료사와 클라이언트, 그리고 클라이언트 간의 교류를 통한 관계의 확립을 중시했다. 특별히 그룹치료의 형태를 주로 실시하여 개인을 집단 속에서 타인과 바람직한 관계를 이루도록 하였고, 이를 위해서는 물리적 · 심리적으로 안전한 환경이 전제되어야 한다고 보았다. 따라서 관련적 음악치료(Referential Music Therapy)는 치료과정에서 음악 외적인 것에 관련시켜 치료의 목적을 달성해나가는 접근방법이라고 하겠다. Gaston은 음악치료의 세 가지 역할을 강조하였다. 첫째, 사회적인 측면에서 음악은 언어로서 표현할 수 없는 것을 자연스럽게 표현할 수 있게 해주는 비언어적 교류수단으로, 사회적인 상황을 묘사하거나 미래의 방향을 예측하는 도구의 역할을 한다. 둘째, 심리적인 측면에서 음악은 다른 사람과 경쟁하지 않고 자기만족과 자기충족을 가져다주는 원천이 된다. 셋째, 생리적인 측면에서 음악에 사용되는 리듬은 에너지와 질서의 원동력이 된다.

2) 경험적 음악치료

Sears는 음악치료의 치료적 목적은 클라이언트가 음악활동의 경험을 가지면서 이루어진다는 것에 주목하여, 치료과정에서 경험하는 것들(예: 음악을 통해 슬픈 감정, 기쁜 감정 등 심리적인 면을 확인하게 되는 것, 악보를 읽는 시각과 진동을 경험하는 촉각 등 감각과 관련된 행동이 유발되는 것)과 치료의 목적을 관련시키는 경험적 음악치료(Experiential Music Therapy)를 개발하였다. Sears는 음악치료의 세 가지 역할을 다음과 같이 제시하였다. 첫째, 사회적인 측면에서 경험적 음악치료는 치료과정에서 다른 사람과 관계 맺는 것을 강조한다. 또한 음악적 행위를 하면서 타인에게 협동적이거나 음악치료 집단이 허용하는 상황 내에서 자신의 감정을 표현하므로 사회성이 발달될 수 있다. 둘째, 심리적인 측면에서 음악은 감정을 표현하도록 도와주며 아동 자신이 가지고 있는 장애 요인들을 보상받으려는 동기를 제공한다. 셋째, 생리적인 측면에서 조직성 안에서의 경험을 강조하는 경험적 음악치료는 제한된 시간의 틀 내에서 작업하는 과정을 통해 바람직한 행동을 효과적으로 유도할 수 있다.

3) 행동주의적 음악치료

행동주의적 음악치료(Behavioristic Music Therapy)는 '행동수정에 목표를 두는 치료 방법'으로서 아동의 음악 외적 행동에 대하여 문제점들을 진단하여 음악치료 활동을 통하여 바람직한 방향으로 행동을 변화시키는 방법이다. 음악치료사는 행동수정을 위하여 단계적으로 음악치료를 실시하고, 아동이 자신과 주변 세계를 이해하여 사회에 보다 잘 적응할 수 있도록 도움을 제공한다. 이를 위해서 정확한 자료와 이에 대한 분석과 관찰이 요구된다. 행동주의적 음악치료는 목표가 되는 행동으로 변화시키기 위해 측정 가능한 용어로 설계된 계획에 따라 행동의 증가와 감소를 측정하고 계단식의 위계적인 활동과 절차에 따라 진행된다.

4) 분석적 음악치료

분석적 음악치료(Analytical Music Therapy)는 아동과 치료사가 아동의 내면을 탐구하고 성장시킬 목적으로 상징적 음악을 즉흥적으로 창작하여 사용하는 방법이다. 이 방법은 아동의 즉흥연주가 표제음악의 표제에 의해 자극되고 유도된다는 점이 특징이다. 이 방법은 Freud, Jung, Klien, Lowen의 정신역동 구성에 기초를 두었지만 아동과 치료사 간의 대화 이외에 음악으로 전이되고 역전이되는 과정이라는 차이점이 있다. 음악치료사는 언어를 이용하는 정신분석가와 달리 보다 능동적으로 무의식적인 느낌을 분석하고 작업한다.

분석적 음악치료는 아동이 잠재력을 완전히 실현하고 개인적인 목표를 달성하는 데 있어 장애물을 제거하는 것을 주된 목표로 삼는다. 이를 위해 무의식적 소재에 접근하고, 통찰력을 획득하고, 방어적 에너지를 풀어서 긍정적 목표로 재조정하는 작업이 이루어진다. 개별치료, 2인 1조 치료, 집단치료 등 모든 치료 모임에서 아동은 즉흥연주의 표제에 따라 직접 자신의 악기를 선택한다. 치료사의 반주를 받아 아동은 즉흥연주하며, 선택할 수 있는 악기는 광범위하다.

분석적 음악치료는 다음과 같은 과정으로 이루어진다. 먼저 토의, 즉흥연주, 관찰, 이전 치료모임의 검토, 아동의 방어 분석을 통해 쟁점을 규명하고, 이를 바탕으로 표제를 만들어 즉흥연주 프로그램이 만들어진다. 쟁점의 어떤 측면을 탐구할 것인지와 아동이 치료사로부터 어떠한 지원을 필요로 하는지에 따라 아동과 치료사의 즉흥연주 역할이 결정된다. 다음으로 표제 즉흥연주가 이루어지고 아동의 '내적 음악'이 표현된다. 즉흥연주를 한 다음에는 이 경험에 대한 아동의 즉각적인 반응을 검토하고, 녹음된 즉흥연주를 들으면서 논의한다. 즉흥연주 내용에 대한 평가는 치료일지와 청취록을 이용하여 지속적으로 이루어져야 한다.

5) 인본주의적 음악치료

인본주의는 인간의 존엄성과 가치를 인정하고, 각 개인이 자신만의 독특한 잠재력을 가지고 있다는 것을 기본 가정으로 하며, 인간 발달의 핵심은 자아발달이라고 말한다. 이러한 자아발달에 결정적인 영향을 미치는 요인은 타인과의 관계이다. 따라서 인본주의적 치료에서는 인간의 존재를 전체로서(holistically) 수용한다.

인본주의적 음악치료(Humanism Music Therapy)의 이론적 개념은 다음과 같다(김군자, 1998). 첫째, 음악치료를 통해 스스로 건강한 욕구와 필요를 조절함으로써 내재된 '욕구'의 투사, 규명, 통찰 등의 기회를 갖게 되며, 의사소통의 수단을 개발하게 된다. 둘째, 심리 내적으로 이루어지는 학습이 외부 세계에 자아가 참여할 수 있도록 이끌어주고 각 개인에게 만족과 총체성(wholeness)을 부여한다. 셋째, 자아발달은 인간관계를 통해 이루어질 수 있다.

10.3.2. 음악치료의 접근방법

1) 내담자 중심의 치료

내담자가 치료의 중심이 되는 이 방법은 일반적으로 치료의 방향이 정해지지 않은 치료집단에서 내담자가 자신의 문제를 찾고 해결방법을 발견하도록 유도하는 방식으로 사용된다. 초점이 되는 것은 내담자가 원하는 것이며, 치료사는 '보조자'로서 자신의 가치관과 의도를 개입시켜서는 안 된다.

이 방법은 무의식적인 영향력보다 의식적인 잠재력을 중시하여 내담자의 과거가 아니라 현재나 미래에서 해결책을 찾도록 한다. 또한 치료사가 내담자 개개인이 결정 내리도록 허용해줄 수 있는 장점이 있다. 이 방법의 예로는 즉흥연주 음악치료를 들 수 있다.

2) 치료사 중심의 치료

치료사가 치료과정에서 큰 비중을 차지하는 방법으로, 치료사가 내담자의 목표를 결정하고 책임지며 치료사의 가치관이 치료과정에서 큰 영향력을 미친다. 이 방법을 사용하는 치료사들은 내담자를 치료하기 위한 해결과 대답을 도출하는 것이 자신들의 책임이라고 인정한다. 이 방법의 예로는 합주, 핸드벨 연주 집단, 합창 집단 등이 있다.

내담자 중심의 치료와 치료사 중심의 치료 중 어떤 것이 바람직하다고 판단하는 것은 불가능하며 내담자에 따라 적절하게 혼합되어 사용되어야 한다.

3) 역할무제한 치료

내담자 중심의 치료와 치료사 중심의 치료의 장점을 합친 것이 역할무제한 치료 (role-free interactive therapy)이다. 역할무제한 치료에서 내담자와 치료사는 동등한 위치에서 목표 성취를 위해 함께 치료에 임한다. 치료사는 내담자에게 무언가를 하도록 요구하거나 또는 모든 것을 내담자에게 일임하지 않으면서 내담자에게 무엇을 하고 싶은지 물어볼 수 있다. 이 방법의 예로는 가사 토의, 노래 쓰기, 즉흥연주 집단 등이 있다.

10.3.3. 음악치료의 모델

1) G.I.M. 치료

G.I.M.(Guided Imagery and Music) 음악치료는 음악의 연상 작용을 이용하여 내담자의 상태와 욕구 등을 유도해내는 방법으로, 주로 음악감상(listening)과 관련된 음악치료 영역이다. 이 방법은 분석적 정신치료 이론을 바탕으로 하여 음악을 이용해 내담자의 무의식을 탐구하여 치료한다. 즉, 내담자에게 고전음악을 들려주며 상상을 불러일으키고 그 상상의 내용을 말로 표현하게 하여 무의식 속에 존재하는 내담자의 심리적 갈등을 치료하는 방법이다. 이러한 과정을 통해 내담자는 이전에는 의식하지 못했던 무의식적인 면들을 현실적으로 수용하여 긍정적으로 인식하도록 치료된다. 이 방법에서는 음악이 무의식의 세계에 직접적으로 작용하여 무의식이 표출되도록 해주는 수단이 된다. 이 방법은 내담자가 최면 상태에 이르도록 한 후 다시 현실로 돌아갈 수 있도록 치료를 진행할 수 있는 전문치료사에 의해서만 이루어질 수 있다.

이 치료법은 내담자 중심이며, 치료사는 안내자의 역할을 해야 한다. 정신분열증, 우울증, 중복장애, 신체장애, 청각장애, 시각장애, 언어장애를 가진 내담자에게는 오히려 정신적 혼란을 가중시킬 수 있으므로 사용하지 않는 것이 좋다.

2) 자유 즉흥연주치료

자유 즉흥연주(Free Improvisation)는 듣기, 연주, 기보, 작곡, 동작 등을 모두 포함하는 음악치료에 대한 포괄적 접근법이다. 치료사는 규칙이나 구조 또는 주제를 부여하기보다는 아동이 자유롭게 즉흥연주를 할 수 있도록 리드한다. 이 치료방법의 세 가지 주된 목표는 자아의 해방, 세계와의 다양한 관계 형성, 육체적 · 지적 · 사회적 영역에서의 발달이며, 이 목표들은 상호 의존적이다.

이 치료방법에서는 악기를 스스로 선택할 권리를 가지는 아동과 치료사와 동등한 관계를 형성한다. 아동이 선택한 악기를 통해 아동은 자신의 감정을 투사하고, 그 결과 치료사를 포함한 다른 사람들과의 의사소통이 용이해진다. 따라서 악기는 대인관계의 매개물이 된다.

즉흥연주를 할 때에는 다음 세 가지 과제에 유의하여야 한다(박정미, 2004). 첫째, 환기(evoke) 과정에서 치료사는 아동으로 하여금 음악을 자아낼 수 있도록 환경을 계획하고 치료를 준비하여 즉흥연주를 자극하고 인도할 수 있어야 한다. 이때 치료사는 음성, 악기, 신체표현 등을 활용하여 가능한 방법들을 탐색할 수 있도록 지도해야 한다. 둘째, 사정(assess) 과정에서 치료사는 즉흥연주가 시작됨과 동시에 아동이 자신의 즉흥연주에 어떻게 반응하고 잘 이해하고 있는지 여부를 주의 깊게 관찰해야 한다. 세 번째 과제는 치료사의 적절한 반응(respond)이다. 치료사는 음악활동이 전개됨에 따라 음악적으로, 또는 대화를 통하여 아동의 감정이입을 이끌어 내기 위한 적절한 방법을 찾거나 즉흥연주를 구조화하고 재조정하기 위해 특정한 반응을 유도해야 한다.

3) 창조적 음악치료

창조적 음악치료(Creative Music Therapy)는 Nordoff와 Robbins가 발전시킨 것으로 Nordoff-Robbins 접근법으로도 불린다. 이 방법은 음악을 듣는 것보다 만드는 것을 강조하는 능동적 방법으로, 음악을 창작하는 과정에서 치료가 되도록 한다. 여기서 음악은 아동의 치료적 성장에 동기를 부여하고 효과를 야기하는 일차적인 수단이며, 치료과정이 이루어지는 자극이자 반응매개물이 된다. '창조적'이라고 불리는 이유는 치료사가 치료적인 음악과 상황을 연속하여 창조하고, 아동은 적극적으로 음악적인 표현을 하도록 초점을 맞추기 때문이다.

이 방법에서 언어적 상호작용은 최소한이 되고 치료사와 아동은 음악을 통해 의사소통한다. 치료사와의 음악적인 관계에서 아동이 표현의 자주성을 획득하여 자유롭고 창조적으로 자신의 아이디어를 표현하고 음악적인 의사소통을 실현하는 것이 치료의 목표이다(김동주, 2005). 따라서 치료의 목표는 아동의 개인적인 잠재력에 따라 설정되어야 한다. 치료사는 치료로 사용될 음악을 만들어 창조적으로 연주하고, 아동의 창조적 발달을 지원하기 위해 음악을 사용한다. 창조적 음악치료는 원래 아동을 위해 개발되었지만 특정 연령이나 성장 단계에 국한하지 않고 광범위하게 사용될 수 있다.

10.3.4. 음악치료의 형태

1) 개인치료

개인치료는 치료사와 아동이 일대일의 관계를 이루는 형태를 말한다. 이러한 일대일 관계는 아동이 무조건적인 지지와 관심을 확인할 수 있다는 점이 장점이다. 개인치료에서 치료사는 아동의 필요에 따라 세션을 구성하고 전개하며, 아동의 기능에 따라 음악을 선곡하고 악기 연주 방법 등을 제시한다. 또한 개인치료 환경에서는 치료사가 물리적 환경, 시각 자료, 신체 보조기구 등 모든 활용 가능한 자료들을 아동 개인에 맞출 수 있다. 개인치료에서 아동은 음악 환경을 친밀하게 경험할 수 있고, 치료사와도 개방적인 관계를 맺을 수 있다. 이러한 개인치료는 아동 개인의 성공에 초점을 맞출 수 있다는 점이 장점이다.

2) 집단치료

집단치료에서는 개인치료에서 다루기 힘든 집단 내의 사회성 또는 대인관계 관련

문제점들을 집중적으로 다룰 수 있다. 그 결과 치료사와 아동의 일대일 관계에서 발견할 수 없는 문제를 확인하여 다룰 수 있어 사회적 문제를 가진 아동에게 매우 효과적일 수 있다. 집단치료는 역동성과 장점을 최대한 활용하여야 하며, 이를 신중하게 고려하지 않으면 장애가 있거나 민감한 아동에게 오히려 부정적 영향을 줄 수 있다.

집단치료를 실시하기 전에 우선 치료사는 필요한 정보를 수집하여 공통 문제 혹은 유사한 배경, 추구하는 변화 등을 중심으로 집단을 형성한다. 집단이 형성되면 구성원들이 서로를 파악하는 단계로 접어든다. 구성원들은 다른 구성원들이 어떤 배경을 가지고 있는지 자신의 문제와 어떤 것을 공유할 수 있는지를 탐색하고, 이 단계에서 구성원들의 역할이 자연스럽게 결정되어 관계가 형성된다. 집단이 형성된 다음에는 집단의 역동성에 대한 저항이 나타나는 단계를 거친다. 이러한 저항은 어느 시점에서 해결되어 통합이 되다 또다시 협동이 되지 않아 분리가 되는 과정이 반복적으로 이루어진다. 이 과정을 거치면서 집단의 기능이 강화되고 유지되어 드디어 치료 목적을 성취하기 시작하는 단계가 된다. 이 단계에서는 이전의 갈등과 어려움을 극복하여 '우리'라는 의식이 싹트고 서로의 역할과 의미를 인정하는 관계로 발전하게 된다. 집단치료의 종결은 정해진 세션의 수가 다 채워졌을 때 또는 치료의 목표가 성취되었을 때 행해진다.

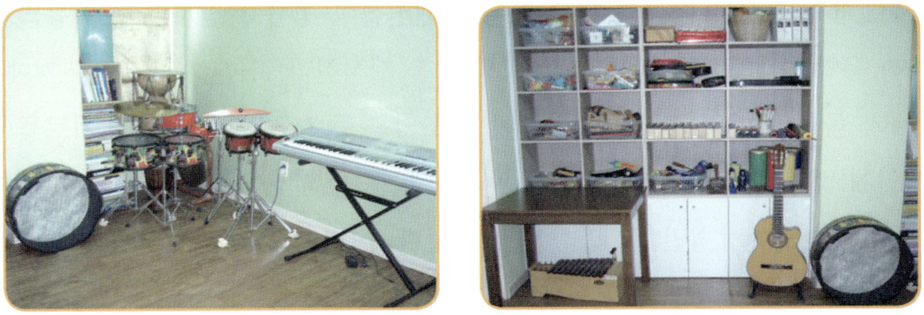

그림 10-1 음악치료실 실내환경

10.3.5. 음악치료의 구성

1) 진단적 측면

음악치료에서의 진단은 음악적 환경에서 나타나는 내담자의 다양한 기능수준과 반응에 대한 사정(assessment)을 의미한다(정현주, 2005). 음악치료 진단은 음악이 제공된 환경에서 내담자의 문제를 규명하고 동시에 내담자의 변화를 가져오는 데 있어 음악이 효과적인 매개체로 활용 가능한지를 보여주기 위한 체계적인 치료과정의 출발점이다. 이 외에도 진단을 통해 치료 전에 수집되는 기초 자료는 음악치료가 끝난 후에 그 효과를 입증하는 준거로도 활용할 수 있다.

음악을 이용하여 내담자를 진단할 때에는 음악 자체와 음악적 경험이 가진 여러 특성을 이용하게 된다. 첫째, 인간이 음악에 대해 대체로 긍정적인 반응을 한다는 특성은 대부분의 내담자들이 진단과정에 쉽게 참여하는 동기가 된다. 둘째, 음악감상과 같은 수동적 차원의 활동에서부터 악기 연주나 노래 부르기 등의 능동적 차원의 과정까지 음악은 진단 상황에서 다양하게 사용할 수 있다. 셋째, 음악은 하나의 자극제(input)로 제시됨과 동시에 내담자가 표현한 산물(output)이 되기도 한다. 음악적 산물은 또다시 음악적 자극제가 되고, 이 과정에서 내담자가 음악적 자극을 받아들이는 자세와 음악을 이용한 자기 표현력, 창의력 등을 발견할 수 있다. 이와 같이 음악적 환경에서 나타나는 내담자의 반응들이 인지, 신체, 심리, 정서 영역에서의 내담자의 상태와 기능에 대한 중요한 정보가 된다.

음악치료에서 진단할 수 있는 영역은 인지, 운동기능, 의사소통, 정서, 사회성, 음악적 능력이다. 대표적인 음악치료 진단 도구는 발달장애진단 도구인 Nordoff-Robbins 음악치료 사정도구, Boxil의 발달장애아동을 위한 음악치료 진단척도가 있으며, 정신장애 진단도구로는 Wells의 정서장애청소년 음악치료 진단도구(Music Therapy Assessment for Distributed Adolescents), Cassidity & Cassidity의 정신장애 음악치료 진단도구(Psychiatric Music Therapy Questionnaire, PMTQ)가 있다. 각 진단도구의 구체적인 내용은 표 10-1 과 같다.

표 10-1 국가고시 문서에서의 평가 원리

진단도구	내용
음악치료 사정도구 (Nordoff-Robbins)	• 음악 형태와 특성에 따라 반응이 어떻게 달라지는지에 대하여 알아보는 데에 목적이 있다. • 이 척도는 두 부분으로 구성되는데, 내담자 음악의 리듬적 구성과 표현적 요소를 통해 아동의 음악 능력과 반응 수준을 평가하는 부분과 목소리를 통한 아동의 표현성과 치료사의 음악에 대한 반응성, 전반적인 참여도를 보여주는 음악의 선율적인 부분을 평가하는 부분으로 구성된다.
발달장애아동을 위한 음악치료 진단척도 (Boxil)	• 내담자의 연령이나 장애 여부에 관계없이 적용할 수 있는 척도이며, 내담자의 운동, 의사소통, 인지, 정서, 사회, 음악 영역의 음악적, 비음악적 행동을 관찰하는 데 사용된다. • 즉흥연주를 통해 음악적 반응을 유도하여 그 반응의 병리적인 요소를 분석하거나, 상호 교류 과정에서 나타나는 신체적 혹은 촉각적 행동의 특성을 관찰하는 척도이다.
정서장애청소년 음악치료 진단도구 (Wells)	• 노래 선곡, 음악 이야기(내담자가 선곡한 네 가지 음악에 따라 이야기를 전개하는 작업), 악기 즉흥 연구로 구성된 세 가지 투사적인 진단으로 구성된다.
정신장애 음악치료 진단도구 (Cassidity & Cassidity)	• 행동, 정서, 감각, 심상, 인식, 대인 관계, 약물의 일곱 가지 영역과 관련된 질문들로 구성된다. • 실제 임상 훈련 기관에서 가장 흔히 사용되며, 내담자의 음악적 행동을 분석함으로써 내담자의 문제 영역과 요구를 이해하는 데 도움이 된다.

2) 치료적 측면

음악치료는 진단, 치료계획 수립, 치료 세션 구성, 치료 및 평가로 구성된다. 음악적 진단을 통해 음악이 가지고 있는 고유성을 고려하여 음악적 환경에서 어떠한 부분을 강화시키고 향상시킬 수 있는지를 판단하여 치료의 목표를 정한다. 그 다음 치료사는 이 목표에 따라 음악을 치료도구로 활용하는 적절한 활동을 단계적으로 구성한다. 또한 전체적인 치료 방향 안에서 각각의 치료 세션을 구성한다. 이처럼 진단을 통해 수립된 치료 목표에 따라 적절한 음악치료 활동과 세션을 구성하는 것이 음악치료의 치료적 측면이다.

치료적 측면에서의 음악치료는 다음의 세 가지 과정을 포함한다.

첫째, 지원적 치료(Supportive Therapy)의 과정이다. 지원적 치료는 현재 가지고 있는 자아의 방어력을 강화하고 자기 조절을 유지하기 위해 새로운 자기 조절 방법을 발전시켜 적응력을 길러주는 과정이다. 아동이 가지고 있는 갈등이나 문제점을 통찰하는 데 치료의 주안점을 두기보다는 음악을 통하여 아동이 자신의 감정을 정화하고 안정시키는 데 목적을 둔다. 따라서 주로 집단적인 음악치료를 통해 그 집단에서 상호 인간적인 관계를 형성하고 집단의 공동과제를 성취하는 과정에서 사회성을 발달시키고 사회적 행동을 습득하는 데 강조를 둔다. 이 지원적 치료는 자아가 비교적 강한 경우에 흔히 일어나는 과정이다.

둘째, 재교육적 치료(Re-education Therapy)의 과정이다. 재교육적 치료란 아동이 현재 가지고 있는 창조적 잠재력을 강화시켜 갈등을 깨닫고 문제의 원인을 통찰하면서 목표를 수정하고 적응능력을 확장시켜 나가는 과정이다. 특히 발달지체아들을 대상으로 하는 음악치료에서 이 과정이 많이 이용된다.

셋째, 재구성적 치료(Reconstructive Therapy)의 과정이다. 재구성적 치료란 성격구조를 확장하고 변화시키고, 새로운 잠재력을 발달시키고, 인격 형성을 확대하려는 노력과 함께 무의식적 갈등을 통찰하여 해결하려는 과정이다. 치료사는 무의식에 감추어져 있는 내적인 심리적 갈등을 탐구하고 그 경험을 발달시키기 위한 음악적 환경을 조성해야 한다. 따라서 음악활동에 참여하고 있는 아동의 현재 능력을 인식하면서 보조자, 안내자로서 음악을 구성하고 지침을 제공해야 한다. 이를 위해서 음악감상, 즉흥연주, 노래 부르기 활동, 그리고 악기활동이 이용될 수 있고, 이러한 음악활동을 통하여 인간관계를 확립하고 자아 발견을 통해 인격 통합을 이루게 한다.

10.4. 음악치료의 실제

음악치료에는 음악감상, 노래 부르기, 악기 연주 등의 다양한 활동이 있으며, 이러한 활동은 음악치료의 단계에 따라 다양하게 활용된다. 또한 음악치료를 실제로 시행하는 데에는 음악치료사의 음악적 지식과 아동발달에 대한 이해가 전제되어야 한다.

여기서는 음악치료의 실제로서 음악치료활동의 유형, 음악치료의 단계, 음악치료사의 역할에 대해 살펴본다.

10.4.1. 음악치료활동의 유형

음악치료에는 음악감상, 노래 부르기, 합창, 악기 연주, 작곡 등의 활동을 아동의 성격, 행동특성, 적응 정도에 따라 선택적으로 사용할 수 있다. 그중에서 음악감상, 노래 부르기, 악기 연주를 중심으로 구체적으로 살펴본다.

표 10-2 여러 가지 음악치료활동의 유형

유형	구체적 활동 내용
듣기	• 배경음악이나 녹음된 음악 혼자 또는 집단으로 듣기 • 음악회에 참석하기
노래 부르기	• 흥얼거리기(informal singing) • 집단으로 노래 부르기 • 게임 • 합창 • 중창 • 혼자 노래 부르기
움직이기	• 놀기 • 리듬체조 • 율동(예: Orff)하며 노래하기 • 민속춤, 스퀘어댄스와 같은 춤들

유형	구체적 활동 내용
악기 다루기	• 놀기 • 리듬악기 • 간단한 멜로디 악기 • 간단한 화음악기 • 프렛악기 • 밴드, 오케스트라, 실내악그룹, 합주 • 혼자 연주하기
창작하기	• 놀기 • 악기로 자유롭게 즉흥연주하기 • 가사 또는 음악(예: 노래들) 쓰기 • 음악으로 심리극하기 • 집단으로 즉흥연주하기 • 즉흥적으로 악기를 만들고 연주하기 • 음악을 창작하는 데에 녹음기를 사용하기

출처: 공석영, 이규명, 이은상, 방인옥, 김명숙(2000). p. 104

1) 음악감상

치료의 목적과 상담 받는 아동의 성격과 문제의 특성에 따라 감상할 음악의 종류나 유형이 달라진다. 음악은 혼자 듣거나 집단으로 들을 수 있으며, 생음악으로 듣거나 녹음된 음악을 들을 수도 있다. 음악치료 기법 중 특히 G.I.M.(Guided Imagery and Music) 음악치료는 음악감상을 통해 내담자의 무의식 속에 상상을 불러일으키고 무의식 속에 존재하는 내담자의 심리적 갈등을 치료하는 방법이다.

2) 노래 부르기

노래는 언어적 의사소통의 통로가 되어 서로에게 감정과 생각을 구체적으로 전달하도록 돕고 아동이 정서적 안정감을 갖도록 돕는다. 노래를 가지고 창의적인 실험을 해볼 수도 있고, 아무 준비가 없어도 자기 신체를 소리의 도구로 탐색해보는 기회를 통해 누구나 노래를 부를 수 있다. 특히 집단으로 노래 부르는 활동은 집단구성원들로 하여금 공동의 목표와 공동의 경험을 갖게 함으로써 연대감을 주고 동료애를 증진시킨다. 같이 노래를 부르면서 아동 자신이 집단 활동에 공헌하는 경험은 자긍심을 높여 자기 이미지를 강화시킨다. 강화된 자기 이미지와 자긍심을 바탕으로 아동은 대인관계 기술을 발달시킬 수 있는 기회를 가질 수 있다. 이러한 집단 노래 활동은 치료 시작 활동으로 매우 유용한 방법이다.

아동을 대상으로 하는 음악치료에서 노래 부르기 활동을 할 때에는 다음과 같은 점에 유의해야 한다. 음악 선택은 누구에게나 저항감을 주지 않는 음악으로 하되 처음에는 반복되는 절과 가사가 많고 흔히 들어왔던 익숙한 노래를 선택하여 아동이 편안하게 노래 부르는 것에 참여할 수 있도록 한다. 지나치게 높거나 낮은 음역의 노래보다는 아동의 음역에 알맞은 노래를 선택하는데, 정신지체아동은 일반아동보다 음역이 낮음을 유의해야 한다.

3) 악기 연주

치료사가 상당히 전문적인 훈련을 받고 악기 다루는 배경을 가지고 있지 않다면 비교적 연주법을 배우기 쉬운 '비형식적(informal)'인 악기를 사용하는 것이 효과가 더 크다. 음악치료에서의 악기 연주는 주로 간단한 리듬막대나 멜로디언, 피리, 트라이앵글, 실로폰, 하모니카, 오카리나, 멜로디벨 등 많은 음악적 기술을 가지고 있지 않아도 치료에 이용할 수 있는 악기들을 사용할 수 있다.

음악치료에서 악기 연주를 사용하는 가장 쉬운 방법은 미리 준비한 CD나 피아노 연주를 들으면서 그 박자에 맞추어 아동 각자가 선택한 리듬악기를 연주하는 방법이다. 치료사가 즉흥적으로 피아노나 기타를 연주하고 이에 맞추어 아동이 북이나 실로폰 등의 다른 악기를 연주하는 방법도 있다. 이러한 방법은 음악치료 초기 단계에서 치료사와 아동 간의 관계를 긍정적으로 형성하는 데 도움이 된다.

아동을 대상으로 하는 음악치료는 우선 아동이 악기와 친근감을 가질 수 있도록 악기를 만지고 소리를 만들어보는 것이 중요하다. 점차 악기에 친숙해지고 음악에 친근해지면 자신의 감정과 생각을 음악치료활동을 통해 표출할 수 있다. 간단한 멜로디나 노래를 부르며 악기를 연주하는 것도 감정 표현의 통로가 된다. 음악치료 초기에 개별적인 치료를 받던 아동들도 차츰 집단 속에서 악기를 연주할 수 있는 자아의 힘이 생기는데, 집단적인 연주 활동은 집단에 대한 소속감과 사회적 기술을 향상시켜주는 효과가 있다.

기존에 있는 악기뿐만 아니라 아동은 치료 중에 즉흥악기를 만들 수도 있다. 즉흥악기란 아동이 치료사의 도움을 받거나 또는 도움 없이 고안하여 만들어낸 악기이다. 즉흥악기가 치료에서 매우 중요한 이유는 치료 중인 아동의 문제와 관계가 있어 아동과 밀접한 의미를 가진 것일 수 있기 때문이다.

음악치료에서 악기 연주 방법을 사용할 때에는 처음에 너무 많은 악기를 동시에 소개하지 않도록 유의한다. 한 번에 한 악기씩 소개하여 그 시간 동안에는 아동이 선택한 악기를 가지고 연주를 해볼 수 있도록 한다. 악기를 사용하지 않고 신체를

그림 10-2 음악치료 시 사용되는 악기

통해 소리와 리듬을 만들어내고 동작을 취할 수도 있다. 손뼉 치기, 발 구르기, 무릎 치기, 손가락 튕기기, 입으로 여러 가지 소리 내기, 걷기, 달리기, 구르기, 밀기, 뛰뛰기 등의 단순한 신체적 움직임에서부터 춤추기, 흉내 내기 등 보다 복합적인 신체 표현에 이르기까지 율동도 음악치료에서 중요한 몫을 차지함을 이해해야 한다.

다음은 악기 연주를 이용한 음악치료활동의 사례이다(표 10-3 참고).

표 10-3 악기 연주를 이용한 음악치료활동

목표	또래와 타협, 협동하여 대안적 문제해결방법을 찾는 등 갈등을 해결할 수 있는 기술을 증진시킨다.
음악치료활동의 최종목표	유아는 동료들과 함께 그림 악보를 완성한 후 자신이 맡은 악기를 악보대로 연주하여 하나의 곡을 완성시킬 수 있다.
세션 형태 및 환경	집단(4~5명) 유아는 반원을 그려서 의자에 앉고 모든 유아가 볼 수 있는 곳에 그림 악보를 만들 수 있는 종이를 붙여 놓고 활동한다.
소요시간	7~10분
준비물	'어린 음악대' 반주 악보, 키보드 혹은 피아노, 큰 북, 작은 북, 탬버린, 트라이앵글, 심벌즈, 그림악보를 그릴 수 있는 종이와 악기 그림의 스티커(큰 종이에 4박자씩 빈 칸을 만들어놓고 빈칸에 유아가 악기 그림의 스티커를 붙일 수 있도록 한다)
진행과정	① 치료사는 유아들에게 다양한 종류의 악기를 제공하고 각각의 모양이 어떻게 생겼는지, 어떤 소리가 나는지와 이름을 인지시켜 주면서 연주방법을 모델링 해준다. ② 준비한 악기를 한 개씩 놓고 유아에게 선택하도록 한다. 무리 없이 진행될 경우는 괜찮지만 한 가지 악기를 두 명의 유아가 원할 때는 "어떻게 할까? 가위 · 바위 · 보로 결정할까? ○○가 먼저 하고 다음에 할까?" 등의 의견을 제시하여 동료들끼리 타협하는 방법을 찾을 수 있도록 한다. ③ 주어진 악기를 보조치료사의 피아노 반주에 맞춰서 자유롭게 연주하도록 하면서 악기 탐색의 시간을 준다. ④ 치료사는 종이와 악기그림 스티커를 제시하고 자신이 가진 스티커를 어디에 붙이면 좋을지 생각해보게 한다. ⑤ 한 명씩 돌아가면서 스티커를 빈 칸에 붙이도록 하고, 같은 칸에 두 명의 유아가 스티커를 붙이지 않기, 차례대로 돌아가면서 붙이기, 다른 유아의 스티커를 대신 붙여주기 등을 통해 그림 악보를 완성하도록 한다.

<table>
<tr><td>진행과정</td><td>⑥ 완성된 그림 악보를 보면서 4박자에 맞춰 자신의 악기 그림이 나올 때만 연주를 하도록 한다. 이때 치료사는 악기 그림을 짚어 주면서 유아가 연주해야 할 때를 지시해주고, 보조 치료사는 빠르지 않고 유아가 활동할 수 있는 적절한 템포로 '어린 음악대'를 반주해준다.
⑦ 유아들은 반주에 맞춰서 2~3번 반복하여 악보대로 연주해 본 후 동료와 악기를 바꿔서도 연주해본다.
⑧ 치료사는 활동을 확장하여서 유아들이 한 박자 당 두 개의 악기를 동시에 연주하도록 그림악보를 만들게 한다. 예를 들어서 치료사는 "탬버린 가진 사람은 누구랑 함께 연주하면 좋을까?, 트라이앵글은 어떤 소리랑 잘 어울릴까?, 트라이앵글이랑 심벌즈랑 같이 소리나면 트라이앵글 소리가 잘 들릴까?" 등의 질문을 하여서 유아들이 동료들과 상의하고 타협하면서 악보를 완성하도록 한다.
예 ○: 탬버린 ◎: 심벌즈 ●: 북 △: 트라이앵글
<table><tr><td>○△○△
◎ ◎</td><td>●◎●◎
△ △</td></tr></table>
⑨ 새로 만들어진 악보를 보면서 음악에 맞춰서 여러 번 반복하여 연주한다.</td></tr>
<tr><td>확장 활동 및 활동 진행 시 유의점</td><td>① 이 활동은 몇 주간에 걸쳐서 할 수 있다.
② 박자에 맞춰서 정확히 연주하는 활동보다는 그림 악보를 만드는 과정에서 서로 타협하는 과정에 의미를 둔다.
③ 유아들이 서로 상의해서 악보를 만들도록 유도한다.</td></tr>
</table>

출처: 이수연(2004).

10.4.2. 음악치료의 단계

음악치료 프로그램은 다음의 7단계를 거친다.

1단계 치료 목표의 규명	➡	2단계 라포 형성과 관찰	➡	3단계 사정 (assessment)	➡	4단계 음악치료 계획 수립	➡	5단계 음악치료 전략과 기술 유지의 결정	➡	6단계 책임 측정 이행 실시	➡	7단계 음악치료의 평가

• 1단계: 치료목표의 규명

치료의 목표와 치료의 대상이 되는 행동을 선정한다. 이때부터 치료사는 치료할 행동을 목표로 삼고 치료목적을 정확하게 정의해야 한다.

• 2단계: 라포 형성과 관찰

성공적인 치료 관계를 위해서는 치료사와 아동 간의 라포가 형성되어야 한다. 관찰을 하면서 아동의 문제와 치료의 목표에 대해 더 많은 정보를 수집하게 되고 이러한 과정에서 치료의 목표는 더욱 정밀해진다. 또한 이 시기에 치료사는 자신의 책임의 범위를 확인해야 한다. 이때 서로가 동의한 계약은 앞으로의 원활한 치료 관계를 위한 장으로 기능할 수 있다.

• 3단계: 사정

1단계에서 확인된 비음악적 문제 행동에 대하여 음악적 행동을 사정(assessment)하는 것이 음악치료의 독특한 특성이다. 음악에 대한 아동의 반응성은 사정의 대상이 되는 특정 음악적 행동과 동시에 발달하므로 둘 다 사정에 포함된다. 사정은 치료사가 어디서 치료를 시작할 것인지를 결정하도록 돕고 치료의 방향과 예상 결과를 결정하는 데에도 도움을 주는 지속적인 진행과정이다.

• 4단계: 음악치료 계획 수립

치료가 취해야 하는 방향, 즉 치료의 목적지를 확인할 수 있는 최종 행동을 정하는 단계이다. 아동이 변화되어야 하는 대상 행동에 도달하는 것을 안내하는 기술과 방법을 음악치료계획으로 수립한다. 치료 효과를 결정짓는 데 배경이 되는 모형이 이때 선택된다.

• 5단계: 음악치료 전략과 기술 유지의 결정

음악치료의 방법을 결정하고 목표를 달성하기 위해 유지되어야 할 기술을 결정한다. 유지되어야 하는 기술은 음악치료가 종료된 이후에 다른 환경에서 지속적으로 유지되어야 하는 기술을 일컫는 것으로, 음악치료를 하는 동안 성취한 변화를 다른 환경에 일반화하는 데 목표를 둔다.

• 6단계: 책임 측정(accountability measures) 이행 실시

변화를 목표로 하는 음악치료 프로그램이 실행될 때 음악치료사는 특정 기준에 비추어 볼 때 현재 나타나고 있는 아동의 진전을 책임 측정치로 기록한다.

• 7단계: 음악치료의 평가

활동이 끝나면 치료사는 다음과 같은 항목으로 결과를 평가하고 주의 깊게 분석하여 앞으로의 활동 계획에 반영해야 한다(공석영 외, 2000).

- 치료목적은 달성되었는가?
- 어떤 음악과 음악 활동들을 사용했고, 얼마나 성공적이었는가?
- 아동이 흥미로워했는가?
- 아동이 관심을 보였는가?
- 아동의 참여도가 높았는가?
- 아동이 치료사의 도움을 받아들였는가?
- 집단은 각 아동을 받아들였는가?
- 어떤 아동이 지도자 혹은 추종자로 역할 했는가?

이러한 7단계를 연속선상으로 보면 음악치료는 다음과 같은 초기, 중기, 종결 단계를 거친다(Gumaer, 1984).

초기 단계는 '신뢰와 수용의 분위기가 만들어지는 시기'이다. 치료를 시작하기 전에 치료사는 아동의 흥미나 자아개념 및 태도에 대해 조사한다. 아동은 처음에 두려움이나 의구심을 가질 수 있는데, 이때 치료사가 온정적이고 수용적이며 무비판적인 태도로 아동을 대하면 아동과 치료사 간에 친밀한 관계가 형성되어 두려움과 의구심을 극복하고 음악에 몰입할 수 있게 된다. 상호작용을 잘 하다가도 갑작스럽게 당황하거나 불편함을 표현하면 치료사는 언어적인 표현보다는 비언어적 혹은 음악적인 방법으로 친밀한 의사소통을 할 수 있다. 집단치료에서는 초기 단계에 새로운 구성원에 대해 경쟁적인 태도를 보여 전보다 더 큰 소리로 남의 소리에 귀 기울이지 않고 연주하는 경우가 발생하기도 한다. 이때 치료사는 아동의 행위를 지적하여 아동이 집단 내에서의 자기의 행동에 대해 통찰력을 가지고 새로운 구성원에 대한 거부감을 극복하도록 도와야 한다.

중기 단계가 되면 '아동이 나타내는 저항이 감소되며 안전감'을 갖게 된다. 이 과정에서 아동의 문제점이 드러나게 되고 치료사는 이 문제점을 조사하고 시험적으로 해결책을 적용해 본다. 아동은 음악치료가 진행되면서 발견된 문제를 해결하는 데 도움을 받게 되어 자아실현을 위한 바람직한 방향으로 변화하기 시작된다. 이 단계에 흔히 리더 격인 아동이 악기를 먼저 취급하는데, 그 악기는 다루기 쉽고, 크기가 크고, 강하며, 리드미컬한 소리를 내는 리더 악기가 된다.

종결 단계가 되면 '치료사와 아동은 문제를 같이 인식하면서 서로 대화를 통해 음악치료의 종결을 결정' 짓는다. 마지막 치료가 가까워지면 아동의 언어표현이 증가되어 자신의 치료과정에 대해 이야기하거나 그동안의 변화나 그때 얻은 감정을 이야기하기도 한다. 종결 단계에서 자주 나타나는 이별이나 슬픔을 담은 노래는 적극적으로 격려되어야 하며, 치료가 종결된 이후에도 적당한 간격으로 치료가 이루어지는 것이 좋다.

10.4.3. 음악치료사의 역할

음악치료는 내담자와 치료사 사이에 상호 신뢰 관계가 쌓여서 내담자가 치료사를 믿고 받아들이는 마음 상태의 변화가 일어나야 치료사의 치료 행위가 가능한 치료이다(김동주, 2005). 음악치료에서 음악치료사의 역할은 다음과 같다.

첫째, 아동의 연주를 듣고 아동의 요구와 문제를 파악할 수 있어야 한다. 치료사는 아동의 연주를 듣고 아동이 느끼고 이해하는 모든 것, 즉 연주하는 사람의 기분, 욕구, 갈망, 정열, 고뇌 등의 여러 면을 관찰할 줄 알아야 한다. 이는 아동이 그렇게 연주한 배경이 되는 아동의 기분을 파악하여 그에 따른 처방을 해야 하기 때문이다.

둘째, 아동이 스스로 표현할 수 있도록 음악을 통해 표현해주어야 한다. 아동이 아주 약하게 연주하거나 소리를 지르는 반응을 하더라도 이를 놓치지 말고 음악적인 대답을 주어 음악적 대화를 유도해나가야 한다.

셋째, 아동이 음악적이지 못한 소리를 지르거나 울음을 터트려도 거기에 목적과 의미를 부여하여 아동에게 소리의 경험을 갖게 해주고 음악을 통한 의사소통의 길을 열어야 한다.

넷째, 아동들이 무기력한 상태에 있으면 음악을 통해서 활동 상태로 이끌어주고, 활동 상태에 있다면 안정 상태로 유도해야 한다. 불안하거나 걱정스러운 아동에게는 적절한 음악을 사용하여 희망적인 기분으로 바꾸어주어야 한다.

이러한 역할을 하는 음악치료사가 되기 위해서는 일반적으로 음악에 대한 어느 정도의 전문지식이 요구된다. 특히 악기와 음의 특성을 알아야 하고, 리듬과 멜로디 등과 같은 음악의 기본 요소들이 인간의 생리와 심리에 미치는 영향을 이해할 수 있어야 한다. 그뿐 아니라 심리학, 교육학, 정신의학 등 인간의 상호작용에 관한 지식도 도움이 된다. 따라서 미국에서는 음악치료사가 되기 위해 반드시 대학에서 음악과 임상심리학을 전공하고 음악치료사 자격증을 취득해야 한다고 규정하고 있다. 우리나라에서는 4년제 대학을 졸업한 다음 음악치료학과가 개설되어 있는 대학원(숙명여자대학교, 이화여자대학교 등)에서 학위를 취득하거나 대한음악치료학회나 한국음악치료교육학회에서 수여하는 민간자격증을 취득하여 음악치료를 실시하고 있다.

제 11 장

미술을 이용한 상담

| 학습 개요 |

미술은 아동으로 하여금 자신의 생각과 감정을 표현할 수 있고 정서적인 만족감을 경험할 수 있도록 해준다. 이러한 미술활동의 긍정적인 측면으로 인해 교육, 재활, 정신치료 등 다양한 분야에서 시각 예술이라는 수단을 이용한 인격의 통합 혹은 재통합을 위한 시도, 즉 미술치료가 이루어지고 있다. 미술치료는 치료를 강조한 심리미술치료와 미술을 강조한 치료미술로 발전해 왔으나 근래에는 양자가 통합되었다.

이 장에서는 아동상담과 미술의 관계를 살펴본 후 미술치료의 정의와 배경을 알아본다. 또한 미술치료의 방법과 과정을 알아보고 그 실제를 살펴본다.

| 학습 목표 |

1. 미술을 활용한 아동상담의 특징에 대해 안다.
2. 미술치료의 정의를 말하고 그 배경을 설명한다.
3. 미술치료의 방법과 과정에 대해 안다.
4. 아동미술치료의 실제를 분석한다.

| 주요 용어 |

미술치료, 전이, 승화

11.1. 아동상담과 미술

대부분의 아동은 미술활동을 좋아한다. 미술을 통해 자신의 생각과 감정을 표현하고 정서적인 만족을 경험할 수 있기 때문이다. 아동은 미술활동을 통해 과거의 고통스러운 경험을 승화시키고 자신의 분노와 공격성과 같은 부정적인 감정을 두려움 없이 안전하게 표출할 수 있다. 또한 아동은 미술활동을 통해 환상과 상상을 마음껏 표현할 수도 있다. 이러한 이유로 놀이 활동에 잘 참여하지 못하거나 문제행동을 지닌 아동, 장애를 가진 아동, 그리고 언어 사용 능력에 제한이 있는 아동에게 미술활동은 특별한 의미가 있다. 자신을 둘러싸고 있는 현실 세계에 잘 적응하지 못하는 아동은 미술활동을 통해 세상과 자신의 생각이나 감정의 교류를 하게 되며, 이러한 과정 속에서 자신을 이해하고 세상에 다가갈 원동력을 얻게 된다. 상담자는 이러한 미술활동의 장점을 이용하여 아동에게 가깝게 다가갈 수 있으며, 아동이 현재 처한 문제를 더욱 효과적으로 치료할 수 있다.

Wadeson(1980)에 따르면, 미술을 활용한 상담은 다른 심리상담과 달리 다음과 같은 장점을 갖는다.

첫째, 미술은 마음속에 그려지는 심상에 대한 외현적인 표현이다. 인생의 초기 경험을 통해 심상이 형성되며, 이러한 심상은 아동의 성격을 형성하는 데 중요한 역할을 한다. 미술활동의 매체는 심상이 표출되도록 자극하는 창조적 활동을 이끌어낸다. 아동의 내적 경험이나 꿈, 환상 등의 심상이 미술활동을 통해 나타나므로 아동상담의 관점에서 언어적 접근보다 효과적이다.

둘째, 미술활동은 비언어적 수단이므로 아동의 방어를 감소시킬 수 있다. 즉, 미술활동은 언어보다 자아의 통제를 덜 받고 의식적으로 조장하기도 어렵기 때문에 아동의 무의식 내에 존재하는 갈등을 파악하기 쉽다.

셋째, 미술활동에서는 구체적인 유형의 자료가 즉시 생산된다. 여기서 말하는 구체적인 유형의 자료는 아동이 만든 미술작품이다. 아동은 그림이나 조형과 같은 미술작품으로 자신의 감정이나 사고 등을 구체화하면서 자신의 감정을 느끼고 자신에 대해 알아 나가게 된다. 그 결과 아동이 만든 미술작품은 아동과 상담자를 연결하는 중요한 매개체로 기능할 수 있다. 특히 저항적인 아동의 경우에는 아동의 문제를 직접 다루는 것보다 아동의 미술작품을 통해 접근하는 것이 상담하는 데 더 용이하다.

넷째, 미술활동에서 생산된 자료는 영속적이다. 미술작품은 보관이 가능하기 때문에 주관적인 기억이 왜곡되는 것을 방지할 수 있다. 아동이 만든 미술작품은 필요할 때 재검토할 수 있다. 또한 이전에 만든 작품을 다시 보면서 당시의 감정을 회상하기도 하는 등 치료 효과를 높이는 데에도 활용할 수 있다. 뿐만 아니라 아동의 미술작품의 변화는 그 자체로 치료의 과정을 말해주고, 상담원의 팀 회의에서도 미술작품을 통해 아동의 문제와 치료과정 등을 논의할 수 있다.

다섯째, 미술은 공간성을 지니고 있다. 언어표현은 문법 · 통사론 · 논법 등의 언어규칙을 따라야 하지만, 미술은 본질적으로 공간적인 것으로서 우리 경험을 바로 복제한 것이다. 미술표현은 시간적인 요소도 없어 아동은 미술을 표현하면서 자유로움과 편안함을 느낄 수 있다. 예를 들어 아동은 자신의 가족을 그림으로 나타내면서 원근, 결합과 분리, 유사점과 차이점, 감정, 특성, 생활환경 등을 그대로 표현하게 된다. 따라서 미술작품을 통해서 개인과 집단의 성격을 이해하는 데 도움을 받을 수 있다.

여섯째, 미술은 창조적인 활동으로, 아동이 창조적 에너지를 발산시켜 자신을 표현하고 내적 갈등을 승화시킬 수 있도록 한다. 그 결과 아동은 미술활동을 통해 즐거운 감정과 환희를 경험하게 되고, 변화하고 성장할 수 있는 가능성을 갖는다. 따라서 창조적인 미술활동은 아동이 자신만의 잠재력을 발휘하여 개성화에 도달하게 하는 과정이 된다.

이와 같은 장점을 지닌 미술활동을 상담에 이용하였을 때, 아동은 다음과 같은 도움을 받게 된다(Gumear, 1984; 이재연, 서영숙, 이명조 역, 2001).

첫째, 미술활동은 아동의 인지적 능력을 신장시킨다. 미술작품을 만들어가기 위해 아동은 무엇을 어떻게 할 것인지 생각해야 하고, 자신의 지식과 여러 감각을 사용해야 한다.

둘째, 미술활동을 통해 직접적으로 관찰하기 어려운 자기 행동에 대한 아동의 인식을 살펴볼 수 있다. 미술활동을 하면서 아동은 과거나 현재의 사건과 관련된 생각과 감정, 그리고 미래에 대한 생각들을 표현할 수 있기 때문에 미술활동은 아동의 심리 저변의 인식에 접근하는 데 도움이 된다. 따라서 상담자는 직접적인 관찰이 어려운 아동의 감정과 생각을 읽어냄으로써 아동을 더 잘 이해할 수 있게 된다.

셋째, 미술활동을 통해 아동은 자신의 부정적인 감정을 정화하는 기회를 갖는다. 대부분의 공격적인 아동들은 자신의 부정적인 감정을 해소할 수 있는 적절한 방법을 알지 못하므로 신체적인 공격 행위를 하게 된다. 미술활동은 아동의 분노와 적대감과 같은 감정을 사회적으로 수용되면서 해를 끼치지 않는 방식으로 표현할 수 있는 기회를 제공한다.

넷째, 미술활동은 아동 스스로 주도하고 조절하는 기회를 제공한다. 아동은 자발적으로 미술활동을 하면서 자신의 자아를 고양시키고 자아 존중감을 높일 수 있다.

다섯째, 미술재료를 선택하는 미술활동과정과 완성 작품 자체가 아동에게 성취감과 만족감을 안겨준다. 따라서 미술활동은 아동이 긍정적인 자아개념을 발달시키는 데 도움이 된다.

여섯째, 미술활동은 자신의 마음을 표현하는 데 어려움을 가지거나 언어표현 자체가 적은 아동과 친밀감을 형성할 수 있는 수단이 될 수 있다. 특히 언어표현능력이 부족한 유아나 대인관계에 자신이 없는 청소년들에게 대인관계를 성립시켜 상담이 가능하도록 하는 유용한 매체가 될 수 있다.

일곱째, 미술활동은 아동이 자신의 방어기제를 허물지 않고 자신의 무의식 세계를 보여주는 데 도움이 된다. 이 과정에서 상담자는 아동의 마음에 상처를 주지 않고 아동의 무의식 세계에 접근할 수 있는 기회를 얻게 된다.

여덟째, 미술활동은 아동을 진단하는 데 도움이 되는 보충적 자료가 된다. 아동은 미술활동을 통해 현재의 생각과 감정을 그대로 표현한다. 예를 들어 자신을 극도로 방어하고 있는 아동은 그림을 전혀 그리지 않거나 선만 그어대든지 똑같은 것만 계속 그린다.

이상에서 살펴본 바와 같이 아동의 미술작품은 아동의 신체적 · 정신적 발달수준과 현실 세계와의 관계를 잘 나타내준다. 그러므로 미술활동은 문제가 있는 아동뿐만 아니라 정상적인 아동에게도 삶을 풍요롭게 하는 매체로 활용될 수 있다.

11.2. 미술치료의 정의와 배경

미술치료는 '미술'과 '치료' 중 어떠한 것에 초점을 두느냐에 따라 크게 '치료미술'과 '미술심리치료'의 두 관점으로 설명할 수 있다. 역사적으로 보면, 정신분석적 심리치료에서 미술을 활용하던 미술심리치료의 흐름에서부터 미술과정 자체가 치료 효과를 가진다는 치료미술로 관점이 변화되다가 최근에는 두 관점이 통합되었다. 이러한 미술치료는 정신역동적 접근, 인간 중심적 접근, 행동적 · 인지적 · 발달적 접근의 이론적 배경을 가지고 있다.

여기서는 미술치료의 정의와 미술치료의 역사적 · 이론적 배경에 대해 살펴본다.

11.2.1. 미술치료의 정의

미술치료는 회화요법, 묘화요법, 그림요법 등 다양한 용어로 사용되고 있으며, 영어 'Art Therapy'도 예술치료, 예술요법, 미술치료, 회화요법 등으로 번역되고 있어 한마디로 미술치료를 정의하기는 어렵다. 미술치료를 예술치료로 번역하게 되면 미술뿐만 아니라 음악, 연극, 시, 소설, 춤, 레크리에이션, 놀이, 작업 등 자기표현을 매개로 한 것을 모두 포함한다. 좁은 의미로 미술만을 포함하면 그림뿐만 아니라 조소, 디자인, 서예, 공예 등 미술의 전 영역을 포함한다.

미술치료(Art Therapy)란 'Art'와 'Therapy'의 합성어로 'Art'는 아동의 미술작품을 일컫기도 하고 그 작품을 창작하는 활동과정을 의미하기도 한다. 'Therapy'는 궁극적으로 인간의 삶의 질을 향상시키기 위한 과정으로 진단과 치료적 개입과정으로 구성된다(한국미술치료학회 편, 1994). 미술치료에서 '미술'과 '치료' 중 어떠한 것에 초점을 두느냐에 따라 크게 두 관점으로 설명할 수 있다.

첫째, '치료로서의 미술(Art as therapy)', 즉 '치료미술'이라는 정의이다. 이는 Kramer를 중심으로 미술을 중시하는 입장으로, 예술을 창조하는 행위나 미술작품을 만드는 과정 자체가 치료적인 효과를 가진다는 견해이다. 내담자는 미술작업을 통해 자기표현을 하고 자신의 반사회적이고 파괴적인 에너지를 분출하며 승화시키게 된다. 이러한 과정에서 내담자는 자신의 원시적 충동이나 환상에 접근하면서 갈등을 재경험하게 되고, 자기훈련과 인내의 과정 속에서 그 갈등을 해결하고 통합하며 자아를 성숙시키게 된다. 즉, 미술을 중시하는 입장에서는 마음이 병든 사람을 재통합하는 데 현실과 공상, 의식과 무의식을 통합하는 예술인 미술이 매우 적합하다고 보고 있다.

둘째, '치료에서의 미술(Art in Therapy)', 즉 '미술심리치료'라는 정의이다. 이는 Naumberg를 중심으로 치료를 중시하는 입장으로, 미술이라는 상징적 회화를 통해서 인간의 문제를 진단하고 치료할 수 있다는 견해이다. 즉 미술은 내담자와 상담자 사이에 전달되는 상징적 회화로서, 그림을 매개체로 이용하여 심리를 치료하는 과정이 미술치료라는 것이다. 이 입장에서 미술치료는 정신분석적 치료법의 도입수단이 된다. 내담자와 상담자 사이의 치료적 관계 형성, 전이와 역전이의 해결, 자유연상에 있어 미술을 이용하는 것이며, 자발적인 그림표현과 그림의 상징성에 대한 해석을 중시한다.

그러나 최근에는 이 두 측면이 통합된 의미로서 미술치료를 정의하는 관점이 우세하다(Ulman, 1996). Ulman은 미술치료에는 창조적 측면과 치료적 측면이 모두 포함되어 있다며, 미술치료 실행에 있어 두 측면의 타당성을 모두 인정한다. 실제로 미술치료를 정의한 앞의 두 측면은 무엇에 초점을 두느냐의 차이는 있지만 내담자가 미술활동을 하도록 하여 상담한다는 점에서 동일하다. Ulman은 1961년 『예술치료회보(Bulletin of Art Therapy)』 창간호에서 '미술치료'라는 용어를 처음으로 사용하였다. Ulman은 "미술치료는 교육, 재활, 정신치료 등 다양한 분야에서 널리 사용될 수 있으며, 어떤 영역에서 활용되고 있든 간에 공통된 의미는 시각 예술이라는 수단을 이용하여 인격을 통합 혹은 재통합하기 위한 시도"라고 하였다. 따라서 Ulman은 "미술치료"라는 용어에는 '미술'과 '치료'라는 두 가지 개념이 모두 포함된다며 미술치료에 대한 Kramer와 Naumberg의 견해를 모두 수용하였다.

한편, Wadeson(1980)은 미술치료는 내담자의 사고, 감정 등이 미술활동을 통해 표출되는 비언어적인 의사소통 기법이며, 이 기법을 반복적으로 사용함으로써 지금까지 상실, 왜곡, 방어, 억제되어 있던 자기 상(self image)을 재발견하며 자기 동일화와 자기실현을 이루는 과정이라고 정의하였다. 주리애(2000)는 미술치료란 내담자의 미술작품과 창작과정 및 창작 후의 과정을 통해 내담자의 상태와 문제를 파악하고 이를 경감시키고 개선하여 내담자의 적응적 상태를 형성해나가는 것이라고 정의하였다.

이상에서 살펴보았듯이 학자에 따라 미술치료에 대한 입장과 정의에 대해 의견은 다양하나, 미술치료가 심리치료 이론을 기반으로 조형 활동을 통해서 개인의 갈등을 조정하고 동시에 자기표현과 승화작용을 통해서 자아성장을 촉진시킬 수 있다고 보는 것은 공통적이다. 따라서 내담자의 방어기제를 낮추고 자유로운 표현을 가능하게 하는 매개체로서의 미술치료는 심신의 어려움을 겪고 있는 사람들이 개인의 정신을 탐험하고 성장할 수 있도록 돕는 효과적인 수단이라고 하겠다.

11.2.2. 미술치료의 배경

1) 미술치료의 역사적 배경

미술치료의 기원은 고대 샤머니즘, 무속화, 부적, 구석기 시대의 동굴벽화에서 찾을 수 있다. 기원전 2만 년 이전부터 인간은 장식을 하기 위해, 그리고 치료적인 힘을 만들어내기 위해 이미지와 기호를 사용하였다. 석기시대 인간은 원시적인 도구로 동굴 벽에 형태와 그림을 그렸으며, 이러한 그림들 중 '알타미라 동굴벽화'와 '라스코 동굴벽화'는 순수한 장식적 의미보다는 '사냥을 위해 들소의 영혼을 빼앗는' 등의 주술적 의식을 위해 사용되었다고 널리 알려져 있다. 이처럼 인간은 오랫동안 앞으로 다가올 미래에 대처하고 두려움이나 공포와 같은 감정을 조절하고 표현하며, 해로운 존재로부터 자신을 보호하려는 주술적이고 치료적인 목적으로 미술을 창조하고 활용해왔다.

미술의 힘은 고대부터 알려져 왔지만 임상적 차원의 치료적 접근으로 미술을 인식하게 된 것은 그리 오래되지 않았다. 미술치료의 기원은 나라마다 다르지만 19세기 초반 독일의 정신병원 의사들이 미술활동이 환자 치료에 미치는 예술적 · 정서적 효과를 인정해 포괄적 작업치료의 부분으로 받아들이면서 시작되었다고 볼 수 있다(Domma, 1990).

미술이 치료적인 측면에서 주목받기 시작한 것은 19세기 후반경으로, 1893년에 Bqrnes가 「아동화 연구」라는 논문을 발표하면서 아동화가 많은 심리학자들의 관심 영역으로 대두하였다. 그 후 심리학자들은 그림에 아동의 감정이 나타난다는 가설을 세우고 연구를 시작하였다. 1920년대에 들어서는 아동화의 발달단계와 연령 구분에 따른 특징에 대한 이론을 구축하는 데에 초점이 맞추어졌다. 1926년에는 Goodenough가 『그림에 의한 지능 측정(Measurement of Intelligence by Drawing)』을 출판하면서 이전과 다른 분석적 연구방법인 인물화검사(Draw-A-Man-Test)를 소개하였으며, 1940년대 전후에 이르러 아동화는 지능뿐만 아니라 성격 진단의 도구로도 인식되기 시작하였다.

오늘날의 미술치료는 Freud와 Jung의 이론이 중요한 자리를 차지하고 있는 현대 정신의학의 발전사와 맥을 같이한다. 미국의 정신분석학자 Naumberg는 미술치료의 개척자로, 1940년대부터 치료양식으로서의 미술표현을 도입하였다. Naumberg는 정신분석학 이론과 자신의 경험에 입각하여 그림을 통해 내담자의 정신질환을 치료하고자 하였다. 그녀는 내담자의 무의식 속의 사고와 감정이 그림에 직접 표현된다고 믿어 내담자에게 자유연상을 통하여 그림을 그리도록 하였다. 또한 치료에 있어 전이관계를 매우 중요하게 여겼는데, 이는 그림에 상징성이 있어 내담자가 자신의 그림을 통해 스스로를 통찰할 수 있다고 생각하였기 때문이다. 상담자가 그림의 상징성을 해석하여 내담자를 상담하는 그녀의 방법은 오늘날의 미술치료에서 보편적으로 사용되고 있다.

1950년대에 Naumberg의 뒤를 이어 아동을 대상으로 미술치료를 실시한 Kramer는 언어적 방해를 받지 않는 미술 창조과정 자체의 치료적 역할을 강조하였다. 그녀도 정신분석이론에 근거를 두었지만 Naumberg와 달리 승화를 보다 중시했다. 즉 미술작품을 통해 상담자와 내담자가 교류하는 상징적 대화가 아닌 창조적 미술 행위 자체로서, 내담자가 자신의 감정이나 욕구를 표현하며 파괴적 에너지를 승화시키는 과정에서 치료가 이루어진다는 것이다. 따라서 그녀는 상담자의 역할은 내담자의 미술작품을 해석하는 데 있는 것이 아니라 내담자 스스로의 승화와 통합의 과정을 도와주는 데 있다고 보았다(한국미술치료학회 편, 1994).

이러한 양자의 견해 차이는 1961년 Ulman에 의해 통합되었다. Ulman은 미술치료에는 치료적 측면과 창조적 측면이 모두 포함된다고 보았다. 또한 내담자의 미술작품이 예술적인지 여부보다 내담자가 표현한 상동적이거나 강박적인 표현에 주목해야 한다고 보았다. 결국 Ulman에 의해 정신분석학적 이론에 근거를 둔 내적 갈등과 승화라는 개념이 통합되었다. 미술치료가 발전하면서 초기의 이러한 정신분석학적 접근들은 다양한 접근법들로 전개되었다.

1960년에 접어들면서 미국에서는 미술치료의 본격적인 활동을 통해 보다 전문적인 체제가 구축되었다. 1961년에는 미술치료전문지(American Journal of Art Therapy)가 창간되었고 1966년에는 미국미술치료학회(American Art Therapy Association)가 설립되었다. 현재 미국에서는 학술단체와 전문연구지를 통해 미술치료 연구와 전문인 양성에 매진하고 있다. 이후에는 미국뿐만 아니라 일본, 한국 등에서도 정신병원에 입원한 환자를 대상으로 미술치료가 시도되었다. 일본에서는 1991년에 일본묘화검사 · 요법학회가 설립되어 그림진단검사 및 다양한 미술치료기법 개발을 위한 적극적인 활동이 이루어지고 있다. 한국에서도 1992년 11월에 한국미술치료학회가 설립되었고, 최근에는 숙명여대, 건국대 등 여러 대학들이 대학원 과정에 미술치료 전공을 개설하여 미술치료 프로그램에 대한 연구와 학술활동을 수행하고 있다. 현재 상당수의 미술치료 전문가들이 미술치료센터, 아동발달센터, 사회복지기관, 장애인복지관, 재활센터, 병원 등에서 활동하고 있다.

2) 미술치료의 이론적 배경

미술치료의 이론적 배경은 크게 정신역동적 접근, 인간중심적 접근, 행동적 · 인지적 · 발달적 접근이 있다(한국미술치료학회 편, 1994). 정신역동적 접근에는 정신분석적 미술치료와 Jung 학파의 분석적 미술치료가, 인간 중심적 접근에는 인간 중심 미술치료, 게슈탈트 미술치료가, 그리고 행동적 · 인지적 · 발달적 접근에는 행동적 미술치료, 인지적 미술치료, 발달적 미술치료가 속해 있다.

(1) 정신역동적 접근

① 정신분석적 미술치료

정신분석적 미술치료는 Freud 학파의 정신분석학에 이론적 근거를 둔 방법으로, 자유연상법, 꿈의 해석, 저항과 전이의 분석 및 해석과 같은 방법으로 진행되는 기법이다. 이 접근법에서는 내담자가 자유연상을 한 내용이나 꿈의 내용을 미술매체를 통해 표현하도록 한다. 정신분석적 미술치료사들은 미술을 상징적 언어로 보고 내담자들이 자유롭게 표현한 고통이나 억압, 자유연상 그림 등 미술작품의 소재를 무의식과 연관시켜 상징성에 대한 분석과 해석을 한다. 특히 이 접근법은 언어의 사용이 제한적인 아동의 의사소통을 용이하게 해준다는 장점이 있다.

② Jung 학파의 분석적 미술치료

Jung은 자신의 개인적 경험을 통해서 그림이 주는 치유력을 스스로 체험하였다. 그는 내면적 심상인 상징과 꿈을 통하여 인간에게는 일상적 의식의 세계가 아닌 다른 깊은 곳에 성장의 의지가 존재한다는 것을 증명하려 하였다.

Jung의 분석심리학적 미술치료에서는 즉흥적인 판타지, 능동적 상상이나 꿈의 시리즈를 그림으로 그리는 과정이 중요하다. 환자의 상상과 꿈은 한 개인의 무의식적 내용을 투사할 뿐만 아니라, 인류의 경험이 내재된 원형적 집단 무의식적 내용을 투사한다고 본다. 인류의 경험이 내재된 원형적 집단무의식이 '집단경험, 원형적 그림'으로 그림에 상징적으로 표현되기 때문에 미술치료기법으로 능동적 상상을 많이 사용한다. 따라서 미술치료사들은 모든 그림의 표현에 나타나는 원형적 형상의 상징을 재구성하게 된다. Jung은 자신의 체험을 통하여 '만다라 그리기'의 치유적 의미를 발전시켰으며, 환자들이 무의식적 심리활동을 통하여 표현하는 만다라의 상징적 의미를 심리분석에 적용하였다(정여주, 2003).

(2) 인간 중심적 접근

① 인간 중심 미술치료

인간 중심 미술치료의 기본 목표는 한 개인을 총체적으로 보아 자아실현과 성취를 이루도록 하는 것이다. 이 기법은 내담자가 두려움이나 불안에서 탈피하는 데 목적을 두기보다 진정으로 표현한 결과 얻어지는 성취감에서 비롯되는 기쁨, 유쾌한 흥분 등을 목표로 한다. 이러한 목표를 위해 창조적이며 정직하게 표현하도록 변화시키는 방향으로 활동이 이루어진다. 예를 들어, 통증을 상상하여 그림으로 그린 후 다시 통증이 몸에서 떠나가는 것을 상상하여 그림으로써 성취를 얻도록 하는 것이다. 이는 꿈의 기억, 대인관계 개선, 통증의 치료 등에서 소조활동이나 크레용 등으로 그림을 그리는 기법으로 실현된다. 이렇게 자신의 정체성을 경험하면 자신은 물론 타인의 통합성, 주체성, 개성, 이상주의를 인정하고 관심, 돌봄, 동정의 삶의 방식을 이끌어낼 수 있다고 본다.

② 게슈탈트 미술치료

실존적인 삶을 통한 성숙한 인간을 지향하는 게슈탈트 미술치료는 분석이 아닌 자아의 통합에 미술치료의 목적을 둔다. '지금-여기(here & now)'를 강조하는 게슈탈트 치료에서는 외부로 투사되거나 자신의 내부에서 격리되어 자신의 것으로 자각되고 통합되지 못한 에너지나 감정을 자각하고 나아가 통합하는 것이 치료의 목표이다. 나아가 게슈탈트 치료의 최종 목표는 각 개체로 하여금 실존적인 삶을 살도록 도와주는 것이다.

게슈탈트 미술치료에서는 꿈 그리기 기법(dream work)을 통해 꿈의 형태를 자신이 만들어냈다는 것을 인식시키고 미술매체를 통해 꿈을 재생시키고자 한다. 또한 점토작업, 미술 게임, 느낌에 대한 그림 그리기, 선 게임(line game) 등의 미술치료방법과 역할놀이, 연주 등의 방법이 함께 사용되기도 한다. 그림을 관찰할 때 내용으로 구조와 형식에 초점을 맞추며, 선과 모양에 나타난 운동 방향, 형태들의 역동적 관계에 주의를 기울인다. 또한 시각적 형태가 내담자의 실제 삶에서 어떻게 관련되는지 알아보기 위해 내담자에게 정서적인 괴로움을 자아내는 단어들(예: 분노, 공포, 슬픔, 놀람 등)에 대해 추상화를 그리게 한 후 토의한다. 게슈탈트 미술치료에서는 내담자와 상담자 간의 실존적인 만남을 중시하므로 정직하고 책임 있고 직접적인 의사소통이 이루어지는 관계 조성을 강조한다. 따라서 워크숍 형태의 치료법이 자주 사용되고, 치료자는 연출가의 역할을 하게 된다.

(3) 행동적 · 인지적 · 발달적 접근

① 행동적 미술치료

행동적 미술치료는 행동치료기법을 미술치료에 적용한 것이다. 즉, 행동조성법, 정적 강화, 모델링 등의 방법을 미술치료에 적용한 것이다. 이 접근법은 발달장애아동이나 행동문제를 가진 성인에게 효과적이다.

② 인지적 미술치료

인지적 미술치료는 인지가 외부 세계의 자극을 조절하는 수단이며, 인지가 언어와 관계를 가지고, 인지, 언어, 미술의 상징성이 상호 관련이 있다는 이론에 근거를 둔다. 즉 언어적 활동뿐만 아니라 미술작품(예: 스케치, 채색화, 조소 등)처럼 비언어적인 활동으로도 인지발달이 가능하다고 본다. 대표적인 인지적 미술치료의 기법은 색채의 농담(유채색+흰색)을 혼합해가며 계열성 개념을 개발하기, 공간개념을 개발하기 위해 관찰화를 사용하기, 공간, 순서, 분류의 개념을 발달시키기 위해 찰흙으로 모양꾸미기 등이 있다.

③ 발달적 미술치료

발달적 미술치료는 Freud, Erikson, Piaget 등의 발달이론에 기초를 둔 것으로, 이는 아동의 발달단계와 발달과업에 따라 미술활동의 내용을 달리하는 것이다. Williams와 그의 동료들이 '발달적 미술치료'라는 용어를 최초로 사용하였으며, 이들은 인지와 운동능력은 정상이나 정서적으로 장애가 있는 아동들에게 발달적 미술치료를 사용하여 효과를 거두었다.

11.3. 미술치료의 방법과 과정

미술치료는 미술을 진단적 도구로 사용하는지 치료도구로 사용하는지에 따라 상이한 방법으로 실현될 수 있다. 이러한 방법들은 미술치료가 진행되는 단계에 따라 다양하게 활용될 수 있다.

여기서는 미술치료의 다양한 방법을 알아보고, 미술치료 과정을 초기 · 중기 · 후기의 단계로 나누어 살펴본다.

11.3.1. 미술치료의 방법과 해석

미술치료에서는 심리진단과 치료가 동시에 이루어지므로 진단과 치료를 엄격하게 구분하기 어렵다. 개인의 욕구와 감정 등의 내면 상태가 표현되는 미술작품을 통해 개인의 심리 상태를 진단할 수 있으며, 동시에 미술활동을 하는 행위 자체가 치료가 될 수 있다. 따라서 미술치료를 하는 과정에서 심리진단과 치료는 융통성 있게 활용되어야 한다. 진단과 치료로 활용되는 대표적인 미술치료의 방법과 미술치료의 해석방법은 다음과 같다.

1) 진단적 도구로서의 미술

진단적 도구로서의 미술이란 그림의 내용, 형태, 색, 의미 등을 통해 아동의 발달수준과 장애 정도를 진단하는 것으로, 일종의 투사적 기법이다. 투사법은 인물화에 의한 지능검사나 성격검사, 집 · 나무 · 사람 검사(HTP), 나무그림검사, 가족화에 의한 성격진단 등의 연구를 통해 발전되어 왔다. 심리진단에 사용되는 그림을 활용한 기법들은 다음과 같다(한국미술치료학회 편, 1994).

(1) 자유화법

주제나 방법을 아동 스스로 결정하여 그리는 방법으로, 그림에 나타난 색채 사용, 선과 형태, 공간 이용과 공간적 형태, 내용(부모, 형제, 자신, 산, 태양 등)을 분석하여 아동의 심리를 진단한다. 이와 같은 아동의 자발적인 표현은 무의식을 표현하는 데 큰 도움을 준다. 그러나 이러한 분석방법은 아직 신뢰도나 타당도에서 동의를 얻지 못한 부분이 있어 사용에 제한이 있다. 또한 미술치료 과정에서 중요한 주제가 아동에 의해 자연스럽게 유발되기도 하지만 때로는 특별한 주제를 상담자가 제시해야 할 때도 있다.

(2) 과제화법

과제화법은 상담자가 인물, 가족, 친구, 집, 나무, 산, 동물, 길 등의 과제를 미리 주고 아동에게 상상화를 그리게 하는 방법이다. 과제화법을 통해서 이상행동에 대한 내면의 욕구와 그 욕구를 저지하는 압력에 대해 잘 알 수 있다. 여기에는 인물화, 묘화완성법, 나무 그림, 집 그림 검사, 산과 해의 묘화법, 풍경구성법 등이 속하며, 산・길・집과 같은 특정 과제를 제시할 수도 있다.

(3) 상상화 그리기

한 장의 종이에는 주제를 전혀 제시하지 않고 상상화를 그리게 하고, 다른 또 한 장에는 사람, 태양, 집 등 세 가지 내용이 있도록 과제를 제시하여 상상화를 그리게 하는 방법이다. 이 방법에서 분석기준은 형태, 색채, 구도, 동적 요소, 내용 등이 된다.

(4) 나무 그리기법

나무 그리기법은 열매가 달린 나무 한 그루를 그리도록 하는 방법으로, 진단에 널리 사용된다. 특히 나무는 내담자의 질병 상태를 잘 알려준다. 나무 그림을 진단할 때에는 나무그림 검사기준을 참조해야 하는데, 대체로 줄기, 가지, 뿌리, 열매, 잎,

전체 인상 등을 기준으로 분석한다. 나무 그리기법은 한국판 검사도구가 개발되어 있다.

(5) 집 · 나무 · 사람(House-Tree-Person: HTP) 검사

이 기법은 4장의 종이에 집(House), 나무(Tree), 무엇인가 하고 있는 남자와 여자(Person)를 그리게 하는 방법으로, 유아에서 노인에 이르기까지 넓은 연령층에 포괄적으로 활용되는 방법이다. 이 기법은 '아동이 자신을 어떻게 느끼며 과거를 어떻게 느끼는가' 등을 알게 되는 자아발견의 원천으로 활용된다. 반드시 집-나무-사람의 순서로 그려야 한다. HTP는 모든 연령의 피험자가 즐겨 그리는 집, 나무, 사람의 세 가지 소재를 사용하였기 때문에 다른 과제에서보다 솔직하고 자유로운 내면세계 표현이 가능한 방법이다. 따라서 아동의 저항을 적게 받고, 동일한 아동의 그림을 시간 순서로 배열하면 질병의 경과도 알 수 있다. 이 기법은 한 장의 종이에 집, 나무, 사람을 모두 다 그리는 통합법도 사용하고 있다.

HTP에 운동성을 가미한 동적 집 · 나무 · 사람(Kinetic House-Tree-Person: KHTP) 검사는 HTP를 전체적으로 보게 하여 더 많은 정보를 제공하기 때문에 HTP보다 유용하게 활용되고 있다. KHTP는 집, 나무, 사람을 각각 그렸을 때는 발견할 수 없는 역동성과 내담자의 보다 깊은 내면의 세계를 잘 드러낸다.

(6) 인물화 검사(Draw A Person: DAP)

인물화를 통한 성격진단 검사는 다른 여러 투사검사보다 더 깊이 있는 무의식의 심리를 표현하도록 해주어 아동이 자신과 타인을 어떻게 지각하고 있는지를 파악하는 데 도움이 된다. 또한 자유화에 비해 저항이 적고, 아동은 물론 성인에 이르기까지 사용 가능하여 널리 애용된다. 특히 인물화 분석은 HTP나 가족화의 기초가 되므로 깊이 있는 이해가 필요하다. 인물화는 "한 명의 사람을 그려라"라는 지시 뒤에 "다른 성을 가진 사람을 그려라"고 하여 전신의 남, 여에 대한 그림을 각각 받아낸다. 시간제한은 없다. 예를 들어 남성이 여성상을 먼저 그리면 자신의 성에 혼란이 있거나 이성 부모에 대한 의존성이나 집착이 있다고 해석한다. 눈동자가 생략되거나 팔이나 손이 감추어져 있으면 죄책감을 나타내고, 코나 입은 성(性)과 관련된다. 길이가 다른 다리와 발 그림은 자신의 충동과 자기 통제 간의 갈등을 반영한다.

(7) 가족화

가족화는 가족그림을 통해 아동의 심리 상태나 가족의 역동성을 진단하는 방법이다. 가족화에는 가족화(Draw A Family: DAF)와 동적 가족화(Kinetic Family Drawing: KFD), 동그라미 중심 가족화 등이 있다. 가족화(DAF)와 동적 가족화(KFD)는 아동에게 주는 지시가 다르며, 동적 가족화가 가족의 역동성 파악에 보다 효과적이다. 동적 가족화의 지시는 "여러분의 가족 모두가 무엇인가를 하고 있는 그림을 그려보세요"라고 지시하며, 그린 후에 각 인물상이 누구인지, 연령은 어떤지, 무엇을 하고 있는지를 질문한다. 동적 가족화를 해석할 때는 인물상의 행위와 그림의 양식(구분, 포위 등), 상징(책상 등), 그림의 역동성(크기, 거리, 방향, 생략 등) 등을 기준으로 한다. 동적 가족화를 통해 가족구성원 내의 역동성을 파악할 수 있고, 가족구성원에 대한 개인의 행동이나 투사된 감정과 태도가 어떠한지를 알 수 있다. 최근에는 동그라미 중심 가족화(FCCD와 PSCD)를 통하여 부, 모, 아동 간의 관계를 진단하는 방법도 개발되었다. 한편, 동물가족화도 아동의 가족관계나 심리를 진단하는 데 사용될 수 있다. 또한 가족체계진단법은 가족 전체나 부부, 부모와 자녀들이 협동하여 그리는 방법으로, 이를 통해 가족관계를 진단할 수 있다.

(8) 학교생활화(Kinetic School Drawing: KSD)

자신과 학교의 친구와 선생님을 포함해서 그리는 학교생활화(KSD)는 아동의 학교생활을 진단하는 데 사용된다. KFD와 합쳐서 동적 그림체계(KDS)라고 하며, KFD와 함께 받아보면 아동의 심리진단에 유용하다. 대부분의 아동은 학교생활에 대해 그림을 그리도록 요구할 때 거부감을 덜 표현한다. 6~10세 아동의 경우에는 놀고 싶은 친구, 하고 싶은 것 등을 그리도록 할 수 있다. 친구를 그린 친구화는 학급진단 내의 아동의 사회적 위치나 역할, 적응 상태를 파악하는 데 사용된다.

(9) 풍경구성법(Landscape Montage Technique: LMT)

풍경구성법은 1969년에 일본인 나카이 히사오(中井久夫) 교수에 의해 창안된 검사로서, 내담자가 지각하고 있는 심리 상태를 알아보는 데 사용된다. 원래는 정신분열증 환자를 대상으로 한 모래상자요법의 적용 가능성을 결정하는 예비검사로 고안되었으나 독자적인 가치를 인정받아 치료에 널리 활용되고 있다.

풍경구성법은 도화지에 "강, 산, 밭, 길, 집, 나무, 사람, 꽃, 동물, 돌, 그 외 추가하고 싶은 것"을 차례대로 그려 넣어 하나의 풍경을 구성하여 채색하도록 한다. 그런 다음 자기가 그린 그림에 대해 계절, 시각, 기후, 강의 흐르는 방향, 사람과 집, 밭 등의 관계에 대해 이야기를 하도록 한다. 풍경구성법은 치료 가능성을 평가하고 문제점을 추측하거나 관찰하는 데 유용한 방법이다. 풍경구성법은 1977년 제10회 독일어권 표현병리, 표현요법학회에서 발표된 이후에 일본뿐만 아니라 독일, 미국 등에서 널리 시행되고 있으며, 진단도구뿐만 아니라 치료과정 중에도 활용되어 효과와 가치를 인정받고 있다.

(10) 협동화법

가족이나 아동 집단이 소집단을 이루어 한 장의 종이에 협동해서 그림을 그리는 방법이다. 집단체계에 대한 진단과 치료에 유용한 방법으로, 집단치료의 장점을 함께 활용할 때 보다 효과적이다. 진단 시에는 자발성의 정도, 경험의 표출, 협동성, 그리는 위치와 내용, 그림 순서, 주의력 등을 관찰하게 되며, 치료 시에는 협동심, 커뮤니케이션 기능, 자발성, EQ, 사회성, 집단 이해, 인간관계 등을 높이는 데 활용할 수 있는 좋은 방법이다.

(11) 난화게임법(SDG)

아동의 심리평가에 사용되는 방법이지만 심리치료나 언어치료에도 응용된다. 이 방법은 아동에게 난화를 제시한 후 그림을 완성하게 하여 “이게 뭐야?”, “무엇을 하고 있니?” 등으로 질문을 하여 이야기를 꾸며나가게 한다.

2) 치료도구로서의 미술

미술작업을 통해 심리상담이나 치료를 하는 것을 미술치료적 행위라고 한다. 치료도구로 미술을 활용할 때에는 대상에 따라 다양한 기법이 적용된다. 특히 어떤 내담자를 대상으로, 어떤 시기에, 어떤 기법을 사용하여 심리치료를 할 것인지를 판단하기 위해 아동의 흥미, 관심, 태도, 특성 등을 잘 파악하여 활용해야 한다. 다음과 같은 기법이 치료도구로서의 미술로 사용된다(이시용, 정환금, 허승희, 허종관, 2000).

(1) 테두리법

아동이 보고 있을 때 도화지에 테두리를 그어서 아동에게 건네주는 방법이다. 용지에 테두리를 그려줌으로써 조형활동을 자극할 수 있을 뿐만 아니라 공포를 줄일 수 있어 자아가 허약한 아동에게 사용할 때 유용하다. 단 테두리를 그릴 때에는 자를 사용하지 않도록 주의한다. 원을 그려주고 원 안에 그림을 그리도록 하거나 채색하게 하는 방법은 과잉행동, 주의산만 등을 통제하는 데 유용하며, 심리적 지지도 제공할 수 있다.

(2) 출발 그림(Starter Sheet)

출발 그림은 그림 그리기에 저항감을 표현하거나 공포나 수줍음을 느끼는 아동에게 그림 그리기를 자극하고 촉진하는 유용한 방법이다. 장애아동이나 정신질환자에게 모두 활용할 수 있는 방법이다. 종이에 상담자가 종이에 직접 잡지에서 오린 얼굴 사진을 붙여주거나 그림을 그려준 후 아동이 나머지 부분을 완성한다. 처음 미술치료를 시작할 때 사용할 수 있는 기법이다.

(3) 난화이야기법

난화이야기법은 난화법[1]과 이야기법을 종합하여 응용한 방법이다. 상담자와 아동이 서로 교환하며 이야기를 만들어나가는 방법으로, 심상을 형성하는 것이 중요하다. 최근에는 난화와 콜라주를 합쳐 표현이 부족한 아동에게 사용되고 있다. 다만 이 방법은 중증장애아동보다 경증장애아동에게 좋은 방법이다.

(4) 콜라주 기법

콜라주 기법은 최근 가장 많이 사용되는 미술치료 기법으로, 미술과정에 대한 부담감을 해소해주면서 동시에 미술과정에 몰입하도록 해준다. 잡지 속에서 마음에 드는 사진을 오려 붙이는 방법으로, 거부감이 감소되고 분노가 노출되며 희망에 대한 상징을 표현하는 등으로 다양하게 활용된다. 표현이 쉽고 그리는 것보다 정확하게 감정이 전달된다. 자기 감정 나타내기, 가족이나 친구에게 말하고 싶은 것, 주고받고 싶은 선물, 타인에 대한 감정 표현, 문제의 예방 및 대처방법 등의 주제가 쉽게 표현될 수 있다. 다만 콜라주 기법이 쉽고 정확한 감정 전달의 방법이 되려면 아동이 선택할 수 있는 사진 매체 및 미술매체가 다양해야 한다.

(5) 역할 교환법

아동과 상담자가 서로 번갈아가며 채색을 하거나 그림을 그리거나 콜라주, 난화 등을 완성해 나가는 방법이다. 한 장의 종이에 적당히 선을 그어 교대로 색칠해나가는 화면분할법과 동시에 사용되기도 한다. 이 방법은 라포를 형성하거나 거부감을

1 난화란 '긁적거리기(scribble)'란 의미를 가지고 있는 것으로 미분화 내지 유아의 단계에서 볼 수 있는 그림을 말한다. 이는 Naumburg가 개발한 기법으로 그림을 그린 사람의 무의식에 내재되어 있는 상상을 표현하게 하는 데 도움을 줄 수 있는 미술치료의 수단이다.

감소시키고 흥미를 유발하는 데에 효과적이다.

(6) 색채 선택법

아동이 좋아하는 색을 선택하여 그림을 그리도록 하는 방법이다. 이 방법을 가족체계진단법에 활용하면 아동에게 자유를 부여할 수 있다. 이처럼 아동에게 자유를 부여하는 데에는 아동의 책임의식을 강화하고자 하는 원리가 포함되어 있다.

(7) 갈겨 그리기법

아동이 사인펜으로 선을 따라 직접 갈겨 그리는 방법으로, "어떻게 보여요?", "어디가 어떻게 되어 있어요?"에 대해 이야기하게 한 후 채색을 하도록 한다. 아동과 상담자가 갈겨 그리기를 하면 서로의 관계가 더욱 친밀해진다.

(8) 자아감각발달법

자아감각발달법은 신체적 자기 이미지나 자아개념이 부정적인 장애인을 대상으로 자아개념을 높이기 위해 사용하는 방법이다. 구체적으로 출발그림이나 묘화완성법, 손도장과 발도장 찍기, 조소활동, 동그라미 기법, 씨앗으로 얼굴 만들기, 가면 만들기, 석고 본뜨기, 신체 본뜨기(실물 크기), 인체 퍼즐게임, 거울보고 자기 그리기, 손 본뜨기 등의 자아와 관련 있는 미술활동을 할 수 있다. 특히, 섭식장애 환자나 신체장애인에게 효과적이다.

(9) 감정차트 만들기

도화지에 몇 개의 칸을 구분하거나 칸 없이 한 장의 종이에 최근의 감정을 그리거나 색종이로 나타내는 방법이다. 스펙트럼의 띠 형태로도 표현할 수 있다. 감정을 표현한 다음에는 모든 인간에게 불편한 감정이 있음을 확인하도록 한다.

(10) 만다라 그리기

크레용, 크레파스 등을 이용하거나 색종이를 사용하여 만다라를 그리도록 한다. 이 방법에 색채를 사용하면 보다 효과적이며, 아동의 기억이나 감정을 통합하는 데 유용한 방법이다. 자유연상을 통해 자유롭게 그려도 되며, 그리고 난 후의 심상을 시로 나타낼 수도 있다.

(11) 집단 만다라벽화 그리기법

만다라벽화로 협동화를 그리는 방법으로, 집단 속에서의 자신과 집단을 이해하는 데 도움이 되며 협동심을 기르는 데에도 유용하다. 소집단이 책상 위에서 그리는 것보다 벽화 방식으로 공동 제작하면 거부감이 적고 편안하여 역동성이 더 잘 드러난다.

(12) 핑거페인팅

핑거페인팅(Finger Painting)은 미술치료 초기나 말기에 정서를 안정시키고 저항을 감소시키며 심리를 이완시키는 효과를 목표로 사용한다. 또한 작업을 촉진시키거나 스트레스를 해소하는 데에도 큰 도움을 준다. 핑거페인팅의 결과물은 작품으로 게시해도 좋고 크리스마스 카드 등으로 제작하는 데 활용해도 좋다.

(13) 조소활동법

점토로 인물상을 만들거나 자신의 감정을 표현하게 한 후 해석하는 방식이다. 과도하게 언어에 의존하는 내담자에게 감각적인 요소를 강조할 때 사용할 수 있고, 반면에 언어화가 결핍된 내담자에게는 수채물감과 같은 묽은 점토를 사용하면 유용하다. 특히 대상관계가 부족한 아동의 치료에 유용하다.

3) 미술치료의 해석방법

미술활동을 통해 아동이 자신에 대한 다양한 정보를 드러내면 치료사는 그러한 정보를 읽어낼 수 있어야 하는데 이것이 그림을 해석하는 방법이다. 미술치료의 해석방법은 일반적으로 인상주의적 해석방법과 구조적 해석방법으로 구분된다.

(1) 인상주의적 해석

인상주의적 해석은 아동의 그림을 보고 치료사가 주관적인 인상에 근거하여 아동의 심리적 상태와 특성에 대하여 해석하는 방법이다. 내담자의 그림을 보고 '위축되어 보인다', '불안정하다', '스트레스가 많은 것 같다'와 같은 인상을 받을 수 있다. 이를 직관적이고 정서적인 관점에서 해석하는 것으로, 인상주의적 해석을 하는 치료사는 풍부한 공감능력과 직관력, 예민한 관찰과 많은 임상적 경험이 필요하다. 그러나 그림에 대한 인상주의적 해석만으로 아동의 심리적 특성이나 상태를 정확히 이해할 수 없기 때문에 아동을 전체적이고 종합적으로 이해하기 위해서는 구조적인 해석이 함께 이루어져야 한다.

(2) 구조주의적 해석

구조주의적 해석이란 그림의 구조적 요소인 그림의 크기, 형태, 위치 등과 같은 요소들이 의미하는 것이 무엇인지를 분석하는 방법이다. 즉 그림의 특징이 의미하는 바에 대한 가설을 도출하고, 그것이 다른 구조적 요소와 비슷하게 일치하는지를 관찰하며, 그림이 주는 인상과 다른 심리검사자료, 임상적 관찰, 그리고 면담자료 등의 일관성을 평가해 가설의 채택여부를 결정하는 것이다. 예를 들면 그림을 과도하게 크게 그린다면, 경조증 상태의 자아팽창, 과도한 성취에 대한 기대, 충동조절의 어려움 등의 가설을 세울 수 있다. 이 가운데 가장 적절한 가설이 무엇인지를 다른 자료를 참고하여 해석하는 것이다.

구조적 해석에서 가장 주의해야 할 점은 절대적인 틀을 갖고 해석하는 것이다. 일례로 집이나 나무를 그리고 기저선을 그릴 경우 '안정에 대한 욕구 표출로 내적 불안정감이 있다'는 가설을 세울 수 있으나 다른 임상자료에 대한 고려 없이 그렇게 단정하면 안 된다는 것이다. 왜냐하면 기저선을 그리는 것을 학교에서 배우거나 발달단계에 따라 나타났을 가능성을 배제할 수 없기 때문이다. 그러므로 아동들에게 나타나는 문제점을 찾아내고 해결하기 위해서는 미술작품에 대한 구조주의적인 해석과 인상주의적 해석방법이 종합적으로 이루어져야 한다.

11.3.2. 미술치료의 과정

미술치료의 과정은 일반적으로 초기, 중기, 후기의 세 단계로 나눌 수 있다(정여주, 2003; 주리애, 2000).

1) 초기 단계

미술치료의 초기 단계는 보통 두세 번 정도 만나게 되는 기간으로, 아동은 그림을 통해 자신의 감정을 상담자에게 표현하고 상담자는 가능한 아동에 대한 정보를 상세하게 파악해야 하는 단계이다. 따라서 상담자는 아동이 자신의 감정을 잘 표현할 수 있도록 편안한 분위기를 조성하고 동기유발을 위해 다양한 시도를 해야 한다. 또한 상담자는 아동을 만나기 전에 아동의 이름과 나이, 성별, 가족관계, 생활환경, 과거사에 대한 정보를 가능한 한 많이 알고 있어야 하며, 아동의 태도, 표정, 대화 등을 주의깊게 관찰할 필요가 있다. 초기 단계에 상담자는 아동에 대해 파악하기 위해 그림을 활용한 진단방법을 사용할 수 있다.

초기 단계에서는 아동의 정보를 파악하는 것 외에도 상담자와 아동 사이의 신뢰를 형성하는 것이 중요하다. 신뢰형성이 기초가 되어야 앞으로의 미술치료활동에 대한 구체적인 방향을 계획하고 다음 단계로 진행할 수 있다. 따라서 Peterson(1984)은 초기 단계를 장애와 대면의 단계라고 정의했다. 장애의 단계란 아동의 문제가 무엇인지 진단하는 단계이며, 대면의 단계는 상담자가 앞으로의 상담의 방향을 세우고 전문 지식을 기반으로 상담을 위한 구조적인 계획을 하는 단계임을 뜻한다.

2) 중기 단계

중기 단계는 일반적으로 아동과 상담자가 신뢰감을 형성하여 구체적인 미술활동에 들어가는 시기이다. 보통 치료를 시작한 후 4~7회 정도 만나면 중기 단계로 접어들게 된다. 이 단계에서 아동과 상담자는 협력하여 문제를 다루게 된다. 아동은 자신의 고통스러운 감정을 명확하게 표현하면서 모호한 감정에서 벗어나게 된다. 상담자는 아동이 나타내는 행동과 태도, 말, 정서 표현, 반응양식 등을 잘 기록해야 하며, 아동이 활동 자체에 몰입할 수 있도록 불필요한 대화를 삼가는 것이 좋다. 이 시기는 아동이 심리적 · 정신적 동요를 나타내는 시기이기도 하다. 따라서 상담자는 아동이 이러한 동요를 극복할 수 있도록 격려하며, 변함없는 관심과 배려를 통해 믿음을 주어야 한다. 상담자의 전폭적인 이해와 수용이 아동에게 상담자가 항상 자신의 편에 있다는 믿음을 주게 된다.

또한 중기 단계에는 상담자의 계획이나 의도보다 아동 스스로 활동을 주도해나가는 경향이 나타나는데, 이는 아동과 상담자 간의 신뢰관계와 아동의 주도성을 인정해주는 분위기를 통해 가능하다. 아동은 재료와 기법도 다양하게 선택하게 되며, 주제를 스스로 변형하기 위해 시도하기도 한다. 이 과정에서 자신에 대한 의식이 확장되며 스스로의 고통을 극복할 수 있는 에너지를 얻게 된다. 이러한 에너지는 아동이 고통을 받기만 하는 수동적인 존재에서 자신의 문제와 고통을 딛고 일어설 수 있는 힘을 가진 존재로 변화되는 원동력이 된다.

3) 후기 단계

후기 단계는 아동의 무의식 깊은 곳에 존재하던 감정과 생각을 상징적으로 드러내어 상담자와 교류하는 과정에서 점차 아동이 자신의 행동에 자신감을 가지며 부적응 행동이 감소하게 되는 시기이다. 상담자는 이 단계에서 각 활동마다의 과정과 활동 후의 작품을 살펴보면서 아동에게 다음과 같은 질문을 하게 된다.

- 작품을 시작할 때와 만들 때, 그리고 끝났을 때의 느낌은 어떠한가요?
- 어떤 부분이 마음에 들고, 그 이유는 무엇 때문인가요?
- 만약 작품을 고친다면 어느 부분을 어떻게 고치고 싶은가요?

후기 단계가 되면 아동은 자신에게 집중된 에너지를 사회적이고 실제적인 면으로 돌리며, 타인과 환경에 대해 능동적인 관계를 시도하는 적응능력을 보이게 된다. 상담자도 아동이 문제를 극복하여 적절히 현실 세계에 적응할 수 있는 능력을 키우도록 배려해야 한다. 상담자는 미술치료를 종료하기 위해 치료 횟수를 점진적으로 줄이고 종료 시기를 미리 아동에게 알려주어야 한다.

11.4. 아동미술치료의 실제

아동을 대상으로 미술치료를 실시하기 위해서는 치료의 매체가 되는 다양한 재료와 치료가 이루어지는 공간인 미술치료실이 필요하다. 실제로 미술치료를 시행하는 데 있어서는 자질을 갖춘 미술치료사가 무엇보다 중요하다. 미술치료사는 아동의 심리치료에 요구되는 미술치료 시간을 적절하게 구성한다.

여기서는 미술치료의 실제를 구성하는 요소로 치료의 매체, 미술치료실, 치료시간의 구성, 미술치료사의 자질과 역할에 대해 살펴본다.

11.4.1. 치료의 매체

미술치료는 연필, 색연필, 색 사인펜, 크레용, 파스텔, 그림물감 등의 '회화 재료', 찰흙, 색찰흙, 지점토, 밀가루 반죽 등의 '조소 재료', 신문, 잡지, 천, 리본, 곡식 알갱이, 색노끈 등의 '공예 재료' 등 다양한 매체들을 사용한다. 실제로 미술치료를 효과적으로 실시하기 위해서는 이러한 미술매체의 특성을 잘 이해하고 있어야 한다. 미술매체는 다음과 같은 특성을 가지고 있다.

① 부드러운 느낌의 미술 재료: 물감, 크레파스, 파스텔, 찰흙

이러한 특성의 재료는 다루기는 쉽지만 쉽게 지저분해질 수 있고 재료가 유동적이어서 분노와 같은 감정을 표현하기 어렵다. 그러나 쉽게 접근할 수 없는 감정을 다루고자 한다면 파스텔과 같은 부드러운 재료가 쉽게 감정을 드러내게 해준다.

② 딱딱한 느낌의 미술 재료: 연필, 색연필, 마커, 잡지 그림

딱딱한 재료는 에너지를 최대한 방출시킬 수 있으며 깔끔한 특징을 가진다. 이 재료를 사용하는 동안 아동은 의식적인 사고판단 과정을 진행할 수 있고 좀 더 통제된 상태를 유지할 수 있다. 보다 강하고 거친 감정 표현에는 딱딱한 매체가 적절하다. 종이를 찢어 콜라주를 하는 방법이 딱딱한 재료를 사용해서 할 수 있는 좋은 예이다. 그러나 아동이 평소에 통제되어 있는 모습을 주로 보인다면 좀 더 부드러운 재료를 사용하는 것이 감정 표현에 보다 적절하다.

매체를 선택할 때에는 매체 자체의 특성뿐만 아니라 다음과 같은 점들을 고려해야 한다.

첫째, 매체를 선택할 때에는 그 매체가 아동의 자발성을 촉진시키는지 여부를 고려해야 한다. 아동의 자발성을 촉진하기 위해서는 충분한 공간, 다양한 색상, 충분한 크기의 종이와 점토 등을 제공하는 데 초점을 맞추어야 한다. 그러나 너무 많은 양의 도구는 오히려 아동에게 위압감을 조성할 수도 있다. 또한 상담자는 자발성에 대한 아동 개인의 욕구를 민감하게 관찰하여 적절한 매체를 제시할 수 있어야 한다. 예를 들어 우울한 아동이나 자신감이 매우 낮은 아동에게 쉽게 찢어지는 신문지나 잘 부서지는 분필과 같은 매체는 좌절감을 유발시키므로 이를 피하는 것이 좋다.

둘째, 매체 선택 시에는 아동이 매체를 다루기 용이한지 여부를 고려해야 한다. 매체의 종류에 따라 아동이 통제할 수 있는 정도가 다르기 때문이다. 낱낱으로 된 매체가 다루기가 더 쉽다. 예를 들어 연필은 통제하기 쉽지만 물감이나 점토는 다루기 어렵다(한국미술치료학회 편, 1994).

셋째, 미술매체는 치료시간, 공간, 내담자의 특성 등에 따라서도 그 목적에 부합되도록 선택할 필요가 있다. 다시 말하면, 주어진 시간에 완성이 가능하고, 치료실의 청소가 용이하며, 아동의 성격을 고려한 매체가 적절한 매체이다. 예를 들어, 경직된 성격을 가진 아동에게는 물감, 핑거페인트, 물기가 많은 점토 등이 유용하지만, 충동적인 성향의 아동에게는 이러한 매체가 오히려 충동적 성향을 더 심화시키는 결과를 가져올 수 있다.

특히, 아동을 대상으로 하는 미술치료에서는 미술매체가 아동의 발달수준에 맞으면서 동시에 아동의 성장을 촉진할 수 있어야 한다는 점을 유의해야 한다. 아동에게는 간단한 재료가 적합하다. 미세한 운동협응력이 부족한 어린 유아들에게 붓을 이용하여 그림을 그리거나 색칠하는 활동은 좌절감을 가져다줄 수 있다. 그러나 유아용 크레용이나 핑거페인팅을 사용하면 어린 유아들도 즐겁게 즐기며 창조적인 그림을 그릴 수 있다. 점토를 가지고 활동을 하거나 이젤을 놓고 그림을 그리는 방법도 어린 유아들에게 적합한 방법이다. 반면에 아동은 미술 재료 선택이 융통적이어서 진열해 놓은 여러 미술재료 중에 선택하는 방법도 괜찮다. 아동에게는 여러 가지 물감, 색채, 크기가 다양한 종이, 점토, 연필 등을 충분하게 제시하여 아동 스스로 창의적으로 사용할 수 있도록 배려할 필요가 있다. 이와 같이 아동의 흥미와 능력에 따라 유용하게 이용할 수 있는 재료로는 조각(철사, 파이프 클리너, 스펀지, 골판지 등), 콜라주, 모빌, 리본 염색, 레이스, 항아리, 도기, 사진 등이 있다(이재연 외, 1990).

11.4.2. 미술치료실

미술치료가 이루어지는 공간인 미술치료실은 적당히 넓고 충분한 채광이 들어오며 여러 가지 미술도구를 갖추고 있는 공간이어야 한다. 조용하고 비밀을 유지할 수 있으면 더욱 좋고, 물을 사용할 수 있는 싱크대도 필요하다. 미술활동은 책상이나 이젤뿐만 아니라 바닥이나 벽에서도 이루어질 수 있으므로, 바닥과 벽이 청소하기 편한 재질일수록 좋다. 작품을 보관할 수 있는 수납장이나 선반과 같은 시설도 필요

그림 11-1 초등학생 집단 미술치료 장면

그림 11-2 유아들의 미술치료 장면

하다. 움직이기 어려워하는 신체장애아동의 경우에는 아동의 방에 직접 방문하여 실시할 수 있고, 아동이 편안하다고 느낀다면 작은 방에서도 활동할 수 있다.

11.4.3. 치료시간의 구성

총 미술치료의 시간 구성은 미술치료의 목적, 아동의 환경조건, 미술치료의 방법 등을 기초로 결정할 수 있다. 대부분 주 1회 정도로 상담 및 미술치료가 진행된다. 치료시간을 구성할 때에는 치료의 기간과 빈도, 사용될 매체, 특정 활동, 치료 종료 등의 요소가 계획에 포함되어야 한다.

11.4.4. 미술치료사

미술치료사의 자질과 역할은 미술치료에서 중요하다. 미술치료사가 갖추어야 할 전문적인 지식과 자질은 다음과 같다(김동연, 2000).

첫째, 미술치료사는 미술매체와 과정 및 미술의 특성과 잠재성에 대해 알아야 한다. 둘째, 미술치료사는 발달과 정신역동성에 대해 알아야 하며, 대인관계에서 나타나는 상담자 자신의 개인적 특성뿐만 아니라 타인과의 관계적 특성에 대해서도 알아야 한다. 셋째, 미술치료사는 타인을 변화시키기 위해 치료관계 및 기제의 특성에 대해 알아야 한다. 넷째, 아동을 대상으로 하는 미술치료사는 아동의 성장과 치료과정에 대한 신뢰와 일관성 있는 치료관계를 통해 아동에게 안정성을 부여할 수 있어야 한다. 또한 아동과 비언어적인 의사소통을 할 수 있는 창조적이고 전문적인 치료사이어야 하며, 아동의 미술작품뿐만 아니라 작업환경, 가족관계 등을 이해해야 한다. 아동에게 칭찬이나 격려, 지지, 통제를 할 때에는 적절한 시기에 신중하게 해야 하며, 아동에 대한 존중감을 지녀야 한다.

11.4.5. 미술치료의 사례

1) 활동명: 면도 크림으로 표현하기

대상연령	만 3세
활동목표	1. 면도 크림의 부드러운 촉감, 정해지지 않은 모양 등 재료의 특성을 탐색한다. 2. 면도 크림으로 자신의 생각과 감정을 자유롭게 표현한다. 3. 활동을 통해 긴장감을 이완하고 스트레스를 해소한다.
준비물	면도크림(흰색), 쟁반, 물티슈, 1회용 장갑 등
활동내용	1. 교사는 준비한 재료를 소개하고, 면도크림이 잘 섞이도록 충분히 흔들어준다. 2. 유아의 손바닥에 원하는 양의 면도크림을 주고, 탐색하며 놀이한다. 3. 손으로 충분히 탐색한 후에는 쟁반 바닥을 면도크림으로 채워 도화지처럼 만든다. 4. 교사는 유아가 편안한 마음으로 자유롭게 그림으로 표현할 수 있도록 상호작용한다. 5. 그림을 그리는 동안 반복되는 패턴이나 그림이 있는지 관찰·기록하여 상담 자료에 활용한다. 6. 자신이 표현한 그림을 다른 유아에게 소개한 후 정리한다. 
기타사항	* 쟁반 밖으로 면도크림이 넘치지 않도록 주의를 기울이며 놀이하는 과정이 자기통제력이 낮거나 충동성이 높은 유아에게 매우 효과적이다. * 긴장도가 높거나 스트레스가 많은 유아에게 면도크림 놀이를 활용하면 좋다. * 유아가 원하는 색의 물감을 섞어 사용할 수 있다.

2) 활동명: 마음 인형 만들기

대상연령	만 5세
활동목표	1. 불편한 마음이 생길 때 해소하는 방법에 대해 알아본다. 2. 마음 인형을 꾸미는 과정을 통해 유아가 긍정적인 마음을 갖도록 도와준다.
준비물	두꺼운 도화지, 털실, 면봉, 사인펜, 색연필, 풀, 가위, 양면테이프(또는 목공 본드)
활동내용	1. 유아들과 불편한 마음을 갖게 된 경험에 대해 이야기 나눈다. “불편한 마음이 생길 때가 있나요? ”불편한 마음 때문에 화가 나거나 눈물이 날 때 어떻게 하면 좋을까요?“ ”이때 누군가 내 이야기를 잘 들어주면 기분이 어떨까요?“ 2. 마음 인형을 소개하고 꾸며보면서 유아가 긍정적인 마음을 갖도록 도와준다. “내 이야기를 잘 들어주는 마음 인형을 함께 만들어 볼까요?” “내 마음을 알아주는 인형은 어떤 모습일까요? 자유롭게 표현해 보아요.” 3. 준비한 재료를 소개한 후 다양한 재료를 활용하여 자유롭게 자신의 마음을 알아주는 마음 인형을 꾸며준다. 4. 마음 인형을 완성한 후 유아들과 서로의 마음 인형을 소개하고 어떤 느낌이 들었는지 평가한다. 5. 마음 인형과 긍정적인 대화를 나누는 경험을 통해 일상의 긴장과 스트레스가 해소되도록 돕는다.     

제 4 부

아동 생활지도의 실제

제 12 장

기본생활습관 지도

| 학습 개요 |

기본생활습관이란 유아가 일상생활에서 기본이 되는 생활 자세를 익혀 습관화하는 것을 의미한다. 영유아기부터 익혀야 할 기본습관은 자신을 관리하는 영역과 집단생활을 하는 데 필요한 영역으로 구성된다. 여러 학자들과 우리의 전통 속담에서도 지적한 바와 같이 가소성이 풍부한 영유아기에 형성된 기본생활습관은 한 인간의 전체적인 삶에 중요한 의미를 지닌다.
이 장에서는 기본생활습관의 개념과 내용에 대해서 살펴보고, 기본생활습관 형성의 의의와 지도 원리를 알아본 후 그 실제를 살펴본다.

| 학습 목표 |

1. 기본생활습관의 개념 및 내용에 대해 안다.
2. 기본생활습관 형성의 의의 및 지도 원리에 대해 안다.
3. 기본생활습관 지도의 실제적 기술을 익힌다.

| 주요 용어 |

기본생활습관, 가소성

12.1. 기본생활습관의 개념 및 내용

12.1.1. 기본생활습관의 개념

기본생활습관이란 아동이 일상생활에서 기본적으로 지켜야 할 생활 자세를 습관화하는 것을 말한다. 즉, 아동이 사회의 구성원으로서 생활해나가는 데 기본적으로 요구되는 바람직한 식사, 배변, 수면 습관, 그리고 청결, 절제, 질서, 예절, 협동 등의 덕목을 뜻한다.

기본생활습관은 한 개인의 버릇이나 습관을 넘어 개인이 속해 있는 집단의 문화와 규범을 반영한다. 각 아동이 속해 있는 문화권은 개인이 스스로를 관리할 수 있는 자조기능과 더불어 타인과의 공동생활을 위해 가치 있다고 여겨지는 자세와 태도를 습득시킨다. 예를 들어 식사습관은 자조적인 측면에서 보면 배고픔이라는 생물적 욕구를 건강을 해치지 않는 방식으로 충족하는 일로 단순화할 수 있으나, 타인과의 관계 속에서 생각하면 소리 내어 먹지 않고(예절), 적당량을(절제), 깨끗이(청결), 정해진 시간에 먹는(질서) 등의 덕목이 요구되는 생활습관이 된다. 따라서 기본생활습관은 각 개인의 버릇이나 습관으로 가볍게 여겨져서는 안 되며, 가정이나 사회에서 함께 나누는 가치와 규범이 내포되어 있는 중요한 문화로서 교육되어야 한다. 이러한 기본생활습관은 영유아기부터 잘 형성되고 일생을 통해 유지되는 것이 바람직하다.

12.1.2. 기본생활습관의 내용

생의 초기부터 아동이 몸에 익혀야 할 습관은 자신을 관리하는 영역과 집단생활을 하는 데 필요한 영역으로 나눌 수 있다(이소은, 이완정, 2019). 아동이 자율적이고 자주적인 생활습관을 형성하기 위해서는 먼저 아동 각자가 자기 자신을 이해하고 잘 관리하는 것이 요구된다. 아동이 자신의 건강을 유지하고 자립성과 독립성을 기르는 데 기본이 되는 생활습관에는 생리적 생활에 필요한 식사, 배변, 수면 등이 있다.

아동이 자신을 관리하는 습관은 아동 자신을 넘어 타인 또는 주변 환경과의 관계를 잘 관리하는 습관으로 확장된다. 이러한 습관은 집단생활에 요구되는 영역으로, 집단생활에 대한 훈련과정이 결여되면 개인적 삶 자체가 어려워질 뿐 아니라 개인이 속한 사회와 환경에도 피해를 주게 된다. 또한 타인 또는 주변 환경과의 관계를 이해하면서 형성되는 기본생활습관은 유아의 자주성 수준을 한층 높여준다. 즉, 이웃, 어린이집, 유치원 등 다양한 곳에서 의 · 식 · 주생활을 타인과 함께 나누는 과정을 통해 자조능력이 형성되는 것이다. 사회적 생활의 기초가 되는 생활습관에는 절제, 청결, 질서, 예절, 협동 등이 있다.

따라서 아동의 기본생활습관은 아동 자신에 대한 관리 영역으로 먹는 일, 배설하는 일, 휴식하는 일 등 생명 유지를 위해 필요한 내용과 청결하기, 절제하기, 질서 지키기, 예절 지키기, 협동하기 등 타인과 주변 환경과의 관계 속에서 형성되는 내용을 포함한다. 이와 같은 아동의 생활습관은 성장과정을 통해 길러져야 하며, 이른 시기에 안정화가 될수록 아동의 자주성과 남과 더불어 살아가는 능력의 기초로서 잘 기능할 수 있다.

12.2. 기본생활습관 형성의 의의 및 지도 원리

12.2.1. 기본생활습관 형성의 의의

Comenius는 "어릴 때 굽은 나무는 곧게 되기가 힘들다"는 말을 통해 아동기에 교육을 통해 바른 생활습관을 형성해야 할 필요성을 설명하였다. Rousseau는 저서 『에밀』에서 "잘못된 것을 배우는 아이는 아무것도 배우지 못한 아이보다 못하다"라고 썼다. Montessori는 아동기는 어떤 시기보다 태도나 습관 형성에 중요한 시기이므로, 올바른 생활습관을 형성하기 위해서는 정서적 민감기인 아동기에 발달에 적합한 교육환경을 제공해 주는 것과 반복학습이 중요하다고 보았다. Locke도 인간의 행동 중 많은 부분이 아동기의 반복활동을 통해 형성된다고 하였고, Dewey 역시 일상생활에서의 '반복활동'을 중요하게 여겼다. 5세 전후로 형성된 성격이 이후의 삶에 중요한 영향을 준다는 Freud의 통찰력은 부모의 생활지도의 중요성을 강조한다. 우리나라에서도 '세살 버릇 여든까지 간다'라는 속담이 있을 정도로 어린 시기에 형성된 생활습관은 아동기, 청소년기, 중 · 장 · 노년기까지 전 생애 생활방식의 기초가 된다고 보았다.

이상과 같은 학자들의 견해와 우리의 속담에서 공통된 내용은 아동기가 가소성이 풍부한 시기로 기본생활습관 형성에 가장 중요한 시기임과 동시에 이때 형성된 기본생활습관이 한 인간의 전체적인 삶에 중요한 의미를 지닌다는 것이다(김준규, 박희숙, 추성경, 2005). 아동기에 형성된 기본생활습관은 미래의 인격 형성과 사회성 발달에 중요한 역할을 하므로, 한 개인의 장래의 성패를 좌우한다 해도 과언이 아니다. 또한 기본생활습관은 한 사람의 버릇이나 개별적인 습관을 넘어 집단의 문화와 가치, 규범이 관련되어 있다는 점에서 영유아기부터 중요한 교육의 내용으로 다루어져야 한다(이시용, 정환금, 허승희, 홍종관, 2000).

12.2.2. 기본생활습관 형성의 지도 원리

어린 유아들은 독립적인 생활을 하기에는 발달적으로 부족한 면이 많다. 신체발달 수준도 스스로 식생활을 영위하거나 신체의 청결을 유지하기에 부족하며, 질서와 예절에 관련된 행동통제를 일관적으로 기대하기에는 정서발달도 아직 미흡하다. 또한 유아의 자기중심적 사고는 대인관계의 어려움을 가져오기도 한다. 따라서 유아를 위한 기본생활습관 형성의 지도 원리는 아동의 발달수준에 적합하도록 구성되어야 한다. 아동이 스스로 바람직한 수준에 도달하고 올바른 생활습관을 형성하도록 하기 위해서는 반복적이고 지속적인 지도가 이루어져야 한다.

아동의 기본생활습관을 바르게 형성시키기 위해 요구되는 주요 원리는 다음과 같다(김준규 외, 2005; 이시용 외, 2000).

첫째, 아동의 자율성을 신장하는 데 중점을 두어야 한다. 장기적인 효과를 목표로 한다면 명령과 지시로 아동에게 맹목적인 복종을 강요하거나 강화나 보상의 원리만을 강조하여 훈련하는 것은 바람직하지 않다. 그러한 훈련은 아동에게 수동적인 생활태도를 형성시켜 감시 받는 경우에만 규율을 지키는 결과를 초래한다. 따라서 아동 자신이 자율적으로 자신을 통제하고 자기 문제를 스스로 해결할 수 있는 힘을 기르는 데 중점을 두어 기본생활습관을 훈련시켜야 한다.

둘째, 아동 간의 협동심을 신장하는 데 중점을 두어야 한다. 아동의 기본생활습관은 자신과 관련된 사람 및 주변 환경과의 관계를 고려하여 형성되므로 공동의 목표를 위해 협동할 수 있는 성향을 기르는 데 목표를 두어야 한다. 뿐만 아니라 협동심을 신장함으로써 다른 사람들과 더불어 화목하게 살아가도록 하는 아동생활지도의 궁극적 목적이 달성될 수 있다.

셋째, 체험을 통해 아동의 기본생활습관이 올바르게 형성될 수 있다. 기본생활습관을 형성하려면 실제 경험을 통한 체험교육이 필요하다. 아동의 기본생활습관은 언어를 통한 지시나 설교와 같은 간접교육보다 실제 생활을 통한 직접적 경험과 체험을 통해 자신의 생각과 느낌을 표현함으로써 발달한다.

넷째, 반복적으로 연습할 수 있는 체계적이고 지속적인 교육이 요구된다. 기본생활습관은 본질적으로 하나의 행동을 꾸준히 반복함으로써 형성된다. 따라서 일상생활 속에 기본생활습관이 정착되기 위해서는 아동이 스스로 의식하지 않아도 규칙적으로 매일 일관되게 연습하는 것이 필요하다. 특히 아동은 발달적으로 미흡한 면이 많으므로 발달수준에 맞게 체계적인 지도 계획을 수립하여 생활습관으로 정착될 수 있도록 해야 한다.

다섯째, 성인은 아동이 모델링하는 대상이므로 행동의 모범을 보여야 한다.

Bandura는 인간의 행동이 성숙한 존재의 행동을 모방하는 것을 통해 발달한다고 말했다. 아동은 성인의 행동을 의식적 혹은 무의식적으로 모방하여 바람직한 행동뿐 아니라 바람직하지 못한 행동도 형성해간다. 따라서 아동이 바람직한 생활습관을 몸에 익히도록 하기 위해서는 성인이 언어를 통한 지시나 훈육이 아닌 실제적인 행동의 본보기를 보여주어 아동 스스로 좋은 습관을 익히도록 배려해야 한다.

여섯째, 아동 스스로 할 수 있도록 동기유발이 되어야 한다. 좋은 습관은 강요를 통해 억지로 하기보다는 하고 싶은 마음이 생겨 스스로 할 때 잘 형성된다. 이를 위해 아동 스스로 하고자 하는 의욕이 생길 수 있도록 주변 환경을 조성해야 하며, 일상생활에서 영유아가 바람직한 행동을 보였을 때 성인이 즉시 강화를 해주는 것이 필요하다. 잘못된 행동이나 모자라는 행동을 꾸중하거나 벌하는 것보다는 아동의 행동을 잘 관찰하여 바람직한 행동이 나타나면 칭찬과 격려를 하는 것이 궁극적으로 나쁜 습관을 없애고 좋은 습관을 형성하는 방법이다. 또한 유아에게 자신의 바람직한 행동으로 인해 발생한 결과를 이야기해주는 피드백도 필요하다. 타인의 긍정적인 피드백을 통해 스스로 바람직한 행동에 대한 동기를 유발시킬 수 있기 때문이다.

일곱째, 기본생활습관이 형성되도록 지도하기 위해서는 반드시 습관형성 시기를 고려해야 한다. 교사나 부모는 아동의 연령에 따른 발달수준을 잘 알아야 하며, 같은 연령의 아동에 대해서도 발달수준의 개인차를 충분히 반영하여 기본생활습관형성을 지도해야 한다. 아동 개개인이 모두 다른 능력을 지녔고 발달수준도 다르므로, 이에 적합한 내용을 지도해야 발달수준에 맞는 기본생활습관이 형성될 수 있다. 뿐만 아니라 아동은 신체, 인지, 정서, 사회적 능력의 정도에 있어 상이한 발달수준을 보일 수 있으므로 교사나 부모는 이에 대해서도 충분히 파악하고 있어야 한다.

여덟째, 아동의 기본생활습관은 어린이집이나 유치원, 학교뿐 아니라 가정과 사회가 협동적인 관계를 유지할 때 잘 형성된다. 즉, 가정과 사회에서도 어린이집이나 유치원, 학교의 방침과 일관된 지도를 할 수 있도록 유기적인 연대를 형성해야 한다.

아홉째, 아동의 기본생활습관 형성 상태에 대해 주기적으로 평가를 해야 한다. 주기적으로 평가를 실시하면 이후 교육계획이나 아동 개인 지도에 참고할 수 있다. 평가 시에는 일화기록, 체계적인 관찰법 등 다양한 방법으로 자료를 수집하여 신뢰할 수 있는 평가가 이루어져야 한다.

12.3. 기본생활습관 지도의 실제

아동의 자율적이고 자주적인 기본생활습관 형성은 자신에 대한 이해와 관리 및 또래와 주변 환경과의 관계를 이해하는 것을 전제로 한다. 따라서 이러한 개인적 차원과 사회적 차원을 고려하여, 아동의 기본생활습관 지도의 실제적 내용은 식사, 배변, 수면 및 청결, 절제, 질서, 예절, 협동의 영역으로 구분된다. 여기서는 각 영역별로 지도 내용, 지도 시 유의사항, 그리고 지도활동의 예를 살펴본다.

12.3.1. 식사습관 지도

아동기는 빠르게 성장과 발육이 이루어지고 운동기능이 발달하여 신체활동량이 많은 시기이다. 따라서 이 시기에는 발달과 활동에 필요한 영양소를 골고루 섭취하는 것이 중요하며, 이를 위해 무엇보다 바른 식사습관이 중요하다. 올바른 식사습관을 형성하면 식사과정에서 정서적인 만족감과 안정감을 느낄 수 있어 사회성과 정서 발달에도 도움이 된다. 이 시기에 형성된 식사습관이나 음식에 대한 기호는 일생동안 지속되어 영양 섭취에 영향을 미칠 수 있다. 따라서 아동기에 다루어져야 하는 식사습관 지도에는 음식에 대한 기초, 음식에 대한 태도, 식사 예절 등이 포함되어야 한다.

아동기에 올바른 식사습관의 기초를 마련하기 위해서 부모와 교사는 아동의 발달

특성을 고려하여 점진적이고 단계적인 지도를 할 필요가 있다(조운주, 최일선, 2004). 12개월~2세 유아는 혼자 먹으려고 하기 때문에 스스로 먹는 연습을 시작할 수 있으며, 정해진 시간과 장소에서 하루 3번 식사하는 것을 지도할 수 있다. 2세가 되면 숟가락이나 포크를 사용하여 스스로 먹을 수 있는 기회를 제공한다. 3~4세 유아들은 활동량이 증가하여 음식에 대한 흥미가 생기고 식사 태도를 이해하기 시작한다. 4~5세가 되면 친구나 성인과 대화하며 식사를 할 수 있고 올바른 식사 태도를 이해할 수 있어 식사 시 지켜야 할 규칙이나 예절을 지도하면 효과적이다. 뿐만 아니라 부모와 교사는 아동에게 점진적으로 새로운 음식을 제공하고 사용하기 쉬운 도구를 제공하며, 아동이 좋아하는 요리방법과 아동의 소화력을 고려하여 적합한 음식을 제공함으로써 올바른 식사습관 형성에 도움을 줄 수 있다.

그림 12-1 식사습관 지도

식사습관 지도의 내용

- 식사 전에 손을 씻는다.
- 식사 전에 감사의 마음을 표현한다.
- 기쁘고 즐거운 마음으로 식사한다.
- 음식을 가리지 않고 골고루 먹는다.
- 천천히 꼭꼭 음식을 씹어 먹는다.
- 음식을 적당량 먹는다.

- 음식을 입에 넣고 이야기하지 않는다.
- 돌아다니지 않고 식사한다.
- 깨끗이 음식을 먹는다.
- 식사 후 자기 그릇은 스스로 정리한다.
- 식사 후 이를 닦는다.

식사습관 지도 시 유의사항

- 아동의 발달 수준과 건강 및 기분 상태 등을 고려하여 융통성 있게 지도한다.
- 아동의 식욕이 쉽게 변화할 수 있다는 것을 이해한다.
- 즐겁게 음식을 먹는 것이 중요하므로 편안한 분위기를 조성한다.
- 성인이 지나치게 강요하거나 간섭하지 않는다.
- 지속적으로 음식을 먹지 않고 장난하고 딴짓을 할 때에는 아동의 의견을 묻고 그릇을 정리하도록 한다.
- 간식 시간은 15분, 식사 시간은 30분 내외로 지도하는 것이 좋으나 개별 아동에 따라 융통성 있게 지도한다.
- 직접적인 지도방법뿐 아니라 관련 동화나 시청각 자료를 보고 이야기 나누기, 토의, 견학 등의 활동을 통해 아동 스스로 이해하고 문제를 해결해 나갈 수 있도록 배려한다.
- 아동에게 모델이 되는 성인이 스스로 올바른 식사습관을 실천한다.
- 가정과 연계하여 일관성 있게 식사습관 지도를 하는 것이 중요하다.

식사습관 지도활동의 실례

활동명	내가 좋아하는 음식과 좋아하지 않는 음식 그리기
활동목표	음식을 골고루 먹는 습관을 기른다.
준비물	이소을 그림책『밥 한 그릇 뚝딱!』, 여러 가지 음식 사진, 도화지, 색연필과 크레파스 등 그리기 도구  〈내용〉 신기한 '밥 한 그릇 별나라'를 여행하는 이야기. 어디선가 솔솔 피어나는 맛있는 냄새에 끌려, 지니와 비니가 둥실 날아오르더니 식탁 앞에 내려진다. 그러자 식탁 위의 밥과 반찬들이 "날 먹어줘~!"라며 서로 아우성을 치고, 지니와 비니는 재미있는 밥과 반찬 친구들 덕에 삼시 세끼 맛있고 즐거운 식사를 한다. 그러던 어느날 밤 지니와 비니는 밥풀 우주복을 입고 신기한 '밥 한 그릇 별나라'를 여행하게 되고, 책 속에 등장하는 다양한 반찬은 저마다의 사연을 소개한다.
활동내용	1. 그림책『밥 한 그릇 뚝딱!』의 표지를 보며 자기가 좋아하는 음식과 좋아하지 않는 음식에 대한 이야기를 나눈다. 2. '밥 한 그릇 별나라'로 여행을 떠나는 지니와 비니의 이야기를 들려주고, 그림책에 나온 다양한 반찬들에게 어떤 사연이 있었는지에 대해 이야기를 나눈다. 3. 여러 가지 음식 사진을 가지고 자신이 좋아하는 음식과 좋아하지 않는 음식이 무엇이고, 왜 그런지에 대해 이야기를 나눈다. 4. 아동에게 자신이 좋아하는 음식과 좋아하지 않는 음식에 다른 재미난 이름을 지어주자고 말하고 서로의 생각을 함께 이야기 나눈다. 이때 상상력이 풍부한 대답을 강화해 준다. 5. 도화지에 자기가 좋아하는 음식과 좋아하지 않는 음식을 그리고, 그림 위 제목 부분에 '○○○'이라고 적어본다.

12.3.2. 배변습관 지도

배변습관을 지도하기 위해서는 먼저 적절한 훈련 시기를 파악해야 한다. 영아는 일반적으로 18~24개월 사이에 방광과 항문의 괄약근을 통제할 수 있는 생리적 능력을 갖게 된다. 대소변에 대한 의사가 분명해지면서 욕구를 언어적으로 표현할 수 있고 변기에 관심을 가지기 시작하며, 혼자서 설 수도 있고 소변 간격이 2시간 이상이 되면 대소변가리기 훈련을 시작할 수 있다(조운주, 최일선, 2004). 배변훈련을 시작한 다음에는 대변과 소변을 칭하는 말(예: 응가, 쉬)을 가르쳐주어 대소변 욕구를 느낄 때 유아가 언어적으로 표현할 수 있도록 지도한다. 다음에는 유아용 변기를 이용하여 장난감처럼 친해지는 단계를 거치고, 유아의 배변리듬을 파악하여 하루에 3~4번 규칙적으로 변기에 앉아 대소변을 보게 하는 단계로 진행한다. 대체로 24~30개월이 되면 방광의 조절능력 발달로 인해 소변이 마려울 때 어느 정도 참을 수 있게 되어 스스로 화장실이나 변기에 가서 소변을 볼 수 있다. 30~36개월이 되면 밤에 소변을 보지 않아도 될 정도로 조절능력이 향상된다.

그러나 방광 및 항문의 통제 능력에도 개인차가 있으므로 배변훈련의 시기가 달라질 수 있다. 또한 일찍 배변훈련을 시작하였다고 하여 반드시 빨리 대소변을 가리게 되는 것도 아니다. 때에 따라 대소변을 잘 가리던 유아도 신체적 · 심리적 · 환경적 요인에 따라 실수를 할 수 있다. 더욱이 강압적인 훈련은 스트레스가 되어 유아의 성격 형성이나 정신건강에 좋지 않다. Freud는 배변훈련 시 지나치게 유아를 통제하면 인색하거나 결벽적인 성격이 형성될 수 있다고 하였다. Erikson도 유아 스스로 대소변을 가릴 때 칭찬으로 격려하면 자율성이 발달하지만 지나치게 엄격한 훈련은 수치심을 발달시킨다고 하였다. 따라서 유아가 배변 시 실수를 하여도 수치심을 느끼지 않도록 배려하고 스스로 배변을 통제하면서 만족감과 성취감을 느낄 수 있도록 지도하는 데 중점을 두어야 한다. 영유아보육 · 교육 기관에서 또래들과 함께 배변훈련을 시작하는 것은 영유아가 심리적으로 안정감을 가질 수 있도록 해 준다.

그림 12-2 배변습관 지도

배변습관 지도의 내용

- 규칙적으로 대소변을 본다.
- 대소변 욕구를 느낄 때 언어적으로 표현한다.
- 화장실에 있는 용기들의 정확한 사용법(예: 물 내리는 법 등)을 안다.
- 배변 후 반드시 손을 씻는다.
- 화장실을 깨끗이 사용한다.
- 휴지를 아껴 쓰고 다 쓴 휴지는 휴지통에 버린다.

배변습관 지도 시 유의사항

- 영아가 변기 사용을 거부하지 않도록 서두르거나 강요하지 않는다.
- 실수를 할 때에는 수치심을 주지 않도록 주의한다. 만약 실수를 하면 다른 또래가 눈치 채지 않게 처리해주고 괜찮다고 안정시킨다.
- 3세 이하의 유아들은 활동 전후 등 규칙적으로 화장실에 갈 수 있도록 하루일과를 운영한다.
- 유아가 놀이에 몰두하면 실수할 수 있으므로, 유아의 표정을 관찰하여 화장실에 다녀온 후 놀이할 수 있도록 지도한다.
- 유아의 실수를 줄이기 위해 유아 스스로 입고 벗기 편한 옷을 입히며, 실수에 대비하여 여벌옷을 넉넉히 준비한다.
- 유아가 가치 혼란이나 욕구 불만을 느끼지 않도록 가정에서도 연계하여 배변훈련을 실시하도록 한다.

배변습관 지도활동의 실례

활동명	똥꼬가 없다면
활동목표	배변의 중요성을 안다.
준비물	박경효 그림책『입이 똥꼬에게』. 도화지, 색연필과 크레파스 등 그리기 도구
활동내용	 1. 그림책『입이 똥꼬에게』의 표지를 보며 어떤 내용이 담겨 있을 것 같은지 이야기를 나눈다. 2. 그림책의 내용을 여러 번 읽고, 똥꼬가 없다면 어떤 일이 벌어질지 상상해보면서 서로의 생각에 대해 이야기를 나눈다. 3. 각자 상상한 이야기를 도화지에 그려보고, 친구들과 함께 감상해본다.

12.3.3. 수면습관 지도

수면은 낮 동안 사용하였던 뇌의 신경세포를 다시 정리하고 육체적·정신적 피로 회복과 건강한 생활을 위해 반드시 필요하다. 생후 4개월이 되면 주로 낮 시간에 각성을 하고 밤 시간에 수면을 하는 패턴이 가능하도록 영아의 중추신경계가 성숙되며, 유아는 성장해가면서 더욱 규칙적인 수면습관을 가지게 된다. 성인은 하루 8시간 정도의 수면으로 충분하지만, 1~2세 영아는 12~14시간, 2~5세 유아는 10~12시간, 5세 이상의 아동은 10시간 정도의 수면이 필요하다. 특히 활동량이 많은 유아와 아동은 건강과 성장을 위하여 야간 수면뿐만 아니라 1일 1회 이상의 낮잠을 필요로 한다.

아동에게 지도해야 할 수면습관에는 일정한 시간에 수면을 하고, 충분한 시간 동안 숙면을 취하는 것 등이 포함되어야 한다. 잠을 푹 자지 못한 아동은 심리적으로 상당히 불안해지며, 생활의 리듬이 일정치 않아 신경질적인 성향을 보일 수도 있다. 일정하지 않거나 충분하지 못한 수면습관은 식사나 배변과 같은 기본생활습관 형성에도 부정적인 영향을 미친다. 더욱이 잠을 깊게 자지 못하면 식욕부진, 신경증 등의 증세가 유발되어 발육에 문제를 가져오기 쉬우므로, 아동의 수면습관은 건강에 밀접한 영향을 미친다(장선철, 2006). 따라서 아동이 숙면을 취할 수 있도록 편안한 환경을 조성해주는 것이 무엇보다 중요하다.

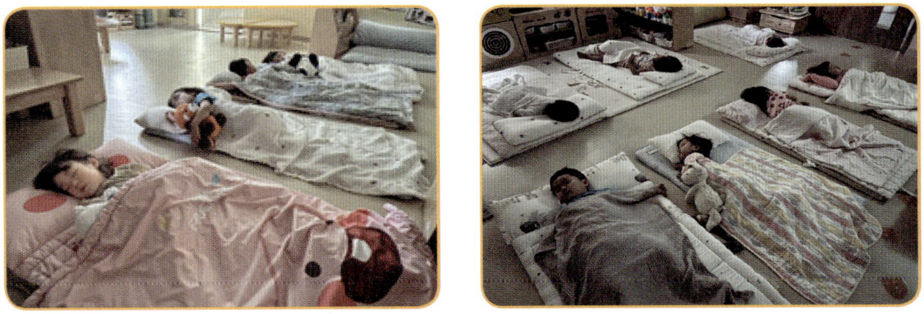

그림 12-3 수면습관 지도

수면습관 지도의 내용

- 일찍 자고 일찍 일어난다.
- 매일 8~10시간 정도 계속해서 푹 잔다.
- 잠투정을 하지 않는다.
- 어른들께 인사하고 잠자리에 든다.
- 유아기에 접어들면 혼자서 잔다.
- 자기 전에 용변을 본다.
- 자기 전에 양치질과 세수를 한다.
- 자기 전에 음식을 먹지 않는다.

수면습관 지도 시 유의사항

- 아동이 숙면을 취할 수 있도록 충분한 활동을 제공하고 하루일과를 균형 있게 계획하며, 무엇보다 규칙적인 취침 시간을 갖는다.
- 아동의 피곤 정도나 흥분 정도를 조절한다. 너무 피곤하거나 흥분되면 잠이 들기 어려우므로 자기 전에 마음을 가라앉히고 수면을 도울 수 있는 조용한 음악

이나 이야기를 들려준다.

- 수면을 취하기 편안한 환경을 구성한다. 낮잠실을 따로 마련하여 빛과 소음을 차단하고, 18~23℃의 적절한 온도를 유지하며, 좋아하는 장난감을 가지고 잘 수 있도록 배려하여 유아가 아늑하고 편안하게 수면을 취할 수 있도록 배려한다.
- 가족 및 아동의 수면습관, 수면 시간, 생활 리듬 등을 부모로부터 파악하여 가정에서의 수면지도와 연계되도록 한다.

수면습관 지도활동의 실례

활동명	나만의 애착 인형 만들기
활동목표	1. 숙면을 취하는 데 도움을 주는 방법을 알아본다. 2. 편안한 마음으로 숙면을 취한다.
준비물	수면양말, 물에 지워지는 펜, 솜, 가위, 바늘, 실
활동내용	 1. 양말의 안쪽 부분에 물에 지워지지 않는 펜으로 토끼 귀와 다리 모양을 그린 후, 가위로 잘라낸다. 2. 잘라낸 선을 따라 박음질을 하되, 창구멍을 조금 남기고 뒤집는다. 3. 뒤집은 토끼 양말 안에 솜을 넣고 창구멍을 막는다. 4. 머리와 목 사이에 시침질 후 잡아당겨 목 부분을 만들고 양쪽 팔은 박음질로 마무리 한다. 5. 완성된 토끼 애착 인형을 안고 낮잠을 청한다. 이때 교사는 숙면에 도움이 되는 음악을 들려준다. 6. 낮잠을 자고 일어난 후 애착 인형이 숙면에 도움을 주었는지에 대해 이야기를 나눈다.

12.3.4. 청결습관 지도

청결습관 지도는 자신의 몸을 깨끗이 하는 것뿐 아니라 아동이 스스로 청결의 필요성을 깨닫고 자신과 주변 환경의 청결을 유지하게 하는 데 목적을 둔다. 청결습관은 아동의 건강을 유지하고 주변 환경을 오염시키지 않는 것과 직접적으로 연결되기 때문에 중요하다. 청결습관 지도는 아동의 평상시 생활 중에 자연스럽게 지도되어야 하며, 이웃과 사회의 공동구성원으로서 기본적으로 지켜야 할 덕목으로 지도해야 한다.

청결습관 지도는 아동의 연령과 발달수준에 따라 내용이 달라질 수 있다. 돌 이후가 되면 점차 언제 씻어야 하는지를 알게 되므로 손과 얼굴, 치아, 몸을 정해진 시간에 규칙적으로 씻어주어 언제 씻는 것인지를 알려준다. 2세가 되면 스스로 손을 씻을 수 있고, 4세가 되면 스스로 양치질을 할 수 있으며, 5세가 되면 스스로 목욕할 수도 있다(강문희, 2000). 스스로 하는 것에 서투르더라도 혼자서 양치질, 세수, 목욕을 할 수 있도록 칭찬과 격려를 해주어야 한다. 뿐만 아니라 3세 정도가 되면 정리의 개념을 이해할 수 있으므로 아동이 가지고 놀았던 놀잇감과 물건을 스스로 정리하도록 지도할 수 있다.

아동의 청결습관 지도에는 자신과 주변 환경의 청결을 유지해야 하는 이유와 언제, 어떤 방법으로 청결을 유지해야 하는지에 대한 내용이 포함되어야 한다. 또한 청결 유지에 필요한 도구의 사용방법을 지도하기 위해 매력적인 양치컵, 칫솔, 유아용 치약, 비누, 수건 등을 마련해 주는 것도 좋다.

청결습관 지도의 내용

① 자신의 몸을 깨끗이 하기

- 밖에서 놀다가 실내로 들어오거나 식사 전후, 용변 후에 손을 씻는다.
- 식사를 한 후와 잠자기 전에 이를 닦는다.
- 매일 아침저녁으로 세수하고, 규칙적으로 목욕을 한다.
- 규칙적으로 손발톱을 깎는다.
- 머리를 단정히 손질한다.
- 옷차림을 깨끗이 하고, 속옷을 자주 갈아입는다.

- 용변 후 깨끗이 처리한다.
- 음식을 깨끗이 먹는다.
- 손수건이나 알맞은 양의 휴지를 가지고 다닌다.

② 주변 환경을 깨끗이 하기

- 휴지를 함부로 버리지 않고 휴지통에 넣는다.
- 낙서를 하지 않는다.
- 아무 곳에 침이나 가래를 뱉지 않고, 코도 풀지 않는다.
- 화장실을 깨끗하게 사용한다.
- 모두가 사용하는 물건을 깨끗하게 사용한다.
- 자기 물건과 사용한 놀잇감을 스스로 정리한다.
- 사용한 물건은 제자리에 놓는다.
- 가정이나 어린이집 · 유치원에서 청소를 할 때 돕는다.

그림 12-4 청결습관 지도

청결습관 지도 시 유의사항

- 강제적이고 지시적인 청결습관 지도보다 청결해야 하는 이유를 설명하여 이해시킨다.
- 사랑과 존중의 분위기로 지도한다.

• 항상 일관되게 지도한다.
• 반복적으로 지도한다.
• 언어적인 지시뿐만 아니라 평소 생활 속에서 실제 체험을 통해 자연스럽게 지도하여 습관화될 수 있도록 배려한다.
• 성인이 모범을 보인다.

청결습관 지도활동의 실례

활동명	집 안 치우기 이야기 꾸미기
활동목표	1. 자기 물건, 사용한 놀잇감, 주변을 스스로 정리한다. 2. 사용한 물건을 제자리에 두는 것을 습관화한다. 3. 정리의 필요성을 안다.
준비물	『집 안 치우기』 그림책의 일부를 복사한 종이, 색칠도구(크레파스, 사인펜, 색연필), 펀치, 링
활동내용	 1. 방이 어질러진 장면이 담긴 그림책의 일부를 복사한 그림을 보여주고 무슨 그림인지 이야기를 나눈다. 2. 다음에 어떤 일이 일어나면 좋을지에 대해 각자가 상상한 이야기를 나누고, 친구들 이야기의 뒷부분을 이어서 말한다. 교사는 이 과정을 간단하게 적으면서 녹음한다. 3. 교사는 적었던 내용을 바탕으로 어떻게 이야기를 이어가는 것이 좋겠는지에 대해 유아들과 함께 순서를 정해 선정하고, 녹음한 유아들의 대화를 선정된 내용으로 편집해서 이야기처럼 엮어준다. 4. 그리기 도구가 마련된 공간에 녹음해서 편집한 이야기를 들을 수 있도록 한 후 각자 그림을 그리게 한다. 5. 유아들마다 그린 그림을 묶고 제목과 표지를 만들어 그림책을 만든다. 혹은 녹음한 이야기와 스캔한 그림으로 PPT 형식의 말하는 그림책을 만들 수도 있다.

12.3.5. 절제습관 지도

절제는 일상생활을 하면서 자신의 생각과 행동을 알맞게 조절하는 것을 말한다. 절제는 자신의 내적 욕구를 규제하는 부분을 포함하므로 '자아통제'와 비슷한 의미를 내포한다. 어린이집 · 유치원에서 유아가 친구와 놀이할 때 종종 자기 맘에 들지 않는다고 친구를 때리거나 밀치는 것은 자아통제가 잘 되지 않았을 경우에 발생한다.

아동기의 절제습관 지도에 포함되어야 하는 내용은 여러 가지 방법으로 물자를 절약하며 소중하게 사용하는 것과 자신이 하고 싶은 것이나 갖고 싶은 욕구를 참아내는 정서조절 및 자아통제도 포함된다. 이처럼 절제는 아동의 성장과 발달에서 인지적 · 사회적 · 도덕적 부분에 걸쳐 중요한 기제이므로, 스스로 자신을 통제하는 방법을 익히고 자기 행동에 책임을 질 수 있도록 지도하는 것이 필요하다.

절제습관 지도의 내용

① 아껴 쓰기

- 물, 전기, 시간 등을 아껴 쓴다.
- 저축을 한다.
- 물건과 놀잇감을 소중히 다룬다.
- 다시 쓸 수 있는 물건을 찾아 다시 쓴다.
- 있는 물건은 다시 사지 않는다.
- 물건의 바른 사용법을 알고 지킨다.
- 일과를 계획하고 물건 구입을 계획한다.

② 장소나 상황에 따라 감정 조절하기

- 우는 것, 화내는 것, 소리 지르는 것 등의 감정을 조절한다.
- 갖고 싶은 것과 먹고 싶은 것 등의 욕구를 조절한다.
- 친구와 동생에게 양보한다.
- 불편한 감정이나 고통도 참아본다.
- 자신에 대해 긍정적으로 생각한다.

절제습관 지도 시 유의사항

- 무조건적으로 물자를 절약하거나 감정을 조절해야 한다고 강요하기보다 그 이유에 대해 이해할 수 있도록 지도한다.
- 자신의 감정을 표현하는 적절한 방법에 대하여 생각해 보는 활동을 계획한다.
- 타인의 기분이나 감정을 이해하는 데에는 역할놀이나 사회극 놀이가 도움을 줄 수 있다.
- 물건을 아껴 쓰거나 감정을 조절하는 등의 활동을 어린이집 일과로 수용하여 일상생활 속에서 체험을 통해 습관화될 수 있도록 배려한다.
- 아동이 단시간에 절제습관을 형성하기는 어려우므로 인내심을 가지고 꾸준히 반복하여 지도한다.
- 절제습관 형성을 위한 활동이 실제 상황과 연결될 수 있도록 일관적으로 지도한다.

절제습관 지도활동의 실례

활동명	재활용품으로 들꽃 화분 만들기
활동목표	다시 쓸 수 있는 물건을 찾아본다.
준비물	여러 가지 페트병, 끈, 못, 칼, 가위, 글루건, 흙, 들꽃들
활동내용	1. 페트병을 잘 씻어서 말린 후 뚜껑을 닫는다. 2. 다양한 들꽃 사진들을 보고 이야기를 나누고, 산책을 나갔을 때 뿌리, 흙과 함께 들꽃을 캐서 가지고 온다. 3. 페트병은 반으로 자른 뒤 윗부분을 거꾸로 뒤집어 뚜껑을 빼고 부직포를 끼운다. 뒤집어 놓은 윗부분의 바닥에는 마사토를 깔아주고, 배양토로 채운 후 아랫 부분에 끼워서 화분을 만든다. 4. 페트병 겉면에 원하는 스티커를 붙이거나 그림을 그릴 수도 있다. 5. 완성된 페트병 화분의 아랫부분에는 물을 채우고, 윗부분에는 들꽃을 심는다. 6. 각자 심은 들꽃에 이름을 지어주고, 만든 화분에 아이들의 이름을 적는다.
활동내용	 

12.3.6. 질서습관 지도

질서란 사회를 구성하는 많은 요소들이 바람직한 상태를 유지하기 위하여 구성원들이 지켜야 할 약속이다. 사회인으로 성장하는 아동에게 공동체 생활에 필요한 질서와 규칙을 습관화하는 것은 반드시 필요한 미덕 중 하나이다. 3세경에 유아는 질서를 이해하기 시작하는데, 질서습관의 상당 부분은 반복을 통해 형성되므로 질서습관지도 활동이 일관성 있게 반복되는 것이 중요하다. Kohlberg는 6~12세경이 되면 사회적 권위를 존중하는 단계로 접어들어 규칙과 사회의 질서를 유지하려는 욕구를 가진다고 하였다. 따라서 아동기에 반복된 일상생활 속에서 효율적으로 질서의식이 형성될 수 있도록 해야 한다.

질서습관이 필요한 또 다른 이유는 단체생활에서 요구되는 기본적인 생활규범을 익히면 전체 구성원들이 즐겁게 생활할 수 있기 때문이다. 처음 어린이집 · 유치원에서 집단생활을 시작하는 영유아기부터 친구와 사이좋게 지내기 위해 지켜야 하는 일이라는 측면에서 규칙을 이해시키고 질서를 실천해나가도록 지도하는 것이 필요하다.

그림 12-5 질서습관 지도

질서습관 지도의 내용

① 차례 지키기

- 줄을 서서 차례를 지킨다.
- 복도, 계단, 교실 등에서 뛰지 않고 조용히 다닌다.

② 약속이나 규칙 지키기

- 시간을 지킨다.
- 친구, 부모님, 선생님 등과 한 약속을 지킨다.
- 놀이규칙을 지킨다.
- 위험한 놀이를 하지 않는다.

③ 교통규칙 지키기

- 교통신호를 지킨다.
- 차도를 건널 때에는 횡단보도로만, 차가 멈췄을 때, 좌우를 살피며 건넌다.
- 차가 지나다니는 거리에서 놀지 않는다.
- 자동차 탑승 시에는 안전벨트를 매거나 카시트에 앉아 돌아다니지 않도록 한다.

질서습관 지도 시 유의사항

- 유아의 자기중심적 사고 경향을 이해하며 지도한다.
- 아동의 욕구, 발달시기, 개인차를 고려하여 발달에 적합하게 지도한다.
- 지도내용과 실천과정에 일관성이 있어야 한다.
- 집단에서 지켜야 하는 규칙은 구성원 모두에게 적용된다는 사실을 인식시키고 이를 실천한다.
- 부모와 교사는 질서습관에 있어 모범이 되어야 한다.

- 질서 규칙 및 계획을 아동과 함께 논의하여 정하는 것도 좋다.
- 질서습관지도 활동을 다양하게 진행한다.

질서습관 지도활동의 실례

활동명	훈민정음 윷놀이
활동목표	1. 훈민정음 윷놀이의 규칙을 알고 지킬 수 있다. 2. 약속된 규칙에 따라 놀이한다.
준비물	윷판, 윷, 말
활동내용	1. 윷판과 윷을 살펴본다. 2. 영어를 쓰지 않고 한글만 사용해야 하는 훈민정음 윷놀이의 규칙을 친구들과 정하고 익힌다. - 도가 나오면 한 칸 앞으로 가기 - 개가 나오면 두 칸 앞으로 가기 등 3. 정한 윷놀이 규칙을 다시 한 번 살펴본다. 4. 순서를 정하고 윷놀이를 시작한다. 5. 윷놀이를 마친 후에는 자료를 정리한다.

12.3.7. 예절습관 지도

예절이란 인간관계에 있어 오랜 습관을 통해 하나의 공통 생활방법으로 정립된 규칙과 관습의 체계로, 인간관계의 가장 기본이 되는 예의와 범절을 말한다. 예절은 행동보다는 자신과 타인에 대한 존중을 전제조건으로 하여야 아동에게서 자연스럽게 우러나오고 습관화될 수 있다.

이러한 예절습관은 사회의 한 구성원으로서 인간관계를 원만하게 유지하는 데 필요하다. 원만한 인간관계는 상대방을 의식하고 존중하여 인간생활에서 지켜야 할 법이나 도덕을 내면화할 때 가능하다. 따라서 아동을 위한 예절습관 지도에는 원만한 사회생활을 위해 마땅히 지켜야 할 기본적인 문화 규범이 포함되어야 한다.

예절습관 지도의 내용

① 가정에서의 예절

- 부모와 웃어른께 인사한다.
- 웃어른께 존댓말을 사용한다.
- 부모님의 일이나 심부름을 즐거운 마음으로 도와드린다.
- 형제 · 자매와 사이좋게 지낸다.
- 식사 시 지켜야 할 예절을 지킨다.
- 매사에 정직하게 말한다.
- 친구 집에 놀러가는 등 외출 시에는 부모님의 허락을 받는다.

② 집단생활에서의 예절

- 가족, 친척, 이웃, 선생님, 친구에게 인사를 잘한다.
- 바르고 고운 말을 사용한다.
- '고맙습니다', '미안합니다' 등의 사회적 언어를 제때 적절히 사용한다.
- 친구들과 사이좋게 지낸다.
- 친구와 다툼이 발생할 때 말로 해결한다.
- 필요할 경우 놀잇감이나 자신의 물건을 함께 사용한다.
- 다른 친구의 놀이나 행동을 방해하지 않는다.
- 다른 사람의 권리와 의견을 존중한다.

그림 12-6 예절습관 지도

예절습관 지도 시 유의사항

- 성인의 일방적인 훈육보다 민주적인 분위기 속에서 예절교육이 이루어지도록 배려한다.
- 예절은 규칙이나 질서와 같이 매우 소중한 것임을 인식시킨다.
- 아동의 발달수준에 적합한 내용과 방법으로 지도한다.
- 가정이나 유치원에서 정기적인 예절습관 지도 활동을 실시하면 좋다.
- 예절습관 지도 활동 시 각 가정의 전통예절을 이해하여 반영한다.

예절습관 지도활동의 실례

활동명	만나면 반갑게 인사해요
활동목표	다른 사람들을 만나면 반갑게 인사해야 함을 알고 실천한다.
준비물	김성미 그림책『인사』
활동내용	1. 그림책의 그림을 살펴보면서 내용을 여러 번 반복해서 읽는다. 2. 그림책 속의 늑대 아저씨와 여우 아이의 마음이 어땠는지에 대해 이야기를 나눈다.  3. 어른들을 만났을 때, 친구들을 만났을 때 어떤 마음인지에 대해 이야기를 나눈다. 4. 어른을 만났을 때, 친구들을 만났을 때 어떻게 인사하면 좋을지에 대해 이야기를 나눈다.

12.3.8. 협동습관 지도

협동이란 공통의 목표를 달성하기 위해 두 사람 이상의 개인 혹은 단체가 서로 마음과 힘을 모아 일하는 집단 지향적 활동과정이다. Piaget는 또래와의 상호 협력을 통해 만들어진 작품이나 협동놀이를 통해 아동이 서로 도움을 주고받을 수 있다는 것을 알게 함으로써 협동에 대한 의미를 자연스럽게 알려줄 수 있다고 하였다. 따라서 유아가 또래와의 공동작업 등을 통해 자연스럽게 협동의 미덕을 알아갈 수 있도록 지도한다. 협동습관 지도 활동으로는 자기중심적 사고와 행동에서 벗어나 타인과 협동을 통해 더불어 살아갈 수 있는 지혜를 터득할 수 있는 내용을 다룬다.

그림 12-7 협동습관 지도

협동습관 지도의 내용

- 다른 사람과 함께 작업하는 즐거움과 장점을 안다.
- 남을 도울 수 있는 일들을 알아본다.
- 내가 맡은 역할을 열심히 수행한다.
- 서로의 맡은 역할을 존중한다.
- 가족원들을 도와준다.
- 집에서 내가 할 수 있는 일은 스스로 한다.
- 어려운 상황에 처해 도움이 필요한 친구를 도와준다.
- 친구와 함께 공동작품을 만든다.
- 친구와 장난감을 함께 가지고 논다.

협동습관 지도 시 유의사항

- 남을 돕는 일은 의무가 아니라 즐거운 일이라는 생각을 가질 수 있도록 지도한다.

- 협동과 봉사 활동 후에는 충분히 칭찬해주고 인정해주되, 조건부적인 보상은 피해야 한다.
- 아동이 가정과 어린이집 · 유치원에서 자신의 역할을 갖도록 하여 자부심을 가질 수 있도록 배려한다.
- 성인은 아동의 관찰 대상이므로 본보기가 되므로 행동에 유의한다.

협동습관 지도활동의 실례

활동명	협동하여 구슬길 만들기
활동목표	협동하여 과제를 완수한다.
준비물	구멍의 크기가 다른 여러 개의 깔대기, 휴지심, 페트병 등 다양한 재활용품, 가위, 테이프 등
활동내용	1. 라인 테이프를 붙여 한쪽 벽면을 두 개의 영역으로 나눈다. 2. 유아들을 두 조로 나누어 30분 동안 여러 가지 재료를 가지고 길고 빠르게 내려가는 구슬길을 만들도록 한다. 이 과정에서 구슬길의 전체 길이, 내려가는 속도와 시간을 고려하여 경사로를 잘 만들기 위해 친구들과 협동하는 경험을 한다. 3. 시작 지점부터 도착 지점까지의 모든 길이를 조별로 재고 기록한다. 4. 시작 지점에서 구슬을 굴린 후 도착지점까지의 시간을 재고 기록한 후 길이와 시간을 고려하여 우승팀을 가린다. 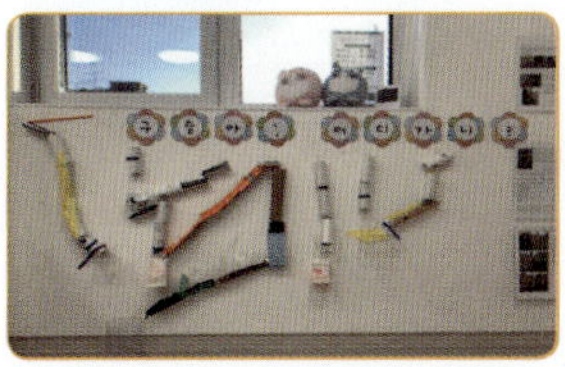

제 13 장

부적응행동의 이해

| 학습 개요 |

영유아기 및 아동기는 인간의 삶 중에서 발달이 가장 왕성하고 정서가 민감한 시기라고 할 수 있다. 아동들은 이 시기를 지나면서 내면적·외면적 적응 과제들을 통해 안정적 애착을 형성하고 사회와 의사소통할 수 있는 기본 역량을 형성한다. 이 시기에 발생한 부적응행동은 이후 발달과정 전반에 걸쳐 다양한 문제를 유발할 수 있으므로 부적응행동에 대한 이해와 관심이 필요하다.

이 장에서는 부적응행동의 정의와 기준에 대해서 살펴보고, 부적응행동의 특성 및 유형을 알아본 후, 부적응행동의 이론적 모델에 대해 살펴본다.

| 학습 목표 |

1. 부적응행동의 정의를 안다.
2. 부적응행동을 구분하는 기준을 설명한다.
3. 부적응행동의 유형을 설명한다.
4. 부적응행동의 이론적 모델을 이해한다.

| 주요 용어 |

부적응행동, 내면화된 부적응행동, 외면화된 부적응행동

13.1. 부적응행동의 정의와 진단기준

아동의 부적응행동은 일반적으로 '현재 및 장래의 발달과 성장에 부적절한 행동'으로 정의되며, 부적응행동의 진단에는 발달적 · 통계적 · 사회문화적 · 병리학적 기준을 적용한다. 1절에서는 부적응행동의 정의와 진단기준에 대해 살펴본다.

13.1.1. 부적응행동의 정의

영유아기와 아동기는 일생 중 발달이 가장 왕성하고 정서가 민감한 시기이며, 인간은 이 시기의 다양한 적응 과제들을 성공적으로 해결함으로써 안정적 애착과 사회와 의사소통할 수 있는 기본 역량을 형성해간다. 그러므로 인생 초기에 발생하는 부적응행동은 발달과정 전반에 심각한 영향을 미칠 수 있다. 부적응은 인간이 원래 지니고 있는 능력과 자질을 충분히 발휘할 수 없는 상태를 의미한다. 이러한 부적응 행동이 발달 초기에 해결되지 않았을 경우, 성장함에 따라 더 큰 사회적 부적응이나 문제행동으로 표출되어 개인은 물론 사회에까지 바람직하지 못한 결과를 초래하게 된다.

부적응행동에 대한 정의는 시대 상황 및 학자마다의 관점에 따라 다양하나, 대체적으로 아동의 비정상적 심리 상태를 나타내는 용어로 문제행동이나 이상 행동(abnormal behavior), 발달장애와 유사한 의미로 사용되고 있다. 중앙사회복지연구회(1996)에서는 부적응(maladjustment)이란 개인과 환경 간의 상호관계 또는 상호작용에 불균형이 이루어져 개인이 환경 쪽에 잘 적응하지 못하게 된 상황이 발생한 것을 뜻하며, 환경에 적응하는 데 필요한 가치, 사고, 행동을 유발하거나 유지할 수 없는 무능력으로 정의한다. Bower(1970)는 부적응행동을 주어진 환경에 적응하지 못하고 항상 갈등과 욕구 좌절이 일어나며, 사회 집단의 기준에 순응하지 않거나 사회 · 문화적 기대치에서 이탈된 행동으로 정의하였고, Hewett(1971)은 사회화에 실패하여 연령, 성별에 따라 사회가 기대하는 행동 양식으로부터 일탈된 행동이라고 하였다. 또한 Reinbert(1976)는 자기 자신으로 인하여 일어나는 것이 아니라 환경과의 관계나 성인 및 또래 간의 관계가 부적절함으로 인하여 일어나는 행동을 부적응행동이라고 정의하였다.

이상에서 볼 수 있듯이 부적응행동을 정의하는 데 공통적으로 포함되는 내용은 개인이 자신이 속해 있는 사회환경에 잘 적응하고 있는지의 여부이다. 따라서 부적응행동은 개인이 속해 있는 사회문화적 환경에 적응하지 못해 나타나는 부적절한 행동이라고 간주할 수 있다. 특히 유아 및 아동은 자신이 속한 사회집단의 구성원들의 기대에 따라 가치관, 태도, 규범, 행동 양식 등을 형성하며 적응해나가므로, 아동기의 부적응행동은 자신이 속한 사회문화적 환경에서 부모, 교사 및 또래들과 적절하고 조화로운 관계를 유지하지 못하는 행동이라고 규정할 수 있다(박현주, 2004).

13.1.2. 부적응행동의 진단기준

부적응행동이나 문제행동은 일반 아동들에게 흔하게 나타나는 현상이다. 미국의 경우 일반적으로 정서, 행동상의 문제를 가진 아동의 비율은 정상아동의 6~20%에 이르는 것으로 나타났으며(Anderson, William, McGee, & Silva, 1997), 국내 3~5세 유아 842명을 대상으로 한 연구에 의하면 연구대상의 7~13% 정도가 높은 수준의 문제행동을 보이며, 이들 중 3~4% 정도는 문제행동에 대한 전문적인 상담 및 치료적 개입이 시급한 것으로 나타났다(이경숙, 신의진, 전연진, 박진아, 2004). 뿐만 아니라 서울 지역 3~6세 유아 245명을 대상으로 한 연구에 따르면 부모 보고에서 3.2~6.6%, 교사 보고에서 3.8~26.8%의 유아가 심각한 수준의 문제행동을 보이는 것으로 나타났다(신의진, 이경숙, 황유정, 박진아, 2009).

인간은 누구나 정도의 차이는 있겠지만 약간씩은 부적응문제를 가지고 있다. 더구나 성장, 발달의 초기 과정에 있는 유아나 아동에게 적응은 어려운 과제이므로,

부적응 현상은 아주 빈번하고 다양하게 나타난다. 적응과 부적응을 구분하는 것은 민감하고 어려운 문제이며, 어느 특정 기준만을 가지고 판단하기에는 무리가 있다. 다음에서는 유·아동기의 부적응행동을 판단하기 위해 고려되어야 할 대표적 기준으로 발달적·통계적·사회문화적·병리학적 기준에 대해 살펴보기로 한다.

1) 발달적 진단기준

영유아는 빠른 속도로 발달하기 때문에 발달규준을 참조하지 않고는 이 시기의 부적응행동을 정확히 평가할 수 없다. 일례로, 1세 영아가 걷지 못한다고 걱정하는 부모는 바로 자신들이 문제라는 것을 알아야 한다. 대부분의 1세 영아는 걷지 못하기 때문이다. 그러므로 영유아기의 문제행동을 판단하고 결정하는 데 있어서는 연령에 따른 신체적·지적 발달양상과 성격 및 사회성의 발달양상을 정확히 이해하는 것이 중요하다. 그러나 신체적·지적 능력에 관해서는 비교적 자세한 발달규준이 제시되어 있지만, 성격이나 정서·사회성 발달은 일정한 규준을 제시할 수 없기 때문에 판단하기 어려운 경우가 많다. 특히 아동기까지는 발달속도에 개인차가 심하게 나타나므로 주의해야 한다. 만약 어떤 유아가 평균적 발달기준에서 이탈되었다고 한다면 성급하게 결정을 내리기보다는 장기적인 관찰을 통해서 발달을 추적해보는 과정이 필요하다.

유아의 부적응행동을 판단할 때 규준 안에 속한 유아의 행동만이 정상이고 그 나머지는 문제가 있다고 생각하는 것은 매우 위험하고 성급한 판단이며, 각 유아의 발달특성과 과정을 반드시 고려해야 한다. 표 13-1 에는 출생에서 학령기에 이르기까지의 연령별 정신발달 과제가 제시되어 있다.

표 13-1 학령기까지의 발달단계별 정신발달 과제

구분	영아기 (0~18개월)	걸음마기 (18~36개월)	유아기 (3~5세)	학령기 (6~11세)
기준 지표	• 사회적 미소 • 특정인 구별반응 • 낯가리기 • 격리불안 • 걷기, 말하기	• 언어 • 대소변 가리기 • 자기주장 펴기 • 신체적 독립	• 사회적, 성적 역할 • 형제간 경쟁 • 사회적 가치와 신조 • 초자아 형성	• 갱단 형성 • 동료 집단 • 정체감 • 지적 추구 • 기술습득 발달
발달 과제	• 애착형성 • 기본적 신뢰감 • 정서적 안정감	• 분리 개별화 • 자율감 • 대상 항상성 • 충동의 자기통제	• 사회화 • 역할학습 • 문화습득	• 자신감 • 자아존중감 • 창조적 생산감 • 완성감,성취감 • 집단정체성
정신 병리	• 감각박탈 • 발달지연 • 급성격리반응 • 발육실패 • 정신사회성 난쟁이 • 지능장애 • 수유장애 • 자폐	• 수면장애 • 모성 과보호 • 생떼와 발악 • 부정적, 반항적 태도와 행동 • 공생정신병	• 불안장애 • 공포장애 • 야뇨증, 분실금 • 야경증, 악몽 • 행동장애 • 주의력결핍장애	• 열등감 • 신경증적 장애 • 학습장애 • 학교거부증 • 정신분열증 • 소아우울증 • 행동장애 • 주의력 결핍

출처: 김진호, 이병래(2006).

2) 통계적 진단기준

통계적 기준에 의하면 정상행동이란 대부분의 사람들에게 빈번하게 보통 일어나는 행동을 뜻하는 반면에, 부적응행동이란 대부분의 사람들에게는 드물게 나타나는 행동을 뜻한다(장선철, 1992). 인간의 행동특성을 양적으로 측정해서 분포를 내면, 많은 경우가 정상분포곡선을 그린다(**그림 13-1** 참조). 정상분포란 평균을 중심으로 하여 좌우가 대칭이며 평균치에 가장 많은 빈도를 보이고 양쪽 극단으로 갈수록 그 빈도가 줄어드는 분포를 말한다. 이런 정상분포곡선에서 중앙에 몰려있는 대다수를 정상이라고 하고[M(평균치)$\pm 2\sigma$(표준편차)], 양쪽의 극단을 비정상 또는 부적응이라고

부르는 것이 통계적 기준에서의 적응과 부적응에 대한 해석기준이 된다.

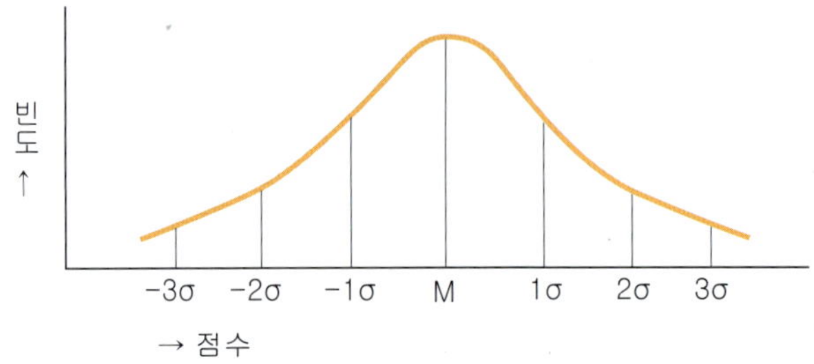

M ± 1σ 사이에 전체의 68.26% 분포
M ± 2σ 사이에 전체의 95.44% 분포
M ± 3σ 사이에 전체의 99.74% 분포

그림 13-1 정상분포곡선

통계적 기준을 사용하는 대표적인 예는 지능검사에 의한 지능지수(IQ)라고 할 수 있는데, 지능검사의 결과에서 전체 중 하위의 2.5% 이하의 점을 미리 정해놓고, 그 이하(대략 IQ 70 이하)를 정신지체라고 분류하고 있다.

통계적 기준은 명백한 요인의 측정이 가능할 때에는 신뢰성이 있고 유용한 방법이 되기도 하지만, 모든 영역에서 적당한 측정척도를 찾기가 어렵고, 또한 엄격하게 사용되면 다음과 같은 부작용이 있을 수 있다. 첫째, 정상과 비정상을 특정 수치에 의해 임의로 구분하지만, 사실상 인간의 제반 능력을 간단한 수치로 양분하기 어렵다는 점이다. 둘째, 통계적으로 상하 극단치 모두를 이상으로 간주함에 따라 영재아처럼 매우 긍정적인 발달 양상도 부적응행동으로 포함시킬 수 있다는 점이다. 따라서 통계적 기준 그 자체만을 엄격하게 적용하여 적응과 부적응을 판단하는 것은 다소 무리가 따른다.

3) 사회문화적 진단기준

인간은 누구나 사회를 형성하고 그 속에서 생활하며, 모든 것을 그가 살고 있는 사회에 기초한다. 어떤 사회든지 그 안에는 나름대로의 문화와 특정의 규범과 질서가 있으며, 인간은 바로 그러한 범주 내에서 행동하게 된다. 그런데 어떤 행동은 사회적 혹은 문화적으로 수용되거나 용인되며, 어떤 행동은 일탈된 것으로 간주된다.

사회문화적 기준은 부적응행동을 한 개인이 주어진 환경과 성공적으로 상호작용하면서 잘 지낼 수 있는가의 정도에 따라 그의 정상성을 판단하는 관점이다. 즉 사회적으로 기대되고 요구되는 규범이나 규율을 어기는 행동을 할 때 부적응으로 간주한다. 따라서 동일한 행동이라 할지라도 사회문화적 기준에서는 각 개인이 속해 있는 사회집단의 성격이 어떠한지에 따라 다르게 진단된다.

그러나 오늘날의 사회적 혹은 문화적 양식은 중첩되거나 혼합되어 있을 뿐만 아니라, 시간적으로나 공간적으로 다양하게 변화하고 있어서 그 구분이나 기준이 모호할 때가 많다. 따라서 어떤 사회 혹은 어떤 문화권에서는 아주 정상적이고 건강하다고 보더라도 다른 사회 혹은 다른 문화권에서는 정반대로 볼 수도 있으며, 같은 사회나 문화권에서도 시대의 변화에 따라 차이가 있다는 것을 이해해야 한다. 또한 개인의 욕구나 행동은 사회의 요구와 어긋나는 경우가 많기 때문에 사회적 기준을 모든 아동에게 획일적으로 적용하는 것은 많은 위험이 따른다.

4) 병리학적 진단기준

병리학적 기준은 바이러스에 감염되어야 감기의 증상이 나타나듯이 정신적인 문제도 신체적 질병과 같이 어떤 분명한 원인이 내재해 있고 그에 따른 증상이 나타난다고 보는 것으로 신체의학적 혹은 정신의학적 기준이라고도 표현할 수 있다.

병리학적 기준에 따르면 정상은 질병이나 어떤 증후들이 전혀 없는 상태를 말하며, 정상 상태가 파괴된 상태를 이상 혹은 부적응으로 간주한다. 즉 부적응행동을 특정한 생리적 기능 이상에 의해 발생하는 것으로 보며, 이 관점에서는 원인이 되는 생리적 요인을 해결하면 부적응행동의 치료가 가능한 것으로 본다.

그러나 실제로 부적응행동의 경우 생리적 측면에서 원인을 찾을 수 없는 경우도 많다는 점에서 병리학적 진단기준은 비판을 받고 있다. 또한 동일한 원인이라 하더라도 증상이 다르게 나타나거나 생리적 기능에 이상이 있음에도 불구하고 부적응행동이 나타나지 않는 경우도 있다. 예를 들어 정상지능을 갖고 있으면서 행동에서 이상한 면이 나타나지 않는 아동에게도 뇌파검사를 했을 때 10~20%는 이상파가 나타난다는 것이다. 따라서 통계적 기준과 마찬가지로 병리학적 기준으로 정상과 이상을 섣불리 규정하기보다는 다양한 관점에서의 종합적인 파악을 통해 판단에 신중을 기하는 것이 바람직하다.

13.2. 부적응행동의 특성 및 유형

영유아 및 아동의 부적응행동의 유사한 특성을 살펴보고, 분류 · 유형화하는 작업은 다양한 부적응행동의 증상과 원인을 파악하여 그 행동에 대한 통찰력을 갖추어 체계적인 지도를 가능하게 해준다. 2절에서는 부적응행동의 특성 및 유형에 관해 살펴본다.

13.2.1. 부적응행동의 특성

유아 및 아동이 주변 사회 환경에 적응하지 못함으로 인해 나타날 수 있는 행동은 다양하다. 부적응행동, 문제행동, 발달장애 등 부적절한 행동을 지칭하는 용어는 다르지만, 각각의 영역에서 공통적으로 다루는 사례들은 유사한 특성을 나타낸다.

부적응행동을 나타내는 유아나 아동들은 싸우고 때리고 던지는 등 공격적이고 폭력적이며, 친구를 괴롭히고 욕이나 거짓말을 하며, 남의 물건을 훔치는 행동을 하기도 한다. 자신의 바람대로 일이 진행되지 않을 때는 고집을 부리거나 화를 내기도 하며, 산만하고 충동적인 행동을 보이기도 한다. 또한 수줍음과 부끄러움을 타는 행동이나 불안, 의존, 위축된 행동도 나타난다. 습관적으로 우는 행동, 혼자 노는 행동, 손가락을 빨거나 눈을 깜빡거리는 행동 등도 부적응행동의 특성이라고 볼 수 있다.

Bower(1970)는 부적응행동의 특성을 크게 심리적 요인과 행동적 요인으로 구분하여 유아가 주위환경, 사회규범 및 요구에 적응하지 못하거나 타인과의 관계에서 생기는 갈등, 위축, 긴장, 불안, 불만 등의 심리적 부적응행동, 그리고 주의력 결핍, 반항, 공격 등의 행동적 부적응행동으로 구분하였다. 또한 황혜정 외(2002)도 공격, 산만, 충동, 불순종 등 겉으로 드러나는 행동으로 타인에게 불편을 주는 경우와 반대로 우울, 위축, 불안 등 스스로 고통을 겪는 경우를 각각 외면화, 내면화 문제로 구분하였다.

13.2.2. 부적응행동의 유형

유 · 아동기에는 크고 작은 문제행동들이 수시로 출현하며, 여러 가지 유형의 행동들이 복합적으로 나타나는 경우도 많기 때문에 부적응행동을 유사한 특성에 따라 분류하는 것은 쉬운 일이 아니다. 그러나 이러한 과정을 통해 각기 다른 상황에서 나타나는 부적응행동의 공통적 원인이나 성격을 진단하고 적절한 지도방안을 모색해볼 수 있으므로, 부적응행동을 어떠한 기준으로 어떻게 유형화했는지를 살펴보는 것이 중요하다. 부적응행동을 분류하는 대표적인 방법과 문제행동 및 심리장애를 분류하는 다양한 분류체계는 다음과 같다.

1) Kirk의 부적응행동 유형

Kirk(1972)는 교실에서 쉽게 관찰할 수 있는 부적응행동을 공격적 행동, 퇴행적 행동, 신체적 징후 등으로 구분하여 그 특징을 설명하였다(표 13-2 참조). 공격적 행동은 싸움이 잦고 타인에게 난폭한 행동이나 거짓말을 잘하며 파괴적인 행동을 예사로 하는 것이다. 퇴행적 행동은 매우 수줍어하고 항상 우울해 보이며 잘 울거나 사소한 일에 지나친 공포심을 나타내며 자기중심적인 행동을 보이는 것이다. 신체적 징후에는 두통이나 복통을 자주 호소하며 손톱을 잘 깨물거나 말을 더듬고 발을 잘 흔들어대는 행동이 포함된다.

표 13-2 Kirk의 부적응행동 유형

공격적 행동	거짓말, 도벽, 속이기, 폭력행동, 화내는 행동, 싸우는 행동, 반항행동
퇴행적 행동	잘 우는 행동, 공포, 불안행동, 열등감, 부끄러움, 수줍음, 우울
신체적 징후	손톱 깨물기, 경련, 틱 행동, 복통, 두통

2) 유아 발달과 관련되어 나타나는 부적응문제

정선철(1997)은 부적응문제를 유아의 발달과 관련시켜 각 영역의 발달과 관련되는 문제로 분류하였다. 각 영역에 대한 하위 문제들은 다음과 같다(표 13-3 참조).

표 13-3 유아 발달과 관련되어 나타나는 부적응문제

신체발달 관련 부적응문제	지체부자유, 병 · 허약, 시각장애, 청각장애
생활습관 관련 부적응문제	식사, 수면, 배설, 나쁜 버릇의 문제
사회성발달 관련 부적응문제	반항적이며 공격적인 행동, 도벽, 거짓 말, 싸움, 지나친 의존심
정서발달 관련 부적응문제	등원 거부, 말더듬, 공포, 지나친 부끄러움, 주의산만, 낭비벽
유아의 정신장애	정신장애, 자폐증

3) Lazarus의 BASIC-ID 모델

Lazarus(1981, 1984)는 아동에게 진정한 도움을 주기 위해서는 하나의 접근법보다는 광범위한 이론과 기술을 통해 아동의 문제를 다루는 것이 더 효과적이라고 주장했다. 이러한 관점에서 Lazarus는 아동의 문제행동의 영역을 크게 일곱 가지 BASIC-ID(Behavior/Affect/Sensation or School/Image/Cognition/Interpersonal Relationships/Drug or Diet) 모델을 만들어서 그 하위 내용을 다음과 같이 제시했다(표 13-4 참조).

표 13-4 Lazarus의 BASIC-ID 모델

B	행동(behavior)	싸움, 방해, 훔치기, 떠들기, 미루기 등의 버릇
A	정서(affect)	분노의 표현, 불안, 공포, 우울
S	감각/학교(sensation/school)	두통, 요통과 복통, 학교에서의 부적응
I	심상(image)	악몽, 낮은 자아개념, 거부에 대한 공포, 지나친 공상과 환상
C	인지(cognition)	비합리적 사고, 의사결정에 대한 두려움, 문제해결의 어려움, 목표 설정의 어려움
I	대인관계(interpersonal relationships)	다른 사람 앞에서의 위축(수줍음, 성인과 갈등, 또래와 갈등, 가족문제)
D	약물/체중조절(drug/diet)	체중조절, 약물남용, 담배, 술, 그 외의 약물의 상용

Lazarus의 BASIC-ID 모델은 아동기에 나타나는 모든 행동문제들을 거의 다루고 있기 때문에 면접단계에서 관련되는 질문을 작성할 때나 심리치료나 행동수정을 실시할 경우에 매우 유용하게 사용되고 있다.

4) Kaufman의 수행부적응 유형

Kaufman(1987)은 일반 학교에서 학령 전 아동에게 일시적으로 또는 잠정적으로 출현할 수 있는 정서적 문제행동을 제시했다. Kaufman의 수행부적응(behavioral disorders) 유형은 공격적이고 반사회적인 행동, 부적절하게 미성숙함, 인격장애의 세 가지(표 13-5 참조)로 구분된다(안영진, 장선철, 2002).

표 13-5 Kaufman의 수행부적응 유형

수행부적응 유형	세부 행동 유형
공격적 · 반사회적 행동	아이들에게 공격적, 아이들을 통제하려고 함, 소유권이나 규칙에 공격적, 과도한 주의를 요구, 건방지고 불복종적, 부정적, 과잉행동, 질투(소유적, 이기적), 말을 과도하게 하기, 울화, 조소적(불신, 비난), 불신임, 난폭한 언어, 저주, 욕 등
부적절한 미성숙함 (와해적/무목적적 행동)	부주의, 과제 미완성, 잊기, 기억하지 못함, 지시에 따르지 않음, 과제 이해 결핍, 주의산만, 동기결여, 무감각적, 듣기문제, 이해의 어려움
인격장애 (불안/철회 행동)	까다로움, 지나치게 민감, 슬픔, 성마름, 자신감 결여, 실패를 두려워함, 감정을 적절히 표현못함, 집단에 참여하기를 기피함, 새로운 상황 또는 어려운 일 회피

13.3. 부적응행동의 이론적 접근

아동들에게서 나타나는 부적응행동은 접근 이론에 따라 다양한 해석이 가능하다. 예를 들어 한 유아가 다른 유아에게 물건을 던지는 행동에 대한 해석은 여러 관점에서 가능하다. 물건을 던지는 행동이 학습되고 강화를 받아서 나타났다고 볼 수도 있고, 무의식적인 욕구불만의 표현이라고 볼 수도 있다. 또 일상생활의 도전에 대한 자연적인 반응으로 해석할 수도 있다. 이 중 어떤 것이 옳고 그르다고 단정하기는 어려우므로 아동을 지도하는 교사나 부모는 그 행동을 일으킨 아동에 대한 종합적인 이해와 함께 그 행동이 발생한 당시의 주위 상황을 고려하고, 다양한 이론을 절충하고 종합하여 그 행동을 이해하고 지도하여야 한다.

3절에서는 유아의 부적응 행동을 이해하는 대표적인 이론인 생물학적 접근, 정신분석적 접근, 행동주의적 접근, 인지적 접근, 인본주의적 접근, 사회문화적 접근에 대해 살펴본다.

13.3.1. 생물학적 접근

1) 부적응행동의 원인

생물학적 접근에서는 영유아 및 아동의 부적응행동을 생물학적 손상이나 역기능으로 설명하고자 하며 일종의 질병으로 간주한다. 이 접근에서는 정신장애를 유발하는 주요한 생물학적 요인으로 유전적 요인, 뇌의 구조적 결함, 신경전달물질이나 내분비계통의 신경화학적 이상 등에 초점을 맞춘다.

부적응행동이 유전적 요인의 영향을 받는다는 점은 원시 시대나 현대에서 정신분열증 환자는 같은 증상을 보인다는 사실로 인해 설득력을 갖는다. 또한 이란성 쌍생아의 경우 한 사람이 정신분열증일 때 다른 한 사람이 발병하는 확률은 보통 사람들보다 10배 이상 높으며, 일란성 쌍생아의 경우는 이란성 쌍생아보다 다섯 배 이상 발병률이 높다는 점도 이를 뒷받침해준다.

이 외에도 16세기에 유행하던 심리적 장애가 매독균에 의해서 일어난다는 것을 입증한 예와 정신분열증의 증상이 뇌에 도파민이 과다하게 존재함으로써 유발된다는 사실, 공포와 분노 같은 정서가 뇌의 특정한 부위를 자극했을 때에도 일어난다는 연구 결과 등으로, 이 접근에서는 뇌와 신경계통에서 일어나는 전기적 · 화학적 작용에 의한 부적응행동의 증상에 주목한다.

2) 치료법

생물학적 접근에서는 이상행동의 치료를 위해 주로 약물과 전기충격치료, 뇌절제술 등에 의존한다. 예를 들면 ADHD 치료를 위해서는 흥분성 약물이나 비흥분성 약물(비향정신성)을 사용한다. ADHD 아동이나 자폐증 아동에게 천연 보충제인 비타민이나 미네랄을 복용시키기도 하며, ADHD 아동 식사에서 방부제와 음식첨가물을 제거하도록 하는 등의 치료법을 사용하기도 한다. 정신분열증이나 심각한 공격성, 파괴적 행동의 치료를 위해서는 항정신치료약을 사용하기도 하며, 심각한 우울증 치료를 위해서 전기충격치료(ECT)를 사용한다.

13.3.2. 정신분석적 접근

1) 부적응행동의 원인

정신분석적 접근에서는 부적응행동의 근원적 원인을 어린 시절의 경험에 뿌리를 둔 무의식적 갈등으로 설명한다. 정신분석이론에 따르면, 인간의 성격은 원초적 욕구로 구성된 '원초아', 환경에 대한 현실적인 적응을 담당하는 '자아', 사회의 도덕적 가치와 윤리적 규범이 내면화된 '초자아'로 구성되며 이들 간의 역동적 관계에 의해 행동이 결정된다. 성격특성은 어린 시절의 경험에 의해 형성되는데, 어린아이는 입, 항문, 성기 등의 신체부위를 중심으로 성적 욕구를 충족하려는 구강기, 항문기, 남근기, 잠복기 등의 심리성적 발달단계를 거치며 성장한다. Freud에 의하면 모든 인간은 이러한 발달단계를 거쳐서 자기의 본능적 욕구를 만족시키려고 노력한다. 이러한 발달과정에서 욕구의 과잉충족이나 과잉좌절이 성격적 문제나 갈등의 근원이 될 수 있다. 일반적으로 각 발달단계에는 본능적 충동이나 요구를 만족시키기 위한 갈등이 있는데, 이러한 갈등을 만족스럽게 해결하지 못하는 경우에 불안이 발생하며 이는 심리적 장애의 원인이 되어 성인이 되어서까지도 영향을 미치게 된다.

정신분석적 모델에서는 이상행동의 주요 요인을 불안으로 간주한다. 또한 자아가 원초아의 통제에 어려움을 겪게 될 때 신경증적 불안을 경험하게 되는데, 이러한 불안을 감소시키기 위해서 억압, 부인, 반동형성, 합리화, 대치, 투사, 분리, 신체화, 퇴행, 승화와 같은 다양한 방어기제를 사용한다. Freud에 의하면 정신병리는 원초아, 자아, 초자아 간의 갈등을 적응적인 방어기제와 대처전략으로도 극복하지 못했을 때 생긴다.

2) 치료법

정신분석적 접근은 아동의 정신병리가 무의식적이거나 의식적 갈등에 기초해서 결정된다고 본다(Lesser, 1972). 따라서 아동이 자신의 문제에 영향을 미칠 수 있는 무의식적 요인들을 의식할 수 있도록 도와주는 데 치료적 초점이 있다(Chethik, 1989). 치료는 자유연상, 꿈의 분석, 전이분석, 저항분석 등의 방법을 통해 내담자가 자신의 무의식적 갈등을 통찰하고 현실 생활에서 통찰내용을 실천하게 하는 훈습[1]의 과정으로 구성된다. 이러한 방법은 아동의 연령에 따라 놀이치료나 언어적 상호작용을 통해 적용할 수 있다. 잠재된 갈등을 해결함으로써 치료자는 아동이 갈등을 해결하고 극복하는 보다 더 적응적인 방법을 개발할 수 있도록 도와준다.

13.3.3. 행동주의적 접근

1) 부적응행동의 원인

이 접근에서는 인간의 내적인 정신과정보다는 외적인 행동을 이해하는 것을 목표로 한다. 즉 부적응행동을 이해하려고 할 때, 그 행동의 원인이나 내면세계가 아닌 '행동' 그 자체에 초점을 맞추려는 것이 행동주의적 접근의 관점이다. 엄격한 과학적 입장에 근거하여 인간의 행동을 환경으로부터 학습된 것으로 본다. 인간의 행동을 자극과 반응의 관계로 설명하며 행동이 학습되는 원리와 과정에 주된 관심을 갖는다. 이상행동이 형성되고 유지되는 과정을 고전적 조건형성, 조작적 조건형성, 사회적 학습 등의 학습원리로 설명한다.

고전적 조건형성은 무조건자극과 조건자극을 짝지어 반복적으로 제시함으로써

1 훈습(薰習, working through, 철저히 처리하기): 본래 '어떤 성질에 물듦' 또는 '어떤 기운에 배어 듦'이라는 의미이다. 본문에서의 훈습은 상담자가 내담자의 문제를 인식하고 알려주었다고 해서 한 번의 깨달음(insight)만으로는 변화가 오지 않는다는 의미이다. 특히 어린 시절의 문제들이기 때문에 3년 이상 상담이 지속되면서, 끊임없이 저항과 전이를 해석해야 한다. 내담자 스스로 통찰할 수 있을 때까지 계속되어야 한다. 이런 일련의 과정을 훈습이라고 한다.

조건자극에 대한 조건반응이 학습되는 과정이며, 조작적 조건형성은 어떤 행동의 결과가 보상적이면 그 행동이 증가하는 반면 그 결과가 처벌적이면 행동의 빈도가 감소하는 학습과정을 의미한다. 특히 인간의 경우에는 사회적 상황에서 다른 사람의 행동에 대한 관찰과 모방을 통해 새로운 행동을 학습하는 사회적 학습이 중요하다.

두려움, 불안, 우울증 등의 부적응행동들도 학습에 의한 것으로 설명할 수 있는데, 흰쥐 실험(Watson & Rayner, 1920)[2]은 고전적 조건학습을 통해 특정 대상에 대한 공포증이 학습된 사례라고 할 수 있다. 또한 일상에서 쉽게 접할 수 있는 아기의 울음은 조작적 조건학습으로 설명할 수 있다. 처음에는 아기가 고통을 호소하기 위해서 울지만, 이때마다 부모들이 즉각적인 관심을 보이게 되면 아이는 우는 행위에 대한 부모의 반응에 강화되어 고통이 없을 때에도 관심을 끌기 위해 우는 행동을 선택하게 된다.

2) 치료법

이 모델에서 부적응행동은 성장과정에서 주변 환경의 영향으로 인하여 바람직하지 않는 행동이 습득된 것으로 보고 이러한 학습원리를 적용해서 부적응행동을 수정하는 치료법을 사용한다. 여기서 부적응행동에 대한 지도는 4단계로 이루어지는데, 1단계에서는 부적응행동 중 변화시켜야 할 행동(목표행동)이 무엇인지를 결정하고 그 문제점을 밝힌다. 2단계에서는 수정하고자 하는 목표행동이 결정되면 A(행동의 선행자극) — B(바로 그 행동) — C(그 행동이 발생한 후의 후속자극, 즉 그 행동으로 인해 나타난 결과) 분석을 한다. 3단계에서는 행동수정기법을 선택하고, 4단계에서는 앞서의 행동수정기법이 효과적으로 활용되었는지의 여부, 즉 결과를 평가한다.

2 11개월 된 아기 알버트(Albert)는 실험 이전에는 흰쥐를 보고 공포심을 갖지 않고 쥐에 다가갔다. 이때 아이의 머리 뒤에서 쇠망치를 쳤는데, 그 소리에 아이는 쓰러지면서 머리를 파묻었다. 잠시 후 아이가 흰쥐를 잡으려 하자 또 쇠소리를 냈는데 아이는 울면서 앞으로 넘어졌다. 그 뒤 쥐 근처에 다가갔을 때 아이는 손을 움츠렸고 몇 번 더 대면했을 때 울면서 쥐를 피했다. 그 후 아이는 쥐를 닮은 대상뿐만 아니라 흰털 달린 인형이라든가 산타클로스의 수염에게도 공포심을 나타냈다.

행동수정기법은 바람직한 행동을 증가시키기 위한 것과 바람직하지 않은 행동을 감소시키기 위한 것으로 구분된다. 전자에는 정적 강화, 부적 강화, 토큰 강화, 행동형성법, 모방학습법, 사회적 기술 훈련 등을 이용하고, 후자에는 소거, 벌, 혐오적 조건형성, 체계적 둔감법, 타임아웃 등을 활용할 수 있다. 실례로 자폐성장애아동이 자기학대행동을 할 때마다 혐오스러운 충격을 주면 그러한 행동의 횟수가 줄어들게 된다.

13.3.4. 인지적 접근

1) 부적응행동의 원인

인지적 접근에서는 인간을 자신과 세상에 대해 의미를 부여하는 능동적인 존재로 보며, 인간이 고통 받는 주된 이유는 객관적 환경 자체보다는 그에 부여한 의미 때문이라는 가정에 근거하고 있다. 이 접근에서는 아동의 부적응행동이 아동의 사고에서 지각적 편향, 비합리적 신념, 잘못된 해석을 나타내는 결함이나 왜곡의 결과라고 본다(Kendall, 1991). 즉 이상행동과 정신장애는 자신과 세상에 대해서 부정적이고 왜곡된 의미를 부여하는 부적응적인 인지적 활동에 기인한다. 따라서 부적응행동의 교정 및 치료의 초점을 일차적으로 인지에 두게 되므로 개인의 정서반응과 행동을 이해하기 위해서는 개인의 신념이나 생각을 먼저 아는 것이 필요하다고 본다.

인지란 자신이나 주변에서 일어나는 일을 지각하고 또 거기에 의미를 부여하는 과정을 말한다. 그것은 신념과 신념체계, 생각 및 이미지 등을 포함한다. 또한 인지과정은 환경과 자기에 대한 정보를 평가하고 조직하는 방식과 대처행동(coping behavior), 문제해결을 위해서 정보를 처리하는 방식 그리고 미래의 사건을 예측하고 평가하는 방식을 포함한다. 즉, 각 개인이 일상생활에서 일어나는 일들을 평가하는 것이나 자신에 대해서 어떤 개념을 갖게 되는 것이나 혹은 세상 돌아가는 이치에 대해서 어떤 가설을 형성하는 것이 모두 인지과정이다. 인지적 접근에서는 부적응행동 감소를 위해 이러한 인지 내용이나 인지 양식을 개선시키는 것에 초점을 둔다.

2) 치료법

인지적 심리치료에서는 내담자의 이상행동을 초래하는 부적응적인 사고내용을 포착하여 그러한 사고의 타당성 · 현실성 · 유용성을 내담자와 함께 다각적으로 평가함으로써 보다 더 현실적이고 적응적인 사고로 전환시키는 구체적인 작업이 이루어진다. 예를 들어 A학점을 받은 예쁜 소녀가 자신이 못생기고 학업에서 실패하고 있다고 생각하는 경우, 치료에서는 인지적 재구조화(cognitive restructuring)를 통해 이러한 잘못된 인지를 변화시키고 이에 따라 아동의 행동과 감정의 변화를 유도하고자 한다.

13.3.5. 인본주의적 접근

1) 부적응행동의 원인

인본주의적 접근에서는 긍정적인 인간관에 근거하여 인간을 근본적으로 자기실현을 추구하는 성장 지향적 존재로 본다. 인간은 그가 지닌 잠재력을 최대한으로 개발하여 현재의 자신보다 더 향상하려는 기본적인 욕구를 가지고 있다. 비록 여러 종류의 환경적 · 문화적 장애에 부딪쳐 잠시 동안 퇴행하는 것처럼 나타날 때도 있지만 적절한 상황이 마련되기만 한다면 스스로 자기 자신을 인도하고 통제할 능력을 갖추고 있다고 본다. 이러한 인간이 이상행동과 정신장애를 나타내는 이유는 사회적 · 환경적 상황이 개인의 성장과 적응적 기능을 위해 갖고 있는 기본적 능력을 간섭하기 때문이다. 이 간섭 때문에 아동은 자존감의 상실이나 손상을 경험하게 된다.

인본주의적 입장에서 보면 정서적 건강은 자아-실현(self- actualization) 추구에 달려 있다. 자아실현은 자신에게 충실하려는 자유로서, 타인으로부터 받는 무조건적인 긍정적 관심(예: 감정이입, 수용 등)에 따라 다르게 나타난다. 따라서 부적응행동은 부모와 다른 사람에게서 따뜻하고 일관적인 지지와 확인을 받지 못한 데 기인한 자기존중감 부족의 결과라고 간주된다. 부모가 어린아이의 유기체적 욕구나 성향을 충분히 수용하지 못하고 자신들의 가치와 기대에 맞추어 조건적인 수용을 하게 되면, 아동은 부모의 애정을 얻기 위해 자신의 유기체적 경험을 왜곡하거나 부인하게 된다. 이런 과정을 통해서 자기 개념과 유기체적 경험의 괴리가 점점 확대되면, 개인은 점점 더 심한 불안을 경험하게 되며 부적응 상태를 나타나게 된다. 인본주의 이론가들은 아동기에 무조건적으로 긍정적인 관심을 받지 못하면 인간은 왜곡되고 잘못된 자아를 발달시킬 수 있다는 점을 강조하고 있다.

2) 치료법

인본주의적 심리치료자는 무조건적으로 그리고 편견 없이 한 개인으로서 순수하게 아동을 수용하는 공감적 관계를 형성한다. 이러한 성장촉진적 관계를 형성하여 아동이 그동안 왜곡하고 부인해왔던 자신의 진정한 모습을 자각하고 수용함으로써 부적응행동이 감소되고 자기실현적 성향이 활성화되도록 돕는다.

13.3.6. 사회문화적 접근

1) 부적응행동의 원인

아동의 발달은 생물학적 및 심리적 영향뿐만 아니라 그들의 사회적 및 환경적 맥락에 의해서도 영향을 받는다. 사회문화적 접근에서는 한 인간을 부적응행동의 주체로 보기보다는 그 개인이 속한 사회문화 속의 어떤 요인을 부적응의 원인으로 보고자 한다. 즉 개인의 행동은 그가 속해 있는 사회의 가치, 제도 및 습관의 영향은 물론 자기의 가족이나 일상생활에서 접하게 되는 사람들의 영향을 크게 받는다는 것이다.

이 접근에서는 아동의 부적응행동을 이해하기 위해 특정 시기, 특정 상황에서 아동에게 직접적으로 영향을 미치는 중심과 말초 사상 모두를 고려해야 한다. Bronfenbrenner(1979)의 생태학적 모델은 가족, 지역사회, 문화 등 아동이 몸담고 있는 생태환경을 보다 체계적으로 구조화하고, 이들 환경체계와 개인 간의 관계를 이해하고자 한다. 그는 인간을 둘러싸고 있는 생태환경을 가장 가까운 것에서부터 가장 먼 것에 이르기까지 네 개의 층으로 구분하고 있다.

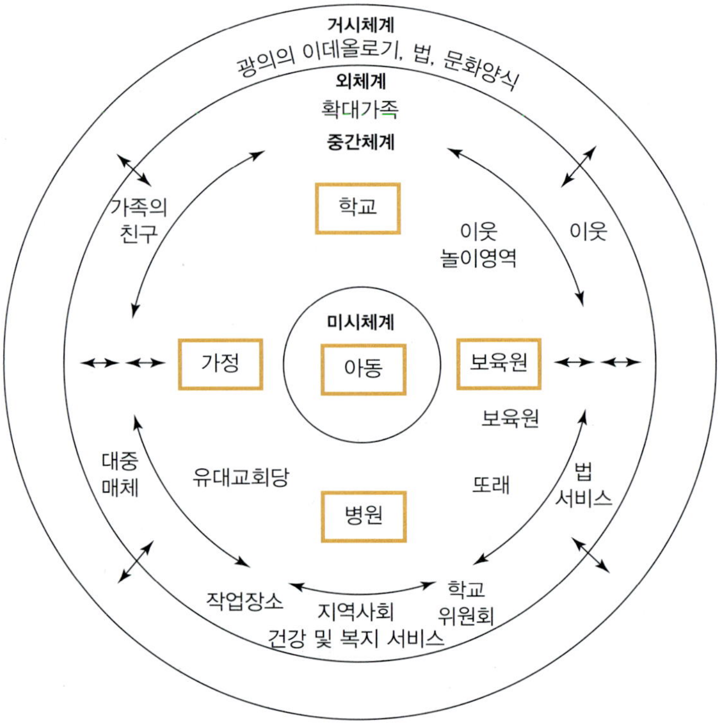

그림 13-2 **Bronfenbrenner의 생태학적 모델**

가장 가까운 층인 미시체계(microsystem)는 아동에게 근접한 환경으로, 아동이 직접 상호작용하는 환경체계이다. 즉, 아동이 거주하는 집이나 보육시설, 아동의 부모, 친구, 교사 등은 미시체계에 속한다. 다음 층인 중간체계(mesosystem)은 미시체계들 간의 상호관계를 뜻한다. 예를 들어, 아동의 부모와 교사 간의 관계, 아동의 부모와 친구 간의 관계는 중간체계에 속한다. 외체계(exosystem)는 아동이 직접 참여하지는 않지만 아동에게 영향을 미치는 사회적 환경을 가리킨다. 그 예로 부모의 직장환경을 들 수 있다. 부모의 직장 내 보육시설 유무는 아동의 생활에 영향을 미치며, 휴가와 같은 복지제도는 아동이 부모와 함께 보낼 수 있는 시간에 영향을 준다. 거시체계(macrosystem)는 미시체계, 중간체계, 외체계에 포함된 모든 요소와 더불어 개인이 살고 있는 문화적 환경까지 포함한다. 성역할에 대한 문화적 전통은 거시체계에 속한다.

실제로 정신적 장애의 경우, 시골보다는 도시에서, 결혼생활을 하는 사람보다는 이혼자와 별거자에게서 높은 발병률을 보인다는 사실은 생태학적 환경이 개인에게 미치는 영향을 뚜렷하게 보여주고 있다. 비록 이 접근에서 부적응행동의 치료에 대한 견해는 제시하고 있지 않지만 적응에서의 사회문화적 요인의 중요성을 강조했다는 측면에서 그 의의가 크다고 하겠다.

제 **14** 장

부적응행동 지도

| 학습 개요 |

적당한 수준의 갈등과 긴장은 유아가 독립심을 기르고 사회에 적응해 나가는 데 필요한 자양분이 되지만, 자기 주변의 사회문화적 환경과 적절하게 상호작용할 수 없는 부적응행동은 부모나 또래와의 원만한 관계를 유지하지 못하게 하며, 스스로를 고통스럽게 하는 원인이 된다. 그러므로 유아의 부적응행동이 발생하면 그 원인을 규명하여 조기에 해결할 수 있도록 근본적인 지도 대책을 세우고 실천해나가야 한다.

이 장에서는 부적응행동에 영향을 미치는 요인을 살펴본 후, 부적응행동의 지도 원리를 알아보고, 구체적인 사례를 통해 부적응행동의 양상과 지도방법을 알아본다.

| 학습 목표 |

1. 부적응행동에 영향을 미치는 요인을 이해한다.
2. 부적응행동의 일반적인 지도 원리에 대해 안다.
3. 부적응행동의 사례별 행동양상과 지도방법을 이해한다.

| 주요 용어 |

반사회적 행동, 공격성, 산만한 행동, 의존적 행동, 말더듬는 행동

14.1. 부적응행동의 일반적 지도

유아의 정상적인 발달과정에는 일련의 인지적 · 신체적 · 정서적 · 사회적 변화가 수반된다. 대부분의 유아들은 이러한 변화에 적응하는 과정에서 갈등과 긴장 그리고 여러 가지 정서 · 행동상의 문제들을 나타내는데, 유아는 이러한 문제를 스스로 해결하는 과정을 통해 발달과업을 달성하고 주변 환경에 적응하는 방법을 익히게 된다. 정상적으로 발달하는 유아는 독립심과 자신감을 기르고 또래나 주변 사람들과 관계 맺는 것을 배우며, 기본적인 가치를 형성하고 새로운 사고방식과 정보를 습득할 수 있게 된다.

그러나 발달과정에서 나타난 갈등이나 문제들을 올바른 방법으로 해결하지 못할 경우, 유아는 또래나 주변 사람들에게 부적절한 행동을 보일 수 있다. 특히 유아의 부적응행동은 유아교육기관과 같은 집단에 속하게 되었을 때 더 문제가 되므로, 부모와 교사는 부적응행동의 원인을 파악하여 적절한 방법으로 지도해야 한다. 부적응행동을 보이는 유아를 지도하기 위해서는 그 원인이 무엇인지 확인하고 그에 따른 적절한 지도방법을 계획 · 실천해야 한다. 1절에서는 부적응행동에 영향을 미치는 일반적인 요인, 그리고 부적응행동의 지도 원리에 대해 알아본다.

14.1.1. 부적응행동에 영향을 미치는 요인

13장에서 살펴본 바와 같이 유아의 부적응행동의 원인과 해결방법에 대해 다양한 관점에서 설명하려는 노력이 있어 왔다. 그러나 부적응행동의 원인을 규명하는 구체적이고 객관적인 연구는 아직도 많이 부족하다. 유아의 부적응행동에 영향을 주는 요인은 크게 개인적 요인과 환경적 요인으로 구분할 수 있다.

1) 개인적 요인

부적응행동에 영향을 미치는 개인적 요인은 유아 자신이 갖고 있는 유전적이고 신경학적 요인을 말하는 것으로, 뇌손상이나 역기능, 영양결핍, 기질, 신체적 질병 등이 그 원인이 될 수 있다. 또한 성별이나 연령 등도 부적응행동의 출현에 영향을 주는 것으로 본다.

모든 유아는 태어날 때부터 이미 생리적으로 결정된 기질이나 행동유형을 가지고 태어나는데, 그 기질이나 행동유형에 따라 부적응행동이 달라질 수 있다(Buss & Plomin, 1984). 까다로운 기질은 3세 이후의 문제행동과 상관이 있으며(Thomas & Chess, 1986), 유치원에서의 부적응행동은 여아보다 남아에게서 더 자주 나타난다는 연구도 있다(Hughes, Pinkertom, & Plewis, 1979). 또한 홍강의와 홍경자(1986)는 남아는 과잉운동, 미숙, 공격성 등 외향적 문제행동의 빈도가 높은 반면, 여아는 불안이나 우울 그리고 정신신체증상 등 주로 내향적 · 정서적 문제의 빈도가 높은 경향을 보인다고 하였다.

2) 환경적 요인

부적응행동의 발현에 있어 환경적 요인의 영향을 강조하는 입장에서는 인간의 행동은 환경과의 끊임없는 상호작용의 결과라고 본다. 특히 유아기의 행동은 가정환경의 영향을 많이 받으며, 유아교육기관에서의 또래관계나 매체 등에 의해서도 영향을 받을 수 있다.

가족 요인과 관련해서는 가족의 크기 및 출생 순서와 같은 것들이 부적응 행동 문제와 관련되어 광범위하게 적용되어 왔으며, 부모의 별거, 이혼은 정서 및 행동적 부적응의 원인으로 작용한다고 알려져 왔다(Zigler & Finn- Stevenson, 1997; Hetherington & Hagan, 1989). 더불어 가정의 사회경제적 수준, 가족의 크기, 부모의 유무, 형제의 유무, 가족의 가치관, 부모의 양육태도 등에 의해 영향을 받을 수 있다. 이 중 특히 부모의 양육태도는 유아의 발달 전반에 걸쳐 중요한 영향을 미치는데, 지나치게 엄격한 양육태도, 거절, 거부, 일관성 없는 상벌 등이 부적응행동을 유발시키는 요인이 될 수 있다.

유아교육 · 보육기관에서 부적응행동을 보이는 유아는 대개 인지적으로 낮은 지능과 학습부진 문제를 갖고 있으며, 또래와의 관계에도 어려움을 느낀다. 이러한 유아는 의존적이거나 신체발달의 미성숙으로 스스로 또래들과의 협동놀이에 참여하지 못하기 때문에 부모나 교사의 도움이 필요하다. 이 외에도 유아 주변의 물리적 환경으로 복잡하고 소란한 환경, 협소한 주택에 의한 압박감, 항상 위험을 느끼게 하는 주거환경, 가정의 경제적 빈곤 등도 유아의 부적응행동에 영향을 미치는 원인이 된다(유영의, 1994).

14.1.2. 부적응행동의 지도 원리

영유아기에 겪게 되는 내면적 · 외면적 적응행동문제는 영유아가 성장함에 따라 더 큰 사회적 부적응이나 문제행동을 유발할 수 있으므로 가능한 한 즉각적으로 해결할 수 있도록 관심과 노력을 기울여야 한다. 영유아의 부적응행동이 발생하면 그 원인을 규명하여 근본적이고 개별적인 지도대책을 세우고 해결해나가야 한다.

부적응행동 각 사례마다 구체적 지도방안은 달라질 수 있겠지만, 일반적으로 부적응행동을 지도할 때 유념해야 할 원리는 다음과 같이 정리할 수 있다(안영진, 이성숙, 1998).

첫째, 치료적인 지도보다는 예방적인 지도에 힘써야 한다. 문제가 심각해져서 표면으로 나타났을 때는 이미 지도하기 힘든 상태에 도달한 경우일 수 있다. 그러므로 문제가 표면화되기 전 잠복 상태에 있는 초기에 정확하게 발견하여 예방하도록 힘쓰는 것이 필요하다. 예방적 지도의 효과적인 방법으로는 버릇 들이기나 욕구충족의 연기 등 일반적인 욕구불만에 대해 인내심을 길러주는 노력을 들 수 있다.

둘째, 외형적인 변화나 일시적인 개선보다 심리적인 변화가 일어나도록 힘써야 한다. 외형적인 변화는 일시적인 위협이나 벌로도 가능하지만 사람을 기피하거나 특정 개인을 수용, 배척하는 행동은 쉽게 교정되기 어렵다. 문제가 되는 행동의 지속적인 변화를 위해서는 심리적 부분에 초점을 두고 체계적인 노력을 기울일 필요가 있다.

셋째, 대증적 지도[1]와 더불어 근본적 치료를 실시하여야 한다. 겉으로 드러나는 부적응행동은 전반적으로 영유아의 심리 · 정서 상태가 외부 환경에 잘 적응해나가기에 부적절하거나 취약함을 반영한 결과라고 볼 수 있다. 따라서 당장 문제가 되는 부적응행동을 지도하는 것과 더불어 문제의 뿌리를 해결하는 방향으로 나가야 한다. 놀이치료나 개인 상담 등 긍정적 자아개념을 발달시킬 수 있는 전문적 지도와 더불어 영유아의 건강한 발달을 지원할 수 있도록 주변 환경을 조성하는 노력이 함께 이루어져야 한다.

14.2. 부적응행동의 사례별 지도방안

유아의 부적응행동을 효과적으로 지도하기 위해서는 무엇보다도 나타나는 행동의 원인에 대해 많은 정보를 가지고 체계적이고 조직적으로 유아의 행동을 관찰하는 것이 필요하다. 2절에서는 영유아 및 아동에게서 나타날 수 있는 부적응행동의 사례를 소개하고, 그 원인 및 행동특성과 해결을 위한 지도방법에 대해 살펴본다.

14.2.1. 공격적 · 반사회적 부적응행동

유 · 아동기는 생리적인 욕구뿐 아니라 애정, 소속감, 사회적 승인, 독점 등의 인격적 · 사회적 요구가 강하게 나타나는 시기이다. 이 시기의 유아나 아동들은 그를

1 근본적 원인에 대한 지도보다 겉으로 드러나는 부적응 증상이나 문제에 대한 지도

둘러싸고 있는 사회의 공통의 목표, 즉 사회적 행동의 규준이나 기대되는 역할, 행동에 맞도록 생활을 해야 한다(김충기, 장선철, 2002). 그렇지 못할 경우 사회적인 문제행동을 보이는데, 사회규범을 어기고, 사회질서를 파괴하여 남에게 해를 끼치는 일체의 행동을 반사회적 행동이라고 한다.

유아 및 아동의 사회적인 부적응행동은 사회환경에 적응하기 위한 생활능력과 기술을 습득하지 못했거나, 부모의 잘못된 양육태도로 인해 사회화되어야 하는 행동에 여러 가지 지장을 가져온 것 등이 원인으로 작용한다. 다음에서는 대표적인 공격적 · 반사회적 부적응행동의 특성과 지도방법에 대해 알아본다.

1) 화를 잘 내는 행동

(1) 행동양상

화를 내는 행동은 바닥에 드러누워 울고, 비명을 지르며, 손을 휘두르면서 발로 차고, 그 밖에 화가 난 상황을 나타내는 다른 여러 가지 격동적인 행동들이 집합된 행동으로 정의된다(이소은, 이완정, 2019). 유아는 자율성을 획득하는 과정에서 새로운 행동을 시도해보고자 하는데, 이때 성인이 행동을 제어하게 되면 유아의 자유 의지와 상충되어 유아는 화를 내는 행동을 보인다. 특히 성질이 급한 아이, 응석받이로 자란 아이의 경우 화를 더 잘 내며, 피로하거나 초조할 때, 무언가에 열중하여 다른 것을 생각할 여유가 없을 때도 화내는 행동을 보이기 쉽다. 아이가 화를 낼 때 파괴적인 행동을 함께 동반한다면 매우 위험할 수 있으므로 특별한 관심을 가지고 지도할 필요가 있다.

(2) 지도방법

유아는 화내는 것은 자연스럽고 일반적인 일이라는 것을 알 필요가 있다. 교사는 자신의 요구를 화를 냄으로써 표현하는 유아에게 말로 한다든가, 다른 표현으로 그 요구를 나타내도록 가르쳐 주어야 한다. 그러나 화를 낼 때에는 가능한 한 관심을 주지 않고 무시하며, 아무리 외치고 떠들고 울더라도 그대로 내버려 두어야 한다. 이때 부모나 주위 사람들은 일관되게 명확하고 엄격한 태도를 취해야 한다. 반면에 감정적인 상황을 조절하여 긍정적인 상호작용을 할 때에는 자주 칭찬하여 바람직한 행동을 강화해준다.

화냄은 신체적 긴장을 유발하는 정서이므로 긴장을 해소하고 보다 건설적인 정서로 바뀌도록 신체적 에너지를 발산할 수 있는 활동적인 놀이 기회를 제공해 주는 것도 도움이 된다. 화남을 적절하게 표현할 수 있는 특별한 영역을 만들어 차거나 때리고 두드릴 수 있는 물건들, 공격용 백, 미술자료들, 소리 지르는 상자, 껴안거나 역할놀이를 할 수 있는 인형 등을 준비해 두고 감정을 건설적으로 표현하고 다루는 것을 도와줄 수 있다.

2) 떼쓰는 행동

(1) 행동양상

유아는 영아기를 지나면서 서서히 자기주장을 하기 시작하며, 흔히 자기 희망사항이나 요구가 관철되지 않으면 심하게 떼를 쓴다. 대부분 자연스러운 발달과정으로 볼 수 있지만, 주위 사람에게 폐를 끼치거나 피해를 줄 만큼 심한 고집은 주변 사람들과의 상호작용을 차단시키므로 적절한 지도가 필요하다. 유아가 떼를 쓰는 행동을 하는 경우 우선은 부모의 정서적 성향이나 양육태도를 점검할 필요가 있다. 부모가 신경질적이거나 과격한 성향을 갖고 있거나 초기 양육 시 부모의 정서 상태가 불안정한 것이 원인이 될 수 있다. 또한 발달과정에서 유아의 지적 호기심이나 자율성을 무리하게 제재한 경우 지적 욕구나 독립성에 대한 욕구가 충족되지 않아 쓸데없는 고집을 형성시킬 수 있다. 또한 부모의 사랑을 충분히 받지 못한 경우 관심을 받기 위한 방편으로 떼를 쓸 수도 있다.

(2) 지도방법

우선 떼쓰는 행동의 원인이 될 만한 사항들을 점검하고 개선시켜야 한다. 부모가 아이를 대하는 방법을 수정하고, 지적 욕구나 애정욕구에 대한 충족이 원활하게 이루어질 수 있도록 교육환경을 개선하는 한편 유아와의 지속적인 상호작용으로 사랑을 받고 있다는 느낌을 갖게 한다. 그리고 자기 스스로 통제할 수 있는 충분한 기회를 제공한다. 아이의 요구를 거절했을 경우 떼쓰는 행동에 대응하지 않되, 명확하게 거절한 이유를 설명하고 다른 합리적인 제안을 하여 아이가 선택할 수 있도록 한다. 그럼에도 불구하고 계속 떼를 쓰는 경우에는 단호히 거절하는 태도를 일관되게 보여주는 것이 필요하다.

3) 공격적 행동

(1) 행동양상

일반적으로 공격성은 친구에게 욕을 하고, 약 올리고, 때리고 괴롭히는 행동, 또는 장난감이나 물건을 부수고, 던지고, 파괴하는 등의 모든 행동을 의미한다. 즉 공격성은 다른 사람 또는 동물에게 상처를 입히거나 소유물을 손상시키거나 파괴하는 모든 부정적인 행동으로 정의된다(최국남, 박순이, 1999).

유아들은 자신의 욕구가 좌절되거나 분노를 느끼는 경우 적절한 해소 방법을 알지 못하여 종종 공격적인 행동으로 표출하는데(조운주, 최일선, 2004), 성장함에 따라 공격성의 양상이 변화되어 간다. 대부분의 유아들은 원하는 목적을 성취하기 위한 도구적 공격과 신체적 공격을 많이 사용하나, 점차 성장하면서 타인에게 해를 끼치기 위한 적대적 공격과 언어적 공격을 많이 사용하게 된다.

유아가 공격적 행동을 하는 이유는 부모나 TV매체 등을 통해 공격성이 학습되어 나타나는 경우, 갈등을 해결하기 위한 바람직한 행동이나 사회적 기술이 부족한 경우, 분노나 좌절 등의 감정을 해소하는 적절한 방법을 모르는 경우, 관심을 끌기 위한 수단 등 다양하다. 유아기의 공격성은 이 시기에 해결하지 못했을 때 이후 사회적인 문제를 야기할 수 있으므로 적절한 지도가 요구된다.

(2) 지도방법

일반적으로 유아의 공격적 행동을 지도할 때는 어떤 상황에서도 공격적 행동은 용납될 수 없다는 것을 인식시켜야 한다. 어떤 형태이든 신체적 또는 언어적 공격을 무시해서는 안 된다. 교사가 공격적인 행동을 무시한다면 유아는 교사가 공격적인 행동을 승인했다고 생각한다.

모방 행동으로 공격적 행동을 하는 경우에는 공격적 영상매체를 제거해주고, 부모상담 등을 통해 공격적 행동의 모델을 제거해 주어야 한다. 사회적 기술이 부족한 경우에는 갈등을 해결하는 상호작용 및 의사표현 방법을 알려주고, 찰흙이나 펀치백 등을 제공하여 자신의 감정을 적절히 표현할 수 있는 방법을 알려준다. 관심을 끌기 위한 수단인 경우에는 바람직한 행동을 했을 때 더 많은 관심과 칭찬을 제공하고 공격적인 행동은 어떤 보상도 받지 못하게 한다. 그럼에도 불구하고 유아 스스로 공격적인 행동을 통제하지 못하는 경우 권리박탈법이나 일시적인 격리를 통해 지도할 수 있다.

4) 산만한 행동

(1) 행동양상

산만한 행동이란 자신이 참여하는 활동에 대한 주의집중시간이 짧아 활동에 몰두하는 데 어려움을 느끼거나 가만히 있지 못하고 부산한 모습을 보이는 것을 말한다. 평균적으로 2세의 유아는 한 가지에 집중하는 시간이 2~3분가량 되지만, 5세가 되면 15~20분 정도 주의를 집중할 수 있다. 그러나 유아의 기질적 특성이 외부 자극에 민감하다든지 신체적 질병을 갖고 있는 경우 주의를 집중하기 어렵다. 또한 유아들에게 제공되는 활동이 발달에 부적합하여 지루하거나 어렵다고 여겨질 때도 집중하기가 어려우며, 가정에서 부모의 양육태도가 엄격하고 지배적인 경우에도 이러한 행동을 보이기 쉽다. 그리고 지나친 소음이나 무질서한 물리적 환경도 산만한 행동의 원인이 된다.

(2) 지도방법

산만한 행동을 지도하기 위해서는 가능한 주의집중력을 증진시킬 수 있는 환경을 구성한다. 교실의 불필요한 소음을 줄이고, 유아의 흥미를 충족시킬 수 있는 다양한 자료와 활동을 제공한다. 또한 부모나 교사가 유아에게 기대하는 것이 발달수준에 적합한지를 확인하고, 힘에 겨운 과제는 되도록 피하고, 쉽고 재미있는 과제를 부과하도록 한다. 유아가 집중하는 모습을 보일 때 격려와 칭찬을 해주며, 체계적이고 조직적인 관찰을 통해 다른 활동보다 오래 집중하여 참여하는 행동을 파악하고 점차 집중시간과 강도를 늘려갈 수 있도록 체계적으로 도와준다. 또한 유아가 잘한 것이든 못한 것이든 간에 해낸 결과에 대해 인정과 격려를 아끼지 않으며, 따뜻하고 안정된 분위기에서 사랑과 인정을 받고 있음을 느낄 수 있도록 해준다. 더불어 유아 내부의 활동에너지를 발산할 수 있는 동적인 활동 기회를 미리 제공해주는 것도 도움이 된다.

5) 훔치는 행동

(1) 행동양상

훔치는 행동이란 자신의 것이 아닌 물건을 가지고 오는 행동을 말하는 것으로, 유아기의 훔치는 행동의 주된 원인은 소유 개념의 부족 때문이다. 즉 유아기에는 자신의 것과 남의 것을 구분하지 못하기 때문이다. 4세 정도가 되면 소유 개념이 분명해지고 도덕성도 발달하면서 남의 물건을 갖고 싶어도 몰래 가져서는 안 된다는 것을 알게 된다.

이 외에도 훔치는 행동의 유발 원인으로는 충동조절능력의 부족이나 애정결핍, 정서불안이나 갈등 등의 정서적 문제 등이 있다. 소유 개념이 생겼는데도 불구하고 다른 사람의 물건을 반복해서 가지고 오는 행동을 하는 경우에는 습관적인 도벽으로 발전되지 않도록 적절한 지도가 필요하다.

(2) 지도방법

일반적으로 유아기의 훔치는 행동은 충동적 · 정서적 원인에 의해 발생하는 경우가 많으므로, 지나친 비난보다는 훔치게 된 내재적 원인이 무엇인지를 파악하는 것이 필요하다. 먼저 수치심을 느끼게 하지 않는 방법으로 다른 사람의 물건을 가지고 오는 것은 바람직한 행동이 아니라는 것을 분명하게 알려주고, 물건에는 각자 주인이 있다는 소유 개념을 이해할 수 있도록 도와주어야 한다. 더불어 타인의 물건을 빌리는 과정에서 사용할 수 있는 구체적인 방법들을 학습시킨다. 정서적 불안이나 불만이 원인인 경우에는 부모와 교사가 유아에게 관심과 사랑을 주고, 존중받는다는 느낌을 받을 수 있도록 자주 칭찬과 격려를 한다. 또한 충동조절이 부족한 경우에는 충동을 억제할 수 있는 능력을 길러주는 것이 필요한데, 가정이나 유아교육기관에서 일정한 역할을 부여해주면 자부심을 가져 자연스럽게 훔치는 행동이 사라질 수 있다.

6) 거짓말하는 행동

(1) 행동양상

거짓말이란 진실이 아닌 말을 의도적으로 하는 것을 의미한다. 거짓말은 원인에 따라 상상에서 오는 거짓말, 재미로 장난삼아 즐기는 거짓말, 타인의 관심을 끌기 위한 거짓말, 꾸중이나 벌과 같은 두려움을 피하기 위한 거짓말, 다른 사람을 돕기 위한 거짓말 등 다양한 유형으로 나눌 수 있다.

유아가 거짓말을 했다면, 먼저 어떤 종류의 거짓말인지 확인해야 한다. 상상과 현실을 구분하지 못한 데서 연유한 거짓말이나 그저 놀이의 하나로 거짓말하는 것을 즐기는 경우, 일시적으로 상황을 모면하기 위한 거짓말 등의 사소한 경우는 정상적인 발달과정에서 나타나는 현상이므로 과민하게 반응하지 않아도 된다. 그러나 비난이나 체벌에 대한 두려움, 사랑과 인정 상실에 대한 두려움 등 심리적인 원인에 의한 거짓말은 반복적이고 지속적으로 나타날 수 있으므로 이러한 경우 원인이 무엇인지 파악하여 습관적인 거짓말로 발전되지 않도록 미리 적절한 지도를 해야 한다.

(2) 지도 방법

유아가 하는 거짓말의 대부분은 발달과정 중에 지나가는 사소한 현상일 수 있으므로 지나친 벌이나 꾸중은 바람직하지 않다. 유아가 재미를 위해, 혹은 관심을 끌기 위해 거짓말을 하는 경우 교사나 부모는 못 들은 체하거나 상대하지 말고 무시하도록 한다. 의도적 거짓말이 나쁘다는 것을 분명히 인식시켜주어야 하기 때문이다. 또한 실수로 잘못한 것은 처벌하지 않지만, 의도적인 거짓말에 대해서는 처벌할 수 있다는 것을 분명히 말해준다.

부모나 교사는 유아가 거짓말을 하게끔 만드는 상황을 만들지 말아야 한다. 가정에서 지나치게 엄격하거나 사사건건 야단치고 따져서 윽박지르면 유아는 결국 자기를 보호하기 위해 거짓말을 하게 된다. 그러므로 평소에 유아의 잘못이나 실수에 대해 너그럽게 받아들이고 잘못을 인정했을 때는 칭찬을 하여 유아가 솔직히 말할 수 있도록 용기를 주어야 한다. 더불어 항상 유아가 관심 받고 있음을 느끼게 해 주며, 부모나 주변 어른은 진실하고 솔직한 행동으로 바람직한 모델이 되어야 한다.

7) 욕하는 행동

(1) 행동양상

유아기는 언어에 대한 감수성과 관심이 높기 때문에, TV나 대중매체, 주변 어른들이나 또래들로부터 이상한 말을 들으면 그것을 곧 기억하여 반복해서 사용하려고 한다. 이 시기에는 욕의 정확한 의미를 이해하지 못하고 자신이 그런 말을 사용했을 때 부모나 교사가 놀라움, 또는 웃음으로 반응을 보이면 자신의 말이 관심을 얻을 수 있다는 것을 알게 되어 반복하게 된다. 욕하는 행동은 습관적으로 별 뜻 없이 하는 경우도 있지만, 일반적으로는 화가 난 경우에 욕을 많이 하게 된다. 욕하는 행동의 원인에 따라 다른 접근의 지도가 필요하다.

(2) 지도방법

유아가 처음 욕을 사용했을 때는 그런 언어는 좋은 것이 아니라는 것을 알려준 후, 다시 사용했을 때는 무시해버리고 관심을 보이거나 야단을 침으로써 오히려 욕하는 행동을 강화시키지 않도록 한다. 습관적으로 욕을 하는 경우에는 욕하는 행위에 대하여 정적 강화를 하거나 권리박탈법을 사용할 수 있다. 일정 시간을 정해두고 욕을 하지 않는 경우 보상을 주며, 욕을 하는 경우에는 유아가 좋아하는 바깥놀이나 TV 보기, 인터넷 등의 활동을 할 수 있는 기회를 뺏음으로써 지도할 수 있다. 화가 나서 욕하는 행동이 나타나는 경우에는 욕 대신 화를 표현할 수 있는 대치 행동을 가르치는 방향으로 지도해야 한다.

14.2.2. 심리적 · 퇴행적 부적응행동

유아의 정서발달은 성격의 기초와 심리적 안정감을 형성시키므로 중요한 발달과업의 하나이다. 결국 심리적으로 적응에 실패하였을 때 정서적 부적응행동을 나타내게 되는데, 주된 원인은 불안정 애착인 경우가 많다. 애착 형성의 시기에 애착대상의 상실이나 붕괴의 경험은 혼란스러운 애착을 만들고, 초기 애착에 실패한 유아들은 분리불안, 회피, 위축 등의 문제를 갖게 된다. 이러한 불안정 애착으로 인하여 다른 사람과 관계를 가지는 것에 관심이 없거나 함께 어울리는 것을 즐기지 못하고 부적절한 방법으로 감정을 표현하고 행동하게 된다. 정서문제는 그대로 방치하면 심각한 심리적 병리현상을 초래하고 스트레스를 유발하여 신체적 질병이나 발달적 퇴행으로 이어질 수도 있으므로 조기에 발견 · 지도할 필요가 있다. 다음에서는 대표적인 심리적 · 퇴행적 부적응행동의 특성과 지도방법에 대해 살펴본다.

1) 등원 거부

(1) 행동양상

유아가 교육 · 보육기관에 가지 않으려고 하는 행동은 특히 신학기 초에 많이 나타나며, 주된 원인은 분리불안 때문이라고 할 수 있다. 분리불안은 유아의 애착 대상자가 없어졌을 때 나타나는 현상으로, 2세 이상이 되면서 분리불안도 점차 감소하지만, 낯선 상황에서 한동안은 불안감을 갖게 된다. 낯선 환경에서의 부정적인 경험도 원인이 될 수 있는데, 친구들로부터 따돌림을 받거나 놀림을 받은 경우 등원 거부 행동을 나타낼 수 있다. 또한 가정에서의 과잉보호로 인해 독립심이 발달하지 못하거나 가정불화로 인해 정서적으로 불안한 유아들도 등원을 거부하는 행동을 보일 수 있다. 이 외에도 동생의 출생, 장기간의 질병, 집단압력 등이 등원 거부의 원인이 된다. 등원을 거부하는 경우에는 그 원인을 분명하게 밝혀내어 부모와의 상담 및 가정과의 연계를 통한 지도가 필요하다.

(2) 지도방법

등원 거부를 지도하기 위해서는 유아의 분리불안이 해결되어야 한다. 이를 위해서는 먼저 어머니 자신이 자녀에 대한 불안한 마음을 없애고 우리 아이가 적응을 잘 할 것이라는 믿음을 가져야 한다. 기관에 적응할 수 있도록 적응 기간을 두고 단계적으로 떨어져보는 연습을 하며, 유아에게 부모와 떨어져 있어도 서로의 유대 관계가 지속적으로 유지되고 있다는 것을 확신시켜 준다. 익숙하지 않은 상황에 대해서 구체적으로 미리 설명해주는 것은 유아의 마음을 편하게 해 기관에 적응하는 것을 돕는다. 성공적인 또래와의 관계 형성, 교사와의 상호작용 기회의 제공 등을 통하여 영유아기관에서 더 많은 즐거움을 얻을 수 있는 기회를 제공해주고 스스로 하는 습관을 통해 독립심을 길러주는 한편, 칭찬을 자주 하여 보다 자신 있게 새로운 환경에 익숙해질 수 있도록 도와준다.

2) 수줍음을 많이 타는 행동

(1) 행동양상

부끄러워하거나 수줍음을 타는 것은 자신의 주변 환경에 능동적으로 참여하기를 피하는 행동으로, 유아들의 30~50%는 수줍음의 성향을 갖고 있다(Zimbardo, 1982). 수줍음이 많은 유아는 낯선 사람을 만날 때나 낯선 장소, 많은 사람들 앞에서 이야기할 때 어려움을 보이며, 일반적으로 자신감이 적고, 당황스러워하고, 실패에 대해 두려워한다. 다른 사람들에게 비판받고 거절당하는 것에 대한 두려움, 사회적 상황에서 적절하게 반응할 수 없는 것에 대한 두려움, 친교에 대한 두려움 등이 수줍음의 원인이 될 수 있다. 이러한 유아들은 자신이 만든 막연한 생각으로 항상 고민하고 있고 다른 사람으로부터 비난을 불러올 위험을 회피하려고 참여자보다는 관찰자로서의 안전한 역할을 선택한다. 수줍음은 유아의 내향적인 성격이나 또래와 함께 어울리는 놀이 경험의 부족에서 연유될 수도 있다.

(2) 지도방법

부끄러움을 많이 타는 유아의 경우 외부에서 자극을 주거나, 학업에 있어서 표현력이 요구될 때, 낯선 사람들과 강제로 인사시키거나, 놀이를 할 때 즉각적인 반응을 요구하게 되면 오히려 더 움츠러들거나 자신 없어 할 수 있다. 그러므로 교사는 성급하게 많은 것을 요구하기보다는 발달과 특성에 적합하게 대응해야 한다.

먼저 자신감과 자아 존중감을 높일 수 있는 경험을 하게 한다. 자신이 좋아하는 활동이나 쉽게 할 수 있는 활동을 제공하여 교사의 칭찬을 통해서 유아의 노력을 격려하고 촉진시켜준다. 유아가 적극적으로 참여할 수 있는 교사의 심부름이나 또래들에게 필요한 자료 나누어주기, 꽃에 물주기 등의 활동을 시켜 적극성과 자아 존중감을 강화시켜준다. 또한 대집단보다는 소집단활동에 참여하게 하며, 유아가 한 활동 중 잘한 점을 찾아내어 칭찬하고 격려해준다. 다른 사람들과 함께 놀이하는 경험을 제공함으로써 놀이가 즐거운 것이라는 느낌을 주고, 동시에 적절한 상호작용을 통해 말을 거는 법, 사과하기, 요청하기, 거절하기 등의 대인관계에 필요한 사회적 기술을 연습시키고 훈련시킨다. 더불어 타인에게 관심 받고 있다는 확신을 주어야 하며, 화, 좌절, 분노 등의 감정을 표현할 수 있도록 개별적인 감성교육을 병행하는 것도 필요하다.

3) 고립된 행동

(1) 행동양상

유아기의 성공적인 또래 관계 경험은 유아기는 물론 이후 사회성발달에 지속적인 영향을 미칠 수 있으므로 혼자 노는 행동의 원인을 파악하는 것이 중요하다. 유아가 또래와의 접촉을 회피하고 어울리지 못하며 혼자서 고립된 행동을 보이는 원인은 다음의 몇 가지로 나누어 볼 수 있다. 먼저 성인과의 지나친 밀착이다. 자기를 돌보아 주는 어른, 즉 어머니와의 관계가 지나치게 밀착되어 어머니에게 모든 것을 의존하는 경우이다. 두 번째는 대인관계에 실패했던 경험이나 사회적 기술의 부족으로 또래와의 놀이 경험이 부족한 경우이다. 세 번째는 유아의 기질적 특성으로, 내성적인 성격으로 인해 친구를 사귀고자 하는 욕구가 별로 없으며, 또래에 대해 관심을 가지지 않는 경우이다. 이러한 이유들로 친구관계를 회피하고 집단에 적응하지 못하는 것은 유아를 더욱 위축시키고 고립시키는 결과를 가져오기 때문에 적절한 지도가 필요하다.

(2) 지도방법

고립된 행동은 단기적인 지도를 통해 효과를 보기 어려우므로 꾸준하고 지속적인 지도가 필요하다. 성인과의 지나친 밀착으로 고립된 행동을 보이는 경우, 부모와의 면담을 통해 부모의 양육 방법과 태도를 개선시켜야 한다. 그리고 유아들에게는 또래와의 놀이에서 즐거움을 느끼는 경험을 제공함으로써 성인들과 놀거나 혼자 노는 것보다 친구들과 노는 것이 즐겁다는 것을 느끼도록 한다. 동시에 놀이과정에서 친구에게 사과, 요청, 부탁하는 데 필요한 사회적 기술을 알려준다. 기질적 특성으로 또래에게서 배척당하는 유아의 경우에는 자신감을 가질 수 있게 도와주고 장점을 부각시켜 준다. 그리고 또래들과 잘 어울려서 놀이하는 모습을 보이는 경우 칭찬과 격려로 그 행동을 강화시켜 준다.

4) 의존적 행동

(1) 행동양상

의존적 행동이란 자신의 판단이나 의사에 따라 행동하지 않고 타인의 도움을 받아 문제를 해결하고자 하는 행동을 말한다. 이러한 행동은 대부분 가족이 많다든지 할머니가 있는 집의 아이, 막내 등 주변 어른들이 지나치게 보살펴 준 경우나, 어머니가 지나치게 간섭하는 경우에 나타난다. 이러한 환경에서 성장한 유아는 스스로 선택할 수 있는 경험이 부족해져 주도성이나 적극성이 개발되지 못한 경우가 많다. 또는 부모나 주위 사람들이 바쁘고 성급한 경우에도 의존적 행동을 보이기 쉽다. 그리고 체력이 약하거나 타고난 기질에서 수줍음이 많고 느린 경우에도 의존적 행동을 보일 수 있다.

(2) 지도방법

의존적 행동을 보이는 유아는 목표 행동을 여러 단계로 나누어 작은 일에서부터 성취감을 느낄 수 있도록 도와주어야 한다. 문을 닫는다든지 신발을 가지런히 놓는 등 유아가 쉽게 할 수 있는 범위에서 시작해 점차 수준을 높여가는 것이 필요하며, 시간이 다소 지연되더라도 느긋한 마음으로 기다려주는 과정이 필요하다. 유아가 잘 할 수 있는 일을 찾아내어 다른 사람이나 학급을 위한 역할을 부여하고 칭찬과 격려를 해주어 자신감을 가질 수 있도록 도와준다. 일상에서 유아가 자신이 하고 싶은 활동을 결정할 수 있는 기회를 제공하고, 부모님과 상담을 통해 가정에서도 유아에게 잔소리보다는 혼자 할 수 있는 일을 구체적으로 실천할 수 있도록 도와준다. 또한 잘했을 때 칭찬을 통해 자신감을 갖도록 지도한다.

5) 손가락을 빠는 행동

(1) 행동양상

6개월 전후의 영유아기에 손가락을 빠는 행동은 입의 탐색 기능을 발달시키는 자연스러운 행동이라고 볼 수 있으나, 생후 1년 이후부터는 손과 입의 탐색기능이 분화되면서 손가락을 빠는 행동이 사라지는 것이 일반적이다. 그 이후에도 손가락을 빠는 행동이 지속되는 경우에는 다른 원인들을 고려해보아야 한다. 심리적 긴장을 해소시키기 위한 경우 이러한 행동이 나타날 수 있는데, 이때는 부모나 교사와의 상호작용이 강압적이거나 지배적이지는 않은지 검토해볼 필요가 있다. 손가락 빠는 행동이 습관화된 경우 무엇을 빨지 않으면 불안해하거나 행동을 통해 관심을 받고자 하는 의존성이 원인이 될 수도 있다. 혹은 감각활동에 대한 욕구불만이나, 주변 또래가 하는 행동의 모방으로 손가락 빠는 행동을 할 수도 있다. 그리고 유아에게 제공된 활동이나 교육과정이 수준에 맞지 않는 것도 원인이 될 수 있는데, 자신의 발달수준보다 높은 활동은 좌절감을, 낮은 활동은 지루함을 주어 손가락 빠는 행동을 유발할 수 있다.

(2) 지도방법

나이 든 유아의 손가락 빠는 행동은 대부분 정서적 긴장에서 비롯된 경우가 많으므로, 행동 자체에 대해 직접적인 제재를 가하는 것은 바람직하지 않다. 일단 부모나 교사가 세심한 관찰을 통해 불만의 원인을 해소시킬 수 있도록 도와주어야 한다. 자주 안아주거나 쓰다듬는 행동을 통해 유아가 사랑받고 있다고 느껴 스스로 긴장감을 해소할 수 있는 방법을 모색하는 것도 도움이 된다. 손 마사지나 점토놀이, 손가락 인형 놀이, 그림자 놀이 등 재미난 손놀이를 통해 손가락 빠는 행동으로부터 관심을 돌려주고, 감각활동에 대한 욕구를 충족시켜준다. 또래의 행동을 모방한 경우는 민감하게 반응하지 않고 손가락을 빨지 않았을 때 칭찬과 격려를 통해 강화시켜 주고, 그래도 행동이 사라지지 않으면 청결 유지의 중요성 등에 대한 이야기를 나누어 합리적 인식을 이끌어 내는 것도 도움이 될 수 있다.

6) 무서워하는 행동

(1) 행동양상

유아에 따라 두려움이나 공포의 대상은 다양하게 나타난다. 어둠, 귀신, 낯선 사람, 도깨비, 물, 피, 개나 동물, 자동차, 주사기 등에 대해 무서워하는 행동을 보일 수 있다. 유아의 연령과 특성에 따라 누구나 어느 정도의 공포심은 갖고 있지만, 남다르게 지나친 경우에는 문제가 된다. 무서워하는 행동의 원인은 과거의 무서운 경험에 의한 경우가 많다. 개에 물렸거나 자동차 사고가 났을 때 등의 무서운 경험으로 특정 대상을 무서워할 수도 있다. 또한 도깨비 이야기와 같이 거짓된 이야기가 유아의 상상력과 결부되어 무서워하는 행동을 유발하기도 하며, 부모나 또래가 무서워하는 대상을 모방하여 무서워하는 경우도 있다. 이 외에도 엄격한 양육태도로 인해 위축되고 소심하거나 소외되고 사랑받지 못한다고 느끼는 유아도 비교적 심하게 공포심을 느끼는 경향이 있다. 지나친 공포심이나 겁을 내는 경우는 용기가 부족하고 마음 약한 어른으로 성장할 수 있으므로 초기에 적절하게 지도할 필요가 있다.

(2) 지도방법

유아가 나타내는 공포나 두려움은 성장하면서 사라진다는 것을 염두에 두고 유아가 무서워하는 행동을 수용하고 인정해주는 것이 중요하다. 무서워하는 행동의 원인이 무엇인지 관찰하여 대상에 대해 충분히 설명해주고, 체계적 감각법이나 행동형성법 등을 활용하여 공포의 대상과 친숙해지도록 도와주거나 무서워하는 마음을 없애주어야 한다. 예를 들면 개를 무서워하는 유아에게 개의 사진이나 모형을 보여주고 만져보게 함으로써 친숙해지는 것을 도울 수 있다. 부모는 유아가 무서워하는 대상을 없애도록 노력하는 한편, 가족의 사랑과 믿음을 바탕으로 유아가 자신을 도울 수 있는 사람이 많다는 것을 느끼게 하여 두려움을 없애줄 수도 있다. 적당한 운동과 영양으로 건강한 몸과 마음을 만들어주고, 무엇이든지 유아 자신의 힘으로 하도록 유도하여 성공적인 경험을 갖게 하는 것도 도움이 된다.

7) 말더듬는 행동

(1) 행동양상

말더듬이란 말의 진행이 운동 신경적으로 잘못된 음절, 말소리 낱말의 문제나 이에 대한 사람의 반응으로 인해 방해를 받을 때 생기는 현상이라고 할 수 있다. 말더듬은 대부분 자기의 의지와는 관계없이 시작되며, 2세에서 5세에 걸쳐 나타나고 특히 3세 전후에 집중되어 있다. 이 시기 아동들은 대체로 상당수 말의 반복이 있고 일반적으로 2~4세에 걸쳐서는 말이 급속히 많아진다.

말더듬의 양상으로 가장 흔히 볼 수 있는 것은 첫소리를 반복하는 것인데, 이러한 반복이 심해지면 이를 피하려고 특정 소리에서 입만 벌리고 아무 소리도 내지 못하거나 아예 말을 하지 않으려고 하게 된다. 또한 주변 사람들이 말더듬는 것에 주의를 주게 되면 말하는 상황에 공포감을 느껴 말을 더듬음과 동시에 가볍게 입술을 떨거나 얼굴근육이 일그러지는 등 여러 가지 신체행동이 수반되기도 한다.

말더듬을 하는 행동은 신체적 장애보다는 대부분 심리적 원인에서 연유한 경우가 많다. 충격적인 사건이나 심한 긴장, 불안을 유발시키는 사건을 경험했을 때 말을 더듬게 되는 경우가 많고, 매를 심하게 맞거나 꾸중을 들었을 때나 유치원 입학이나 엄마와 떨어지는 캠프 등도 말더듬을 가져오는 촉발사건이 될 수 있다.

한편 말더듬은 언어발달이 이루어지는 과정에서 원인을 찾을 수도 있는데, 2~4세경의 아동은 낱말을 이용하여 문장을 구사하기 시작하며 급속도로 언어능력이 확대되어 간다. 아이들은 단지 어른의 말을 반복적으로 모방하면서 배우는 것이 아니라 복잡한 말의 구조를 나름대로 터득해나가기 때문에 시행착오가 불가피하며 이런 과정에서 더듬는 행동이 나타날 수 있다. 이때 주변 어른들이 짜증을 내거나 야단을 치게 되면 아이는 자기의 말이 크게 잘못되었다고 생각하여 말하기를 두려워하게 되며 말을 더듬게 된다.

(2) 지도방법

말을 더듬는 아동은 신체적 · 사회적 자아개념이 부정적으로 발달되는 경향이 있으므로, 말더듬는 행동을 지도할 때는 더듬는 말의 교정보다는 부모나 교사들의 수용적이고 온정적인 태도, 즉 정서적 지지에 보다 중점을 두어야 한다. 행동을 고쳐주기 위해 "천천히 다시 해봐." 하며 지도하는 것은 그 태도가 아무리 부드럽다 해도 대부분 역효과를 가져온다. 말더듬는 현상 자체를 직접 고쳐주려 하기보다는 아이가 말하는 것에 대한 불안과 두려움으로 위축되지 않도록 편안함을 주는 것이 가장 중요하므로 가능한 한 말더듬는 행동에 대해서는 관심을 보이지 않는 것이 좋다. 대신 아이와 함께 말할 때 부드럽고 천천히 말하며, 아이의 말을 끝까지 들어주고 중간에 끼어들지 않는 것이 좋다.

또한 과도하게 많은 학습지나 학원 등 부담되는 과제를 줄여 불안정한 심리 상태를 편안한 상태로 돌리고자 노력하며, 유아가 말을 더듬지 않는 곳이 어디인지 잘 관찰하여 그 상황에서 자꾸 자연스럽게 말을 하는 경험을 확장시켜 줄 필요가 있다.

14.2.3. 모둠생활 · 기본생활습관과 관련된 부적응행동

여성의 사회참여 확대와 자녀의 양육에 대한 사회적 책임이 강조됨에 따라 최근에는 많은 영유아들이 어려서부터 모둠생활을 경험하고 있다. 모둠생활에서는 연령에 따라 교사 대 아동의 비율이 높아지며, 이에 따라 개별 가정에서보다 자립적이고 독립적인 행동을 요구하게 된다. 또한 교사들은 다양한 활동들을 균형 있게 계획하고 제공하여 유아가 가능한 한 많은 것을 경험하고 학습하기를 바라며, 식사, 배변, 정리 등 기본생활습관이 바르게 형성될 수 있도록 노력한다. 그러나 다양한 이유로 유아교육기관에서 제공하는 활동에 참여하기를 거부하거나, 일반적인 기본생활습관과는 다른 행동을 보이는 유아들이 종종 나타난다. 이러한 문제들은 사회적 관계에 대한 흥미를 감소시키고 모둠생활에 대한 적응을 방해하여 이후 사회적 참여활동에서 여러 가지 문제들을 유발시킬 수 있으므로 적절한 시기에 지도할 필요가 있다. 다음에서는 모둠생활과 관련된 부적응행동 및 기본생활습관상의 부적응행동의 특성과 지도방법에 대해 알아본다.

1) 활동에 참여하지 않는 행동

(1) 행동양상

활동에 참여하지 않는 행동이란 교사가 계획하거나 자기가 시작한 모둠 활동에 아동이 건설적으로 참여하지 않는 모든 경우를 말한다. 주위에서 서성대거나, 모둠 활동을 할 때 한쪽 구석에 따로 떨어져 있거나, 자료도 만지지 않고, 참여요청을 받았을 때 거부하는 등의 행동이 이에 속한다. 활동에 참여하지 않는 아동은 일반적으로 활동 참여와 관련하여 좋지 않은 기억을 갖고 있는 경우가 많다. 부모가 지나친 기대를 하여 아동의 활동에 불만을 보이거나 다른 사람과 비교함으로써 열등감을 느끼게 한 경우에 아동은 활동에 흥미를 잃기 쉽다. 또한 잔소리를 많이 하고 재촉하는 경우에도 아동은 자주적인 활동에서 자신감을 형성하지 못하여 연령에 맞는 활동을 할 수 없게 되기도 한다. 또한 제공된 자료나 활동이 흥미롭지 않거나 너무 쉽거나 어려워 발달 수준에 적합하지 않은 경우도 원인이 될 수 있다. 이 외에도 기질이나 성격적으로 매우 수줍음을 타는 경우이거나 시각 또는 청각 등의 감각 · 지각적 결함이나 신체적 결함으로 인해 활동에 참여하기를 꺼릴 수도 있고, 교사나 부모의 관심을 끌기 위해 활동에 참여하지 않을 가능성도 있다.

(2) 지도방법

활동에 참여하지 않는 아동은 무엇보다도 스스로 활동을 선택할 수 있도록 존중해주는 것이 필요하다. 아동이 자율적으로 활동을 선택할 수 있도록 아동의 흥미에 맞는 적절한 자료나 활동, 설비를 제공해주고, 활동 자체에 흥미가 없다면 마음껏 실험해볼 수 있도록 종이 찢기나 밀가루 반죽 등의 부담 없는 활동을 주어 수시로 놀게 하는 것도 필요하다.

더불어 열등감이 심하거나 자신감이 부족한 경우에는 아동이 한 일이나 활동에 애정과 칭찬, 인정과 같은 긍정적인 반응을 보여준다. 완성도가 떨어지거나 잘하지 못한 결과물에 대해서도 존중해주어, 열등감을 느끼지 않고 자신감을 키워갈 수 있도록 배려해주어야 한다.

한편 교사나 부모가 활동에 참여하지 않는 행동 자체에 관심을 두고 직접적으로 잔소리를 하거나 달래주려 할 경우, 오히려 어른의 관심을 끌고자 이런 행동을 지속할 수 있으므로, 활동에 참여하지 않을 때는 인정도 부정도 하지 말고 중립적으로 반응하거나 무시하는 것이 좋다. 대신 활동에 참여하거나 참여하고 있는 다른 아이들을 바라만 볼 때에도 강화를 주어 아동이 활동에 참여하는 양이나 빈도를 차츰 늘려가도록 도와주는 것이 바람직하다.

2) 한 가지 활동에만 참여하는 행동

(1) 행동양상

모둠생활을 하는 유아교육기관에서는 유아들의 사회적 · 정서적 · 신체적 · 인지적 발달을 촉진하기 위해 다양한 자료, 설비, 활동들을 제공하며, 이는 유아들의 다양한 발달적 욕구를 충족시켜 주기 위해서 고안되고 선택된 것들이다. 그러나 어떤 유아는 다양한 활동을 원하지 않고 매일 똑같은 활동만 하기를 고집하기도 한다. 이러한 행동이 한 가지 활동에 몰입했기 때문이거나 혹은 그 활동에 숙달되고자 하는 노력이라면 다행이지만, 그렇지 않은 경우에 유아는 다른 다양한 활동들을 경험해보지 못함으로써 여러 가지 발달적 문제를 갖게 된다. 다양한 감각발달이 제한됨은 물론이고, 이후 인지적 · 사회적 · 정서적 발달에서도 편중된 발달양상을 보이게 된다. 이러한 행동의 한 원인으로는 교실에 제공된 자료들이 발달수준과 흥미에 적합하며, 인원에 맞게 충분히 제공되었는가 하는 점을 고려할 수 있다.

(2) 지도방법

한 가지 활동에만 참여하는 유아를 지도하는 방법은 크게 세 가지로 나누어 볼 수 있다. 먼저 유아에게 체계적으로 다른 활동영역에 대해 소개해야 한다. 유아가 좋아하는 활동과 유사한 활동부터 시작하여 점차 다른 활동으로 연결시키면서 유아가 다른 활동에서도 성취감을 가질 수 있도록 구조화시켜줄 필요가 있다. 더불어 다양한 활동에 참여한 것을 인정하고 지지해주며, 특히 활동을 한 후 나타난 완성품에 대해 각별한 관심을 표현하여 유아가 지속적으로 흥미를 가질 수 있도록 도와준다. 마지막으로 좋아하는 활동에 참여한 것에 대해서는 관심을 보이지 않는다. 이러한 방법으로 유아가 다양한 활동에 참여하도록 도와주면 유아는 자기가 하고 있는 활동에서 즐거움을 느끼게 되면서 자기 보상을 받아 점차 다른 활동으로 참여를 확대해 나가게 된다.

3) 고자질하는 행동

(1) 행동양상

고자질은 남의 잘못이나 비밀을 몰래 타인에게 일러바치거나 헐뜯어 말하는 행동을 말한다. 일반적으로 고자질을 하는 유아는 교사나 부모에게 인정받고 사랑을 얻고 싶으나 그렇지 못한 상황에 처한 경우가 많다. 친구관계에서 불만을 갖고 있거나 모둠 활동에서 잘 어울리지 못하므로 자신의 존재를 알리고 싶은 욕구에서 고자질하는 행동을 선택할 수 있다. 또한 부모의 양육태도에서 연유한 것으로, 옳고 그른 것에 대해 지나치게 엄격하고 단정적인 부모의 잔소리나 금지를 받은 아동은 자연히 친구들의 행위를 인정할 수 없는 경우가 많고 자신이 금지 받은 일을 다른 아동들이 자유로이 행하는 것을 보고 시기심이 생겨서 교사에게 고자질을 함으로써 보상을 받고자 할 수 있다.

고자질을 하는 행동이 습관화 · 고착화되면 없었던 일도 거짓으로 꾸며 거짓말하는 행동으로 발전할 수 있고, 잘못을 저지르고도 그 잘못을 일러바친 사람만 원망하고 복수하려는 마음을 갖게 할 수 있으므로 어릴 때부터 바른 지도가 필요하다.

(2) 지도방법

고자질을 하는 유아를 지도하기 위해서는 고자질을 하는 목적이 무엇인지 파악해야 한다. 즉, 상대방을 비난하여 자신을 높이기 위해서인지, 상대방을 도우려는 의도에서인지, 아니면 상대방에게 불이익을 주지만 공익을 위한 것인지에 따라 다르게 지도할 수 있다.

고자질을 하는 아동을 지도할 때 교사가 가장 유의해야 할 점은 아동을 편리한 존재로 생각해서 그 아동의 말에 동조하는 행위를 절대 피해야 한다는 점이다. 고자질의 대상이 되는 유아를 야단치면 고자질하는 행동을 강화할 수 있으므로 다른 아이의 나쁜 점을 들었을 때 담담한 반응으로 대처해야 하며 중요하게 생각하지 않는다는 것을 보여줄 필요가 있다.

또한 친구들과 잘 어울리지 못하여 친구들을 험담하거나 일러바치는 아이들에게는 다른 친구의 좋은 점을 인정할 수 있는 기회를 많이 만들어주고 친구들의 집단 속에 들어가 같이 어울릴 수 있도록 유도해주어야 한다. 더불어 부모님과 의논하여 유아 앞에서 다른 사람을 험담하는 모습을 보이지 않도록 하고, 지나치게 간섭하거나 엄격하게 지도하고 있다면 이 부분에 대해서도 조정할 필요가 있다.

4) 정리정돈을 못하는 행동

(1) 행동양상

유아는 주의집중시간이 짧고, 다양한 놀잇감에 관심이 많아 놀이를 하는 과정에서 자연스럽게 어지르는 행동을 하게 된다. 특히 호기심이 많은 아이들은 여러 가지 잡다한 물건들을 모으기 좋아해서 주변이 지저분한 경우가 많다. 정리하는 습관은 초기에 형성하지 않으면 나중에 지도하기가 힘들기 때문에 유아기에 각별히 신경을 써서 지도해야 할 부분이라고 할 수 있는데, 특히 많은 아이들이 함께 생활하는 모둠 생활에서 정리 못하는 행동은 발달의 여러 다른 영역과도 관련되어 있으므로 각별히 신경을 써서 지도해야 한다. 정리정돈을 못하는 아이들의 경우 대개 주의집중시간이 짧고, 산만한 모습을 보인다. 활동이나 놀잇감을 자신의 기분대로 하려고 하고, 순서를 기다리거나 질서를 지키는 것도 어려워한다. 부주의한 실수가 잦고 작은 일도 끝까지 하기 어려워하며, 자신의 힘으로 할 수 있는 일도 부모에게 의존하는 모습을 보인다.

정리정돈을 못하는 행동의 주된 원인은 부모가 먼저 정리정돈을 해주어 아동이 정리정돈을 할 기회가 없었기 때문이다. 또는 집중력이 짧아 한 가지를 오래 하지 못하거나 기억하지 못하거나, 활동이나 일에 대한 순서를 잘 알지 못하고, 급하게 일을 끝내려는 성향이 원인으로 작용할 수도 있다.

(2) 지도방법

정리정돈을 하지 못하는 유아들의 행동을 지도하는 데 쉽게 사용할 수 있는 방법은 습관화이다. 습관화를 위해서는 쉬운 것부터 하나씩 나누어 꾸준히 지도하는 노력이 필요한데, 처음에는 교사나 부모가 먼저 치우기 시작해서 약간만 남겨놓은 다음에 아이가 치우게 하거나 옷걸기, 장난감 정리, 책 정리하기 등 하나의 영역으로만 한정하여 습관화시키는 것이 좋다. 이때 성급하게 생각하지 말고 완전히 습관화될 때까지 꾸준히 실행하여야 하며, 정돈을 잘 한 경우에는 칭찬이나 안아주는 등의 사회적 보상을 해주는 것이 좋다.

또한 정리를 쉽게 할 수 있는 환경을 구성해주는 것도 도움이 되는데, 정리 공간을 만들어 구분해주고, 정리할 물건에 맞도록 이름표를 붙여둘 수도 있다. 더불어 노래에 맞춰 정리를 한다든가, 정해진 규칙에 맞게 정해진 시간 안에 물건을 찾는 등 정리정돈을 놀이로 할 수 있도록 지도하는 것도 효과적인 방법이 될 수 있다. 이런 다양한 노력에도 불구하고 정리정돈을 안 하는 경우에는 약속을 정하고, 정리를 안 할 경우 일정 기간 장난감을 압수하는 방법을 사용해 볼 수 있다. 대신 이때 교사나 부모는 잔소리를 하거나 야단치기보다는 약속에 대해서만 강조하는 것이 바람직하다.

5) 편식하는 행동

(1) 행동양상

3세 전후에서 7세 전후의 유아는 자아의식이 발달하면서 음식에 대한 선호의 표현이 강하게 나타나기 시작하여, 특정 음식에 대해 좋아하고 싫어하는 기호성이 매주 또는 매일을 주기로 수시로 변화한다. 이러한 식품의 기호는 일반적으로 일어날 수 있는 일이므로 지나치게 걱정을 하거나 강제로 먹이려 한다면 역효과를 낼 수 있다. 특히 이런 상황에서 잘못 대처하였을 때 특정 음식군에 대한 부정적인 태도를 고착시켜 편식하는 유아로 만들 수 있다.

편식하는 행동은 충분한 영양섭취가 필요한 유아기에 영양의 불균형을 초래할 수 있고, 미각을 비롯한 다양한 감각 발달도 제한시킬 수 있다. 또한 낯선 음식을 기피하는 습관은 새로운 활동이나 친구, 환경에 대한 거부감으로 발전될 수 있으므로 원활한 모둠 생활을 방해하는 요인으로 작용할 수 있다. 편식은 불규칙한 식사시간이나 식사 전의 간식 등 잘못된 식습관의 형성이나 주변 어른들의 편식습관에 대한 모방행동으로 인해 생길 수도 있다.

(2) 지도방법

식사습관은 어렸을 때 형성되어 나이가 들어서까지 지속되기 때문에 일시적인 방법으로 해결하기보다는 시간을 두고 지속적으로 지도하는 노력이 필요하다. 식사시간을 규칙적으로 정해두고, 식사시간 전에 운동을 충분히 하게 하여 공복감을 느끼도록 하며, 가족이 모두 편식을 하지 않는다는 것을 모범으로 보여주는 것도 필요하다. 식사를 하지 않는다고 쫓아다니면서 떠먹여주거나 때를 가리지 않고 간식을 넉넉히 주는 것은 오히려 잘못된 식습관을 조장하는 결과를 초래할 수 있으므로 유의해야 한다.

아이들이 잘 안 먹는 음식에 대해서도 먹어볼 수 있는 기회를 제공할 필요가 있는데, 야채나 고기 등은 잘 씹어서 금방 삼킬 수 있도록 잘게 잘라주고 조금씩 먹어보도록 한다. 팥죽이나 도토리묵 등 일상에서 쉽게 접하지 못했던 낯선 음식들은 관련된 동화나 음식의 유래에 대한 이야기를 통해 호감이나 관심을 높여주고, 먹어볼 수 있는 동기를 부여해줄 수 있다. 식품을 먹을 때 나는 소리나 맛을 음미하면서 식사시간을 즐겁게 유도할 수 있는데, 오이나 깍두기 등은 '사각사각' 소리를 들어보면서, 멸치볶음이나 뱅어포구이 등은 '바삭바삭'하고 짭짤한 맛을 느껴보면서 먹어보도록 권해볼 수 있다. 더불어 식품 섭취가 우리 몸에 어떠한 영향을 미치는지에 대해 일상에서 자연스럽게 알도록 하고, 음식을 가리지 않고 잘 먹는 친구들을 칭찬해줌으로써 편식하는 행동을 개선해나갈 수 있다.

6) 배설과 관련된 부적응행동

(1) 행동양상

일반적으로 유아가 3~4세가 되면 대소변을 가릴 수 있게 된다. 유뇨증은 5세 이후에도 계속해서 밤과 낮에 소변을 가리지 못하는 것이고(1주일에 2번, 3개월 이상 지속 시), 밤에만 소변을 가리지 못하는 것은 야뇨증이라고 한다. 유분증은 4세가 지나 대변을 가릴 나이임에도 불구하고 가리지 못하는 경우를 말하는데, 이런 배설장애를 보이는 아동은 정서적으로 쉽게 긴장하고 예민하며 심한 경우 불안 증세를 동반하기도 한다. 성격적으로는 지나치게 의존적이고 내향적이며 자발성과 인내력이 부족한 경향을 보인다. 자신감이 부족하고 열등감을 갖고 있어 대인관계에서 위축되거나 놀림을 받는 대상이 되기 쉽다.

이러한 증상은 신체적으로 방광이나 요로의 염증, 직장이나 항문의 기형 또는 질병, 발작, 지적장애 등으로 배뇨조절이 안 될 때 나타날 수도 있으나, 실제 기질적 질환이 원인이 되는 경우는 아주 드물고 대부분 심리적인 요인에 의해서 생긴다. 처음에 대소변을 가릴 수 있었던 아동도 동생의 출생이나 유치원 입학, 부모의 불화, 이사, 가족의 사망 등 환경적인 요인에 의한 심리적 스트레스로 못 가리게 되는 경우가 발생한다. 다른 심리적 요인으로는 부모의 배변훈련을 들 수 있는데, 아이가 아직 생리적으로 대소변을 가릴 만큼 성숙하지 못했는데, 너무 성급하게 혹은 지나치게 엄격하게 대소변 가리기를 강요할 때 하나의 무의식적인 반항으로 이런 행동을 보이기도 한다.

(2) 지도방법

배변문제는 유아 스스로 수치심이나 죄의식 등을 느끼게 하고, 자신감을 상실하게 하는 등 정서적인 문제를 유발할 수 있다. 배변문제를 지도하기 위해서는 지속적인 관찰로 문제 상황 및 원인을 명확히 파악해야 하고 이를 기초로 적절한 지도를 해야 한다.

유뇨증이나 유분증을 보이는 경우에는 무조건 꾸중하여 아동에게 열등감이나 죄악감, 노여움을 일으키게 해서는 안 되고, 실수한 경우에도 야단을 치거나 민감하게 반응하는 것보다 유아를 감정적으로 안심시켜야 한다. 대신 실수를 하지 않은 경우에 적극적으로 칭찬하여 격려해준다. 저녁식사 후 물, 주스, 우유 같은 수분 섭취를 제한하고 자기 전에 화장실을 다녀오게 하여 규칙적인 배변습관을 길러주며, 심리적 스트레스를 유발하는 요인을 제거시켜주고 가능한 한 유아를 따뜻하게 수용해주어야 한다. 방광이나 항문의 기질적인 문제인 경우에는 외과적 치료를 통해 문제의 원인을 해결해 줄 필요가 있다.

7) 성기를 만지는 행동

(1) 행동양상

유아는 성에 대한 호기심이 증가하면서 자신의 성기를 만지거나 노출시켜보는 등의 유아적 자위행위를 하게 된다. 특히 4~5세는 Freud의 발달단계로 보았을 때 '남근기'에 해당하는 시기로, 남자와 여자를 구별하게 되고, 성에 대한 관심이 많아지는 시기이다. 유아들 중에는 바지에 손을 넣고 성기를 만지거나 계단의 난간이나 침대나 책상 모서리에 성기를 문지르거나 또는 이불이나 베개 등을 다리에 끼우고 성기에 압박을 가하는 경우도 있다. 그러나 대개의 경우 이런 행동은 일과성을 가지며 자신의 신체를 탐색하는 자연스러운 발달과정으로 볼 수 있다. 하지만 이러한 행동이 습관화되거나 모둠생활에서 일어났을 때는 원인에 따른 적절한 지도가 필요하다.

성기를 만지는 유아들의 행동이 나타나게 된 데에는 다양한 원인이 있을 수 있다. 신체를 탐색하다가 우연히 쾌감을 느끼게 되거나, 성인이나 TV, 인터넷 등 주변에 성적인 자극이 많은 환경에서 자라는 경우, 신경질적이고 의존적 · 퇴행적으로 사회성이 부족해서 쉽게 긴장하고 불안할 때 이를 해소하고 안정을 찾기 위한 대처행동으로 선택할 수 있다. 또한 몸이 청결하지 못하거나 습진 등의 질환이 있어서 긁기 시작한 것이 습관이 된 경우, 몸에 꼭 끼는 옷을 입고 있어서 성기에 압박이 되고 자극이 된 경우, 애정, 관심, 승인 등의 사회적 욕구를 저지당한 경우 등도 성기를 만지는 행동의 원인이 될 수 있다.

(2) 지도방법

먼저 유아의 성적인 발견과 호기심은 자라면서 겪는 지극히 자연스러운 일이라는 것을 인정해야 한다. 유아가 신체에 대한 호기심으로 성기를 만질 때는 나무라거나 위협하여 공포심을 주면 수치심이나 죄의식을 갖게 할 수 있고 오히려 그 행동에 집착할 수 있으므로, 꾸짖기보다는 손을 활용하는 다른 활동들을 통해 관심을 다른 곳으로 옮기도록 지도하는 것이 바람직하다. 또한 성에 대한 관심이 많은 아동에게는 성교육을 통해 성기는 중요한 부분이며 소중히 다루어야 함을 알려주는 한편, 호기심을 풀어줄 필요가 있다. 교사나 어른의 주목을 끌고자 하는 행동이라면 무시해버리고, 다른 활동을 할 때 관심을 보이고 칭찬해주어야 한다.

성기를 만지는 행동은 특히 가정과 연계한 일관성 있는 지도가 필요한데, 부모와의 상담을 통해 가정에서의 행동에 대한 정보를 수집하고, 성기를 자극하지 않는 편안한 옷을 입히고, 몸을 청결하게 하여 습진 등의 질환으로 성기를 만지는 일이 없도록 함께 지도해야 한다.

제 15 장

장애 지도

| 학습 개요 |

장애아동은 특정 장애로 정상발달 단계가 지연될 수 있으며, 신체, 인지, 정서, 사회 등의 각 영역에서 특수한 욕구를 나타낸다. 따라서 장애아동을 지도하는 부모나 교사는 그들의 욕구와 지도방법을 구체적으로 알아야 한다. 또한 무엇보다 선행되어야 하는 것은 장애아동에 대한 초기 중재가 빠른 시기에 이루어질 수 있도록 돕는 것이다. 초기 중재는 빠를수록 효과적이며 장애로 인한 부작용과 악순환의 고리를 최소화시킬 수 있다.

이 장에서는 장애아동을 선별하고 체계적으로 지도하는 능력을 갖추기 위해 장애의 개념과 유형을 알아보고, 장애아동을 발견하고 선별하는 과정을 알아본다. 또한 장애지도의 실제를 각 장애의 종류별로 알아보고, 장애아 통합교육에 대해 살펴본다.

| 학습 목표 |

1. 장애의 개념과 유형을 이해한다.
2. 장애아동을 판별하는 과정에 대해 안다.
3. 장애의 종류별로 장애의 평가와 실제 지도방안을 이해한다.
4. 장애아 통합교육과정에 대해 살펴본다.

| 주요 용어 |

장애, 판별, 장애아 통합교육

15.1. 장애의 정의 및 기준

장애아동이란 선천적 · 후천적 원인에 의해 장애를 지닌 아동으로, 특정 영역에서 대부분의 아동들과는 달라 특수한 교육과 서비스를 필요로 한다. 1절에서는 장애의 정의 및 기준에 대해 알아본다.

세계보건기구(WHO)는 1980년의 국제장애분류(International Classification of Impairments, Disabilities and Handicaps: ICIDH), 1997년의 ICIDH-2, 그리고 2001년 ICF(International Classification of Functioning, Disability, and Health)를 발표하면서 장애에 관한 개념적 틀을 정립하였다.

장애의 판정에 초점을 둔 ICIDH에서는 장애의 개념을 ① 신체구조와 외관, 기관 또는 기관계의 이상을 의미하는 '기능장애(impairment)', ② 신체의 기능적 · 구조적 손상의 결과로 발생하는 활동이나 행동의 제한이나 결여를 의미하는 '능력장애(disability)', ③ 기능장애나 능력장애로 개인에게 초래되는 '사회적 불이익(handicap)'으로 구분하였다. 그러나 ICF에는 ICIDH와 달리 장애의 독립적 정의와 기준이 제시되어 있지 않다. 단지 '건강의 구성요소' 상태에 따라 ① 신체 기능 및 구조(body functions/ body structures), ② 활동(activities), ③ 참여(participation)의 세 가지 측면으로 구분되어 다양한 형태를 포괄하는 개념으로 장애를 정의하고 있다. 이는 장애를 특수한 문제로 이해할 것이 아니라 건강의 축으로 바라보아야 한다는 의식을 반영한 결과로, 장애에 대한 개별적 모델과 사회적 모델의 통합을 위한 노력의 결과물이라 하겠다.

ICF에서 제시하는 장애의 개념은 실질적인 기능의 상태를 측정하고 평가할 수 있는 '기능과 장애', 이러한 기능에 영향을 주는 '상황적 요소' 두 영역으로 나뉜다. '기능과 장애'는 신체의 생리적 기능의 분류와 해부학적 구조의 분류인 '신체기능과 구조', 일상적인 활동과 과업의 수행, 사회적 역할 수행부분인 '활동과 참여'로 나뉘며, '상황적 요소'는 개인을 둘러싼 모든 환경적 요인인 '환경요소'과 건강 상태에 영향을 미치는 모든 개인적 특성인 '개인적 요소'로 나뉜다. 장애의 개념에 대한 구체적인 내용은 <표 15-1>에 제시하였다.

표 15-1 ICF에 의한 장애 개념

<table>
<tr><th></th><th colspan="2">영역 1: 기능과 장애</th><th colspan="2">영역 2: 상황적 요소</th></tr>
<tr><td>구성 요소</td><td>신체기능과 구조</td><td>활동과 참여</td><td>환경적 요소</td><td>개인적 요소</td></tr>
<tr><td>분야</td><td>신체기능 신체구조</td><td>생활영역
(작업과 활동)</td><td>기능과 장애에 영향을 미치는 외부적 요인</td><td>기능과 장애에 영향을 미치는 내부적 요인</td></tr>
<tr><td>구성 및 지표</td><td>신체기능의 변화(생리학적)
신체구조의 변화(해부학적)</td><td>표준적 환경에서 과업수행능력
현재 환경에서 과업수행능력</td><td>육체적, 사회적, 행태적 특징을 촉진하거나 억제하는 효과</td><td>개인의 행태에 미치는 효과</td></tr>
<tr><td rowspan="2">긍정적 측면</td><td>기능적·구조적 통합성</td><td>활동 참여</td><td rowspan="2">촉진제</td><td rowspan="2">-</td></tr>
<tr><td colspan="2">기능</td></tr>
<tr><td rowspan="2">부정적 측면</td><td>신체/기능의 손상</td><td>활동의 제한
참여의 제약</td><td rowspan="2">억제제</td><td rowspan="2">-</td></tr>
<tr><td colspan="2">장애</td></tr>
</table>

출처: WHO(2003). p.11.

한편 장애아동은 학자마다 조금씩 다르게 정의하고 있는데, Kirk & Gallagher (1989)는 장애아동을 지능 및 감각, 신경근육, 신체 발달, 사회 및 정서 발달, 의사소통 능력 등에서 일반 아동으로부터 벗어난 정도가 심하며, 특수교육 및 서비스를 필요로 하는 아동이라고 정의하였다. Hallahan & Kauffman(2003)은 장애아동을 자신의 잠재력을 개발하기 위해서 특수교육 및 그와 관련된 서비스를 필요로 하는 아동이라고 정의하였다. 이를 종합하면 장애아동이란 선천적 또는 후천적 원인에 의해 장애를 가지고 있는 아동으로, 특정 영역에서 대부분의 아동들과는 달라 특수한 교육과 서비스를 필요로 하는 아동을 의미한다고 할 수 있다.

15.2. 장애의 유형 및 판별

2절에서는 장애의 범주 및 유형에 대해 알아보고, 발견, 선별 및 진단 등 장애아동의 판별 단계에 대해 자세히 살펴본다.

15.2.1. 장애의 유형

장애를 분류할 때 영역별로 집단화하는 것은 매우 보편적인 방법이다. 우리나라의 「장애인 등에 대한 특수교육법」 제15조 1항〔2021.7.20., 타법개정〕에서는 특수교육이 필요한 장애를 다음의 11가지, 즉 ① 시각장애 ② 청각장애 ③ 지적장애 ④ 지체장애 ⑤ 정서 · 행동장애 ⑥ 자폐성장애 ⑦ 의사소통장애 ⑧ 학습장애 ⑨ 건강장애 ⑩ 발달지체 ⑪ 그밖에 두 가지 이상의 장애가 있는 경우 등 대통령령[1]으로 정하는 장애로 구분하고 있다.

표 15-2 장애인 등에 대한 특수교육법에서의 장애 구분 및 선정 기준

구분	선정 기준
시각장애	시각계의 손상이 심하여 시각기능을 전혀 이용하지 못하거나 보조공학기기의 지원을 받아야 시각적 과제를 수행할 수 있는 사람으로서 시각에 의한 학습이 곤란하여 특정의 광학기구 · 학습매체 등을 통하여 학습하거나 촉각 또는 청각을 학습의 주요 수단으로 사용하는 사람
청각장애	청력 손실이 심하여 보청기를 착용해도 청각을 통한 의사소통이 불가능 또는 곤란한 상태이거나, 청력이 남아 있어도 보청기를 착용해야 청각을 통한 의사소통이 가능하여 청각에 의한 교육적 성취가 어려운 사람
지적장애	지적 기능과 적응행동상의 어려움이 함께 존재하여 교육적 성취에 어려움이 있는 사람

1 장애인 등에 대한 특수교육법시행령 〔시행2022.6.29.〕〔대통령령 제32722호, 2022. 6.28., 일부개정〕 제10조(특수교육대상자의 선정) – ① 법 제10조1항제11호에서 "두 가지 장애가 있는 경우 등 대통령령으로 정하는 장애"란 같은 항 제1호부터 제9호까지의 규정에 따른 장애가 두 가지 이상 중복된 장애를 말한다.

구분	선정 기준
지체장애	기능 · 형태상 장애를 가지고 있거나 몸통을 지탱하거나 팔다리의 움직임 등에 어려움을 겪는 신체적 조건이나 상태로 인해 교육적 성취에 어려움이 있는 사람
정서·행동장애	장기간에 걸쳐 다음 각 항목의 어느 하나에 해당하여, 특별한 교육적 조치가 필요한 사람 가. 지적 · 감각적 · 건강상의 이유로 설명할 수 없는 학습상의 어려움을 지닌 사람 나. 또래나 교사와의 대인관계에 어려움이 있어 학습에 어려움을 겪는 사람 다. 일반적인 상황에서 부적절한 행동이나 감정을 나타내어 학습에 어려움이 있는 사람 라. 전반적인 불행감이나 우울증을 나타내어 학습에 어려움이 있는 사람 마. 학교나 개인 문제에 관련된 신체적인 통증이나 공포를 나타내어 학습에 어려움이 있는 사람
자폐성장애	사회적 상호작용과 의사소통에 결함이 있고, 제한적이고 반복적인 관심과 활동을 보임으로써 교육적 성취 및 일상생활 적응에 도움이 필요한 사람
의사소통장애	다음 각 항목의 어느 하나에 해당하여 특별한 교육적 조치가 필요한 사람 가. 언어의 수용 및 표현 능력이 인지능력에 비하여 현저하게 부족한 사람 나. 조음능력이 현저히 부족하여 의사소통이 어려운 사람 다. 말 유창성이 현저히 부족하여 의사소통이 어려운 사람 라. 기능적 음성장애가 있어 의사소통이 어려운 사람
학습장애	개인의 내적 요인으로 인하여 듣기, 말하기, 주의집중, 지각(知覺), 기억, 문제 해결 등의 학습기능이나 읽기, 쓰기, 수학 등 학업 성취 영역에서 현저하게 어려움이 있는 사람
건강장애	만성질환으로 인하여 3개월 이상의 장기입원 또는 통원치료 등 계속적인 의료적 지원이 필요하여 학교생활 및 학업 수행에 어려움이 있는 사람
발달지체	신체, 인지, 의사소통, 사회 · 정서, 적응행동 중 하나 이상의 발달이 또래에 비하여 현저하게 지체되어 특별한 교육적 조치가 필요한 영아 및 9세 미만의 아동
두 가지 이상 중복된 장애	다음의 구분에 따른 장애를 지닌 사람으로서 특수교육대상자에 대한 각각의 교육지원만으로 교육적 성취가 어려워 특별한 교육적 조치가 필요한사람 가. 중도중복(重度重複)장애: 다음의 구분에 따른 장애를 각 각 하나 이상씩 지니면서 각각의 장애의 정도(선별검사의 결과, 제출한 진단서 및 장애의 정도 등을 고려하여 정함)가 심한 경우 - 지적장애 또는 자폐성장애 - 시각장애, 청각장애, 지체장애 또는 정서·행동장애 나. 시청각장애: 시각장애 및 청각장애를 모두 지니면서 시각과 청각에 따른 학습이 곤란하고 의사소통 및 정보 접근에 심각한 제한이 있는 경우

출처: 장애인 등에 대한 특수교육법 시행령 제10조 관련 〔별표〕, 〈대통령령 제32722호, 2022.6.28., 일부개정〉

「장애인복지법」 제2조(2021)에서는 장애인을 "신체적 · 정신적 장애로 인하여 장기간에 걸쳐 일상생활 또는 사회생활에 상당한 제약을 받는 자"로 정의하고 있다. 신체적 장애란 주요 외부 신체기능 장애(지체, 뇌병변, 시·청각, 언어, 안면장애)와 내부기관의 장애(신장, 심장, 간, 호흡기, 장루·요루, 뇌전증장애), 정신적 장애란 발달장애(지적, 자폐성장애) 또는 정신질환으로 발생하는 장애(정신장애)를 말한다. 이처럼 「장애인복지법 시행령」(2021)에서는 장애의 종류를 15가지로 구분하고 있으며, 구체적인 기준은 표 15-3 과 같다.

표 15-3 「장애인복지법」에서의 장애의 종류 및 기준에 따른 장애인

종류	기준
지체장애인 (肢體障碍人)	가. 한 팔, 한 다리 또는 몸통의 기능에 영속적인 장애가 있는 사람 나. 한 손의 엄지손가락을 지골(指骨 : 손가락 뼈) 관절 이상의 부위에서 잃은 사람 또는 한 손의 둘째 손가락을 포함한 두 개 이상의 손가락을 모두 제1지골 관절 이상의 부위에서 잃은 사람 다. 한 다리를 가로발목뼈관절(lisfranc joint) 이상의 부위에서 잃은 사람 라. 두 발의 발가락을 모두 잃은 사람 마. 한 손의 엄지손가락 기능을 잃은 사람 또는 한 손의 둘째 손가락을 포함한 손가락 두 개 이상의 기능을 잃은 사람 바. 왜소증으로 키가 심하게 작거나 척추에 현저한 변형 또는 기형이 있는 사람 사. 지체(肢體)에 위 각 목의 어느 하나에 해당하는 장애정도 이상의 장애가 있다고 인정되는 사람
뇌병변장애인 (腦病變障碍人)	뇌성마비, 외상성 뇌손상, 뇌졸중(腦卒中) 등 뇌의 기질적 병변으로 인하여 발생한 신체적 장애로 보행이나 일상생활의 동작 등에 상당한 제약을 받는 사람
시각장애인 (視覺障碍人)	가. 나쁜 눈의 시력(공인된 시력표에 따라 측정된 교정시력을 말한다. 이하 같다)이 0.02 이하인 사람 나. 좋은 눈의 시력이 0.2 이하인 사람 다. 두 눈의 시야가 각각 주시점에서 10도 이하로 남은 사람 라. 두 눈의 시야 2분의 1 이상을 잃은 사람 마. 두 눈의 중심 시야에서 20도 이내에 겹보임[복시(複視)]이 있는 사람
청각장애인 (聽覺障碍人)	가. 두 귀의 청력 손실이 각각 60데시벨(dB) 이상인 사람 나. 한 귀의 청력 손실이 80데시벨 이상, 다른 귀의 청력 손실이 40데시벨 이상인 사람 다. 두 귀에 들리는 보통 말소리의 명료도가 50퍼센트 이하인 사람 라. 평형 기능에 상당한 장애가 있는 사람

종류	기준
언어장애인 (言語障碍人)	음성 기능이나 언어 기능에 영속적으로 상당한 장애가 있는 사람
지적장애인 (知的障碍人)	정신 발육이 항구적으로 지체되어 지적 능력의 발달이 불충분하거나 불완전하고 자신의 일을 처리하는 것과 사회생활에 적응하는 것이 상당히 곤란한 사람
자폐성장애인 (自閉性障碍人)	소아기 자폐증, 비전형적 자폐증에 따른 언어·신체표현·자기조절·사회적응 기능 및 능력의 장애로 인하여 일상생활이나 사회생활에 상당한 제약을 받아 다른 사람의 도움이 필요한 사람
정신장애인 (精神障碍人)	다음 각 목의 장애 · 질환에 따른 감정조절 · 행동 · 사고 기능 및 능력의 장애로 일상생활이나 사회생활에 상당한 제약을 받아 다른 사람의 도움이 필요한 사람 가. 지속적인 양극성 정동장애(情動障碍, 여러 현실 상황에서 부적절한 정서 반응을 보이는 장애), 조현병, 조현정동장애(調絃情動障碍) 및 재발성 우울장애 나. 지속적인 치료에도 호전되지 않는 강박장애, 뇌의 신경학적 손상으로 인한 기질성 정신장애, 투렛장애(Tourette's disorder) 및 기면증
신장장애인 (腎臟障碍人)	신장의 기능장애로 인하여 혈액투석이나 복막투석을 지속적으로 받아야 하거나 신장기능의 영속적인 장애로 인하여 일상생활에 상당한 제약을 받는 사람
심장장애인 (心臟障碍人)	심장의 기능부전으로 인한 호흡곤란 등의 장애로 일상생활에 상당한 제약을 받는 사람
호흡기장애인 (呼吸器障碍人)	폐나 기관지 등 호흡기관의 만성적 기능부전으로 인한 호흡기능의 장애로 일상생활에 상당한 제약을 받는 사람
간장애인 (肝障碍人)	간의 만성적 기능부전과 그에 따른 합병증 등으로 인한 간기능의 장애로 일상생활에 상당한 제약을 받는 사람
안면장애인 (顏面障碍人)	안면 부위의 변형이나 기형으로 사회생활에 상당한 제약을 받는 사람
장루·요루장애인 (腸瘻·尿瘻障碍人)	배변기능이나 배뇨기능의 장애로 인하여 장루(腸瘻) 또는 요루(尿瘻)를 시술하여 일상생활에 상당한 제약을 받는 사람
뇌전증장애인 (腦電症障碍人)	뇌전증에 의한 뇌신경세포의 장애로 인하여 일상생활이나 사회생활에 상당한 제약을 받아 다른 사람의 도움이 필요한 사람

출처: 장애인복지법 시행령 [별표 1] 〈개정 2021. 4. 13.〉 (장애인복지법 제2조 관련)

「장애인 등에 대한 특수교육법」에서의 장애 구분은 특수교육이 필요한 장애아를 선별하기 위함을 주된 목적으로 한다면, 「장애인복지법」에서는 장애인의 장애등급

표에 장애등급 사정기준을 구체적으로 해석하고 표준진단방법을 제시하여 정확하게 장애등급을 판정하도록 하기 위함을 주된 목적으로 한다.

「장애인 등에 대한 특수교육법」에서는 영유아들의 경우에도 학령기 아동들과 동일한 장애 분류 및 진단 체계를 사용하고 있으며, 장애를 조기 발견하기 위하여 교육장 또는 교육감은 관할구역 내의 어린이집 · 유치원 및 학교의 영유아 또는 학생을 대상으로 선별검사를 수시로 실시하고, 선별검사를 한 결과 장애가 의심되는 영유아 등이 있는 경우 보호자의 동의를 받아 진단 · 평가를 할 수 있도록 하였다. 이처럼 장애아동을 조기 선별하고 적절한 교육을 제공하기 위해서는 기본적으로 각 장애의 특성을 알고 이에 따른 교육적 필요에 대해 이해하여야 한다. 「장애인 등에 대한 특수교육법」에서 제시하고 있는 특수교육대상자의 선별검사 및 진단 · 평가영역은 표 15-4 와 같다.

표 15-4 특수교육대상자 선별검사 및 진단 · 평가영역

<table>
<tr><th colspan="2">구분</th><th>영역</th></tr>
<tr><td colspan="2">장애 조기 발견을 위한 선별검사</td><td>1. 사회성숙도검사
2. 적응행동검사
3. 영유아발달검사</td></tr>
<tr><td rowspan="2">진단 · 평가 영역</td><td>시각장애 · 청각장애 및 지체장애</td><td>1. 기초학습기능검사
2. 시력검사
3. 시기능검사 및 촉기능검사(시각장애의 경우에 한함)
4. 청력검사(청각장애의 경우에 한함)</td></tr>
<tr><td>지적장애</td><td>1. 지능검사
2. 사회성숙도검사
3. 적응행동검사
4. 기초학습검사
5. 운동능력검사</td></tr>
</table>

<table>
<tr><th colspan="2">구분</th><th>영역</th></tr>
<tr><td rowspan="3">진단 · 평가 영역</td><td>정서 · 행동장애 자폐성장애</td><td>1. 적응행동검사
2. 성격진단검사
3. 행동발달평가
4. 학습준비도검사</td></tr>
<tr><td>의사소통 장애</td><td>1. 구문검사
2. 음운검사
3. 언어발달검사</td></tr>
<tr><td>학습장애</td><td>1. 지능검사
2. 기초학습기능검사
3. 학습준비도검사
4. 시지각발달검사
5. 지각운동발달검사
6. 시각운동통합발달검사</td></tr>
</table>

출처: 장애인 등에 대한 특수교육법 시행규칙 [별표] (제2조 제1항 관련) 〈개정 2016.6.23〉
비고: 특수교육대상자 선정을 위한 장애유형별 진단 · 평가 시 장애인증명서 · 장애인수첩 또는 진단서 등을 참고자료로 활용할 수 있다.

15.2.2. 장애아동 판별

장애아동의 판별은 발견, 선별 및 진단 과정을 거친다.

1) 발견 단계

발견 단계는 대상 아동에 대한 첫 번째 접촉 단계로, 부모와 주변 사람들에게 특수 교육의 필요성을 인식시키고 도움이 필요한 아동을 발견하는 단계이다. 부모는 자녀가 정상발달에서 벗어나 있다는 것을 알지 못하거나 중재 서비스가 있다는 것을 모를 수 있다. 또한 사회적 편견 때문에 도움 요청을 꺼리고 있을 수 있다. 이를 보완하기 위해서 발견 단계에서는 장애에 관한 대중적인 캠페인, 대중매체를 통한 홍보를 지속적으로 한다. 따라서 대중매체를 통한 특수교육 서비스 장점 홍보 및 이용 권장, 표적 집단 규정, 서비스의 대중적인 인식 증가, 의뢰 촉구, 서비스가 필요한 아동을 위해 지역사회 계몽하기 등이 발견 단계의 주요 활동이다.

다음은 장애아동을 발견하는 데 유용한 질문이다(Peterson, 1987).

- 아동의 발달이 정상적인 범위 안에 있는가?
- 아동이 자신의 연령수준에 적합한 행동을 하는가?
- 성장과정에서 문제가 될 만한 요인들이 있는가?
- 가정환경에 정신적 · 신체적 · 언어적 · 정서적 발달에 부정적인 영향을 주는 조건들이 있는가?
- 아동이 정상적인 발달을 하기 위해서 좀 더 많은 자극과 보살핌을 요구하는가?

2) 선별 단계

두 번째는 다른 아동에 비해 더 많은 관심과 도움이 필요한 아동을 선별하는 단계이다. 증상이 분명하게 드러나지 않는 조기에 판별하여 치료하는 것이 가장 효과가 있으므로, 치료를 가능한 한 빨리 실시하기 위해 진단을 앞당기는 것이 선별 단계에서 중요하다. 선별 작업은 전문가들이 참여하여 이루어지며, 선별 검사는 간단하고 비용이 적게 들고 객관적인 점수 체계를 가지고 있는 것이 효과적이고, 신뢰도와 타당도가 높을수록 좋다. 또한 선별과정에서는 의학적 선별과 교육적 선별이 함께 이뤄져야 한다.

3) 진단 단계

진단 단계는 의학적 · 교육적 · 발달적 장애 원인과 장애 정도를 결정하여 그에 맞는 치료 처방과 특정한 프로그램을 아동에게 제공하는 단계이다. 각 영역 전문가들이 하나의 팀으로 아동이 갖고 있는 병력을 검토하여 여러 측면에서의 장애 특성을 찾아내고, 주요 발달 영역에서 아동의 수준을 파악한다. 또한 아동의 개별적인 강점과 약점, 특별한 요구 등을 평가하여 병력처방을 결정한다. 아동은 대체로 소아과 의사나 가정의에게 먼저 진단을 받고 치료와 중재의 방법을 선택한다. 또한 진단과정에 있어서 아동에 대해 가장 많은 정보를 가지고 있는 가족을 포함하는 것이 중요하다. 하지만 장애자에 대한 예방과 조기진단평가가 중요시되고 있으나 나이가 어릴수록 검사의 타당성과 신뢰성이 결여되기 때문에 올바른 측정이 어렵다는 문제가 있다.

15.3. 장애의 종류별 평가 및 지도

3절에서는 주요 장애로 지적장애, 자폐성장애, 주의력결핍 과잉행동장애, 청각장애, 시각장애, 지체장애, 뇌성마비의 평가 및 지도방법에 대해 알아본다.

15.3.1. 지적장애

1) 평가

아동 중에는 전반적인 지적 능력이 떨어져 학업을 비롯한 대부분의 적응활동에서 부진함을 나타내는 아동들이 있다. 이처럼 지능이 비정상적으로 낮아서 학습 및 사회적 적응에 어려움을 나타내는 경우를 지적장애라고 한다. 지적장애를 지닌 아동은 나이나 소속집단에서 기대되는 기준에 비추어 적응행동에서 현저한 결함이나 장애를 나타낸다. 적응행동이란 개인이 생활환경에 적응하는 데 필요한 기술로서 지적 능력과 함께 지적장애 판별의 주요인이다.

DSM-5[2]에 따른 지적장애의 진단기준은 다음과 같다. ① 지적 기능의 장애가 임

2 정신장애의 진단 및 통계 편람(Diagnostic and Statistical Manual of Mental Disorders: DSM)은 미국 정신의학협회(American Psychiatric Association)가 출판하는 서적으로, 정신장애의 진단에 있어 가장 널리 사용되고 있다. DSM은 처음 출판된 뒤 II, III, III-R, IV, IV-TR판 등으로 순차적으로 개정되었다. 가장 최근 개정된 DSM-5는 2013년에 출판되었다.

상적 평가와 개별화 · 표준화된 지능검사에서 확인되어야 한다. ② 적응기능의 장애로 인해 개인의 자립과 사회적 책임에 대한 발달적 · 사회문화적 기준을 충족하지 못한다. 지속적인 도움 없이는 적응기능의 결함으로 다양한 환경(집, 학교, 일터, 공동체 등)에서 하나 이상의 활동(의사소통, 사회참여, 독립적인 생활 등)에 지장을 받는다. ③ 지적 결함과 적응능력의 결함은 발달 시기 동안에 시작되어야 한다. 따라서 18세 이전에 표준화된 지능검사에서 70 미만의 지능지수를 나타내고 적응행동 중 두 가지 이상에서 현저한 손상을 나타낼 경우 지적장애로 진단한다. 지적장애를 규정하는 정의에 있어서 가장 중요한 점은 유의하게 낮은 평균 이하인 지적 기능과 적응행동상의 결함이 동시에 존재하는 것이다.

표 15-5 지적장애 진단을 위한 기준 및 표준화 검사

지능검사	지적장애는 개별 지능검사를 통하여 평균 이하의 지적 기능을 보여야 하며, 대체로 70~75 이하의 지능지수를 나타낸다. 국내에서 많이 사용하고 있는 지능검사 도구로는 한국판 웩슬러 아동용 지능검사(KEDI-WISC; 곽금주·박혜원·김천택 외, 2001), K-ABC, 라벤(Raven) 지능검사 등이 있다.
적응행동검사	① 의사소통, ② 자기보살핌, ③ 가정생활, ④ 사회적/대인관계 기술, ⑤ 지역사회 자원의 활용, ⑥ 자기관리, ⑦ 학업적 기술, ⑧ 직업, ⑨ 여가, ⑩ 건강, ⑪ 안전의 적응행동 영역 중 두 가지 이상의 영역에서 의미 있게 낮은 점수를 보인다. 국내에서 자주 사용하는 적응행동 검사는 사회성숙도 검사(김승국, 김옥기, 1985)와 적응행동검사(김승국, 1990)가 있다.

지적장애는 심각한 정도에 따라 다음과 같이 네 가지 등급으로 분류한다.

① 경도 지적장애(mild intellectual disability): IQ가 70 미만에서 50~55까지인 경우에 해당되며, 지적장애자의 약 85%가 해당된다. 10대 후반에 이르러서도 대략 초등학교 6학년 정도의 지적 수준을 보이며, 성인기에는 생계를 위한 최소한의 사회적 · 직업적 기술을 습득할 수 있지만 대부분 타인의 도움과 지도가 필요하다. 적절한 도움을 받게 되면 지역사회에서 독립적으로 또는 도움을 받으면서 사회에 적응하여 살아갈 수 있다.

② 중등도 지적장애(moderate intellectual disability): IQ가 50~55에서 35~40까지인 경우에 해당되며 지적장애자의 약 10%가 해당된다. 학령전기(0~5세)에 임상적 진단을 받을 가능성이 있으며 대부분 의사소통의 기술을 습득할 수 있고 지도·감독하에서 사회적 기술과 직업적 기술을 익힐 수 있지만, 초등학교 2학년의 지적 수준을 넘기 어렵다. 성인기에는 보호기관에서 지도·감독 아래 비숙련 또는 반숙련 작업을 수행할 수 있다.

③ 중도 지적장애(severe intellectual disability): IQ가 35~40에서 20~25인 경우에 해당되며, 지적장애의 약 3~4%를 차지하는 집단이다. 매우 초보적인 언어를 습득하고 기본적인 자기 보살핌 행동을 할 수 있다. 운동발달이 늦고 성인기에도 매우 집중적인 지도·감독하에서 비숙련 단순작업을 수행할 수 있다.

④ 최중도 지적장애(profound intellectual disability): IQ가 25~20 이하인 경우이며, 지적장애의 약 1~2%로서 대부분 신경학적 결함을 가지고 있다. 현저한 발달지체와 열등한 신체적 조건 때문에 초기에 판별이 가능하며 지적 학습이 거의 불가능하다. 인간관계를 비롯한 사회적 적응이 거의 불가능하고 흔히 걸음걸이나 운동기능에 이상을 나타내며 초기 아동기부터 지속적인 보살핌과 지도·감독이 필요하다.

2) 지도

지적장애는 지속되는 경향이 있으나 반드시 평생 동안 지속되는 것은 아니며, 진행경과는 원인이 되는 신체적 요인과 환경적 요인에 의해 영향을 받는다. 치료의 목표와 방법은 지적장애의 수준에 따라 달라질 수 있으나, 일반적으로 일상생활에 필요한 다양한 적응행동 기술을 학습시키고 유지되도록 하는 것을 목표로 한다. 가능한 한 빨리 확인하여 조기에 집중적인 교육을 시키는 것이 효과적이다. 지적 자극이 부족한 환경에 의해 유발된 경미한 지적장애아의 경우는 체계적이고 집중적인 교육을 통해 여러 가지 적응기술을 습득시킬 경우 정신지체에 해당되지 않는 양호한 적응상태를 나타낼 수도 있다.

지적장애아동의 지도방법으로는 구체적으로 단계화하고 세분화하여 계속성과 계열성을 강조하되 직접 모델을 보여주는 직접 교수 방법이 효과적이다. 또한 지적장애아동의 교육에서 통합교육이 강조되고 있으며 언어발달과 사회성발달을 촉진시키기 위해서 최대한 학습경험의 기회를 제공해주며, 동료들의 시범을 보여주어 동기유발을 고취시키는 것이 좋다. 특히 '또래교수법'은 통합학급에서 지적장애아동을 가르치기 위해 지도력이 우수한 아동을 짝 지어주고 그 짝으로부터 보충설명과 피드백을 받도록 하는 방법으로, 최근 지적장애아 교육 분야에서 가장 광범위하게 활용되고 있는 중재법의 한 가지로 주목받고 있다. 또래교수 프로그램을 주의 깊게 계획하고 체계적으로 실시하면 매우 긍정적인 효과를 거둘 수 있으며, 연령에 따라 '혼합연령교수'와 '동일연령교수'로 나눌 수 있다.

지적장애아동을 지도할 때 주의할 점은 다음과 같다.

첫째, 아동의 현재 능력 및 수준을 정확히 파악하여 이에 맞는 과제를 제공한다. 너무 쉬운 과제는 아동의 흥미를 유도할 수 없고, 너무 어려운 과제는 아동들이 시도조차 할 수 없게 만들어 좌절을 경험하게 한다. 따라서 지적장애아동의 인지 능력이 어느 정도인지 파악해서 그 능력에 맞는 과제를 제공하는 것이 무엇보다 중요하다.

둘째, 생활연령과 정신연령을 동시에 고려하여 학습과제를 제공해야 한다. 지적장애아동의 생활연령과 정신연령은 일치하지 않는 경우가 많기 때문에 적절한 학습과제를 제공하도록 주의해야 한다. 예를 들어, 아동의 실제 나이는 10세인데 정신연령이 3세 수준이라 가정하고 '빨간색'을 가르치고자 할 때 빨간색 카드로 직접 가르치기보다는 생활 주변에서 빨간색을 찾아보면서 가르치는 것이 더욱 효과적이다. 즉 신호등, 소화전, 사과 등 생활 속에서 실제로 경험할 수 있는 것들을 통해서 학습하도록 한다.

셋째, 어려운 과제일지라도 제외시키지 말고 부분적으로라도 과제에 참여하게 해준다. 지적장애아동이 스스로 전체 과정을 할 수 없다고 판단되더라도 아동을 제외시키거나 부모나 교사가 대신 수행하지 말아야 한다. 아동이 할 수 있는 것을 찾아서 부분적으로 참여시켜야 한다. 부분 활동을 수행하면서 아동의 능력이 촉진될 수 있기 때문이다. 예를 들어, 사탕이 든 병의 마개가 잠겨 있으면, 뚜껑 여는 법을 지도하기 위해서 마개 돌리기 기술을 과제 분석하여 아동이 완전히 마개 돌리기를 습득하기까지 한 단계 한 단계 차근차근 지도한다. 교사는 병을 열려는 하는 갖가지 시도를 도와주어야 하며 성공하지 못하더라도 아동이 인내할 수 있도록 도와야 한다. 교사는 아동의 지루함과 좌절의 신호를 읽을 수 있어야 하고 마지막으로 성공적인 마개 열기의 토대를 만들어 줄 시기를 포착해서 적절한 중재를 제공해야 한다. 또한 교사는 아동이 습득한 기술을 일반화할 수 있도록 시행착오과정을 재차 연습할 수 있게 해주어야 한다.

15.3.2. 자폐성장애

1) 평가

자폐성장애는 심각한 부적응을 나타내는 대표적인 전반적 발달장애이다. 자폐성장애는 대부분 3세 이전에 발병하는데, 어린 유아의 경우에는 증상이 미묘하여 파악하기 어렵다. 자폐성장애는 크게 세 가지의 주된 증상을 나타낸다.

첫째, 사회적 상호작용의 심각한 곤란으로 대인관계에 필요한 눈 마주치기, 얼굴표정, 몸짓 등이 매우 부적절하여 부모나 친구와 친밀한 관계를 형성하지 못한다. 어려서부터 마치 부모와 애정 어린 관계를 거부하는 듯한 행동을 나타내며 말을 배우지 못하고 혼자서 생활한다.

둘째, 의사소통에도 심각한 어려움이 나타나며 적절한 언어발달을 이루지 못하거나 괴상한 단어나 언어행동을 나타낸다. 특히 말을 할 때 음성의 고저, 억양, 속도, 리듬 및 강도가 비정상적이다. 또한 문법구조는 미숙하고 독특하며 반복적인 언어를 사용하거나 상대방의 말을 그대로 따라 하는 반향언어증을 나타내기도 한다.

셋째, 특정한 패턴의 기이한 행동을 똑같이 반복하게 되며 특정한 대상이나 일에 비정상적으로 고집스럽게 집착하는 행동을 나타낸다.

자폐성장애의 평가는 일반적으로 관찰, 선별, 비차별적 평가의 절차를 거치게 된다. 가장 흔하게 적용되는 평가척도의 하나가 '아동기자폐성장애 평정척도(The Childhood Autism Rating Scale: CARS)'이다. 이 평정척도는 Schopler 등(1986)이 제작한 것으로 15개 척도에 총 60문항으로 되어 있다. 다른 진단도구들과 비교해 CARS는 자폐성장애아동을 판별해 내는 데 있어 가장 타당도가 높은 것으로 나타났다. 또 다른 자폐성장애 판별도구로 이용되는 것이 '자폐성장애행동점검표(Autism Behavior Checklist)'이다. 이는 Krug 등(1980)이 18개월에서 35세 이하의 자폐성 장애인들을 대상으로 표준화한 것으로 감각 · 관계 · 신체개념 · 언어 · 사회적 자립의 5개 영역에서 선정된 57개 문항으로 구성되어 있다.

2) 지도

자폐성장애아동은 대부분 정신지체를 나타내지만 어떤 경우에는 정상이거나 정상 이상의 지능 수준을 나타내기도 한다. 따라서 자폐성장애아동들을 위한 교육과정 및 교육방법을 결정하는 데 있어서 인지발달 정도를 고려해야 한다. 자폐성장애아동의 교육은 사회성발달을 촉진시킬 수 있는 기능적인 언어교육에 초점을 두어야 한다. 이를 위해 가능한 한 조기교육을 제공하며, 행동분석을 적용한 구조화된 교육, 통합교육, 사회성 및 의사소통기술을 강조한 교과과정 운영이 요구되고, 교육활동에 가족지원 및 부모참여가 필수적이다. 특히 자폐성장애의 주요 특성인 사회성발달의 결함을 극복하기 위해서 통합교육이 매우 중요하다. 자폐성장애아동을 위한 교육과정 속에는 다음과 같은 기능들이 포함된다(Berkell, 1992).

① 생활기술: 사회적 상호작용, 안전 및 일상생활기술 등이 포함된다.

② 직업준비기술: 성인이 되었을 때 생산 현장에 고용됨을 대비하는 교육내용들을 강조한다. 초등학교 단계에서는 과제를 끝까지 완결 짓는 습관을 기르거나 책임을 완수하는 방식을, 중학교 단계에서는 다양한 직업세계에 대한 탐색을, 고등학교에서는 생산현장에서 실제로 필요로 하는 직업훈련의 강조를 다룬다.

③ 기능적인 학문기술: 돈 세기, 시간 알고 말하기, 생동감 넘치게 읽기, 대중교통 수단 시간표 이해하기 등과 같은 일상생활에 유용한 기능적인 기술 등이 포함된다.

자폐성장애아동을 교육하는 데 있어서 조작적 조건형성과 모방학습, 강화와 소거 등의 '행동수정방법'으로 말하는 것, 다른 아이들과 노는 것, 타인의 말에 주의를 기울이는 것, 공격적 행동이나 기이한 몸동작을 감소시키기 등을 학습시킬 수 있다. 또한 스스로의 독립적인 학습을 도모하기 위해 '인지적 행동교정 전략'을 이용할 수 있는데, 대표적으로 '자기교수법'이 있다. 자기교수법은 어떤 과제의 수행 순서를 스스로 확인해가면서 실행하도록 하는 방법이다. 즉, 교사가 먼저 과제의 각 단계를 말로 하면서 수행하는 시범을 보인 후, 교사가 같은 과제를 하면서 아동에게 각 단계를 말로 되뇌도록 한다. 다음으로는 아동이 각 단계를 말로 하면서 수행하도록 하며 마지막으로 아동이 각 단계를 작은 소리로 말하거나 속으로 되뇌면서 수행하도록 한다. 이와 같은 자기교수법은 자폐성장애아동의 학습에 효과적이며, 적용 면에서 읽기 · 수학 · 사회적 기술 · 부적응행동의 감소 등과 같은 다양한 영역에 적용되고 있다(Dunlap & Dunkap, 1989).

15.3.3. 주의력결핍 과잉행동장애

1) 평가

주의력결핍 과잉행동장애(Attention Deficit/Hyperactivity Disorder: ADHD) 아동을 사정함에 있어서는 생활연령과 현재 나타나는 행동 간의 불일치 여부를 우선적으로 고려해야 한다. 아동의 정서나 행동이 연령에 적합한지 결정하기 위해서는 특정 행동이나 정서 상태가 얼마나 자주, 어떠한 상황에서 일어나는지를 평가해야 한다. 자주 활용되는 표준화된 심리측정검사들 가운데 객관적인 검사로는 적응행동검사, 사회성숙도검사, 지능검사, 성취검사, 자아개념검사 등이 있으며, 투사검사로는 로르샤흐 검사(Rorschach Test), CAT(아동주제통각검사), HTP검사(집-나무-사람검사), ScT(장면구성검사), KFD(동작성가족화검사), PFT(그림진단검사), 인물화검사 등이 있다.

ADHD의 주된 특징은 부주의, 과잉행동, 충동성이다. 이런 특성은 어린 아동에게 일반적으로 나타나지만 성장하면서 점차 빈도와 강도가 줄어든다. 나이에 비해 부적절하게 이러한 행동이 빈번하게 나타나는 경우에는 ADHD로 진단된다. ADHD를 지닌 아동은 가만히 앉아 있지 못하고 안절부절못하며 항상 지나치게 많이 움직이고 부산하다. 학교에서는 교사의 지시에 제대로 따라하지 못하고 여러 가지 말썽을 피우며 자신의 지능수준에 비해서 학업성취도가 저조하다. 부모나 교사에게 꾸중과 처벌을 받기 쉬우며 또래들에게 거부되는 경향이 높아서 부정적 자아개념을 형성하고 정서적으로 불안하고 공격적이며 반항적인 성향을 보인다. 16세 이하인 경우에는 DSM-5에서 제시하고 있는 부주의와 관련된 9개 증상군에서 여섯 가지 이상, 또는 과잉행동-충동성과 관련된 9개 증상군에서 여섯 가지 이상의 증상을 보이는 경우 ADHD로 진단된다. 이때 이러한 증상 중 여럿이 12세 이전에 나타나야 하며, 사회적 활동과 학업, 일 등에 직접적으로 부정적인 영향을 미치면서 두 곳 이상의 환경(예: 학교와 가정)에서 6개월 이상 지속되어야 한다. 지난 6개월 동안 어떤 증상양상이 우세했느냐에 따라 ADHD는 세 가지 하위유형, 주의력 결핍 우세형, 과잉행동-충동성 우세형, 복합형으로 구분된다. ADHD 발병 시기는 보통 3세 경이지만 초등학교에 입학할 때까지는 진단을 내리지 않는다.

2) 지도

ADHD 아동을 교육하는 교사들은 교실에서의 행동문제, 사회적 기술의 습득, 학과목 학습의 세 가지 측면을 고려하여 교육 프로그램을 계획해야 한다. 특히, 수업 중 큰 소리로 떠들기, 수업시간에 돌아다니기 등과 같은 문제행동을 지도하기 위해 교실의 규칙 따르기, 차별강화, 자기조절 등과 같은 기법을 사용한다. 사회적 기술 부족으로 인해 발생하는 또래와의 사회적 관계형성을 위해서는 시범보이기, 역할놀이, 대체행동 강화, 행동분석 등의 기법을 사용한다. 또한 학습준비기술, 집중력, 조직력, 반응의 정확도 등의 증진을 집중 지도하여 학교생활의 성공적인 적응을 도와주는 것이 바람직하다.

구체적으로 ADHD를 지도하는 행동분석 방안은 바람직한 긍정적 행동에 대해 스티커나 점수제 등의 보상을 제공하는 반면 문제행동이 계속될 때 처벌을 가하는 것이다. 이때 화풀이식 처벌보다는 아동과 합의하여 벌점을 부과하거나 '타임아웃'을 받도록 하는 등 일관성 있게 처벌을 가하는 것이 중요하다. 특히 '타임아웃'은 아동이 조용하고 격리된 공간에서 일정 시간 혼자 있게 하는 방법으로, 부산하고 활동이 많은 아동이 어떤 활동도 하지 못하고 조용히 생각하게 한다는 점에서 치료효과가 있다. 이 밖에도 멈추고 생각하기, 일일 계획표 만들기, 대인관계기술이나 대화기술 훈련시키기, 부정적인 감정을 처리하는 방법 등을 가르친다.

또한 ADHD 아동은 주의집중 지속시간이 짧고 주의집중의 범위와 초점을 맞추기가 어렵다. ADHD 아동의 주의력을 지도하기 위한 구체적인 행동지도 방안은 다음과 같다.

① 관찰을 통해 아동의 흥미와 욕구를 파악한다. 아동은 자신이 좋아하는 것이나 하고 싶은 일에 집중을 잘한다. 평소에 아동이 좋아하는 것(사람, 사물, 음식, 장소 등)과 싫어하는 것이 무엇인지 기록해 두었다가 과제를 제시할 때나 혹은 과제를 성공적으로 수행하였을 때 강화제로 이용하면 효과적이다.

② 불필요한 주변 자극을 제거하여 주의집중을 도와준다. 중요한 자극을 부각시키는 것과 함께 주변의 불필요한 자극이나 환경을 제거하여 필요한 자극만 제시하는 것도 아동의 주의집중력을 향상시킬 수 있는 방안이다. 예를 들어 아동

이 수업에 집중하지 못하고 장난감을 가지고 논다면 장난감을 보이지 않는 곳에 치우거나 조용하고 작은 방에서 수업을 진행하는 것이 효과적이다.

③ 학습과제는 시각적으로 제시한다. 학습과제를 제시할 때 시각적으로 시작과 끝을 명백하게 보여준다. ADHD장애아동들은 활동이 어디서부터 시작되고 끝나는지 파악하기 어려워하고 이로 인해 과제수행 중에 쉽게 산만해질 수 있다. 예를 들어, 아동이 적극적으로 보고, 듣고, 생각하도록 격려하는 방법으로 요리활동을 하는 것이 효과적이다. 요리 수업을 하기 전에 여러 가지 그릇, 숟가락, 포크 등의 도구들을 배열해놓고, 교사는 '제일 처음 무엇이 필요할까?'라는 질문을 하고, 아동에게 '노란색 그릇을 가져와라', '포크를 가져와라'라고 지시할 수 있다. 말로만 지시하는 것보다 시각적 경험과 연합시켜 제시하는 것이 아동의 주의집중을 유지하는 데 더 효과적이다.

또한 ADHD아동의 지도에는 부모의 역할이 중요한데, 부모가 치료기법을 배워서 가정에서 일관되게 지도하는 것이 중요하다. 부모가 ADHD아동의 문제점을 이해하고 효과적으로 아동과 의사소통하고 보상 및 처벌을 바람직한 방법으로 제시해야 한다. 한편 메틸페니데이트(methylphenidate) 제제의 리탈린(ritalin), 덱시드린(dexedrine)과 같은 중추신경계 자극제 등의 약물로 ADHD아동의 주의력을 높이고 학업성취도를 향상시키며 산만한 행동을 감소시켰다는 보고가 있다. 그러나 이러한 약물은 식욕감퇴, 두통, 불면, 틱과 같은 부작용을 초래할 뿐 아니라 ADHD아동의 30% 정도에서는 효과를 보이지 못하고 있다는 점에서 약물치료는 신중하게 이루어져야 한다.

15.3.4. 청각장애

1) 평가

생리학적 관점으로 청각장애를 평가할 때는 소리의 강도를 기준으로 어느 정도 크기의 소리를 들을 수 있는지를 기준으로 한다. 그러나 90dB 이하의 소리를 들을 수 있으면서도 청각장애를 지닌 것으로 진단되기도 한다. 이는 청력 역치를 기준으로 분류하기 때문인데, 청력 역치란 최초로 음을 탐지하는 수준이다. 즉 교육학적 관점에서는 단순히 소리의 강도를 기준으로 삼기보다는 청력 손실이 아동의 말과 언어 능력에 얼마나 영향을 미치는가를 기준으로 삼는다. 청력의 손실과 언어능력의 발달은 밀접한 관계를 갖고 있으므로 구어의 발달에 따라 분류하는 것이다. 청력 손실이 언어발달에 미치는 절대적인 영향 때문에 청각장애가 '언제 발생했는가' 또한 매우 중요하다. 1~2세 때 청각장애가 발생한 경우에는 심각한 영향을 받는 반면, 어휘나 언어구조, 읽기능력 등이 어느 정도 갖추어진 10세경에 청각장애가 발생한 경우에는 지속적인 발전을 기대할 수 있다.

청각장애아동을 판별하는 방법은 여러 가지가 있다. 대개 부모나 주양육자가 아동의 청력 손실을 발견하는 경우가 많다. 청력을 측정하지 않고 청각장애 유무를 결정하기란 쉽지 않으나, 다음과 같은 특성을 보이는 아동은 청각장애일 가능성이 있다.

① 자주 귀앓이를 하거나 귀에서 고름이 나오는 등 귀와 관련된 신체적인 문제를 나타낸다.

② 말소리가 명료하지 않거나 조음을 잘하지 못하며, 연령에 맞는 소리를 산출하지 않고 소리를 완전히 생략한다. 특히 자음의 생략 현상이 있다.

③ 라디오, 텔레비전 등을 들을 때 보통 사람들이 불평할 만큼 큰 소리로 듣는다. 즉 필요 이상으로 큰 소리가 날 때까지 전자기기의 볼륨을 높인다.

④ 좀 더 잘 듣기 위해서 머리를 치켜 올리거나 화자 쪽으로 머리를 돌리며, 화자

와 마주보는 상황일 경우 더 유의해서 듣는 것 같다.

⑤ 다시 말하라고 자주 요구한다.

⑥ 보통의 말소리에 반응을 보이지 않거나 주의를 기울이지 않는다.

⑦ 의사소통 중 직접적인 시도에 반응하지 않는다.

⑧ 언어적 요구를 자주 틀리게 이해한다.

⑨ 말하는 활동에 참여하지 않으려고 한다.

과학적인 청력검사로는 순음청력검사, 어음청력검사, 유아청력검사, 특수한 청력검사 등을 하게 되는데, 구체적으로 살펴보면 표 15-6과 같다.

표 15-6 청력검사

① 순음청력검사 – 순음청력검사기를 사용하여 피검자의 청력역치를 측정하는 주관적 방법의 검사이다.

② 어음청력검사 – 말소리를 탐지하고 이해할 수 있는 어음청취역치를 측정하는 검사와 말소리의 변별도를 측정하기 위한 말소리변별력검사, 말소리 청취역치 저하 검사가 있다.

③ 반사청력검사 – 신생아와 유아의 청각을 알아보기 위한 것으로 이 검사는 유아에게 소리자극을 주고 그에 대한 반응을 보아 청각장애 여부를 판별하는 방법이다.

④ 유희청력검사 – 유아의 청력을 측정하기 위해 검사상태에서 놀이를 활용하는 검사다. 이 검사는 약 2.5세 이상 되는 아동에게 특히 적합하며 아동과 검사자와의 관계가 어떻게 성립되느냐가 중요하다.

⑤ 조작적조건화청력검사 – 조건화 원리를 적용시켜 아동이 소리를 듣고 반응할 때 보상을 주는 검사이다. 이러한 원리에 기초한 유희–조건화 청력검사는 장난감을 갖고 놀 수 있게 해주는 보상방법이 주로 사용되며, 아동의 청력측정에 유용하다.

⑥ 행동관찰청력검사 – 아동이 소리에 반응하는 것을 관찰하는 것으로 반응(예: 머리 돌리기, 눈 깜박이기, 놀다 멈추기)이 명확하게 관찰될 때까지 강도 수준을 높이면서 소리를 제시한다. 이 검사는 보통 3세 이하 아동에게 사용한다.

⑦ 전기피부청력검사 – 전기피부반응검사와도 유사한 검사로 유아나 검사가 어려운 아동에게 적합한 검사이다. 이 검사는 청각자극에 대한 반응을 손이나 발 등에 부착한 전극에 의해 간접적으로 측정하는 방법이다.

⑧ 유발반응청력검사 – 전기 생리학과 컴퓨터를 이용하여 음자극에 대한 청각신경계에서의 미세전위의 변화를 관찰하여 청각장애의 유무를 판별한다. 이 검사법은 뇌성마비아동, 유아 등과 같이 일반검사가 어려운 아동에게도 객관적인 검사가 가능하다는 장점이 있으나 비용이 많이 든다.

⑨ 중이검사 – 고막을 향해 긴 소리를 주고난 후 반사되어 나오는 소리의 양을 미세마이크로 잡아 전기적으로 분석함으로써 고막과 중이의 상태를 진단하는 검사이다.

2) 지도

청각장애아동에게 있어서 가장 중요한 것은 조기교육을 실시하는 것이며 1차적 교육목표는 의사소통능력의 향상이다. 따라서 의사소통능력을 최대한 향상시키기 위해서는 청능훈련과 보청기 착용, 독화지도, 발화지도 등으로 구성된 구화법과, 수화와 지문자를 사용한 수화법과 같은 방법을 지도한다. 많은 청각장애아동들이 적절한 시각적 교수자료 제공과 교수 절차상의 수정을 통해 일반학급에서 충분히 교육을 받을 수 있다. 청각장애아동의 좌석은 시끄럽지 않고, 교사를 정면으로 바라볼 수 있는 자리에 배치하는 것이 바람직하다. 의사소통방법과 관련된 지도방법을 구체적으로 살펴보면 다음과 같다.

(1) 구화법

구화법은 청능훈련을 통한 듣기기술의 개발을 전제로 하며, 독화와 듣기로 수용하고 발화로 표현하는 방법이다. 이 방법은 일반인과의 소통이 용이하고 읽기 및 쓰기 학습에도 도움을 주며 사회적 적응도 더 잘한다는 사실 등을 들어 강조하고 있다.

① 청능훈련

청각장애아동이 가지고 있는 잔존청력을 가능한 한 최대로 활용할 수 있도록 하기 위한 것이다. 청능훈련의 일반적인 목표와 단계는 다음과 같다.

- **음의 인식:** 소리와 소리의 기능을 알게 하고, 듣는 태도를 기른다.
- **음의 변별:** 우선 소리를 대별할 수 있게 하고 소리와 그 소리를 내는 사물을 짝짓게 한다. 차츰 말소리에 대한 단계적인 변별훈련을 한다. 변별훈련은 항상 변별하기 쉬운 것부터, 친숙한 것부터 시작하여 점차 단계를 높여간다.
- **청각적 이해:** 청각장애아동의 구어 이해를 강조한다. 일상어의 변별에서부터 구

조화되지 않은 상황에서 복잡한 음성언어의 메시지를 이해하는 것에 이르는 넓은 범위의 청능과정을 포함한다.

② 보청기 착용훈련

청각장애아동은 청력손실도가 같을지라도 각기 다른 청력형을 가질 수 있다. 보청기의 선택은 아동의 난청 유형에 알맞은 것으로 하고, 청각 특성에 맞게 보청기 적합[3]을 하여야 한다. 보청기 착용은 조기에 할수록 효과적이며 착용훈련은 단계적으로 하여야 한다. 초기에는 귀본 끼기, 짧은 시간 동안 자주 착용하기부터 시작해서 점차 착용시간 늘려 가기, 소음이 없는 장소로부터 점차 소음에 노출시켜 착용하기, 음의 인식, 음소청취, 말소리 이해 등의 순으로 훈련시킨다.

③ 독화(말읽기)지도

독화는 말의 시각적인 수용이다. 즉 말의 시각적인 정보를 통하여 화자가 말한 내용을 이해하는 시각적 기술이다. 독화지도방법은 종합법과 분석법으로 대별할 수 있다. 종합법은 낱말 수준부터 시작하여 구, 문장, 문단의 순으로 지도하는 것이며, 분석법은 무의미 음부터 시작하여 음절, 낱말, 구, 문장, 문단의 순으로 지도하는 것이다.

④ 발화(말하기)지도

발화지도방법은 자연적인 방법과 문법적인 방법으로 대별할 수 있는데 자연적인 방법은 가능한 한 언어 습득 및 발달의 정상적인 과정을 따라 지도하는 것을 말한다. 이 방법은 청각 활용을 극대화하여 듣기를 통하여 말하기를 지도하게 된다. 문법적인 방법은 형식적인 방법, 분석적인 방법, 체계적인 방법으로 이루어져 있는데,

3 청각장애를 겪는 이들이 청각적 문제를 진단 받은 후 보청기를 선택한 뒤 그 기능이 발휘되는지 확인하고 검증하는 모든 과정

어떤 감각양식을 주로 활용할 것인가와 음운, 음절, 낱말 중 어느 수준에서 시작할 것인가에 따라 약간의 차이가 있다.

(2) 수화법

수화법은 손을 사용한 의사소통체계로 수화와 지문자[4]를 사용한다. 수화는 농인 사회에서 사용되는 의사교환의 양식이며, 농인들에 의해 창조되었고 일종의 언어로 보아야 한다. 또한 수화는 음성체계가 아니라 시각-운동체계이다.

15.3.5. 시각장애

1) 평가

시각장애아동은 시각장애가 아동의 학업 성취에 영향을 주기 때문에 특별한 자료와 교육환경을 필요로 하는 아동을 의미한다. 교육을 위한 목적으로 촉각(점자)이나 청각을 사용해야 하는 아동을 실명(맹) 상태에 있다고 보며, 심각한 시각장애가 있으나 어느 정도의 사용 가능한 시각능력이 잔존해 있는 경우를 저시력아동이라고 말한다. 저시력아동은 시력을 교정한 후에도 심한 시각장애가 남아 있기는 하지만 교정렌즈, 확대경, 망원경 등을 사용하여 인쇄물을 읽을 수 있는 경우에 해당된다.

시각손상아동의 판별에 있어서 주로 사용되는 것은 시력검사이며, 시야검사, 색각검사가 수반된다. 시력검사는 눈의 감염, 구조의 이상, 선천성 녹내장, 백내장 등을 검사하는 것이다. 글을 모르는 경우에는 그림으로 특수 제작된 아동용 시력표로 측정이 가능하므로 2세 이후 1년에 한 번씩 하는 것이 바람직하다. 시력검사는 원거리 시력과 근거리 시력검사로 나눌 수 있다. 일반적으로 5m용 표준형 시력표를 쓰는 경우에 일정한 표준조도(200룩스~500룩스) 밑에서 시력표를 식별케 한다. 또한 시야검사는 시야계를 사용하되, 주변시야를 측정할 경우는 페르스테르 시야계를 쓰

4 손가락을 사용하여 수나 문자를 나타내는 기호

고, 중심시야 측정에는 페룸평면 시야계를 사용한다. 또한 색각검사는 전색맹과 전색약, 적노색맹, 적녹색약 등이 있는데, 정확한 판별이 요구된다. 색맹인자를 가진 염색채는 열성이어서 남자의 약 8%, 여자의 0.1%가 색맹으로 나타난다고 한다. 색각검사는 색맹 검사표, 스펙트럼을 이용한 에노말로스코프가 많이 쓰인다.

시력검사의 교육적 진단 기능을 보완한다는 점에서 학교에서의 교사의 판별, 부모의 아동에 대한 시각적 행동 관찰이 중시되고 있다. 다음과 같은 증상이나 행동을 취할 때는 시각장애를 의심할 수 있으니 반드시 시력검사를 하여 조기진단과 예방이 가능하도록 해야 한다.

표 15-7 시각장애 증후

외견 증후	가. 안검에 염증이 있거나 다래끼 따위의 종기가 나 있다. 나. 눈꺼풀이 충혈되어 부어있다. 다. 눈곱이 자주 끼고 고름이 난다. 라. 눈의 흰 부분이 충혈된다. 마. 눈이 자주 실룩실룩거리며 가늘게 떨린다. 바. 눈물에 항상 얼룩진 눈을 하고 있다. 사. 의시할 때 양쪽 눈의 균형이 잡히지 않는다(예: 사시)
행동 증후	가. 한 걸음 한 걸음 주의 깊게 걷는다. 나. 물체에 걸려서 넘어지기도 하고 불쑥 뛰기도 한다. 다. 눈앞을 손으로 자주 펼치려는 듯한 행위를 한다. 라. 눈을 사용할 때에 얼굴을 찌푸린다. 마. 빛에 대해서는 아주 민감하기도 하고 반대로 둔감하기도 하다. 또한 색체의 식별에 곤란을 느낀다. 바. 책을 눈에 가까이해서 본다든가 멀리한다. 사. 때때로 눈을 깜빡거린다. 아. 형태가 비슷한 문자를 혼동한다.
아동의 견해	가. 주의력 요하는 작업에 두통과 메스꺼움을 호소한다. 나. 이마와 관자놀이에 고통을 느끼고 탈 것에 타면 현기증을 느낀다. 다. 영화나 텔레비전을 보면 피로를 호소한다. 라. 눈이 욱신욱신 아프다. 사물이 흐릿하게 보인다거나 이중으로 겹쳐 보인다. 눈알이 가렵고 피곤하다.

2) 지도

시각장애아동은 중복장애를 제외하고는 인지 능력이 일반 아동에 비해 많이 떨어지지 않으므로 시각장애를 보완할 수 있는 보조기기들과 일반교사의 교육적 배려만 있으면 비교적 통합교육이 용이하다. 시각장애의 특성과 잔존시력을 고려한 좌석배치, 실내조명, 광채 등과 같은 학습환경을 조정하고 학습내용이나 교수방법의 수정, 점자 및 묵자교육, 다양한 보조공학적 도구 등을 선택하여 각 아동에 맞게 수정해주는 노력이 필요하다. 시각장애로 인해 보지 못하는 문제를 해결하기 위하여 점자 및 녹음자료를 사용해야 하며, 저시력아동을 위하여 확대자료를 제작하는 등 대안적인 교수자료의 활용이 요구된다. 구체적으로 시각장애아동을 위한 지도방안을 살펴보면 다음과 같다.

(1) 점자 읽기와 쓰기

점자는 읽는 속도가 느리고 책의 부피가 커서 불편한 점이 있으나 필수적인 교육과정이다. 최근에는 취학전 아동과 초등부 저학년 아동을 위한 점자교과서가 개발되어 활용되고 있으며 점자판 외에 점자타자기에 의한 쓰기교육이 확대되어 활용되고 있다. 일반적으로 점자지도는 읽기를 가르친 다음에 쓰기를 가르치는 것이 효과적인 것으로 알려져 있으며 속독법도 활용되고 있다.

(2) 듣기훈련

녹음도서는 점자보다 속도가 빠르고 듣기교재는 제작이 용이하기 때문에 토킹북, 녹음테이프, 음성압축장치 등이 개발되어 학습매체로 사용되고 있다. 듣기학습은 독서량이 많은 고학년에 갈수록 더 유용하기 때문에 시각장애아동의 청능훈련은 학습과 보행에 중요한 교육과정의 하나이다.

(3) 시기능훈련

시기능훈련은 유아 수준에서부터 시작하여 읽기를 배우는 3학년까지의 아동들에게 보다 중요하다. 특히 3~8세의 아동에게는 시각적 자극을 인식하고 판별하고 해석하는 능력을 발달시켜야 한다. Corn(1983)은 저시력아동에게 시각적 자극과 시효율성 훈련, 시각 활용 등의 지도를 강조하고 있다.

(4) 일반문자교육

일반문자타자기 사용법을 가르치는 것은 문자를 통한 의사전달이라는 점에서 중요한 교육과정이다. 타자교육은 초등부 3~4학년에서 시작하는 것이 바람직하며, 손가락 조작능력과 협응능력, 주의집중능력, 일반적 언어능력을 고려하여 시작한다. 이러한 타자기능은 컴퓨터 교육으로 연계성을 가지게 되고, 컴퓨터 조작을 통해 의사전달기능을 향상시킬 수 있다.

(5) 보행훈련 및 운동발달

시각장애아동은 능동적으로 주변 환경을 탐색하는 데 어려움을 겪기 때문에 기기, 앉기, 걷기 등의 운동발달이 지연되는 경우가 많다. 비정상적인 시력으로 인해 운동발달이 지체될 수 있기 때문에 촉각적 · 청각적 자극을 통해 움직이도록 격려해야 한다. 보행은 방향정위와 이동으로 구분되는데, 방향정위는 시각장애아가 환경을 이해하는 능력이며, 이동은 특별한 기능이나 잔존 감각의 사용, 시각이나 기타 감각기관을 통하여 한 장소에서 다른 장소로 움직이는 능력이다. 이 두 요소는 동시에 이루어지는 것으로, 잘 조화시켜서 독립적이고 효율적인 보행기능을 발휘할 수 있도록 하는 것이 훈련의 목표이다. 보행훈련은 조기에 실시하되 연령별, 영역별로 내용을 설정하여 가르친다. 안내자에 의한 보행과 캐인(cane)[5]에 의한 보행, 안내견이나 보조기구에 의한 보행 등을 가르친다.

5 시각장애인이 걸을 때 쓰는 지팡이

(6) 일상생활 활동

취학 전 단계에서 중등교육에 이르기까지 일상생활기능과 대인관계, 비언어적 의사소통, 성교육, 여가선용 등의 내용이 포함된다. 일상생활기능은 주로 의식주에 관련된 내용이며, 전화걸기, 시계보기 등이 포함된다. 의사소통 영역에서는 적절한 제스처, 얼굴표정, 복장, 자세 등을 지도하며 여가선용은 시각장애아의 건강하고 지적인 성장, 발달을 도모한다. 발달단계별로 고려해보면, 취학 전의 경우에는 옷 입기, 식사, 대소변, 수저 사용이 중요 내용이며, 초등학교 단계에서는 옷의 선택, 머리손질, 집안일, 금전관리 등이 포함된다. 중고등학교 단계에서는 단장하기, 개인소지품 관리, 특정기구 주문관리, 적절한 사회기능지도 등이 중요한 내용이다(Barraga & Enn, 1992).

15.3.6. 지체장애

1) 평가

지체장애란 골격이나 근육 혹은 신경 중 어느 부분이 손상되어 영구적으로 그 기능을 제대로 발휘하지 못하는 상태를 의미하며, 신체장애로 말미암아 한 가지 이상의 일상적 활동이 크게 제한된 것을 말한다. 지체장애의 대표적 유형으로는 소아마비, 뇌성마비, 척추손상, 절단, 근이양증 등이 있다. 같은 장애를 가지고 있는 지체장애아동이라 하더라도 아동 간에 차이가 대단히 심하기 때문에 교육목표 · 교육내용 · 교수방법 · 교육자료 및 기기는 아동 개개인의 지능 · 신체 · 감각 · 정서적 특성을 사정하고 그것에 따라 정해야 한다. 지체장애아동의 개별화 교육계획을 수립하기 위해 일차적으로 실행하여야 할 것은 아동의 개인정보와 현재의 성취수준을 진단하는 일이다. 이러한 진단을 위해서는 각종 심리검사 결과, 학부모와의 상담내용 및 교육적 요구수준, 생육력, 병력, 전담임교사의 관찰기록, 교과별 성취수준, 진로상담 내용 등을 분석하여야 한다. 진단과 평가를 통해 지체장애아동이 가지고 있는 잠재능력을 발견하고 그 능력을 최대한 개발시켜주는 것을 교육목표로 정하여 효과적인 방법을 채택하는 것이 중요하다.

신체활동의 평가는 현재 스스로 수행할 수 있는 일상생활 활동을 평가하고 앞으로 익혀야 하는 일상생활 동작을 알기 위해 관찰을 통해 평가하도록 한다. 평가내용은 아동의 신체적인 제약이 무엇인가? 신체적인 제약이 치료교육을 통해 나아질 것인가? 아니면 같은 상태를 유지할 것인가? 혹은 앞으로 더욱 나빠질 것인가? 등이다. 평가방법에는 두 가지 단계가 있다. 하나는 기초적인 선별을 위한 평가의 단계이고 다른 하나는 선별평가에서 신체적 장애가 있다고 판별된 아동들만을 대상으로 실시하는 정밀한 평가이다. 지체장애아동이 필요로 하는 도움의 정도에 따라 수준을 구분하고, 어떻게 장애를 측정했는지를 기록한다.

표 15-8 선별평가에서의 수준 및 측정방법

수준	• 의존-완전히 다른 사람의 도움에 의존하는 수준 • 보조-다른 사람의 도움이 어느 정도 필요한 수준 • 지시-다른 사람의 감독이나 언어적 지시가 필요한 수준 • 독립-완전히 독립적으로 활동하는 기능을 가지고 있는 수준
측정방법	• 관찰-치료사의 관찰에 의한 측정 • 교사-치료사가 관찰을 못했으나 교사의 진술에 의한 측정 • 학생-치료사가 관찰을 못했으나 학생의 진술에 의한 측정 • 부모-치료사가 관찰을 못했으나 부모의 진술에 의한 측정

평가방법의 사례로 학교 내 활동, 식당, 이동 방법에 나타난 기능적 활동을 선별평가하는 내용을 제시하면 다음과 같다.

표 15-9 각 영역에서의 선별평가 내용

활동	운동능력	개인생활기능	몸자세	보조기구/자료
학급내활동	앉은 자세에서 교실 바닥에 떨어진 연필을 잡는다.	공책을 열고 닫는다. 글씨를 쓴다. 지시에 따른다.	의자에 앉는다. 줄을 선다. 칠판 앞에 선다.	손브레이스, 휠체어, 서있도록 고안된 책상, 높인 의자, 쓰기도구, 워커 등
식당	쟁반을 들고 선다. 쟁반에 음식으로 들고 테이블로 간다.	돈을 관리한다. 지갑에서 돈을 꺼낸다. 딱딱한 음식을 씹는다.	줄에 서 있는다. 의자에 혼자 앉는다.	특수수저, 컵, 음식을 먹여주는 도구, 휠체어에 부착된 쟁반
이동능력	이동한다. 문을 열고 드나든다. 평평하지 않은 곳을 걷는다.	책상을 연다. 문을 열고 닫는다. 전깃불을 켜고 끈다.	의자에 앉아 편한 자세로 고쳐 앉는다.	휠체어, 바퀴가 달린 의자, 보조기(brace), 목발(crutch), 손잡이

2) 지도

지체장애아동은 신체적 건강수준이 낮고 여러 가지 요인 때문에 활발한 활동에 참여하기가 어렵다. 지체장애아동의 활동을 방해하는 가장 큰 요인은 운동발달의 지체이다. 운동발달이 지체된 아동은 운동기술을 수행하는 데 지속적으로 실패하고 신체활동에 대한 흥미를 잃어버리게 되어 운동발달은 더더욱 더디게 이루어지게 된다. 이러한 악순환을 끊기 위해서는 지체장애아동이 활동에 참여하도록 격려하고 동기화하는 것이 중요하다.

먼저 지체장애아동의 신체발달을 촉진하기 위해서 편안하고 안전한 환경과 스스로 통제할 수 있는 환경 구성이 중요하다. 휠체어가 통과할 수 있는 문, 휠체어를 타고 움직일 수 있는 공간, 같은 높이의 교실 바닥, 그리고 실외 환경의 경우 자갈 대신 모래나 목재 사용, 볼풀(ball pool) 설치 등은 지체장애아동이 신체활동을 하는 데 도움이 되는 환경이다. 또한 자세 잡기, 이동, 일상생활을 위한 적응 보조도구는 어렸을 때부터 사용하면 신체가 기형적으로 발달하는 것을 미리 예방해주는 역할을 한다. 대표적인 보조도구로는 서기 받침대와 수정된 의자, 휠체어, 음식물을 쉽게 떠먹을 수 있는 구부러진 숟가락, 긴 덧베개 그리고 개별 아동에게 적합한 의자 등이 있다. 또한 지체장애아동의 소근육 기술을 지도하고 눈과 손의 협응을 발달시키기 위해서 작은 사물을 집어보는 기회를 자주 제공한다. 예를 들어 미술 영역에 4개 구멍의 가위를 배치해둔다. 아동의 손가락 2개 외에 교사의 손가락 2개를 같이 넣을 수 있는 것으로, 처음에는 교사가 주도적으로 자르고 아동이 점차 독립적으로 자르도록 유도한다. 또한 교사는 신체발달을 위해서 구조화된 활동과 비구조화된 활동을 적절히 균형 있게 제공한다. 실외 놀이, 대근육 활동, 소근육 활동이 모두 포함되도록 하며, 아동이 이미 배운 신체능력을 반복하고 새로운 것을 학습하도록 일과표를 구성해야 한다.

아동의 장애에 맞추어 교수방법을 적절히 변형하는 것은 지체장애아동 교육의 승패를 좌우하는 중요한 요인이다. 지체장애아동을 지도하는 데 중요한 방법은 '과제분석' 과정이다. 세분화한 부분과제로 아동의 능력을 평가하고 그 결과를 바탕으로 아동의 발달수준에 가장 적절한 개별화된 교육목표를 정할 수 있다. 아동이 수행할 수 없었던 부분과제부터 학습을 계획하고 진행한다. 과제분석방법을 통해 아동은 과제를 더 작게 나누어 목표를 습득하는 단계별 과정을 배울 수 있다. 부분과제를 수행하는 과정에서 교사는 아동에게 최대한 독립성을 키워줄 수 있도록 보조 정도를 결정해야 한다. 이를 통해 기본적인 신체기술이 습득된 후에는 일과 생활 속에서 반복 연습할 수 있는 기회를 제공한다. 상황이나 환경에 제한되지 않고 습득된 기술이 유지되고 일반화될 수 있도록 도와주어야 한다.

신체기술을 촉진시킬 수 있는 적절한 지도 원리를 구체적으로 살펴보면 다음과 같다.

① 준비가 되어 있나 관찰한다. 준비가 되어 있지 않은 아동에게 운동기술을 수행하도록 지나치게 요구하면 아동이 다칠 위험이 있으며 잦은 실패를 경험할 수 있다.

② 동적 활동과 정적 활동을 교대로 제공한다. 적절한 휴식과 재충전 시간이 특히

필요하므로 활발한 활동과 이완된 활동을 번갈아 수행하도록 해야 한다. 또 한 번에 너무 많은 활동을 하게 하지 말고 너무 길게 지속시키려고 강요하지 말아야 한다.

③ 활동은 단순하고 산만하지 않아야 한다. 그러나 지나치게 단순한 것은 아동을 활동하도록 자극시키지 못하기 때문에 적절한 수준의 활동을 제공해서 변화가 있는 경험을 하게 한다.

④ 아동은 무엇을 배우게 될 것인가를 알아야 하며 학습은 목표 지향적인 것으로 한다. 특정 운동기술이 아동에게 왜 중요한지 이해시키고 학습을 진행하는 것이 효과적이다. 그래야만 아동은 운동기술을 배울 때 적극적으로 임할 수 있다. 아동이 능동적이지 않을 때 시범과 언어적 교수는 비효과적일 수밖에 없다. 또한 활동을 하기 전에 기다리는 것에 많은 시간을 소모해서는 안 된다.

15.3.7. 뇌성마비

1) 평가

뇌성마비는 뇌손상에 의한 마비, 협응장애, 기타 운동기능장애로 특징 지어지는 선천성 발달신경운동장애이다. 뇌성마비는 출생 전, 출생 시, 출생 후에 뇌의 비진행성 병변에 의하여 운동조절 및 뇌와 관련된 손상이 원인이 되며(Barshaw, 2002), 일반적으로 자세, 평형유지, 이동능력, 근육협응 등의 부족이나 손상을 포함한다. 또한 신생아 및 영아기의 뇌손상까지도 포함하며 주로 2세 이전에 발생한 경우를 말한다. 뇌성마비는 전염성이 아니며, 진행성도 아니고 차도가 없다. 증후는 탐지하기 힘들 정도로 대단히 가벼울 수도 있고, 신체가 거의 완전하게 무력화될 정도로 대단히 심할 수도 있다.

뇌성마비아동은 조음과 관련된 근육의 마비상태에 따라서 어눌한 발음을 내거나 아주 말을 못할 수도 있다. 말하기, 쓰기 능력이 부족하기 때문에 제대로 지능검사를 받지 못하거나, 주변의 편견 때문에 지적장애로 오해받는 경우도 많다. 그러나 구어사용능력의 결함이 곧 지능의 이상을 의미하는 것은 아니다. 뇌성마비아동은 우수아일수도 있고 평균적인 지능일 수도 있으며 지적장애일 수도 있다. 약 75% 정도의 뇌성마비아동들이 어느 정도의 지적장애를 함께 가지고 있는 것으로 보고되고 있다(Batshaw, 2002). 따라서 뇌성마비아동을 교육시킬 때에는 실제 능력의 결함 속에 감춰지기 쉬운 아동의 인지능력과 기타 수반 장애들에 대해 정확히 알아보고 그에 따른 교육을 실시하여야 한다.

뇌성마비의 형태는 매우 다양하기 때문에 일반화시키기는 어렵지만, 몇 가지 유형으로 분류할 수 있다. 뇌성마비의 분류에는 마비 부위에 따른 분류와 운동장애의 유형에 따른 분류가 있다. 마비 부위에 따라 단지마비(한쪽 상지나 한쪽 하지의 마비), 양지마비(양쪽 상지나 양쪽 하지의 마비), 편마비(한쪽의 상하지 마비), 대마비(우상지와 좌하지 또는 좌상지와 우하지 마비), 삼지마비(삼지의 마비), 사지마비로 분류된다. 그리고 운동장애의 유형에 따라서 경직형, 무정위운동형, 운동실조형, 강직형, 진전형, 혼합형의 여섯 가지로 분류된다. 또한 뇌성마비아동 중에는 중복장애를 가지고 있는 경우가 많다. 중복장애는 언어장애(85~90%), 인지장애(60~70%), 시각장애(40%), 간질(35~45%), 청각장애(20%) 등이 빈번하게 나타난다(Bowe, 2000).

2) 지도

뇌성마비아동의 85~90%가 말과 의사소통장애를 가지고 있는데(미국뇌성마비협회, 1992), 이들의 장애는 손상된 지능, 혀의 운동결함, 안면 · 후두 · 호흡 근육의 마비, 사회적 상호작용의 부족 등으로 발생한다. 따라서 뇌성마비아동의 적응능력을 향상시키기 위해서는 기능적인 의사소통 체계를 제공해야 한다. 뇌성마비아동의 표현수단으로 말을 사용하는 것이 가장 바람직하지만, 가능하지 않다면 보완 · 대체 의사소통체계를 마련해주는 것이 필요하다. 이는 아동이 의사소통에 실패하지 않고 능동적인 참여자가 될 수 있도록 해줄 뿐 아니라 동기유발 형성에 필수적이기 때문이다. 보완 · 대체 의사소통의 유형은 크게 보조도구를 사용하지 않는 유형과 보조도구를 사용하는 유형으로 나누어 볼 수 있다. 전자는 의사소통을 할 때 얼굴표정, 몸짓, 손짓기호, 눈응시, 머리끄덕임 등 신체의 여러 부분을 이용하는 것이고, 후자는 블리스상징판(blisssymbolics), 그림/사진판, 글자판 등의 의사소통판이나 테크놀러지를 이용한 보조도구를 사용하는 것이다. 보완 · 대체 의사소통체계를 적용할 때는 뇌성마비아동의 인지기능, 언어능력, 신체기능 등을 고려해야 한다. 뇌성마비아동을 지도하는 구체적인 방안은 다음과 같다.

① 뇌성마비아동은 즉각적으로 반응하는 데 어려움이 있기 때문에 아동의 반응을 충분히 기다려주어야 한다. 교사가 충분한 시간을 제공하지 않음으로써 스스로 반응하지 못할 경우, 아동은 점차 좌절하면서 무기력을 학습하게 된다.

② 뇌성마비아동은 본인이 원하지 않아도 불수의적으로 나타날 수 있는 자세나 행동이 있음을 명심하여야 한다.

③ 뇌성마비아동이 최대한 활동에 참여할 수 있도록 지원해주어야 한다. 물리치료사와 상담하여 참여를 돕는 보조기를 제공해야 한다.

④ 전체 기술을 학습하는 데 어려움을 보이면 하위기술을 연습시켜야 한다. 학습 가능한 하위기술로 전체 기술을 쪼개어 지도하는 것이 좋다.

⑤ 운동기술을 배우는 데 있어 언어적 · 시각적 · 신체적 촉구는 뇌성마비아동을 도울 수 있다. 아동이 언어적 지시에 반응을 보이지 않을 때, 손짓, 몸짓을 동반한 언어적 지시를 반복한다. 행동수행을 위해서 시도되는 모든 하위 단계에서 긍정적인 강화를 주며, 신체나 손짓을 사용한 촉구는 가능한 한 빨리 사라져야만 한다.

15.4. 장애아 통합교육

장애아 통합프로그램은 장애유아와 일반유아가 함께 생활하고 배움으로써 개개인의 능력을 최대한 발전시켜 나가는 것, 있는 그대로 서로를 인정하며 존중하는 것을 목적으로 한다. 여기서는 장애아 통합교육의 필요성과 장애아 통합교육의 최근 동향에 대해 살펴본다.

15.4.1. 장애아 통합교육의 필요성

1970년대와 1980년대 미국에서는 특수한 요구를 가진 학생을 일반학급에서 교육하는 것을 기술하기 위한 용어로, '주류화(mainstreaming)'라는 단어를 보편적으로 사용하였다. 주류화는 장애 아동이 주류 환경인 일반 학급으로 다시 들어가는 것을 의미한다. 그러나 1990년대 이후에는 '통합(inclusion)'이라는 용어를 사용하고 있다.

통합은 물리적(시간적 통합), 학문적(교수활동적 통합), 사회적(사회적 통합)으로 통합하는 것을 의미한다. 여기서 '시간적 통합'은 장애아를 일정 시간 동안 일반 또래들과 동일한 교육환경에 배치하는 것, '교수활동적 통합'은 장애아가 일반 보육실의 보육활동에 의미 있게 참여하는 것, '사회적 통합'은 장애아가 자신이 통합되는 보육실의 교사와 또래들로부터 그 보육실의 구성원으로 수용되는 것을 의미한다. 진정한 의미에서 통합이 이루어지기 위해서는 사회적 통합까지 이루어져야 하는데, 실제로 장애가 경한 아동의 경우에는 보육실 구성원으로서 완전히 수용되는 단계의 통합까지도 가능한 것으로 보고되고 있다.

장애아가 통합교육을 받아야 하는 철학적 · 법률적 · 교육적 이유는 다음과 같다.

첫째, 철학적 이유는 모든 아동은 정상적인 생활을 할 권리가 있으므로, 장애아동도 일반 아동과 똑같이 높은 질의 프로그램을 경험하도록 해야 한다는 것이다. 장애아는 일반학급의 활동에 참여함으로써 일반 아동 및 교사와 긍정적인 사회관계를 맺을 수 있게 된다.

둘째, 법률적 이유는 장애를 이유로 일반 시설에서 장애아 보육·교육을 거부할 수 없다는 점이다.

셋째, 교육적 이유로는 장애아가 일반 시설에서 보육·교육되는 것이 장애아의 발달에 도움이 된다는 점이다. 일반 시설 프로그램의 질이 우수하고 장애아의 욕구에 대해서 개별 학습이 계획되고 실현된다면, 통합프로그램의 실행은 교육적으로 바람직하다.

장애아와 일반아를 통합하기에 가장 적절한 시기는 유아기이다. 이때 또래와 어울려 함께 생활하며 자연스럽게 관계를 형성하기 쉽기 때문이다. 그러므로 영유아기에 장애아와 일반아가 함께 생활하고 교육받는 것은 장애아에게도 가장 바람직하다고 볼 수 있다.

15.4.2. 장애아 통합교육의 최근 동향

1) 미국의 장애아 통합교육의 최근 동향

미국의 경우 장애아에 관한 법인 「전장애아동교육법(Education for All Handicapped Children Act)」은 1975년에 제정되고, 1980년부터 전면적으로 시행되었다. 이 법은 수차례 개정되다가 1997년 전면 개정되어 미국의 장애아는 출생부터 21세까지 무상으로 적절한 공교육을 받게 되고 적절한 지원을 받게 되었다.

「전장애아동교육법」은 개별화 교육계획, 최소제한환경, 일반교육 주도의 특징을 담고 있다. 이 법은 모든 장애아에게 적합한 개별화 교육계획(Individualized Education Plan: IEP)을 세우고 이를 문서화하며, 장애아의 부모나 장애아 자신이 그 계획 작성에 참여할 수 있도록 하였다. 또 특수교육을 최소제한환경(Least Restrictive Environment: LRE)에서 하도록 규정하여 장애아가 가급적 비장애아와 같은 환경과 장소에서 교육을 받도록 하였고, 특수한 요구를 가진 아동에 대해 일반교육 주도라는 통합교육방식으로 접근하려 했다.

이 법이 시행된 후 특수교육을 받게 된 아동의 수는 증가하였으나, 이 법으로 실현하려 했던 통합교육은 처음부터 제대로 실현되지는 않았다. 그리하여 1980년대에 일반교육주도(Regular Education Initiative: REI)로 알려진 통합교육운동이 일어났다. 이것을 계기로 하여 다양한 학습요구를 가진 아동을 보다 많이 통합하는 일반교육 체제를 확립하기 위해 특수교육, 일반교육, 보상교육의 효과적인 경험을 결합한 통합교육이 실시되었다.

「전장애아동교육법」은 1990년에 「장애인교육법(Individuals with Disabilities Education Act: IDEA)」으로 개정되었다. 개정된 미국 「장애인교육법」은 적절한 무상공립교육(Free and Appropriate Public Education: FAPE), 최소제한환경(Least Restrictive Environment), 개별화교육프로그램(Individualized Education Program: IEP), 이들과 관련된 안전장치 규정 등을 내용으로 포함하고 있다.

2004년 미국 부시 대통령과 의회는 IDEA를 개정하면서 법명에 향상(Improvement)을 추가하였다. 이에 따라 「장애인교육법」이 사실상 「장애인교육향상법(Individuals with Disabilities Education Improvement Act: IDEIA)」이라는 명칭으로 변경되었으며, 조기중재서비스를 지원하고 장애학생들에게 최고의 교육과정과 가르침에 대한 완전한 접근을 보장하여야 한다는 책무성을 부여하는 등(심인주, 2010), 장애아와 보호자의 권리를 한층 강화해가고 있다.

2) 독일의 장애아 통합교육의 최근 동향

제2차 세계대전 이후 다방면으로 전쟁 복구가 이루어지면서 장애유아도 교육받아야 한다는 부모들의 요구가 확대되었다. 연방정부도 장애아교육의 필요성을 인식하고 장애유아들을 위한 교육제도를 만들게 되었다. 이후 장애유아 통합교육은 세 가지 방향의 노력을 기초로 발전하게 되었다.

첫째, 먼저 개인적인 노력에 의한 발전으로 1969년 Hellbruegge 교수는 '햇볕운동'이라는 개인재단을 설립하여 몬테소리 프로그램을 적용한 장애유아 통합교육을 시도하였다. 둘째, 장애유아 부모들이 통합교육의 필요성을 적극적으로 요구하여 연방정부가 일부이기는 하지만 일반 유아교육기관에서 통합교육을 실현할 수 있도록 지원하게 되었다. 셋째, 장애유아 통합교육을 올바르게 실현하고자 장애유아 통합교육 모델 프로그램 개발을 계획하고 진행하였다. 이를 위한 경비는 연방정부에서 지원하여, 프로그램 개발의 위한 연구팀과 연구과정에 참여할 유아교육기관을 선정하였다. 이러한 노력으로 개발된 장애유아 통합프로그램이 현장에 적용되어 널리 확산된 결과, 1982년에는 60여 개 유치원이 장애유아 통합교육을 실시하게 되었다.

1994년 장애유아들이 격리된 기관에서 교육받는 것보다 일반 유아들과 함께 교육받을 수 있는 기회가 우선임을 법적으로 인정하게 되었다. 이후 2001년 독일의 사회법도 장애유아들을 위한 보호로서의 교육이 아니라, 장애유아 통합교육 자체를 핵심으로 간주하게 되었다. 이를 통해 장애유아들을 일반 유아와 같은 맥락에서 이해하고 똑같은 기회를 가질 수 있도록 배려하게 되었다. 이러한 노력으로 2010년도에는 장애유아의 61.5%가 일반학교에 통합되어 교육을 받는 등(김기홍, 2012), 영유아기를 중심으로 통합이 활발하게 진행되고 있다.

3) 한국의 장애아 통합교육의 최근 동향

우리나라의 장애유아와 관련된 교육의 현실을 살펴보면, 1994년 「특수교육진흥법」 개정령에 의해서 '통합교육'이라는 용어(「특수교육진흥법」 제2조 제6항)와 그 실행에 관한 법규(동법 第15조)가 명시됨으로써 통합교육에 대한 법적인 지지가 공식적으로 이루어지기 시작했다. 1996년 1월 6일 보건복지부는 「영 · 유아 보육법 시행규칙」을 개정하여, 장애유아 보육에 관한 규정을 신설하였다. 장애유아 대 교사의 비율을 1:5로 규정하고, 장애유아 10인당 특수교사 1인을 채용해야 함을 규정하였다. 또한

1997년까지 국고보조 장애유아 보육시설 50개소를 신·증축하고, 당시 해당교사의 70% 인건비를 지원하기로 하였다.

뿐만 아니라 1997년부터는 '장애유아 전담 보육시설'에 관한 지정과 운영기준이 마련되었다. 보건복지부는 장애유아 전담 보육시설로 지정된 시설에 장애 종류에 따라 필요한 치료사를 2인까지 지원하고 취사부 등의 인건비 지원 등을 추가로 지원함으로써 장애유아 보육시설의 운영을 도왔다.

교육인적자원부에서는 특수학급을 증설하기 위해 2006년 국공립 교육대학, 사범대학 및 종합교원양성대학, 부설학교에 특수학급을 의무적으로 설치하도록 하였다. 이에 따라 2006년도에 부산교대 등 부설초등학교에서 특수학급을 설치하여 시범적으로 운영하였으며, 2007년도에는 경인교대 부설초등학교를 비롯한 32개소에서 특수학급을 설치 및 운영하였다. 일반학교에 배치되는 장애학생 수가 점차 늘어남에 따라 유·초·중·고등학교에 특수학급을 지속적으로 증설하였다(2004년 4,366학급, 2005년 4,697학급, 2006년 5,204학급, 2007년 5,753학급). 2008년 5월 「장애인 등에 대한 특수교육법」이 시행되면서 유치원과정의 경우, 특수교육대상자가 1인 이상 4인 이하인 경우 1학급을 설치하고, 4인을 초과하는 경우 2개 이상의 학급을 설치하도록 하고 있다. 또한 종일제를 운영하는 유치원과정의 교육기관에 특수교육대상자가 배치되는 경우 특수교육대상자에 대한 종일제 운영을 담당할 인력을 학급당 1인 이상 추가로 배치할 수 있도록 하였다. 더 나아가 2012년 3월부터 특수교육대상자에 대한 의무교육이 3세부터 17세의 유치원에서 고등학교과정에 이르기까지 확대되었다. 이에 따라 일반학급에서 전일제로 통합교육을 받고 있는 일반학급 배치 특수교육대상 학생수는 해마다 늘어 2005년 5,100명에서 2022년 17,514명으로 3배 이상 증가하였다(교육부, 2022). 또한 2022년 기준 전체 특수교육 대상자 유아 8,248명 중 통합교육을 받는 유아는 87.9%인 7,249명으로, 통합교육을 받는 비율은 2013년 79.3%에서 꾸준히 증가하는 추세이다. 이처럼 2022년 현재는 「장애인 등에 대한 특수교육법」이 제정(2007년 5월)된 15년 전보다 통합교육을 받는 인원은 꾸준히 늘어 양적인 성장을 이루었으나, 대학진학률이나 취업률은 여전히 일반인에 비해 현저히 낮다. 그러므로 앞으로는 특수교육의 질을 높이기 위한 국가적 책무를 인식하고 이를 위한 노력이 경주되어야 할 것이다.

참고문헌

| 국내 문헌 |

강경미(2006). **아동행동수정.** 학지사.

강문희(2000). **유아생활지도.** 교문사.

강문희, 장연집, 정정옥(2005). **아동정신건강.** 정민사.

강은진, 권미경, 박창현, 최윤경, 박혜원, 최일선, 이경옥, 김형미, 양성은, 김영아(2022). 어린이집과 유치원 장애위험 영유아 조기발견 및 발달지원 종합 대책 방안(Ⅰ): 실태조사 및 조기선별 도구 개발. 육아정책연구소.

공석영, 이규명, 이은상, 방인옥, 김명숙(2000). **유아생활지도.** 양서원.

공석영, 이규명, 이은상, 방인옥, 김명숙(2005). **유아생활지도.** 양서원.

곽금주, 박혜원, 김천택(2001). **K-WISC-Ⅲ.** 도서출판특수교육.

교육과학기술부, 보건복지부(2013). **3-5세 연령별 누리과정: 해설서.** 교육과학기술부, 보건복지부.

교육부(2022). 특수교육통계.

교육부, 보건복지부(2019). **2019 개정 누리과정 해설서.** 교육부, 보건복지부.

권석만(2005). **현대이상심리학.** 학지사.

권혜림, 이완정(2022). 디지털 환경에서 영유아와의 직접적인 상호작용을 강조하는 부모교육 프로그램의 실행과 효과. **한국보육지원학회지, 18**(1), 1-22. https://doi:10.14698/jkcce.2022.18.01.001

김경회 외(2006). **보육학개론.** 창지사.

김경희(2007). **아동생활지도.** 창지사.

김광웅(1996). **유아생활지도.** 학문사.

김군자(1998). **음악치료의 이론과 실제.** 양서원.

김기홍(2012). 독일의 통합교육 현황과 운영사례를 통한 시사점. **특수아동교육연구, 14**(1), 221-255.

김나영, 이승희(2002). **아동임상 및 상담심리.** 동문사.

김동연(2000). **미술치료비디오 활용지침서.** 마이코미디어.

김동주(2005). **음악치료 길라잡이.** 작은우리.

김세리, 이완정(2022). 유아의 기질이 자녀에 대한 어머니의 애착에 미치는 영향: 어머니 자기 분화의 조절 효과. **인간발달연구, 29**(3), 89-111. http://dx.doi.org/10.15284/kjhd.2022.29.3.

김승국(1990). **적응행동검사.** 중앙적성출판사.

김승국, 김옥기(1985). **사회성숙도검사.** 도서출판특수교육.

김영욱, 김원경, 박화문, 석동일, 윤점룡, 정재권, 정정진, 조인수(2006). **특수교육학.** 교육과학사.

김종현, 윤치연, 이성현, 이은림(2005). 특수아동의 이해와 지도. 서울: 공동체.

김준규, 박희숙, 추성경(2005). **유아생활지도.** 동문사.

김진숙(1993). **예술심리치료의 이론과 실제.** 중앙적성출판사.

김진호, 이병래(2006). **유아정신건강.** 동문사.

김충기, 장선철(2002). **유아생활지도.** 동문사.

김희경(2002). 아동청소년 문제행동의 이해와 생활지도 방안. 연세대학교 교육대학원 석사학위논문.

박정미(2004). 음악치료이론 및 실제. **음악연구, 33,** 385-409.

박진아, 이경숙, 신의진(2009). 모-자녀관계와 어머니의 양육스트레스가 유아 문제행동에 미치는 영향. **한국심리학회지: 여성, 14**(4), 549-566.

박현주(2004). 부적응행동 유아를 위한 미술치료 사례 분석적 연구. 동아대학교 박사학위논문.

박화문, 박재국, 김윤혜, 김영한, 김영경, 박미화, 이정순(2002). **장애유아 교육과 지도.** 창지사.

변용, 김성희, 윤상용, 임성은(2005). 장애인 이용시설 복지서비스 실태 및 개선방안 연구. 한국보건사회연구원.

보건복지부(2020). **제4차 어린이집 표준보육과정 해설서.** 보건복지부.

손덕순, 이준우(2007). **정신보건사회복지론.** 서현사.

신의진, 이경숙, 황유정, 박진아(2009). 부모와 교사가 보고한 유아 문제행동의 경향과 특성; 서울지역을 중심으로. 한국아동학회 2009년 춘계학술대회.

신현기, 변호걸, 김호연, 정인호, 전병운, 정해동, 강영택, 성수국, 마주리, 유재연(2005). **특수교육의 이해.** 교육과학사.

심인주(2010). 한국과 미국의 특수교육법의 구조와 내용분석. 전남대학교 교육대학원 석사학위논문.

안영진, 이성숙(2004). **유아생활지도.** 삼광출판사.

안영진, 장선철(2002). **아동상담.** 동문사.

유명순(2007). 모래상자놀이를 통한 부적응 행동유아의 자아존중감 및 친사회적 행동 변화양상에 관한 연구. 경성대학교 대학원 석사학위논문.

유수옥(2006). **유아특수교육론.** 학지사.

유영의(1994). 부적응행동 유아에 대한 모래상자 적용 사례연구. 한국교원대학교 석사학위논문.

유주연(2020). 맞벌이 가정 영아의 어머니 및 교사 애착안정성 비교: 영아 기질의 영향을 중심으로. **유아교육 · 보육복지연구, 24**(1), 53-176. https://doi.org/10.22590/ecee.2020.24.1.153

유효순, 이소은(2009). **아동생활지도.** 한국방송대학교출판부.

이경숙, 신의진, 전연진, 박진아(2004). 한국 유아 행동문제의 경향과 특성-서울지역중심으로-. **한국심리학회지: 발달, 17**(4), 53-73.

이미화(2013). **영유아 문제행동지도를 위한 어린이집 보육교사지침서.** 육아정책연구소.

이소은, 민하영(2021). **영유아프로그램 개발과 평가.** 한국방송대학교 출판부.

이소은, 이완정(2019). **아동생활지도와 상담.** 양서원.

이소현, 박은혜(2006). **특수아동교육.** 학지사.

이수연(2004). 3-6세 유아의 영역별 발달 촉진을 위한 단계별 음악치료교육 활동 연구. 이화여자대학원 교육대학원 음악치료전공 석사학위논문.

이순형, 민하영, 이소은, 이완정, 황혜신, 이강이, 이영미, 이혜승, 한유진, 권혜진, 성미영(2013). **아동복지.** 학지사.

이시용, 정환금, 허승희, 홍종관(2000). **아동생활지도와 상담.** 교육과학사.

임은희(1999). **음악치료학 입문.** 아시아미디어리서치.

장선철(1992). **유아생활지도.** 동문사.

장선철(1995). **유아생활지도.** 동문사.

장선철(2006). **아동생활지도.** 태영출판사.

정계숙, 이지연(2005). 치료적 집단음악활동을 통한 유아의 정서지능 향상 효과. **유아교육연구, 25**(3), 99-117.

정여주(2003). **미술치료의 이해: 이론과 실제.** 학지사.

정옥분(2006). **사회정서발달.** 학지사.

정용부, 고영인, 신경일(2003). **아동생활지도와 상담.** 학지사.

정현주(2005). **음악치료학의 이해와 적용.** 이화여자대학교출판부.

조운주, 최일선(2004). **유아교육기관에서의 유아생활지도.** 창지사.

조윤경, 홍은주(2005). **장애 유아 통합 프로그램 실제.** 창지사.

주리애(2000). **미술치료는 마술치료.** 학지사.

중앙사회복지연구회(1996). **사회사업사전.** 이론과 실천.

최국남, 박순이(1999). **유아사회교육.** 창지사.

최미현, 박명화, 박성미, 최양미, 김애자, 김정신(2000). **영유아 보육의 이해.** 창지사.

최병철(2006). **음악치료학**. 학지사.

최외선, 이근매, 김갑숙, 최선남, 이미옥(2006). **마음을 나누는 미술치료.** 학지사.

최태삼(2007). 이덕무의 사소절에 나타난 아동생활지도 원리 연구. **초등교육학연구, 14**(2), 197-210.

한국미술치료학회 편(1994). **미술치료의 이론과 실제.** 동아문화사.

허순희(2003). 음악치료의 원리와 이론적 기초. **아동교육, 12**(1), 187-200.

홍강의, 홍경자(1986). 초등학교아동의 행동문제연구(II). **서울의대 정신의학, 11**(1), 39-47.

홍연숙, 김진선, 손윤경(2006). **영유아생활지도.** 공동체.

황수경(2004). WHO의 새로운 국제장애분류(ICF)에 대한 이해와 기능적 장애 개념의 필요성. **노동정책연구, 4**(2), 127-148.

황유경(2005). **미술치료로 아이들에게 한 걸음 다가서기.** 혜성출판사.

황혜정, 윤명희, 강성빈, 성낙운, 황혜신(2002). 유아용 문제 행동 진단검사의 개발연구. **유아교육연구, 22**(1), 77-88.

Abels, M., Vanden Abeele, M., Van Telgen, T., & Van Meijl, H. (2018). Nod, nod, ignore: An exploratory observational study on the relationship between parental mobile media use and parental responsiveness towards young children. In E. M. Luef and M. M. Marin (Eds.), *Language, Communication and Cognition* (pp. 195–228). Graz: Uni-Press Verlag.

Allen, K., & Barber, C. (2015). Examining the use of play activities to increase appropriate classroom behaviors. *International Journal of Play Therapy, 24*(1), 1-12. http://dx.doi.org/10.1037/a0038466

Allen, R. C. (1969). *Legal Lights of the disabled and disadvantaged*(GPO 1969-0-360-797). Washington, DC: C. S. Department of Health, Education, Welfare, National Citizens Conference on Rehabilitation of the Disabled and Disadvantaged.

Allen, R. C. (1969). *Legal rights of the disabled and disadvantaged*(GPO 1969-0-360-797). Washington, DC: C. S. Department of Health, Education, Welfare, National Citizens Conference on Rehabilitation of the Disabled and Disadvantaged.

American Heritage Dictionary. http://ahdictionary.com

Anderson, J. C,, "Williams, S., McGee, R., & Silva, P. A. (1997). DSM-Ⅲ disorders in preadolescent children: Prevalence in a large sample from the general population". *Archives of General Psychiatry, 44*, 69-76.

Arizona Child Care Association. http://www.azcca.org

Association for Play Therapy. (1997). A definition of play therapy. *The Association for Play Therapy Newsletter, 16*(1), 7.

Bandura, A. (1977). Self-efficacy: Toward a unifying theory of behavioral change. *Psychological Review, 84*(2), 191-215. doi:10.1037/0033-295x.84.2.191

Bandura, A. (1977). *Social learning theory. Englewood Cliffs.* NJ: Prentice-Hall.

Bandura, A. (1986). *Social foundations of thought and action: A social cognitive theory.* Upper Saddle River, NJ: Prentice-Hall, Inc.

Barbour, C. (2010). *Peer group influence.* Pearshon Allyn Bacon Prentice Hall.

Barraga, N. C., & Enn, J. N. (1992). *Visual handicaps and learning.* Austin, TX: ProEd.

Batshaw, M. L. (2002). *Children with disabilities*(5th ed.). Baltimore: Paul Brookes.

Baumrind, D. (1996). The discipline controversy revisited. *Family Relations, 45,* 405-414.

BC Day Care Action Coalition and the Early Childhood Educators of B.C. (2016). Guiding Children's Behaviour. https://www2.gov.bc.ca/assets/gov/health/about-bc-s-health-care-system/child-day-care/guiding_childrens_behaviour_april_2017.pdf

Belsky, J. (2009). Effects of child care on child development: Give parents real choice. Institute for the Study of Children, *Families and Social Issues.* http://www.mpsv.cz

Berkkell, D. E. (1992). *Autism: Identification, education and treatment.* Hillsdale, NJ: Eelbaum.

Bowe, F. (2000). *Physical, Sensory, and health disabilites.* Columbus, OH: Merrill/Prentice Hall.

Bower, E. M. (1970). *Early Identification of Emotionally Handicapped Children in School.* Springfield IL.: Charles C. Thomas.

Bowers, N. R. (2015). **가족놀이치료: 가족을 위한 협력적 접근**[Play therapy with families: A collaborative approach to healing]. (김유숙, 최지원, 김사라 역). 학지사. (원저 2013년 출판)

Boxil, K. (1985). *Music therapy for developmentally disables*. Rockville, MD: Aspen Systems.

Boyd, H. (2014). *Gender differences: Preschool.* www.education.com Updated on May 14. 2014.

Brammer, L. M. (1993). *The helping relationship*(5th Ed.). Needham heights, MA: Allyn & Bacon, NewYork.

Bredekamp, S., & Copple, C. (Eds.) (1997). *Developmentally appropriate practice in early childhood program*(Rev. ed.). Washington, DC: NAEYC.

Bredekamp, S., & Copple, C. (Eds.). (1997). *Developmentally appropriate practice in early childhood program* (Rev. ed.). Washington, DC: NAEYC.

Bronfenbrenner, U. (1979). *The ecology of human development: Experiments by mature and design*. Cambridge, Massachusetts: Harvard University Press.

Bruscia, K. E. (1989). *Defining music therapy*. Spring city, PA: Spring House Book.

Burgess, C. S. (2005). *The evaluation of a multi-component early intervention strategy on school readiness levels.* Unpublished doctoral dissertation. Johns Hopkins University.

Buss, A. H., & Plomin, R. A. (1984). *Temperament: Early developing personality traits.* Hilsdale NJ : Erlbaum.

Canadian Child Care Federation. One-Six guidance. http://www.cccf-fcsge.ca

Catton, N. (1984). The development of self-esteem and self-esteem regulation. In J. E. Mack & S. L. Ablon(Eds.), *The development and sustaining of self-esteem in childhood.* New York: International Universities Press.

Center on the Social and Emotional Foundations for Early Learning(2008). Using environmental strategies to promote positive social interactions.

Charnigo, A. (2015). *Play therapy: Comparing and contrasting the different types and effects.* http://sites.psu.edu/amandahdfsportfolio/wp-content/uploads/sites/35327/2015/10/Play-Therapy-Lit-review.pdf

Chethik, M. (1989). *Techniques of child therapy: Psychodynamic strategies.* New York: Guilford Press.

Clarizio, H. F., & McCoy, G. F. (1983). *Behavior disorders in children*(3rd ed.). New York: HarperCollins.

Cohen, R. J., & Swerdlik, M. E. (2005). *Psychological testing and assessment: An introduction to tests and assessment*(6th ed.). NY: McGraw-Hill.

Coie, J. D., & Dodge, K. A. (1998). Aggression and antisocial behavior. In W. Damon (Series Ed.) & N.

Eisenberg (Vol. Ed.), *Handbook of Child Psychology. Vol. 3.* Social, emotional and personality development (pp. 779-862). New York: Wiley.

Conger, K. J., Conger, R. D., & Scaramella, L. V. (1997). Parents, siblings, psychological control and adolescent adjustment. *Journal of Adolescent Research, 12,* 113-138.

Cook, R. E., Tessier, M. D., & Klein, A. (2000). *Adapting early childhood curricular for children in inclusive setting.* Upper Saddle River, NJ: Peason Prentice Hall.

Cooperstein, S. E., & Kocevar-Weidinger, E. (2004). Beyond active learning: A constructivist approach to learning. *Reference Services Review, 32*(2), 141-148.

Corn, A. (1983). Visual function: A model for individual with low vision. *Journal of Visual Impairment & Blindness, 77*(8), 373-377.

Cowen, E. (1973). Social and community interventions. *Annual Review of Psychology, 24,* 243-271.

Crow, D. L,, & Crow, A. (2007). *Educational Psychology.* Delhi: Surject Publications.

Department of Early Education and Care(2018). *Technical assistance: Child guidance. The Commonwealth of Massachusetts.* https://www.mass.gov/files/documents/2016/08/qz/child-guidance-group-child-care-discipline.pdf

Diamond, G., Reis, B., Diamond, G., Siqueland, L., & Isaacs, L. (2002). Attachment-based family therapy for depressed adolescents: A treatment development study. *Journal of the American Academy of Child & Adolescent Psychiatry,* 1190-1196. doi:10.1097/01.CHI.0000024836.94814.08

Dunlap, L. K., & Dunlap, G. (1989). A self monitoring package for teaching subtraction with regrouping to students with learning disabilities. *Journal of Applied Behavior Analysis, 22,* 309-314.

Dunn, J., Brown, J., & Beardsall, L. (1989). Family talk about feeling states and children's later understand of others' emotions. *Developmental Psychology, 23,* 132-139.

Education State of the Victoria State Government (2019). The Early Years Assessment and Learning Tool. https://www.education.vic.gov.au/Documents/childhood/professionals/learning/Early_Years_Assessment_and_Learning_Tool-public_facing_report.pdf

Egan, G. (1990). *The skilled helper: a systematic approach to effective helping*(4th Ed) International Thomson Publishing, UK-London.

Essa, E. (1995). *A practical guide to solving preschool problem*(2nd ed.). New York: Delmar Publishers, Inc.

Essa, E. L. (1988). **유아행동지도**[(A)practical guide to solving preschool behavior problems]. (지성애 역). 양서원. (원저 1983년 출판)

Fauber, R. L., & Kendall, P. C. (1992). "Children and families: Integrating the focus of interventions". *Journal of Psychotherapy Integration, 2,* 107-123.

Fields, M. V., & Boesser, C. (1994). *Constructive guidance and discipline: Preschool and primary education.* New York: Macmillan Pub.

Fields, M. V., & Merritt, P. P. (2013). *Constructive Guidance and Discipline: Birth to Age Eight*(6th edition). Pearson.

Fletcher, A. (2016). *Positive discipline and child guidance.* U. of Missoouri Extension. https://extension.missouri.edu/publications/gh6119

Fox, L., & Lentini, R. H. (2006). *Teaching social and emotional skills.* Young Children on the Web, Nov. 2006.

Gartrell, D. (2000). *How guidance teaches young children democratic life skills.* Washington DC: NAEYC.

Gartrell, D., & Gallo, M. (2015). Seven guidance practives for children who show challenging behaviors. *Children's Behavior Exchange,* Nov., 94-98. https://drjuliejg.files.wordpress. com/2015/03/seven-guidance-practices-for-challenging-behavior.pdf

Gaston, E. T. (Ed.)(1968). *Music in therapy*. New York, NY: The MacMillan Company.

Gatrell, D. (1994). *A guidance approach to discipline.* New York: Delmar Pub.

Geldard, K., Geldard, D., & Foo, R. Y. (2008). *Counselling Children: A Practical Introduction*(5th Ed). Sage Publication.

Gestwicki, C. (1992). *Home, school, and community relations: A guide to working with parents.* Albany, NY: Delmar.

Gibson R. L, and Mitchell M. H. (2009). *Introduction to Counseling and Guidance,* (7th edition), PHI Learning Pvt.Ltd, New Delhi.

Goldberg, A. E., Kashy, D. A., & Smith, J. Z. (2012). Gender-typed play behavior in early childhood: Adopted children with lesbian, gay, and heterosexual parents. *Sex Roles, 66*(1). Published online: 14 August, 2012.

Goldman, A. R. (2014). *Chid Development Theories.* NY: Pearson Allyn Bacon Prentice Hall.

Goldsmith, H. H., Buss, A. H., Plomin, R., Rothbart, M. K., Thomas, A., Chess, S., ...McCall, R. B. (1987). Roundtable: What is temperament? Four approaches. Child Development, 58(2), 505-529. https://doi.org/10.2307/1130527

Gropper, N., & Froschl, M. (2000). Role of gender in young children's teasing and bullying behavior. *Equity & Excellence in Education, 33*(1), 48-56.

Gumaer, J. (1984). *Counseling and therapy for children.* New York, NY: Free Press.

Gumear, J. (2001). **아동상담과 치료**[Counseling and therapy for children]. (이재연, 서영숙, 이명조 역). 양서원. (원저 1984년 출판)

Hahn, E., & MacLean, M. S. (1955). *Counseling psychology. NY*: MaGraw-Hill.

Hallahan, D. P., & Kauffman, J. M. (2003). *Exceptional learners: Introduction to special education*(9th ed.). Boston: Allyn and Bacon.

Hartwig, E. (2014). Puppets in the playroom: Utilizing puppets and child-centered facilitative skills as a metaphor for healing. *International Journal of Play Therapy, 23*(4), 204-216. http://dx.doi.org/10.1037/a0038054

Hetherington, E. M., & Hagan, M. S. (1989). Marital transitions: a child's perspective. *Americal Psychologist, 44*(2), 303-312.

Hewett, T. M. (1971). *The emotionally disturbed children in the classroom.* Boston: Allyn & Bacon.

Holloway, D. J., Green, L., & Stevenson, K., J. (2015). Digitods: Toddlers, touch screens and Australian family life. *M/C Journal, 18*(5). doi:10.5204/mcj.1024

Hong, W., Liu, R., Ding, Y., Oei, T., Zhen, R., & Jiang, S. (2019). Parents' phubbing and problematic mobile phone use: The roles of the parent-child relationship and children's self-esteem. *Cyberpsychology, Behavior, and Social Networking, 22*(12), 779-786. doi:10.1089/cyber.2019.017

Hoque, E. (2023). *Differences Between Guidance and Counselling.* https://educerecentre.com/difference-between-guidance-and-counselling/?expand_article=1

Howe, N., Aquan-Assee, Bukowski, W. M., Lehoux, P. M., Rinaldi, C. M. (2001). Siblings as confidants: Emotional understanding, relationship warmth, and sibling self-disclosure. *Social Development, 10,* 439-454.

Howes, C. & Smith, E. W. (1995). Relations among child care quality, teacher behavior, children's play activities, emotional security, and cognitive activity in child care. *Early Childhood Research Quarterly, 10*(4), 381-404. https://doi.org/10.1016/0885-2006(95)90013-6

Huang, L., Stroul, B., Friedman, R., Mrazek, P., Friesen, B., Pires, S., et al. (2005). Transforming mental health care for children and their families. *American Psychologist, 60*, 615-627.

Hughes, C. (2011). *Social Understanding and Social Lives: From Toddlerhood through to the Transition to School* (Essays in Developmental Psychology). Psychology Press.

Hughes, M., Pinkertom, G., & Plewis, I. (1979). Children's difficulties on starting infant. *Journal of Child Psychology, 20,* 187-196.

Jadva, V., Jines, M., & Glolmbok, S. (2010). Infants' preferences for toys, colors, and shapes: Sex differences and similarities. *Arch Sex Behavior, 39*(60), 1261-73.

Jeon, L., Buettner, C. K., & Snyder, A. R. (2014). Pathways from teacher depression and child-care quality to child behavioral problems. *Journal of Consulting and Clinical Psychology, 82*(2), 225-235.

Joseph, G. E., & Strain, P. S. (2010). *Building positive relationships with young children.* CSEFEL, www.vanderbilt.edu/cssefel.

Kaiser, B., & Rasminsky, J. S. (2009). How does attachment affect behavior?. *Challenging Behavior in Elementary and Middle School, 2009 edition,* 77-79.

Kaufman, K. (1987). *Parental separation and divorce during the college years*. Unpublished doctoral dissertation, Harvard University.

Kendall, P. C. (1991). *Child and adolescent therapy: Cognitive-behavioral procedure.* New York : Guilford.

Kerlinger, F. N., & Lee, H. B. (2000). *Foundations of behavioral research*(4th ed.). Fort Worth: Harcourt College Publishers.

Kirk, S. A., & Gallagher, J. J. (1989). *Educating Exceptional Children*(5th ed.). Boston: Houghton Mifflin Co.

Kirt, S. A. (1972). *Educating exceptional children*(2nd ed.). Boston: Houghton Mifflin company.

Kiser, L., Backer, P., Winkles, J., & Medoff, D. (2015). Strengthening family coping resources (SFCR): Practice-based evidence for a promising trauma intervention. *Couple and Family Psychology: Research and Practice, 4*(1), 49-59. http://dx.doi.org/10.1037/cfp0000034

Klein, A. S. (2014). Guiding Young Children: 21 Strategies. The Earlychildhood News (http://www.earlychildhoodnews.com).

Kohn, A. (1993). *Punished by rewards.* Boston, MA: Houghton Miffiin. Minnesota

Koutroubas, V., & Galanakis, M. (2022). Bandura's social learning theory and its importance in the organizational psychology context. *Psychology Research, 12*(6), 315-322. doi:10.17265/2159-5542/2022.06.001

Krug. A. D., Arick, J. R., & Almond, P. G. (1980). Behavior Checklist for Identifying severely handicapped individuals with high levels of autistic behavior. *Journal of Child Psychology & Psychiatry, 21*, 221-229.

Lammers, J. (2022). *Therapy vs. counseling: Is there a difference? Which is right for you?* https://health.osu.edu/health/mental-health/therapy-vs-counseling-is-there-a-difference

Landreth, G. L. (2002). *Play Therapy: The Art of the Relationship*(2nd Ed). Routledge.

Landreth, G. L. (2012). *Play Therapy: The Art of the Relationship.* NY: Routledge. https://doi.org/10.4324/9780203835159

Landreth, G. L. (2018). *Recommended toy list.* Center for Play Therapy. https://cpt.unt.edu/our-story

Lazarus, A. A. (1981). *The Practice of multimodel therapy.* New York: McGraw - Hill.

Lazarus, A. A. (1984). *Multimodel therapy. In R. Corsini(Ed.), Current psychotherapies*(2nd ed.). Itasca, IL : F. E. Peacock.

Leathers, H., Summers, P., & Desollar, A. (2013). *Toddlers and Technology: A parents' guide.* Indiana: AuthorHouse.

Lemish, D., Elias, N., & Floegel, D. (2020). "Look at me!" Parental use of mobile phones at the playground. *Mobile Media & Communication, 8*(2), 170-187. doi:10.1177/2050157919846916

Lesser, S. T. (1972). Psychoanalysis with children. In B. B. Wolman(Ed.), *Manual of child*

psychopathology(pp. 847-864). New York: McGraw-Hill.
Lowenfeld, M. (2008). *Paly in Childhood.* IL: Sussex Academic Press.
Manju Gupta(2003). *Effective Guidance and Counselling-Modern methods and Techniques.* Mangal Deep Publications, Jaipur, India.
Manning, B. H. (1985). Conducting a worthwhile parent-teacher conference. *Education, 104*(4), 342-348.
Marion, M. (1991). *Guidance of young children*(3rd ed), New York: Macmillan.
Martin, D. M. (2012). *What is a functional assessment?* ACDS: Alberta Council of Disability Services.
McClure, R. (2014). *Child Behavior and Discipline - Calming Sibling Anxiety Being Pregnant, Bringing home a new baby can cause insecurity for older child.* childcare.about.com.
McLeod, S. (2012). *Humanism.* www.SimplyPsychology.org.
Mendelson, M. J., Aboud, F. E., & Lanthier, R. P. (1994). Kindergartner's relationships with siblings, peers, and friends. *Merrill-Palmer Quarterly, 40*(3), 416-435.
Merriam, A. P. (1964). *The Anthropology of music*. Chicago, IL: Northwest University Press.
Millei, Z. (2011). Thinking differently about guidance: Power, children's autonomy and democratic environments. *Journal of Early Childhood Research, 10*(1), 88-99.
Miller, D. F. (2000). *Positive Child Guidance*(3rd ed.). Thomson.
Minnesota NAEYC, http://www.mnaeyc.org
Moiser, W. (2009). *Developmentally appropriate child guidance: Helping children gain self-control.* Texas Child Care(Spring 2009).
Mott, F. L., Kowaleski-Johnes, L., & Menaghan, E. G. (1997). Paternal absence and child behavior; Does a child's gender make a difference? *Journal of Marriage and the Family, 59*, 103-118.
NAEYC(2004). *Spotlight on Young Children and Assessment.* Derry Koralek(ed).
NAEYC. (2014). http://www.mnaeyc.org
National Research Council. 2008. *Early Childhood Assessment: Why, What, and How.* Washington, DC: The National Academies Press. https://doi.org/10.17226/12446.
NIDCHD Early Child Care Research Network (2001). Child care and children's peer interaction at 24 and 36 months: the NICHD study of early child care. *Child Development, 72*(5), 1478-1500.
Norcia, A. (2011). *The effect of video games on children.* Palo Alto Medical Foundation.
Nuffield, E. J. (1968). Child psychiatry limited: A conservative viewpoint. *Journal of the American Academy of Child Psychiatry, 7,* 210-212.
O'Coner, K. J., & Ammen, S. (2009). **놀이치료 치료계획 및 중재: 생태학적 모델과 워크북**[Play therapy: Treatment planning and interventions] (송영혜, 김은경, 김귀남 역). 시그마프레스. (원저 1997년 출판)
O'Connor, K. (2018). *Stages in Play Therapy.* Association of Play Therapy. https://www.a4pt.org/page/ParentsStagesofThera

OECD (2020, October). *21st Century Children.* Retrieved September 15, 2021 from https://www.oecd.org/education/ceri/21st-century-children.htm/

Oesterreich, L. (1995). *Guidance and discipline: A developmental approach.* National Network for Child Care.

Olson, D. H. (1994). Curvilinearity survives: The world is not flat. *Family Process, 33,* 471-478.

Pavlov, I. P. (1927). In G. V. Anrep (Trans.), *Conditioned reflexes*. London: Oxford University Press.

Perryman, K., Moss, R., & Cochran, K. (2015). Child-centered expressive arts and play therapy: School groups for at-risk adolescent girls. *International Journal of Play Therapy, 24*(4), 205-220. http://dx.doi.org/10.1037/a0039764

Peterson, C. A. (1984). *Therapeutic Recreation Program Design: Principles and Procedures.* Prentice-Hall.

Peterson, N. (1987). *Early intervention for nonhandicapped and at-risk children: Introduction to early childhood special education.* Denver: Love Publishing Co.

Pidgeon, K., Parson, J., Mora, L., Anderson, J., Stagnitti, K., & Mountain, V. (2005). *Play therapy. Psychotherapy and Counselling: Reflections on Practice*(Eds), C. Noble & E. Day. Oxford University Press.

Powell, D.R. (1989). *Families and early childhood programs.* Washington, DC: NAEYC.

Prout, H. T., & Fedewa, A. L. (2015). Counseling and psychotherapy with children and adolescents: Historical, developmental, integrative, and effectiveness perspectives. In H. T. Prout & A. L. Fedewa (Eds.), *Counseling and psychotherapy with children and adolescents: Theory and practice for school and clinical settings* (pp. 1-24). John Wiley & Sons Inc.

Putnam, S. P., & Stifter, C. A. (2008). Reactivity and regulation: The impact of Mary Rothbart on the study of temperament. *Infant and Child Development, 17*(4), 311-320. https://doi.org/10.1002/icd.583

Putnam, S. P., Rothbart, M. K., & Gartstein, M. A. (2004). Longitudinal examination of finegrained aspects of temperament during infancy, toddlerhood, and early childhood [Poster presentation]. *The International Conference on Infant Studies.* Chicago, IL, United States.

Quay, H. C., & Werry, J. S. (1979). *Psychopathological disorders of Childhood*(3rd ed.). New York: Wiley.

Radesky, J., Miller, A. L., Rosenblum, K. L., Appugliese, D., Kaciroti, N., & Lumeng, J. C. (2015). Maternal mobile device use during a structured parent-child interaction task. *Academic pediatrics, 15*(2), 238-244. doi:10.1016/j.acap.2014.10.00

Randall, A. (1999). *Play therapy theories: A comparison of three approaches.* Paper presented at the National Conference of the Association for Counselor Education and Supervision(New Orleans, LA).

Rao, A. (2010). *The Way of Boys: Raising Healthy Boys in a Challenging and Complex World.* NY: Harper Collins.

Raskin, N., & Rogers, C. (2000). Person centered therapy. In R. Corsini & D. Wedding(Eds.), *Current psychotherapies.* Itasca, IL: Peacock Publishers.

Ray, D., Stulmaker, H., Lee, K., & Silverman, W. (2013). Child-centered play therapy and impairment: Exploring relationships and constructs. *International Journal of Play Therapy, 22*(1), 13-27. doi:10.1037/a0030403

Reinbert, H. R. (1976). *Children in conflict.* Saint Louis: Mosby Co.

Rochman, B. (2013). Better TV habits can lead to better behavior among children. *Family matters.* healthland.time.com

Rothbart, M. K. (1981). Measurement of temperament in infancy. *Child Development, 52*(2), 569–578. https://doi.org/10.2307/1129176

Rothbart, M. K., & Derryberry, D. (1981). Development of individual differences in temperament. In M. E. Lamb & A. L. Brown (Eds.), *Advances in Developmental Psychology*(pp. 37-86). Hillsdale, NJ: Erlbaum.

Rothman, D. (2017). *Playing to heal: 5 benefits of play therapy.* https://www.insightactiontherapy.com/playing-to-heal-5-benefits-of-play-therapy/

Ryan, R. M., & Claessens, A. (2013). Associations between family structure changes and children's behavior problems: The moderating effects of timing and marital birth. *Developmental Psychology, 49*(7), 1219–1231. https://doi.org/10.1037/a0029397

Samalin, N. (2002). *Loving without spoiling: And 100 other timeless tips for raising terrific kids.* N.Y.: McGraw-Hill.

Samuel, T. G. (1995). *Counselling; A Comprehensive Profession*(3rd edition), Macmillan Pub Co.

Santavirta, T, Santavirta N, Betancourt TS et al. (2015). Long term mental health outcomes of Finnish children evacuated to Swedish families during the second world war and their non-evacuated siblings: cohort study. *British Medical Journal, 350.* https://www.bmj.com/content/350/bmj.g7753

Schopler, E., Reichler, R., & Renner, B. (1986). *The Childhood Autism Rating Scale(CARS).* New York: Irvington.

Shaklee, B. D., Barbour, N. E., Ambrose, R., & Hansford, S. J. (1997). *Designing and Using Portfolio.* Allyn and Bacon.

Sherr, L., Skar, A. S., Clucas, C., Tetzchner, S. T., & Hundeide, K. (2011). Evaluation of the parental guidance programme based on the international child development programme. *Report to the Ministry of Children, Equality, and Social Inclusion.*

Siu, A. (2014). Effectiveness of group theraplay® on enhancing social skills among children with developmental disabilities. *International Journal of Play Therapy, 23*(4), 187–203. http://dx.doi.org/10.1037/a0038158

SRCD. (2009). Young children think gender-related behavior is inborn. *Society for Research in Child Development*. April 29.

Standards and Testing Agency(2021). *Collection National curriculum assessments: early years foundation stage.* https://www.gov.uk/government/collections/national-curriculum-assessments-early-years-foundation-stage

Stein, R. (2010). *Study finds that effects of low-quality child care last into adolescence.* The Washington Post, May 14, 2010. http://www.washingtonpost.com

Stewart, J. (2012). *Child Guidance in Britain, 1918–1955: The Dangerous Age of Childhood.* Routledge.

Sudsberry and Associates(2014). *Common behavior problems for children with attachment breaks.* www.saccc.com

Swank, J., & Shin, S. (2015). Nature-based child-centered play therapy: An innovative counseling approach. *International Journal of Play Therapy, 24*(3), 151-161. http://dx.doi.org/10.1037/a0039127

Sweeney, D. S., & Homeyer, L. E. (2009). **집단놀이치료 핸드북**[The handbook of group play therapy]. (유미숙, 유재령, 우주영, 진정미 역). 시그마프레스. (원저 1999년 출판).

The Center on the Social and Emotional Foundations for Early Learning(2012). *Teaching your child to become independent with daily routines.*

The teaching pyramid. *The Center on the Social and Emotional Foundations for Early Learning*(CSEFEL), http://csefel.vanderbilt.edu.

Thomas, A., & Chess, S. (1977). *Temperament and development*. New York: Brunner/Mazel.

Tolan, P. H., & Dodge, K. A. (2005). Children's mental health as a primary care and concern: A system for comprehensive support and service. *American Psychologist, 60*, 601–614.

Ulman, E. (1996). *Art therapy in theory and practice.* Chicago, IL: Magnolia Street Publishers.

Vanden Abeele, M. M. P., Abels, M., & Hendrickson, A. T. (2020). Are parents less responsive to young children when they are on their phones? A systematic naturalistic observation study. *Cyberpsychology, Behavior, and Social Networking. 23*, 363–370. doi: 10.1089/cyber.2019.0472

Votruba-Drzal, E., Coley, R. L, Maldonado-Carreño, Li-Grining, C. P., & Chase-Lansdale, P. L. (2010). Child care and the development of behavior problems among economically disadvantaged children in middle childhood. *Child Development, 81*(5), 1460.

Wadeson(1980). *Art psychotherapy.* NY: Wiley.

Waldman-Levi, A., & Weintraub, N. (2015). Efficacy of a crisis intervention in improving mother–child interaction and children's play functioning. American *Journal of Occupational Therapy, 69*(1),

6901220020. http://dx.doi.org/10.5014/ajot.2015.013375

Walsh, F. (1995). From family damage to family challenge. In R. H. Mikesell, D. D. Lusterman, & S. H. Mcdaniel (Eds.), *Integrating family therapy. Handbook of family psychology and systems theory* (pp. 587-606). Washington: American Psychological Association.

Watson, J., & Rayner, R. (1920). Conditioned emotional reactions. *Journal of Experimental Psychology, 3,* 1-14.

Watson, T., Brown, M., Swick, K.J. (1983). The relationship of parents' support to children's school achievement. *Child Welfare, 72*(2), 175-180.

Webster-Stratton, C. (1990). *The teachers and children videotape series: Dina dinosaur school.* Seattle, WA: The Incredible Years.

Webster-Stratton, C., & Hammond, M. (1997). Treating children with early onset conduct problems: A comparison of child and parent training interventions. *Journal of Consulting and Clinical Psychology, 65*(1), 93-109.

WHO(2003). *ICF Introduction.*

Willis, A., Walters, L., & Crane, D. (2014). Assessing play-based activities, child talk, and single session outcome in family therapy with young children. *Journal of Marital Family Therapy, 40*(3), 287-301. doi:10.1111/jmft.12048

Winkel, W. G. (2005). *History of Guidance and Counseling Mahaperpus*(Vol. XXX). Maniax & Yahoo. Co.ID. Copyrights Copyright for this article is retained by the author(s), with first publication rights granted to the journal.

Wolfers, L. N., Kitzmann, S., Sauer, S., & Sommer, N. (2020). Phone use while parenting: an observational study to assess the association of maternal sensitivity and smartphone use in a playground setting. *Computers in Human Behavior. 102,* 31-38. doi: 10.1016/j.chb.2019.08.013

Zero To Three. (2012). *Toddlers and challenging behavior: Why they do it and how to respond.* www.zerotothree.org.

Zigler, E. F., & Finn - Stevenson, M. (1997). Policy efforts to enhance child and family life: Goals for 2010. In R. R. Weissberg, T. P. Gullotta, R. L. Hamption, B. A. Ryan & G. R. Adams(Eds). *Establishing preventive services.* CA: Sage.

Zimbardo, P. (1982). *The shy child.* Garden City, New York: Dolphin.

| 법령 |

장애인 등에 대한 특수교육법 시행규칙 [별표](2016). 제2조 제1항 관련 개정. 2016.6.23.

장애인 등에 대한 특수교육법 시행령(2022). 대통령령 제32722호. 2022.6.28. 일부개정.

장애인복지법 시행령(2021). 제2조 관련 [별표 1]. 2021.4.13.

찾아보기

저자 소개

이소은

서울대학교 학사, 석사(아동학)

노스캐롤라이나대학교 대학원 박사(아동발달/유아교육)

충북대학교 아동복지학과 교수

현, 한국방송통신대학교 유아교육과 교수

저서: 아동미술, 영유아프로그램 개발과 평가,
보육학개론 외 다수

이완정

서울대학교 학사, 석사(아동학)

유타주립대학교 대학원 박사(아동학)

현, 인하대학교 아동심리학과 교수

저서: 아동권리와 복지, 영유아발달 외 다수

제2판 아동생활지도와 상담

1판 1쇄 발행 2019년 1월 25일
1판 2쇄 발행 2020년 8월 25일
2판 1쇄 발행 2025년 11월 30일

지 은 이 | 이소은 이완정
발 행 인 | 박철용
발 행 처 | 양서원
주 소 | 경기도 파주시 직지길 522 파주출판도시
전 화 | 031-955-8000(代)
팩 스 | 031-955-8005
홈페이지 | www.yswpub.co.kr
이 메 일 | yswgroup@naver.com
출판등록 | 1987년 11월 24일 제406-2003-037호

ISBN 978-89-994-1621-7

정가 24,000원